在法律法规新闻纪律允许的空间内取材取证

记者隐性采访实操

丁邦杰 著

江苏人民出版社

图书在版编目(CIP)数据

在法律法规新闻纪律允许的空间内取材取证：记者
隐性采访实操 / 丁邦杰著. —南京：江苏人民出版社，
2024.10. — ISBN 978 - 7 - 214 - 29470 - 8

Ⅰ. G212.1

中国国家版本馆 CIP 数据核字第 2024GH5033 号

书　　　名　在法律法规新闻纪律允许的空间内取材取证：记者隐性采访实操
著　　　者　丁邦杰
责 任 编 辑　王翔宇
特 约 校 对　王　晶
责 任 监 制　王　娟
出 版 发 行　江苏人民出版社
地　　　址　南京市湖南路 1 号 A 楼,邮编:210009
照　　　排　江苏凤凰制版有限公司
印　　　刷　江苏凤凰数码印务有限公司
开　　　本　718 毫米×1000 毫米　1/16
印　　　张　25
字　　　数　356 千字
版　　　次　2025 年 1 月第 1 版
印　　　次　2025 年 1 月第 1 次印刷
标 准 书 号　ISBN 978 - 7 - 214 - 29470 - 8
定　　　价　98.00 元

(江苏人民出版社图书凡印装错误可向承印厂调换)

序　一本值得媒体人关注学习的类工具书

周跃敏

我极少给别人的著作写序。但拿到这本书的样稿电子版，自感耳目一新——这种专著选题、这种实操传授、这种案例精选、这种实证论述，在以前的新闻教科书和媒体业界传技书中，都是少见的。比如，涉及记者隐性采访的著述，近20年来就没有出过，所以稀罕。无论从新闻业务还是从政治站位看，它的出版都具有一定意义。于是欣然动笔力荐之——

媒体承载着社会责任，这是19世纪中叶起就引起关注、后来逐渐在全世界新闻传播界形成广泛共识了的。随着媒体介质的进化和记者编辑队伍的庞大，加上移动互联时代更多的UGC（用户生成内容，即用户原创内容）作者加入新闻报道，媒体社会责任就更加彰显、更加沉重、更加需要强化了。党和人民赋予我们报道新闻、引导舆论、沟通情况、传播知识、刊播广告等权限，传媒人必须认清自己肩负的政治责任、阵地建设责任、服务责任、人文关怀责任、文化责任、安全责任、道德责任、保障权益责任等。记者编辑在履职履责过程中，应当遵循习近平总书记要求的"团结稳定鼓劲、正面宣传为主"这个党的新闻舆论工作必须遵循的基本方针。同时，也要记住习近平总书记阐述的："舆论监督和正面宣传是统一的，而不是对立的。新闻媒体要直面工作中存在的问题，直面社会丑恶现象，激浊扬清、针砭时弊，对人民群众关心的问题、意见大反映多的问题，要积极关注报道，及时解惑，引导心理预期，推动改进工作。"它和马克思主义新闻观是一脉相承的，在马恩有关媒体社会责任的经典语录中，就有著名的"报刊使命说"，明确舆论监督是报刊捍卫公众利益与生俱来的天职。由此可见，批评监督这个责任是媒体的公共属性、功能属性以及获得公信力和软实力的重要条件，绝不能放弃。当然，记者暗访也就是新闻媒体作为社会公平正义守望者的社会责任担当，所需要使用的一种特殊利器。我们各级党委宣传部、国家新闻出版广电总局、中华全国新闻工作者协会等，始终支持媒体行使正当舆论监督权，而且从未禁止过记者暗访。中国新闻奖 2021 年、2022 年获奖作品中，有 26 篇暗访作品获得一、二等奖。中央主要新闻媒体都名列其中。如人民日报的《长江禁渔，为何还有禁而不止的现象》《湖心岛咋就被"全垦"成这样？》，中央广播电视总台的《香港暴力升级现场追踪报道》、新华社的《每斤十几万元乃至数十万元，谁是"天价岩茶"幕后推手？》《"全民拍"》等，都在全国甚至海外产生重大影响。今年获得中国新闻奖一等奖的福建省广播影视集团的《揭露"抽血验子"的黑色利益链》，证券时报的《900 亿"专网通信"骗局：神秘人操刀 13 家上市公司卷入》等作品，看了令人触目惊心。这些通过记者隐性采访所获得的新闻素材及报道效果，是更多主流正面报道的一个映衬和补充，而且是主流舆论场不可或缺的一部分。习近平总书记三次就《新京报》记者陈杰关于腾格里沙漠地下水污染问题的暗访报道作出重要批示，最终解决了那里的环保问题。国务院派出调查组对整个腾格里沙漠进行普查，提出 40 多项整改意见，所有污染区域都按照生态环境部的要求进行了彻底整改，工业园区的发展规划改为旅游发展规划。这一系列报道的宣传效果是：整个腾格里沙漠恢复到它最好的状态。这样的报道恰恰贯彻了正面宣传为主的方针。（中国人民大学荣誉一级教授陈力丹《舆论监督和正面宣传是统一的》新闻论坛．2020，【01】）

解决了对记者隐性采访报道的认识，我们还要特别强调规范管理、谨慎使用、制度约束、安全操作等一系列问题。多少年来，新闻媒体由于缺乏系统指导，也无一本类教科书可以学习参照，总是在摸索中前行、尝试后完善、教训里吸取，为此许多年轻记者付出了惨重代价，老马失足也时有所闻。《中国留易报》山西记者站兰成长暗访暴露，被黑煤矿主打死。《环球时报》记者付国豪在香港机场暗访，被示威者非法殴打限制人身自由。而《南方都市报》记者刘某暗访时涉嫌非法获取国家秘密，被警方刑拘。南京女记者暗访盗车团伙参与"行窃"，遭到司法追究。这些更是暗访中不当操作所铸成的职业悔恨……它正警示我们，记者暗访是把双刃剑，稍有闪失不慎或使用不当，就有可能伤到媒体及其从业人员自己。我想，这正是丁邦杰这本专著出版的意义所在。

该著非常详细地论述了记者暗访的三大前提条件：公开身份无法获得、暗访对象违法犯罪、紧急情况亟待捕捉。这三条一般还必须是同时具备，缺一不可。而且，记者没有司法豁免权，暗访不能超越法律界限。用它可以清晰规范媒体使用暗访监督报道的"出手"选择基本原则。不仅如此，该著更有条分缕析的记者七种暗访手段的介绍：旁观记录型、体验感受型、声东击西型、猎取获得型、圈套诱饵型、卧底彻查型、混合交替型。这是在新闻学院课堂和媒体内部培训中都难以获得的新闻业务真经。学好了可以长足提高我们的记者编辑猎取报道素材的水平，更可以减少可能遭到的不法伤害。这本专著更有价值之处，在于它立足于政治站位的高度，对与记者暗访有法律关联、新闻纪律关联、风险处置关联、万一侵权如何善后的关联等一系列重要问题，都逐一进行了有根有据的合理解析。作为一个媒体业内行家，他当然不是用生硬的宣法教育和管理腔调，对记者编辑颐指气使说三道四，而是循循善诱地贴切讲述。甚至对在媒体内部如何请示汇报批准程序、如何说服领导等，都有一整套传授。我们可以在其篇章架构字里行间，既看到规范行为的严肃、又看到热心帮助的善意，还看到传道授业的认真。它对于党和国家管理好媒体实施舆论监督，新闻单位内部制度化约束隐性采访行为，记者自己有效使用这类特殊手段，都十分有益。像这种实战实用实惠的媒体新闻业务专著，还是太少了！我相信该书的出版发行，在主流媒体包括新媒体，以及广大 UGC 作者中，会受到广泛欢迎。管理部门也可以从中受到专业启发，在制定相关政策策略时，引为参照。

我和著者丁邦杰相识多年，在扬子晚报当副总编时每天研究市场竞争对手的报纸，就经常会看到他的新闻报道和时事评论。后来他被调到南京日报、江苏商报、金陵晚报担任主任、总编、副总编，4 次获得中国新闻奖。在区域化媒体中，这种出类拔萃是极不容易的。我俩还同一年获得了全国百佳新闻工作者的荣誉，他的高级记者职称面试也是我主持通过的，所以留下的印象很深。再后来我到新华日报和江苏省记者协会任职，得知他受邀去了中国传媒大学南广学院（现改名南京传媒学院）做了专任教授，后又受邀担任南京大学新闻传播学院客座教授，专给研究生传道授业。新闻江湖之外再得音讯，是邦杰兄屡创佳绩，写作出版了《新闻纷争处置方略》《时评要领》《新闻短视频采编传教程》《企业危机公关中的媒体攻略》《秉笔写春秋》等多部专著。其中有几本已经被国内一些著名高校新闻传播学院列为教材。江苏是媒体大省文化大省，报纸广播电视和新媒体数量与影响力在全国是名列前茅的，新闻单位记者队伍和 UGC 报道者的规模数量也够得上庞大，每天生产的新闻作品多如牛毛。可是，像他这样能将丰富从业经验与新闻理论相结合研究出丰富成果的老记，很难找出几个。新闻报道的高产，对于记者可能并不十分艰难，但新闻学专著的多部出版发行，对于记者就是一件特别难以企及的高峰目标。听说，他经常受邀去全国各地大学、媒体、企业去讲座讲课，我作为他曾经的同道和省级记协负责人，真心感到荣光。值此书即将面世之际，写下如上肯定褒扬的话语。

最后还是要特别强调一下：记者暗访"刀用多了就钝"，过度使用可能适得其反。我们应该将记者的这一特殊采集报道素材的方法，留给那些值得和应当使用的特殊报道。而且，所有暗访都必须将社会效果放在第一位。

是为序。

2023 年 9 月 6 日

作者是江苏省新闻工作者协会主席，曾任新华报业传媒集团社长、党委书记、董事长、总编辑等职。第九届"长江韬奋奖"得主，曾先后 9 次获中国新闻奖。

序二 求真务实的新闻专著力作

张红军

自 20 世纪 90 年代以来,隐性采访即暗访在各类新闻节目中广泛兴起,曾一度成为记者们的"秘密武器"。多年来,以隐性采访为主题的论文多聚焦于对其法律依据及道德规范等方面的分析和探讨,以我目力之所及,专门研究总结如何进行隐性采访的实践导向性的专著尚付阙如。作为一种采访方式,隐性采访往往跟舆论监督报道紧密相联。一段时间以来,舆论监督报道似乎不怎么被强调了,隐性采访的热度也随之降低。2022 年,中华全国新闻工作者协会全面修订了《中国新闻奖评选办法》。修订后的办法,对中国新闻奖的奖项设置、评选机制等作出了重大改革和调整。特别引人注目的是,在新设立的专门类奖项中,"舆论监督报道"位列其中。作为中国常设的全国优秀新闻作品最高奖,中国新闻奖评选往往起到媒体报道风向标的作用。正是在这样的时代背景下,丁邦杰先生的《在法律法规新闻纪律允许的空间内取材取证:记者隐性采访实操》诞生了。

我以为,本书有以下几个突出的特点:

其一,定位精准,体现辩证思维。长期以来,隐性采访在实践中为记者赢得了不少鲜花与掌声,但在理论界却因缺乏道德伦理甚至是法律规范而遭受到了不少质疑。在今天这个信息洪流的时代,如何用好隐性采访武器,穿越信息迷雾,牢固树立起事实的灯塔,从而真实地反映现实,是这本书首先提出并面对的问题。正如作者在前言中所说,"这是媒体安全自保的需要,也是记者在法治轨道内暗访取胜的需要，同时还是维护受访公民和单位尊严的需要，更是国家舆论生态文明建设的需要"。可以说，辩证地看待隐性采访，厘清"暗访何为"，是本书"术"之上"道"之所在，也是所有实操总结归纳的基础和前提。

其二，逻辑清晰，讲解全面透彻。作者以实践为导向，"试图将本书写成一本实操性很强的类工具书，所以刻意在这部分条分缕析并归纳出许多能够学而实践的套路"。值得关注的是，本书所呈现的"套路"和"技巧"，绝不仅限于记者"采写编评"等实务能力，还有"陷阱取证""屏障突破""非常风险应对""六大禁区""报批程序"和"善后处置"等，真可谓条分缕析，全面透彻。

其三，视野广阔，案例丰富典型。丁邦杰先生从业30多年，本就有着丰富的实践经验和广阔的视野见识，加之其"十年磨一剑"的决心和日积月累的收集整理，使得本书选取的案例不仅典型，而且丰富鲜活，富有感染力和解释力。正如作者在后记中所言，"我研究此道久矣，自家案例库里躺着700多件典型案例，事涉中外媒体。在我写其他几部新闻业务著作的过程中，心里总酝酿着记者暗访实操的主题框架"。如是而已。

其四，文字清新，表述生动鲜活。本书目标既是"近似工具书一样的"专著，其文字表述自然也是生动活泼带着新闻行业的"烟火气"，可说是"沾泥土""带露珠""冒热气"。这一表述风格，与丁邦杰先生长期在采访一线践行"四力"的实践养成有关，也得益于他身为南京市杂文学会会长的高超文字技巧，更为重要的是，这是他多年来秉承"理论是灰色的，而生命之树长青"的务实精神所致。近年来，丁邦杰先生的专著《新闻纷争处置方略》《时评要领》《新闻短视频采编传教程》《企业危机公关中的媒体攻略》《秉笔写春秋》等行文风格皆是如此，令人感佩。

丁邦杰先生为我们南京大学新闻传播学院客座教授，长期为研究生教授新闻纷争处置方略、时评写作要领等课程，深受学生们的爱戴。祝愿他的学术之路长青、传道授业之路长青！

2024 年 8 月 10 日

张红军，南京大学新闻传播学院执行院长、江苏紫金传媒智库主任，兼任江苏省新闻传播学学会会长，中国高校影视学会广播专业委员会主任委员等。多次担任中国新闻奖、长江韬奋奖评委。曾任中央电视台《经济半小时》记者，江苏电视台记者、主持人，中共江苏省委宣传部对外交流处副处长、文艺处处长。

目 录

前　言

丁邦杰

隐性采访，是新闻暗访的学名。是记者隐匿身份、隐匿手段、隐匿采访目的猎取报道素材的一种特殊方式。

隐性采访之风靡，经久不衰，一度几成泛滥之势。

新闻江湖可考的隐性采访即暗访历史，至少能够追溯 100 多年。中外媒体每个时代，都能找到劲爆猛料震惊朝野的暗访报道。如"一战"前英国报纸《派尔-麦尔公报》刊登的《现代巴比伦的处女贡品》，1887 年《纽约世界报》女记者卧底报道《在疯人院铁栏的背后》。"八国联军"侵华时，慈禧亲自下诏处死的一名记者沈荩，就是因为在《新闻西报》上曝光《中俄密约》草稿的原文而血染京城。中国新闻界前驱范长江，早在 1936 年就曾隐身刺探日本侵略者统治地，写下长篇暗访《忆西蒙》……

及至当代，2016 年美国普利策新闻奖分量最重的奖项公共服务奖，颁给了美联社 4 名女记者的《东南亚血汗海鲜渔奴调查》系列暗访报道。而中国新闻奖最近 10 年的获奖作品，暗访报道至少有 200 篇。2018 年央视记者一篇山西三维集团的暗访报道，就在全国掀起了铁腕治理"三废"偷排的旋风。但是，也有记者暗访侵权、社会效果负面、扩大暗访范围的案例和教训。

在新闻同业竞争已现一派看似乱局之势下，一度时期，记者暗访竟成媒体争夺受众的博弈利器，不但报纸电视广播杂志等传统媒体时时祭起隐身卧底的撒手锏，就连论坛、博客、微博、微信公众号、APP 客户端这些新锐也后来者居上，每天都发布偷拍偷录的劲爆新闻。新媒体"公民记者"的暗访干劲和手段，常常令口袋里面揣着记者证的职业新闻人望洋兴叹、自愧弗如。

暗访用之得当，无疑会曝光黑暗荡涤污秽，从而产生巨大社会正面影响力。

暗访用之失当，必将造成严重侵权或社会伤害，还会附带媒体乱象的次生危害。

记者暗访目前已到了必须正本清源廓清去途，将采写技法与遵守原则一道理清的时候了。早在2003年第九届全国人大会议间，翁维权等34位人大代表就提交了第327号议案，要求对电视暗访进行立法规范。今天，其紧迫性早已超越荧屏上下，新闻界全媒体都面临着将记者暗访合法合规、提高水平的时代要求。

回首前贤侪辈曾经有过的寥寥记者暗访专著，仔细读来可知其论距今已经20年以上。恰恰此后这段时期正是中国新闻界变革最为剧烈的年代，关联新闻业隐性采访报道的环境条件更是焕然一新，它使旧时的理论难以保鲜，操作指导更亟须与时俱进——

一则媒体融合冲击下的介质出新，导致暗访报道的表达方式发生巨大变化。影音图文四维立体相互交叉展现，替代了过去传统媒体暗访曝光的单一模式。

二则法条适用范围的拓展，为记者暗访偷拍偷录证据的合法化提供了依据。过去的法律规定，所有未经对方同意录制的音像资料不能作为呈堂证供。最高法院后来颁布《关于民事诉讼证据的若干规定》，只要不是以严重侵害他人合法权益、违反法律禁止性规定或者严重违背公序良俗的方法形成或者获取的音像，都可以作为认定案件事实的依据。最为重要的是2021年《民法典》正式实施，从上位法更高层面上，界定了许多公民权益的法律保护范围和侵权边际。它为司法和新闻纪律规范奠定了坚实基础。

三则媒体自律要求的调整，使记者暗访解除了某些无形束缚。1991年与1994年版《中国新闻工作者职业道德标准》，都要求记者"尊重被采访者的声明和正当要求"，1997年修订版则删除了"声明"和"要通过合法正当的手段获取新闻"这些客观可能限制记者暗访的条款内容。隐性采访只要"不揭个人隐私、不诽谤他人"就可以施行。何况,公众人物隐私权大部分必须"让渡"给公民的知情权。

四则新闻管理政策的更新,扬弃了某些对记者暗访的禁止性戒律。2002 年 5 月国家广电总局《关于切实加强和改进广播电视舆论监督工作的要求》明文规定,不搞隐蔽拍摄和录音。此后国家出台的《关于新闻采编人员从业管理的规定(试行)》《新闻记者证管理办法》《新闻从业人员职务行为信息管理办法》等文件,均没有相关禁止性规定。这意味着完全封杀记者暗访的管理依据不复存在。

更重要的是中国新闻记者这些年吐故纳新队伍迭代,一线职业记者群体大量缺乏暗访素养教育,亟须后来者从头学习相关知识。《2016 中国记者行业调查报告》显示:85 后(也即 40 岁以下年龄)已成为中国一线记者主力军。而据美国印第安纳大学 2013 年对美国 1080 名记者做的一项调查结果显示,美国记者的平均年龄为 47 岁,并有整体不断高龄化的趋势,这与中国职业记者群体的特征有较大差距。(美通社 2016 年 7 月 1 日记者观察)再加上缺乏职业训练的"公民记者"如潮涌现、暗访报道喷薄而出,不学就有滑边翻船的危险。

最后一个就是暗访设备和技术的飞跃发展,已经使新闻记者插上了"隐形的翅膀"。过去那些笨重拙劣的偷拍偷录机,早已为形形色色的针孔摄像录音设备所取代,受访者察觉或记者露馅的概率大大降低。

鉴于以上这些要素的变化,迫切需要从实操而非单纯理论角度推出一本近似工具书一样的新闻专业主义暗访实操指导书。而且,主动变革记者暗访的许多理念和异态应对方法,具有紧要性。这是媒体安全自保的需要,也是记者在法治轨道内暗访取胜的需要,同时还是维护受访公民和单位尊严的需要,更是国家舆论生态文明建设的需要。

新闻疆场同业竞争激烈,媒体混战多方博弈,岂止"德比十大战区"所能形容。占地盘抢广告、争发行夺收视率、拼报道比服务、推新技出怪招,无一不为传播力、引导力、影响力、公信力和自身生存而战。究其根本,得人心者得天下,受众及其口味才是取胜之要义。新时代下的记者通过暗访爆料新闻，已成公众最为关注的报道形式之一。美国收视率最高的新闻类调查节目"60 分钟""2020""48 小时""黄金时间现场直播"等，大量使用偷拍偷录手段。我国央视最拿手的"焦点访谈""新闻 1＋1""每周质量报告""3·15 晚会"等新闻调查也大体如此。全国各地媒体的暗访热潮，更是方兴未艾。但这种报道形式，无论如何不能成为主流，更不能不管前提条件地滥用。"刀用多了就钝了"——美国新闻伦理专家鲍伯·斯蒂尔(Bob Steel)认为，记者"卧底"行为就像是一把刀，有着锋利的刀刃(sharp edges)。高频率地、不恰当地使用会误伤到无辜的人，侵蚀掉新闻界的公正。同时，过度使用这把刀，还会让刀锋变钝，反而失去其应有的作用。这一特殊方法，应保留给那些值得和应当使用的特殊报道。怎样恰当有效地使用暗访这把刀，而且要确保只伤敌人不伤自己也不伤无辜公民？这正是本书撰写与推出的一个主因。

此外，记者暗访偷录偷拍可能由于公堂举证的合法化以及行规戒律的部分解禁，一些记者误以为自己"替天行道"且权大无边，以致带来侵权的危险性。据美国耶鲁大学终身教授陈志武先生对我国各省、自治区和直辖市的 210 个媒体被诉案件调查，中国内地新闻侵权诉讼中媒体败诉率高达 69％，而美国近 30 年媒体遭名誉权侵权诉讼败诉率仅为 8％(陈志武博客《从诉讼案例看媒体言论的法律困境》，新浪网)。这强烈警示着记者暗访必须严格自律，在法律和职业道德范围内行走才能信马由缰。怎么才能既敢于通过暗访取证揭露违法犯罪真相，又善于智慧运作不触碰高压红线？正确处理好两者之间的关系是前人没有系统论述过的，这也是本书精心谋划写作的一个要因。

当然，从暗访技术上、运行程序上、操作手段上、安全防范上、异态处置上，进行设计辅导普及专业知识，也是本书的一个基本任务。它是建立在大量实际操作案例基础之上，筛选提炼出来的。中外经典案例以中为主，时间段选择以现在为主。作者试图将本书写成一本实操性很强的类工具书，所以刻意在这部分条分缕析并归纳出许多能够学而实践的套路，这应该是其重要价值所在。理论是灰色的，而生命之树常青——歌德和列宁都坚信的这个真理，在本书中也生动地体现了出来。但请记者在运用时,注意因地制宜、因人制宜、因时制宜,不可机械照搬。这是新闻采访学中的一个通律,书中自有多处提醒警示。

如今,我们已经进入到 Wab3.0 移动互联的全媒体传播时代,人人都可以自由地运用新媒体特别是自媒体工具,在网络论坛、博客微博、微信群及公众号、QQ 群组、抖音、快手、小红书、B 站、梨视频等社交平台发表自己的所见所闻所感。宪法保障公民的言论自由,比职业记者更加庞大的公民记者每时每刻都在全方位地报道现实生活中耳闻目睹的真相。相对于主流媒体以正面报道为主,他们对负面新闻关注度较高,于是,公民记者的暗访就更加泛滥起来。由于缺乏专业规范和职业训练,这部分人"滑边"出事的概率更高。管理部门也无法将这群"乌合之众"其实是 UGC(用户生成内容),"揪到"学校里面专门学习训练,他们自己也很难找到这种职业学习的机会——这是一件很头疼的事。那么,本书就是一个新闻界外非职业记者自修暗访知识的良书。

媒体接触到的大量企事业单位、政府机关以及新闻事件中的涉案公民等,对记者暗访常常爱恨交加。他们中许多人不知道如何维护自己正当的名誉权和隐私权,对记者暗访好奇与恐惧心理同时具备。看完这本书,可以揭开这道面纱,能让你知道记者暗访何为侵权、我们自己可以如何维权。如果有的黑恶势力想通过这本书掌握暗访之道,以应对拆解防范曝光,那么奉劝他们:相信魔高一尺道高一丈,这个戒律吧!

吃新闻这碗饭的业界同道和广大公民记者及其渴望暗访解密的其他群体,读了本著内容当会受益。

第一章

不得已而为之的隐匿取证手段

记者是新闻信息的职业采集报道者。在采访和捕捉素材过程中，忠于事实、排除障碍、廓清真相、获取证据，既是公众所赋予的神圣使命，也是法律保护的工作范畴，更是记者职业道德的基本要求。

然而，新闻现场有时候并不方便记者公开身份进入直击，新闻当事人有时候也会刻意回避记者的采访报道。还有人为了隐瞒真相而制造各种各样的假象，更有甚者，通过暴力干预对记者采访工作进行阻挠。记者的职业危险性，在法治化程度不高的国家或地区，尤其是涉及黑恶势力报道时常常显得特别突出。除了不慎暴露后的人身伤害，还有可能遭到事后追杀，等等。这个时候，安全和正义就会发生矛盾。鲁迅曾说，真的勇士，敢于直面惨淡的人生和淋漓的鲜血。但上上之策还是要在确保记者不出事的前提下获取新闻事实。因此，记者就不得不隐匿自己的职业身份进行暗访取证，这是一种非常态下的新闻采访手段和调查手段的运用。

2016年美国普利策新闻奖中分量最重的公共服务新闻奖作品《东南亚血汗海鲜渔奴调查》系列报道，就是美联社4名女记者冒着生命危险暗访一年，向世界披露的惊心动魄的东南亚血汗海鲜劳工非人境况的真实故事。这组报道解救了2000多名被囚禁、被虐待奴役了几年乃至几十年的渔业奴隶，涉及泰国、柬埔寨、老挝等国。并导致美国和欧洲等多国政府，展开相关立法堵绝措施。

美联社记者当时接到线报——在太平洋印尼海域的本吉拉岛上，有不少渔奴被非法囚禁在铁笼之中，更有大量渔奴被骗往这一海域，多年从事非人待遇的渔猎工作。在黑社会枪械齐全的警戒守卫下，记者公开身份采访的话连登岛的机会都没有。而泰国海鲜鱼虾加工厂，也是黑社会组织所开。采访取证，只能在隐匿记者身份的情况下进行。为了弄清血汗海鲜运输线，不惊动报道对象，美联社竟然高价租用一台世界上最高分辨率的卫星摄像机从太空拍摄，跟踪"银海岸线"这艘船超过半个月时间……

本吉拉岛戒备非常森严，武装人员持枪巡防把守，劳工要逃脱出去，
难于登天。记者欲进入调查要冒生命危险……

正常的新闻采访，从程序上讲一般要求有 4 个：记者亮明职业身份、征得被访对象同意、使用常规取材手段、告知报道基本目的（如果被采访对象和你认识或很熟，上述程序可以简化或全免）。而美联社的这组调查报道，完全无法通过正常渠道获得铁证。于是，不得不使用记者暗访这个"撒手锏"。2014 年 2 月中央电视台特派记者组深入东莞暗访，揭开了这个城市黄流滚滚的事实及其背后成因的真相。这组报道引起了中央高层重视，继广东之后全国各地也广泛掀起了一场扫黄风暴。设想一下，记者扛着摄像机戴着胸卡浩浩荡荡开进东莞的色情场所，还能搜集到一丁点儿曝光素材吗？

不得已而为之，是记者暗访的一个典型特征。也就是说，如果公开身份可以获得新闻素材，就无须也不允许通过隐匿方式采集。这同样是公众、法律、职业道德的要求。采访手段的不正当，可能导致目的正义性受损或站不住脚。更为严重的是，还有可能招致司法追究或严惩。这是从事记者职业所必须知晓的一个简单道理。

记者在任何国家、任何社会制度、任何宗教信仰环境下，都不是地下工作者，它可以堂堂正正地实施公众舆论赋予的代行监督权。美国白宫记者团团长海伦·托马斯自认记者是民主和社会利益的"看门狗"，她一生忠实履行了自己的诺言。这位享年 92 岁的老太太 2013 年 7 月 20 日早晨在华盛顿的家中去世。但人们记住了她在 40 多年职业生涯中，从肯尼迪到小布什质问了 9 任美国总统。《华盛顿邮报》评价说："当这个女人走近时，总统们就会发抖。"

1998 年，时任美国总统克林顿设立"海伦·托马斯终身成就奖"，并将第一届成就奖颁予她。她致辞时说，人们只会凭你的最新一篇报道来评价你。图为 1998 年 4 月 30 日，克林顿总统回答海伦·托马斯提问。

在绝大多数情况下，记者都是公开身份从事新闻采访报道的。他们使用的素材采集设备和手段，也都是人们常见的笔记本记录，录音机、照相机和摄像机音频视频获取。按照国家新闻出版广电总局的规定，记者面对采访对象还要主动出示记者证或采访证、工作证，如果这都没有至少要有单位介绍信、采访公函等。被采访对象有权利查看记者证，也有权利直接打电话到记者所在单位核实他们是否为单位员工，在单位从事的职业是否为新闻记者。

常态下的新闻采访，无论被采访对象愿讲不愿讲、给看不给看、配合不配合，记者都不能使用暗访手段。其中原因有二：

一是没有任何一个法条规定公民有必须接受记者采访的责任和义务。记者不是司法人员，不具有司法和行政强制权。按照法无禁止则可行的原则，公民就可以按照自己的意愿和思想认识，来决定是否和记者良性互动。尤其是涉及负面报道，许多被采访对象就是当事人或曝光对象，有私心顾虑甚至企图掩饰，本是情理之中。即使目击者和知情人，也有可能因担心打击报复或其他复杂因素，而不想和记者接触。在这种情况下，媒体就要想其他办法迂回曲折多方打探，了解事实真相。在中国当代新闻史上可以重重写下一笔的《被收容者孙志刚之死》，当年采访极其困难。警方基本不接受采访，案发场域的广州乞讨人员收容所根本不让进，记者调查找不到相应的第三方直接证据。这时候，南方都市报记者陈峰并没有采取暗访手段强行突破，而是近10次寻找目击证人核实新闻细节，推动死者家属申请法医尸检，仔细比对有关收容的法律规定，多次向法医、律师请教……最后，南都记者经过长达3个月的艰苦努力，掌握了大量确凿材料，还原了事实真相。不但将一起骇人听闻的冤案彻底查清，将所有涉案嫌犯送上法庭审判，而且还导致国家一部法律《城市流浪乞讨人员收容遣送办法》的废除。

武汉天河机场3342航班机舱门开启，孙志刚年迈的父母捧着孙志刚的骨灰回到了荆楚大地，一家人为亲人阴阳相隔痛不欲生。（武汉晚报记者周国强 摄）

二是暗访必须具备三个要件，换句话说不达到相应的那些条件，记者通过暗访获得新闻素材，就可能是违反新闻职业道德的，更进一步就有可能违法甚至涉嫌犯罪。这三个要件是：公开身份无法获得、暗访对象违法犯罪、紧急情况亟待捕捉。这三条一般还必须是同时具备，缺一不可。有关它们的详细内容和阐述，后面章节会一一展开。现在我们首先要看到暗访的前提要件规范了记者，必须在不得已而为之的情况下才可以使用隐匿取证手段，无论如何一定要防止暗访的滥用。

中宣部印发的《加强和改进舆论监督工作的实施办法》第四条第四点曾经规定：通过合法和正当的途径获取新闻素材，不得采取非法和不道德的手段进行采访报道。不搞隐蔽拍摄、录音。这种新闻纪律的指向，主要是"非法和不道德"的暗访。即使在国外，约束制止此类暗访，也是一种共识。

美国记者 Adam' Ademo' Mueller 也是 CopBlock. org 网站的创建者，他在网站上发布了新罕布什尔州一所高中校警粗暴对待学生的视频，以及自己与警官、校长、秘书的通话录音。这个记者当时并未征得被采访对象同意而采集语音，构成了侵权涉嫌犯罪。后来，检方责令他"认罪换两年缓刑"遭到拒绝，结果记者面临最长 21 年监禁罪行的指控……

无独有偶，美国加州律师 Steve Lee 近日声称，他正考虑向 District Attorney 提供证据、向法院申请逮捕中国一名法学大佬吴某的 arrest warrant。他指控的理由，就是该大佬已构成非法录取与加州居民的通话，违反美国联邦刑法，可判二十多年监禁。

中国记者有时羡慕美国新闻界同行的自由程度。看到《华盛顿邮报》两位年轻记者，竟然借助"深喉"，把美国总统尼克松"水门事件"曝光在大庭广众之下。还有《纽约时报》惊爆克林顿的"拉链门"、川普总统的"通俄门"——殊不知，在美国那种号称自由民主、记者"无冕之王"的国度，暗访手段的随便使用，也是有可能受到司法严厉追究的。"只知道强盗吃肉，不知道强盗挨打"——大概就是我们揣度美国记者暗访的一个写照。

不得已而为之，是记者在三个要件都具备的情况下所采取的一种无奈的职业抉择，其核心是公共利益驱动。即使一个小丫头片子记者，身后也站着千千万万的公众。代表舆论实施监督，属于记者的神圣职责，这种担当必须是以广大人民群众的核心利益为基础的。中国共产党章程明确规定："党除了工人阶级和最广大人民的利益，没有自己特殊的利益。"这一规定体现了我们党的性质和宗旨，体现了我们党的先进性和纯洁性。作为党和人民的耳目和喉舌，我们记者当然也不能在暗访报道中，掺杂任何私心杂念与个人利益。把舆论监督的眼光聚焦公众人物（带有职务的国家公务人员、名人明星、新闻人物等），对准黑恶势力、对准违法犯罪，完全是记者的神圣使命。如果谁想通过暗访从中渔利，结果将是很悲催的！

然而，我国新闻界现在遇到了一些并非孤立的问题，就是暗访手段的滥用。说白了，也就是记者并非"不得已而为之"、并非无奈地大量通过隐匿身份进行采访。中国人民大学新闻学院陈力丹教授曾经说过："在中国，90％的记者暗访都是不必要的"。央视"焦点访谈"节目一名制片人在一次研讨会上透露，刚刚研究过的一批节目选题中，有三分之二是运用偷拍采访的。（陈力丹、徐迅《关于记者暗访和偷拍问题的访谈》原载《现代传播》2003·4）北京一家著名媒体每日连载央视记者偷拍的故事，作者写道：偷拍在电视业已成燎原之势。在报纸杂志、在广播、甚至在互联网媒体和 APP 等新媒体中，暗访也是一种屡试不爽招徕受众的常见招数。

山东大学一位新闻学硕士研究生曾经以青岛《城市信报》为例撰写学位论文，其中披露：在长达 3 年的时间里，这家报社高密度推出暗访卧底报道。在其统计的跨度 3 年 6 个月时间内，记者暗访几乎每天都有。南京师范大学一位硕士研究生的学位论文也专题研究这家报社的同样专题。她梳理过 2009 年 5 月 18 日至 2013 年 3 月 31 日这家报纸仅卧底报道稿件就高达 169 篇……如果这种"高密度"确是事实的话，应该是一桩令人忧心的事。

记者暗访泛化论，就是指隐性采访的超范围使用，它违反了"不得已而为之"的基本原则。而且，还有人为这种现象进行论证和理论支撑。比如，有一家新闻学杂志就刊登了论文，公开提出"以偷拍为主要拍摄手段，直击阳光下的阴影，目睹平凡中的闪光，砭时弊、扬正气……"仅仅这句话的行业迷惑性就很大，看似正义其实隐含不少误识。首先，阳光下的阴影，也就是我们社会生活中的负面问题，是否非暗访才能发现？《新闻道德评价》（著者：美国佛罗里达中心大学教授 R. F. Smith　翻译：李青黎　新华出版社）曾经含蓄地指出：隐性采访的确能使记者较容易地获得事实真相，但它毕竟是一种欺骗手段，容易导致争论，严重的甚至会引起诉讼，而大量的常规采访和艰苦的调查能达到与隐性采访一样的目的，并更具有说服力，更少引起争论和诉讼。其二，平凡中的闪光，也就是正面报道司空见惯的人或事，挖掘其中的新闻价值，这是万万不可以用暗访手段来获取并展现的，这样做会严重违反新闻从业人员的职业道德。须知：记者运用暗访并非毫无顾忌随意进行，它受到国家法律的限制，受到新闻界规范的约束，还受到自己所供职的媒体的自律。

2014 年底，东北某省党报刊发《老师，请不要这样讲中国》一文曾经引起巨大争议，焦点就在媒体对此新闻选题是否有必要使用暗访。该报精干记者多人隐瞒身份在沈阳、北京、上海、武汉、广州的多所高校，"暗听"了近百堂人文社科类课程。结果，在他们报送中国新闻奖评选时，被绝大多数评委批评而落选。

有新闻学杂志刊登新闻从业人员写的实战心得，所写围绕记者针对窗口单位便民服务是否到位、企事业单位管理是否规范等进行的暗访，洋洋千言，却犯了不当使用记者暗访的错误。还有的新闻学硕士论文，专题阐述如何暗访，却以自己越界使用体验式暗访为核心案例。说自己在媒体做实习记者期间，隐瞒自己的身份住进"求职小屋"，同外地来上海找工作的大学生住在一起。通过平时的聊天、娱乐、找工作等方式手段，掌握了很多关于他们生活细节的资料。然后在上海某报上发表一万余字、共占四个版面空间的暗访报道……这也是明显的将暗访泛化不当使用的典型案例。它们违反了不得已而为之、被暗访对象正在实施违法犯罪等暗访手段使用的前提原则。现在能够看到的数量不少的暗访内容，都可以通过正常的采访方式，特别是迂回的方式获得。只是可能不够精彩、刺激，而且需要记者花费功夫，遭遇曲折。于是，暗访变成了取证捷径。

最后一个需要阐述的问题，是学界和业界对记者暗访前提，普遍推崇一个"三公原则"，即公共利益、公共人物、公共场合。详解就是记者只有为了公共利益，在公共场合，才能对公共人物进行暗访。最早见于徐迅女士《中国新闻侵权纠纷的第四次浪潮》这本大著，她既是著名新闻法学专家，也是中央人民广播电台高级记者，学、业集于一身。这种高度凝练概括的总结，对规范记者暗访有重要指导意义。不过，平心而论，如果严格按照"三公原则"来决定暗访能否进行，可能致使一些新闻，尤其是负面报道内容采访的流产。比如：央视的东莞黄流暗访，其对象卖淫嫖娼者就不是公众人物，他们的违法犯罪场合在宾馆房间的私密空间里面，也不属于公共场合。这就构成了"三公"的"两公"缺失。当然还可以举出其他很多例子。所以，"三公"同时具备是极不容易的。是故，本著提出"不得已而为之"这样一个概念，它的涵盖既非常严格也不失界宽。

那么，记者隐匿取证"不得已而为之"的具体内含，大致包括哪些主要条件呢——

一、公开身份无法获得

记者头上并无"替天行道"的光环，但具有潜在威慑力。

所谓"无冕之王"，在我国是完全不存在的。并非我们的记者普遍水平低下，而是国体政体使然。"耳目喉舌论""工具论"，决定了记者不可能成为西方那种"三权分立"之外的"第四权力"。早在 200 多年前的英国，《泰晤士报》被称为英国上流社会的舆论权威，主笔辞职后常被内阁吸收为阁员，地位很高。他们往往被公众称为"无冕之王"。以后泛推开来，从事记者职业的人，都成了虽未加冕但社会威信很高的一族。

中国记者虽不能构成与立法、行政、司法并立的一种社会力量，对这三种政治权力起制衡作用，但它确实可以代表党和政府、人民大众，实施舆论监督。而且，这种监督，也确确实实对权力很大的人物、社会黑恶势力、党内外腐败现象、无良单位与机构，构成软实力威胁。

正是因为记者的这种威慑力，所以，负面报道中的被采访对象，不管他身份地位有多高、经济财富多丰厚、社会影响力如何了得，总会害怕媒体曝光和舆论批评监督的力量。于是，他们就会千方百计人为掩饰，设置障碍乃至暴力阻挠记者采访。当然，也有使用"封口费"之类软的一手。"防火防盗防记者"的怪异说法，最早就是由这类人发明创造的。在这样的情况下，记者公开身份往往很难获得自己所需要的新闻素材，更难深入新闻事件现场与新闻当事人和目击知情者直接接触采访。还原事实真相，将会因为记者身份的暴露而半途夭折。资深记者都能体会到，现在进行负面报道采访，难度越来越大了。公务机关会以所谓宣传管理机关尚未批准的理由挡驾，危机企业打出"一张口对外"的狡猾牌，突发事件的现场警方临时戒严控制，农村基层干部则可能用款待之术将报道时效"拖黄"……

最容易遭遇采访障碍的，就是舆论监督类新闻。任何人无论他的思想觉悟有多高，都很难做到真心欢迎记者来曝光他的负面。尤其是涉及违法与犯罪方面的报道素材，当事人及至知情人、亲朋家属等，更是可能见记者就掩藏起来、拒绝采访、设障阻挠、暴力侵害。记者在常规手段采访完全无法获得事实、了解真相的情况下，就不得不使用隐性方法取证，这也是在复杂情况下获取可靠材料的必要手段。

公开身份无法获得，是记者穷尽正常采访方法手段均不可能奏效的意思。这种"正常"，一般指记者与新闻当事人当面采集访问、与新闻目击者展开对谈求证、向新闻知情人侧面了解打探等。其具体方法有记者与采访对象之间的"一对一""一对多""多对一""多对多"，还有现场观察式、问卷求解式……另外还有记者公开身份前往新闻事件现场和其背景相关的地方观察、拍摄、录音、记录等。

设想一下吧，央视记者组赴东莞采访当地卖淫嫖娼泛滥现象，如果公开记者身份，扛着摄像机、举着台标话筒，到宾馆饭店洗头房桑拿浴室问卖淫者情况，被采访对象有没有可能回答？找到嫖娼者了解来龙去脉，他们会不会坦言？包括去当地警方或政府管理部门正面采访，也不可能获得真实情况。

中国著名调查记者王克勤鞭挞丑恶、关怀民生的揭黑性深度调查报道《兰州证券黑市狂洗"股民"》《山西疫苗乱象调查》《北京出租车业垄断黑幕》《河北"定州村民被袭事件"调查》《河北邢台艾滋病真相调查》等，无一不是冒着生命危险，通过暗访获得的惊人曝光素材。仅2001年，在他笔下被送进监狱的黑恶分子就达160多人。当年黑社会扬言要花500万元买他的人头，因此他被传媒界誉为"身价最高的记者"。这些报道，如果他都采用非隐性方式，公开身份采访，不但难以掌握要害素材，而且可能连生命都早已"报销"了。

中央电视台《新闻30分》曝光南京冠生园陈馅月饼，导致这家百年老店轰然倒塌。起初，电视台记者得到该企业员工爆料，主持人公开身份前往采访，遭到总经理指责威胁。后来央视得到举报派记者核实，遭遇阻挠。在这种情况下，才被迫采用暗访手段。央视记者在企业附近租了间房，架设两部摄像机还有望远镜等设备。每天从冠生园上班开始盯，一直盯到他们收工。

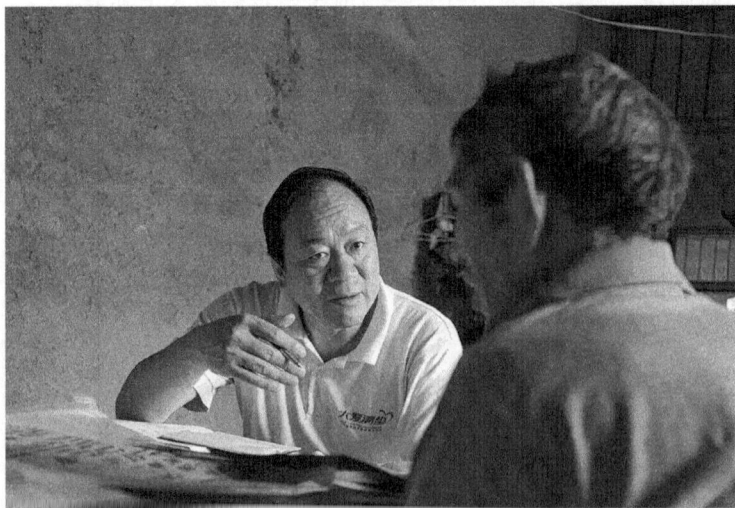

为采访报道甘肃省古浪县一百多个农民集体患上尘肺病、已有数人死亡的悲情真相，王克勤深入到患者家庭调查采访，以明访暗访交替的方式获取新闻素材。后来发表《甘肃"尘肺村"调查》，引起高层和社会各界的震动……（凤凰资讯"大爱清尘"）

他们拍了 10 多盘素材，700 多分钟，回来后，光是整理、编辑，就用了一个月时间。加上"内部人"携带专业偷拍机进入现场……正常的新闻报道公开记者身份，是新闻职业道德的明确要求。《中国新闻工作者职业道德准则》是1991 年制定的，1994 年和 1997 年有过两次修订，内容从八条减少到六条，但是下面这段话始终保留着："要通过合法和正当的手段获取新闻，尊重被采访者的声明和正当要求。"这段话被安排在"遵守宪法、法律和纪律"的小标题之下。1997 年的修订在最后的"要求"两字前面加了"正当"两个字，这显然是防范那些有违法问题的被监督对象可能提出无理要求的情况，目的是维护记者的权利。从这句话的行文不难看到，《准则》不允许采用秘密的采访手段，因为"尊重被采访者的声明"的前提，当然是记者公开采访，不然哪里能谈得上尊重被采访者的声明呢？（《陈力丹答徐迅问》，陈力丹为中国社会科学院新闻与传播研究所研究员、博士生导师，徐迅为中央人民广播电台法律顾问。人民网 2003 年 6 月 25 日）

公开身份中的"穷尽正常采访方法手段均不可能奏效"，并非要求记者把每一种能想到、能用到的正面采访方式都先试一遍，然后才能进入隐性暗访。而是在新闻发生之后的访前分析阶段，记者根据采访难度和后果预测，作出职业判断。如果确认持《记者证》非但无法获取真相，而且还可能打草惊蛇、遭遇其他不测（只要三者居其一），就可以考虑采取非公开方式取证。《南方周末》揭露铁道部乌鞘岭隧道野蛮施工、浪费国家巨大财力和人力的暗访报道《争议"亚洲第一隧道"》，就是记者当时通过明访掩护而获取的暗访证据。甚至，记者还在中国工程院院士王梦恕的支持帮助下，以他学生的身份堂而皇之进入隧道现场并和施工人员直接接触，完成整个报道。

请注意：公开身份无法获取，只是记者实施暗访理由的充分必要条件而非唯一条件。在形式逻辑里面，充分条件是指如果条件 A 是结论 B 的充分条件：A 与其他条件是并列关系。而必要条件是条件 A 是结论 B 的必要条件：A 与其他条件是串联关系，即条件 A 必须存在，且条件 C、

D……也全部存在才可能导致 B 结论。我们实际操作中，不能所有新闻只要遇到采访艰难、无法接触进入，马上就祭出"记者暗访"的利器，那样可能产生滥用、"超界"的严重后果。当前新闻业暗访，存在比较显著的过多过滥现象。

比如：记者要报道医院婚外怀孕堕胎现象，公开身份去采访，医生护士不愿意配合，当事男女更拒记者于千里之外，完全回避话筒和镜头。可有的媒体却派一对男女记者去乔装求医，用暗访机摄录那里的医生接诊问诊的现场情况。于是报道后，不但许多患者被曝光，更有未婚少女的隐私被曝光。这是严重侵权的行为，用任何理由做挡箭牌，都难以逃避法律的追究。所以，记者公开身份无法获取的新闻素材，并非都可以使用暗访手段"巧得"。

《南方都市报》记者陈峰当时为弄清孙志刚死因，非常想去警方和事发收容所通过正常渠道采访。可是，得到的基本都是拒绝的回复。这个时候，他并没有马上以暗访方式介入，而是通过帮助孙志刚家聘请律师、寻找第三方权威尸检鉴定机构，来曲线迂回获取事件真相。"律师从广东的各种机构那里拿到了各种书面材料，有很厚的一本。比如收容时的签字和表格，已经能够非常清楚地勾勒出孙志刚在这几天的行程。再加上法医鉴定，包括孙志刚的朋友、家人的采访。法医对伤痕进行了大致解读，对术语作了一个解释"……（《专访记者陈峰：孙志刚案是如何被报道出来的》采访人：田兴春李婧 刘茸 2013 年 6 月 20 日人民网—法治频道）由此可见，公开身份无法获得，必须履行"穷尽"的责任。在策划采访方式上应该多方、多头、多策，万般无奈才可以称得上"不得已而为之"。记者不能一遇到采访障碍，就认为掌握了暗访介入的充足理由。

记者暗访还有一种情况，就是虽然出示了《记者证》，但对采访对象隐去了报道的真实动机或意图。有时记者不慎暴露，也只能被迫采取这种方式紧急应对。它是三十六计中声东击西之计在新闻采访技法中的运用，其实质也和隐瞒记者身份无二。表面上，记者问这问那无关被采访报道者的要害，实际上记者眼观六路耳听八方，是为另一个目标内容打探而来。"迂回采访""侧问法"等，也近似于这种手法。使用这个策略的目的，在于掩盖其他取材的真实意图。就像中国古已有之的"围魏救赵""指桑骂槐""项庄舞剑，意在沛公"。一切的一切，要义全在后者而非前者。而此种暗访，也是以说谎为代价的。人人都知道说谎是不道德的行为，但是记者为了特别重要的公共利益，不得已而为之，这会受到社会的容忍和公众的理解。同前述一样，如果这种采访手段超界滥用，就有可能造成法律、最起码是职业道德方面的问题，后果仍然是负面甚至是严重的。因此，仍然需要新闻界严格控制使用。

我国当代记者暗访，最早可见的是1992年中央电视台记者对河北省无极县假药市场的暗访。这次暗访的电视纪录片《再访无极》播出后，立即引起了强烈反响，在不到一个星期的时间里，无极药品市场被彻底取缔了。央视《焦点访谈》的批评监督类内容比例，最高达到47%。由于其触目惊心的曝光采访取证难度，该节目记者大多使用暗访手段。 2002年起，国务院办公厅正式开设了《焦点访谈》督查反馈机制，就中央领导同志每一次对《焦点访谈》作出批示后的督查情况，进行跟踪反馈，当年就有41起受到高层批示关注。后来，负责许多暗访行动的中央电视台记者骆汉城在自己的有关著作中写道："中国最早的电视新闻偷拍始于我们一种无奈的选择。这种选择如今已呈燎原之势，成了几乎所有电视台暗访的首选手段。"现实情况是不是"首选"，值得商榷。可各种媒体普遍使用，倒是不争的事实。这种势头值得警惕！

为此，我们提出"显性优先"的采访原则。意思是记者在获得新闻线索，选择决定到底用不用暗访手段切入时，首先要认真考虑能否以公开身份采访的方法所取得？记者尽可能少用或不用暗访，优先将显性方式前置，属于新闻从业人员的常态工作方式。暗访，只能是非常态或叫异态、万般无奈的下策。可是，我们还是会看到有新闻界同仁，以"暗访10年""我做暗访记者18年"等等经历为炫耀。这其实是"刀口上舔血"，极其容易引发司法纠纷或民事侵权后果，记者自己的人身安全也会处在危险之中。

那么，记者隐瞒身份暗访合法不合法？中外法律有明确界定，总体而言是"有条件"支持保护的。这个问题，会在本书后面章节专门详细展开论述。

二、暗访对象违法犯罪

记者隐匿身份取证即暗访"不得已而为之"的第二个前提条件，是被采访对象正在实施违法犯罪。但违法犯罪是暗访的充分依据而非必然结果，即并不是所有违法犯罪都需要暗访，也不是针对所有违法犯罪的记者暗访，都可以任意采取所有手段。

首先，我们要从法理上弄清什么是违法？什么是犯罪？它们两者之间的联系和区别到底在哪里？廓清这些问题，才有助于新闻记者清醒地决定是否采用暗访手段、介入深度究竟应该几何。

世界上的法律可以分为两种类型：大陆法系、欧美法系。任何一国的法律基本都包括民事法律、刑事法律、行政法律等类别。只要违反了国家宪法、法律、法令以及所有行政法规和行政规章，均属于违法。而犯罪，一般单指触犯刑律的行为。两者之间有联系也有区别，但不能等同。

违法涵盖的范畴或外延明显大于犯罪，它们都有具体的违法行为、都具有社会危害性、都应该追究法律责任。但从危害性上考量，一般违法情节轻微，绝无犯罪对社会危害程度大、后果重。从触犯法律的项上看，一般违法与国家刑法无关，犯罪则是有明确侵犯刑律的行为。从应该受到的追究程度来看，一般违法只承担民事责任或行政处罚。而犯罪就要受到刑事追究，强制性措施的严厉性完全不一样。

驾车闯红灯、贩卖质量不合格的衣服、开店提供异性按摩，这些行为分别违反了道路交通安全法、消费者权益保护法、治安管理处罚法。情节显著轻微、危害不大。酒后驾车撞死撞伤行人、生产销售三聚氰胺牛奶致使成百上千儿童患肾结石、卖淫嫖娼传染性病，它们同样也违反了那三个法律法规，可是，造成了严重后果，社会危害程度大，因此还触犯了刑法。前者是违法行为，后者属犯罪行为，行为的情节和对社会危害的程度是区分违法和犯罪的界限，而行为情节还要考量主观恶性状况。在结果处理上，犯罪是一种处罚极其严酷的行为，从罚金、没收财产到限制人身自由、剥夺生命权。而除犯罪外的一般违法行为处罚较轻，可能只是警告、赔礼道歉等精神上的法律责任，也可能是赔偿金钱、返还财产，最重是罚款和拘留，且有严格的适用限制。

对违法犯罪的报道对象，记者有权采用适格的采访手段取证新闻素材，其中当然也包括暗访。但是，由于违法和犯罪在社会危害性等方面的不同，记者需要在不同性质报道对象的采访中，选择暗访手段的使用或不使用，还要度量暗访手段的使用烈度。

第一，要排除不暗访就无法取得的其他条件。换句话说，如果能够通过其他公开方法获得素材，就一定不要隐瞒记者身份。千万不要以为只要发现违法犯罪，就取得了暗访的法定理由。南都记者陈峰调查孙志刚惨死背后的真相，就是在难以深入到警方控制的场所调查，找不到相应的第三方证据的情况下，推动死者家属申请法医尸检，仔细比对有关收容的法律规定，近10次寻找目击证人核实新闻细节，多次向法医、律师请教来完成的。新闻媒体对于正在实施中的犯罪行为，可以向司法机关报案由他们强力打击。其中有的案件和犯罪分子，可能存在隐蔽性强、范围过大、异常复杂、破案难度极大和其他正在进行时。这时候媒体派记者暗访介入调查然后报道，会有助于在更大范围、更深层次上教育受众。也有助于在媒体提供的铁证面前，司法机关更加迅速、更加准确地从重、从快、从严打击犯罪。舆论本身对公权力机关，就具有除了监督之外的强大社会压力。所以，有些记者发现了犯罪线索后，并不选择报案而是暗访，也是一种出于职业新闻敏感"要抓大鱼"的习惯。如果站在我们的角度上看，也有一定的社会责任担当，这时候，就需要权衡一下轻重缓急和安全因素。

在突发犯罪事件、重特大伤亡后果可能瞬间产生面前，暗访就不应该是首选。毕竟新闻记者不具有抓捕嫌疑人、暴力制止犯罪、武装解救人质、硬性收缴犯罪所得等一系列法律授予的权限。等到你调查清楚来龙去脉，后果已经产生、罪犯可能逃脱。这样的事情，还是及早交给警方或检察机关侦破比较妥当。这期间，记者仍然可以通过和办案人员合作，以现场目击，旁观审讯，查看案卷，采访嫌犯或受害者、知情人等方式，来完成曝光报道。其新闻传播效果可能并不比自己冒险暗访差，而且能避免或减少人民生命财产的损失。

只有那些"缓进性"犯罪，即过程既是正在进行的、也呈现缓慢推进特征的犯罪行为，而且面上具有普遍警示教育意义，才适用记者隐去真实身份暗访。比如，美联社记者发现东南亚血汗海鲜背后，一个与数个犯罪集团联手控制渔业劳工自由和戕害生命，这个事情已经发生数十年。他们就选择了派4位女性记者，前往进行跨国暗访调查。最后发出的报道，解救了2000多渔奴。

第二，记者对仅仅属于违法对象的暗访，要考虑可能带来的侵犯隐私权造成的后果，这在犯罪内容的暗访中则矛盾不突出，也即广义上说的犯罪无隐私。我们已经知道违法不等于犯罪，两者有质的区别。违法的一个显著特征，就是它属于民法或其他法规调整、处置、救济的范畴。他们的双方当事人，都享有公民与生俱来的名誉权。而名誉权中就包含着隐私权。隐私权，是指自然人享有的私人生活安宁与私人信息、私人活动和私人空间不被他人非法侵扰、知悉、搜集、利用和公开的一项人格权。凡是报道、言论故意或者过失地涉及到权利人的私人信息、私人活动和私人空间以及生活安宁，就是侵害隐私权。在实践中，许多违法内容的新闻暗访，正是侵犯公民隐私的表现形式。查看已出版的专著《中国新闻官司二十年（1987～2007）》（作者：刘海涛、郑金雄、沈荣 中国广播电视出版社）可以得知，我国法院每年受理判决的几千件新闻官司，其中有较大比例和不当暗访有关。而隐私权侵权在暗访中的表现形式有太多太多，很难逐一列举。本书会在后面章节详细述评分析。

致广大网友及观众的道歉信

广大网友、各位观众：

7月27日，四川广播电视台新闻频道晚间节目播出暗访调查报道，对按摩店存在色情服务的问题进行了曝光。在制作编辑节目及审片过程中，由于编审人员责任心不强、疏忽大意、审核不严，导致当时并未发现节目中的不当画面。出现这样的严重错误，我们难辞其咎，深感自责。

尽管我们的初衷是对社会不良现象进行舆论监督，但由于麻痹大意、把关不严、责任心缺失，导致了不当画面的播出。对于由此造成的严重的不良社会影响，我们诚挚地向社会、向广大网友及观众真诚致歉！同时，鉴于该视频内容存在严重问题，事实上成为了不良信息，所以恳请、拜托各位网友不要再次传播，避免不良影响继续扩散。

目前，我们已按照四川省广播电视局和台党委要求，成立调查组，查清事实、区分责任，责令相关栏目进行全面整改，对相关责任人作出停职处理，彻底检视、反思发稿流程和审核、播出制度，坚决杜绝类似错误。

在此，我们真诚感谢广大网友及观众的监督，并再次向大家诚恳道歉！我们一定深刻反省、严肃追责、举一反三、引以为戒，严格执行新闻稿件的审核制度，增强社会责任感，不断提升业务水平，请大家继续监督！

四川广播电视台新闻频道
2019年7月29日

记者暗访报道违法画面播出，暴露了媒体内部新闻纪律管理的混乱以及采编法制意识的淡薄。

第三，坚持用合法手段暗访违法犯罪，而不能因为记者曝光舆论监督目的神圣，肆意采取一切手段，对犯罪行为犯罪事件犯罪嫌疑人"以毒攻毒"。记者不享有任何特权，采访证不是违法更不是犯罪的特权证。新闻采访无论如何都必须遵循：在法律规定的框架内获取材料，超越法律就会带来记者暗访本身涉嫌犯罪。这样的案例，并不鲜见屡有发生。2019年7月27日，西南某省电视台播出记者暗访视频画面竟然出现生殖器官裸露画面。一名男记者调查按摩店"特殊服务"，关键时刻没有中止违法涉黄，而节目播出也没有把住关，铸成重大新闻事故。

美国北卡地方法院曾经于1997年1月，判处美国广播公司（ABC）卧底暗访食品连锁巨头食狮公司（Food Lion）的行为侵权败诉，陪审团要求ABC支付补偿性损失赔偿费1402万美元和惩罚性损失赔偿费550万美元。1999年10月20日，美国第四巡回上诉法院（里士满）重新审定地方法院的判决后，支持了其中两项诉由，"对雇主有不义之举"及"非法侵入"，驳回了地方法院关于"欺诈""不公平贸易手段"的内容，虽 ABC 最终败诉，但惩罚性赔偿降为 2 美元。（搜狐传媒《美国卧底报道法律风险》2015 年 6 月 8 日）此案就基本价值层面来说，表明美国司法并不支持卧底采访。 ABC 虽然只赔偿 2 美元，但还要承担依法由败诉方支付的巨额诉讼费用（估计高达数百万美元），同时还付出了 7 年应诉的庞大人力和物力。

第四，不能妨害国家机关同违法犯罪作斗争的活动或国家机关的正常活动。当记者暗访前、暗访中，发现被采访对象正处在警方检方侦查办案范围内，一般就应该放弃或退出其暗访。当记者的暗访可能造成司法机关打击违法犯罪错失良机、误判性质、当事人逃逸、关键证据丢失毁灭等后果时，媒体及其从业人员应该主动自觉让位。当记者暗访将会给党和政府的工作带来冲击和其他重要负面影响时，也需要改变取证的方式方法。

综上所述，记者暗访可能引起一些权利的冲突，如采访权和被采访权、采访权和肖像权、隐私权等，与国家公权也可能会发生冲突，如国家安全、侦查权等，解决这个冲突，就必须对暗访进行限制。这种限制的基本内容，除了前述的四条外，还需要强调即使非犯罪的轻度违法行为，记者也不能用违法的手段获得其素材。千万不要认为记者目的神圣，虽犯罪不能，但违法可以。媒体不具有暗访违法不受追究的豁免权。

必须严肃指出：采访报道对象违法或犯罪，是记者使用暗访手段的一个不可逾越的前提条件。如果不具备这个条件，记者只能通过其他非隐匿方式获取新闻素材。当前，新闻媒体暴露出许多不当使用暗访的侵权或失德问题，有许多是在这方面把关不严、超范围滥用所造成的。如一家电视台对春节后第一天，政府机关上班有多少人迟到早退的暗访报道。一家报社对高温酷暑天，街头交警执勤辛苦状况的暗访报道。一家新闻杂志社对开发区行政服务大厅，办事是否门难进脸难看事难办的暗访报道。更有国内一家著名新闻学院的硕士研究生写作关于隐性采访的长篇论文，其前言部分叙述自己在媒体实习的 20 天卧底采访经历，竟然是"反映、展现外地到上海来找工作的大学生的生活状态，以及他们在上海闯天下的艰辛和成功"。"笔者以日记的形式将这段时间的生活形成文字，发表在笔者所实习的报纸上。获得了领导的肯定……"这一系列暗访对象，无一属于正在实施中的违法或犯罪，应该可以通过非隐匿方式获取新闻素材。所以，记者违反了"不得已而为之"这个重要规则。世界各国新闻采访的操作规范几乎都认为：记者暗访只有"穷尽一切采访手段无法获得信息"方可使用。一般情况下，不能用欺骗或其他不正当手段面对采访对象。非违法犯罪的报道内容，尤其不能使用记者暗访。

也有些新闻媒体把记者暗访的前提，设置为"严重侵犯公众利益"。比如中央电视台的《新闻调查》手册中，采用秘密调查的前提就是这样表述规定的。（腾讯新闻"全媒派"约稿南京大学新传院副教授、前焦点访谈主编、新闻调查策划庄永志，《谈南都记者暗访高考》）如果仅仅从语言比对上看，"严重侵犯公众利益"比"违法犯罪"在程度上是显得轻一些。其实不然，所有违法犯罪都会产生严重侵犯公众利益的后果，如果不能全部倒推，至少和违法是可以画等号的。有人认为央视使用文字技巧，为记者暗访拓展界宽。真实情况是，《新闻调查》的自我戒律是要求记者同时满足四条原则，才能使用秘密调查：一是有明显的证据表明，我们正在实施的调查对象严重侵犯公众利益。二是没有其他正常途径搜集材料。三是暴露我们身份就难以了解到真实情况。四是经制片人同意。这么一看，央视的自律不仅是严格的，在具体操作层面也是切实可行的。

有人以"记者暗访不等于'访暗'"之说质疑媒体暗访，企图用正面报道为主的大道理来阻止暗访曝光，其实是一些地方或单位领导"控负"的借口。新闻界人士一定要心中有根弦，记者暗访正是"访暗"，光明的新闻素材是不允许通过暗访手段去获取的。因为暗访中的记者隐性进行或采访目的隐瞒，本身存在欺骗性，是媒体不得已而为之的最后取证手法。只要可以通过其他正常采访方法获得素材的新闻，就一定不要使用暗访。

三、紧急情况亟待捕捉

突发新闻事件在时效性上，有紧迫、突变、稍纵即逝的特点。记者无论从满足公众求知欲角度，还是从媒体同业竞争制胜内需角度，还是从从业者社会责任担当角度，都要求自己投入巨大关注和采访报道精力。如果此间遇到公开身份比较危险、采访可能遭到阻挠或障碍、无法取得编辑部支持帮助等情况，记者就需要也必须隐身暗访。"抢打第一枪"的前提，是记者握有相关报道素材。突发状态下的新闻事件采访，满足了以上三个条件，就是通过暗访取证"不得已而为之"的充足理由。

2007年4月，山西汾阳警方破获一起私藏土制炸药燃烧导致井下14名矿工窒息死亡案件。《山西晚报》事前接到知情人线报，立即派两名记者驱车前往采访，希望了解煤矿发生井下燃烧事故、矿方转移矿工尸体的传闻背后真相。可是，刚到出事矿井口，就遭到一群人阻挠，然后被跟踪，然后塞2万元钱，然后遭到不明身份人员推打并威胁要把记者和随行司机"填到沟里埋了"，然后被两辆车追堵拦截……（《废墟中发现矿工笔记》山西晚报2007年4月6日）由此可见，记者公开身份有时是很难获得重大突发事件新闻的核心素材的，甚至有的连出事现场的边也沾不到。暗访，确实是被迫无奈之举。湖南娄底市委书记蔡力峰在七一煤矿17名矿工死于矿难后，曾经通过十多

矿难现场观察：几名矿工在坍塌的废墟上进行救援，他们用砖敲击墙壁的时候里面有回应。身后是观察者。河南商报丁洁杨东华 摄

次深入暗访，才了解到当地官煤勾结的真实情况。中央电视台白岩松曾经在节目中对他专访过。连市委书记都要如此，记者的境遇可想而知。

紧急情况、突发事件，它的瞬间爆发、可变、破坏、不确定性和重大社会影响，造成新闻媒体及其记者无法预知，很难有条不紊应对安排。有丰富经验的老记都会认为，这种采访大多数是遭遇战。将在外，君命有所不受，根据现场情况自主应对，是记者选择公开身份采访，还是隐性暗访的一个职业要求。有的是先尝试非暗访进入，此路不通再变换手法进行。如央视当年采访报道南京冠生园"陈馅月饼"事件。有的已能预测到采访难度，或发现其他危急状况，记者就可以当机立断隐匿起来，化装采访甚至卧底采访。具体有三种情况——

暴露记者身份，可能造成人身伤害或采访设备被破坏。紧急突发事件当前，记者的责任感驱使自己千方百计获取新闻素材。但有些领域、有些场合、有些单位、有些特定的人，会强烈反感记者来采访报道，他们希望掩盖事实或至少不想让社会公众都知道其危机的真相。于是，就有可能发生暴力对抗。具体表现就是殴打甚至非法拘禁记者，毁坏记者的记录本、录音机、照相机、摄像机、手提电脑等采访设备。此种情况虽然早就有之，但这些年正呈愈演愈烈之势，原因比较复杂，一言难尽。

据媒体报道，2018年1月25日，河北电视台内参组两名记者暗访曲周县一企业非法排污时，遭多人围殴，摄像器材、个人手机、钱包被抢。其中一记者被施暴者捆绑，并恐吓扔水井淹死。调查发现，涉事企业挂着山羊养殖合作社的牌子，真实业务为喷塑。（《新京报》2018年2月2日）当时两位记者还不是明访，而是应河北省委督查室特邀代其进行督导暗访，不慎暴露后如此遭遇。

2017年12月4日，陕西广播电视台《都市热线》栏目记者采访周至县人民医院"天价停尸费"时，竟遭到多人扒衣殴打致伤，期间还被关进太平间数十分钟。（都市快报2017年12月6日）

以上两桩案例，都是记者暴露身份的结果。设想一下，如果媒体能够预设到被采访对象暴力阻挠，是不是应该采取隐性采访的方式介入？是不是应该选择暗访经验丰富的记者担纲？所以，在暗访取舍面前，预则立，不预则废。

记者身怀正义，是无惧采访中的暴力侵袭的。可是，无论从保护自身安全、设备安全，还是从尽快能够获得真实取证材料、增强时效尽快发出突发事件报道来考虑，都是能够避免则避免为好。因此，暗访可以绕开不必要的冲突，还可以获得不被修改编造的第一手真实情况。

暴露记者身份，可能遭遇被采访对象重重阻挠或设置难以逾越的障碍。许多突发事件的肇事方，会在第一时间人为设置曝光屏障。尤其是对付闻讯而来的记者，很多单位已经从制度上进行了严格管控。比如警方，在涉及他们自己的负面新闻事件时，对记者最常用的一句推挡语是：涉警问题，上级机关不同意我不能说。记者千方百计辛辛苦苦找到他的上级，仍然是这句话，还有上级的上级。遇到企业突发危机，相关单位当事人或管理者，对记者采访就说：董秘"一张口对外"，我不能擅说。然而，董秘早已藏身难觅，手执《记者证》无异于自己献给对方一道挡箭牌。

当然，还有更多的地区和单位，通过宣传管理部门专业对口，派人到记者采访的现场或入住的宾馆上门公关。金钱利诱、熟人打通、死缠滥打、八

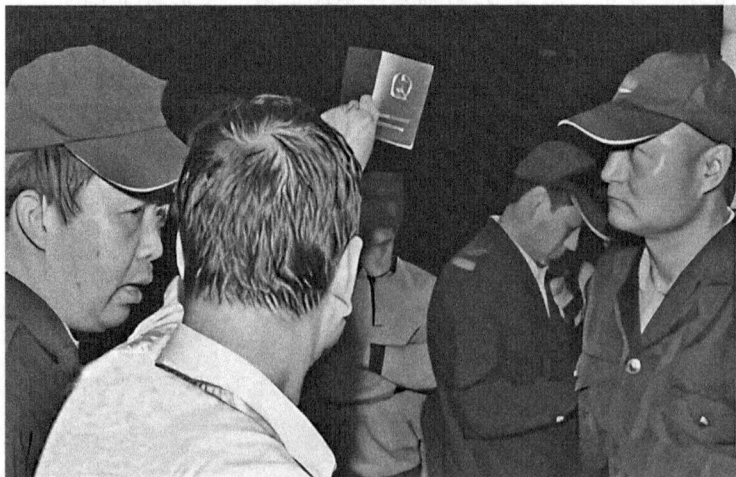

常州电视台接到群众投诉：齐家网常州站老板吴春携居民上百万装修款失联。记者赶到现场亮明身份采访，遭到小区保安阻挠。理由是：你找公司专门的新闻外交官去……（电视画面截屏）

方勾连。总之，这些比较懂新闻业务的人，是横亘在记者公开采访面前的一道柔性之墙，没有相当的逾越经验和坚强的取证毅力，是极不容易突破的。不过你想，与其在接触当事人、目击者、知情方前，要战胜那么多挡道"妖怪"，还不如巧用暗访术绕过去好了。而且，关键是在紧急情况突发事件面前，记者的时间耗不起。很多有价值的新闻报道，就是被这种阻挠障碍拖黄了的。

发生在湖南嘉禾的拆迁大案，中央电视台摄制组就是遇到当地县委常委宣传部部长亲自带队的危机公关组找人"摆平"。在县委常委会上该部长发誓"不获全胜决不收兵"，通过八方公关企图阻挠曝光报道公之于世。记者在当地公开身份取证非常困难，被迫采取隐性采访了解大量居民房屋被强拆的真实情况。国务院领导很快批示，湖南省政府、建设部联合调查组通过深入细致的调查取证工作，基本查明主要违法违规事实。调查表明，这是一起集体滥用行政权力、损害群众利益的违法违规事件。（《一场"摆平"与"反摆平"的较量》瞭望东方周刊 2004 年第 28 期）

暴露记者身份，可能被拒但又因情况紧急难以获得编辑部后方支持帮助。突发事件紧急情况报道，和常态新闻报道的一个重要区别，就是前方记者处在特殊环境、特殊区位、特殊状态、特殊对象的多重包围之中。回撤，就可能丧失采访报道的黄金时机，周边也没有可供支持帮助的条件。这时候，处在后方的编辑部也无法无招。就像"战地玫瑰"闾丘露薇在美伊战争前线现场报道的时候，导弹炮火就在头上飞过，凤凰卫视老板刘长乐只能通过海事卫星电话，再三叮嘱记者要注意安全，甚至下令撤回到科威特去。更多的时候，记者在突发事件现场需要根据遭遇的情况，独立决定处置方式。新闻采访的由明转暗，就是一种可行性上策。此种无奈选择权宜之策，能够极大地化解记者的人身安全风险和取证风险，有利于对记者的保护。当然，这种暗访也可以是将记者真实的报道意图隐蔽起来，王顾左右而言他——说是来采访这个的，其实是另有所图。

震惊世人的广西南丹"7·17"特大矿难后，前方记者冒着生命危险，撕开了南丹矿难的黑幕。当时，广西日报旗下某媒体记者公开身份与民工交谈了解真相，却遭到数十名携枪的打手围攻。两把尖刀竟把他逼上了几百米高的悬崖，一把刀顶住他的咽喉，另一把顶住了腹部，声称"要是记者就杀了你"。记者只能临危否认，由明访转为暗访……（据法制日报报道）

北京电视台女记者徐滔在北京西客站与持刀及爆炸物的亡命之徒谈判周旋近9个小时，当时的突发紧急状态需要她亮明记者身份。在前有劫持人质嫌犯、后有特警几十支狙击步枪瞄准的危险环境中，她实际已经变成了特殊警察和特殊暗访记者的双重身份。一方面与对方周旋，另一方面还要为现场实况报道提供以生命为代价的珍贵素材。这种前所未有的严峻考验，是任何媒体都无法想象也无法预案的。因此，完全要靠记者现场的机智勇敢，在这种紧急情况下，徐滔虽然以记者身份出现，但是她的采访意图是隐含在谈判之中的。因此，实际上也是一种记者暗访。比其他暗访更难更了不得的是，她要在瞬间救人与获得劫持者第一手信息两者之间，交替变换精准把握。这犹如刀尖上的舞者，极端危险也极端艰难！

徐滔赶赴北京西客站人质现场，和持刀及爆炸物犯罪嫌疑人近距离接触谈判，电视台在直播（视频截图）

有一些学界新闻研究专家，对记者不期而遇的新闻事件隐匿身份采访，不认为属于暗访。其观点主要理由是：隐性采访是记者主动出击进行采访的行为。在某些特定情况下，记者也有可能出现在突发新闻的现场进行采访。有的时候，记者还有可能直接成为新闻事件的当事人，例如记者乘坐的汽车发生车祸等，但这种不期而遇的目击新闻不能算真正意义上的隐性采访，因为记者是被动地介入了新闻事件。隐性采访进行之前有一系列的准备工作，从采访计划的设定，到采访设备安排，都应精心计划，可谓有备而来，不容有所闪失。记者隐去了记者身份而出现在新闻事件的现场……是一种带有主观故意的行为，（百度百科"隐性采访"词条）这种观点的错误在于，它忽视了记者"遭遇战"下的隐性目击采访，完全具备的新闻暗访三个要件，即：隐匿身份、隐匿动机、隐匿手段。它把主观人为因素，不适当地放大到了区分的决定性意义。因此，此种将紧急状态下的记者隐性采访行为划出暗访范畴，是不对的。

不过，我们还要强调一下：对即使符合"报道对象违法犯罪"要件的新闻内容，如果时间充裕或允许、并非紧急，记者还是要尽可能使用非暗访的方法获取素材。只有时机时效允许这个条件也无奈被排除了，尤其是情况特别紧急非此即彼，在突发事件紧急情况现场采访，当记者预测或察觉无法用《记者证》敲开新闻素材之门的时候，一般才可以使用隐性暗访手段。诚如中国新闻界先驱邵飘萍先生曾经在论述记者暗访时说过的那样："凡此之临机应变之一端，求达探索新闻之目的"。（《实际应用新闻学》又名《新闻材料采集法》邵飘萍 著 1923 年版）非常态下的报道取证，就需要记者用非常态的采访切入，来行使新闻媒体和新闻记者的神圣天职。

四、社会公共利益驱使

康德说，知识分子是社会的良心。

记者的职业操守，在于他们是"社会良心"的"看门狗"，是公众利益的守护者。

记者是舆论的代言人，每一个记者身后都站着千千万万公众。

舆论是公民在某时间与地点，对某行为公开表达的内容，基本趋于一致的信念、意见和态度的总和。它是社会评价的一种，是社会心理的反映，（徐慰增、何得乐、阿去克、夏志厚《不列颠百科全书（国际中文版）》中国大百科全书出版社）是社会中相当数量的人对于一个特定话题所表达的个人观点、态度和信念的集合体。（李良荣《新闻学概论》复旦大学出版社）总之，舆论是公众意见和态度的集合反应，它不是个人或小集团意志与利益的诉求。

发现社会重大公共利益遭到侵害，记者必须"为人民鼓与呼"——新闻媒体代行舆论的监督职能，这其中没有、也绝不能有任何采编人员个人的私利。因此，记者万不得已选择暗访，社会公众利益驱使是一个非常重要的前提条件。新闻媒体虽然不是国家权力机关，但记者采访报道权一定程度上具有"公权力"的特征。在民主机制和法治社会中，新闻媒体代表公众行使知情权、监督权，对缓解社会冲突、维护社会和谐稳定，发挥着不可替代的重要作用。

社会公共利益的概念，理应包括国家的利益、社会的利益、集体的利益、公共秩序、社会秩序、社会治安、国家安全等内涵。但它们之间，并非绝对等于的关系。有时候，记者暗访出于一小部分人、一个局部区域、单纯行当团体、纯粹企业诉求等考虑，就要特别小心会不会违反公共利益这个基本前提原则。当这个界限感觉模糊时，可以从是否具有面上广泛意义或典型意义来考量。如果属于行话所说的"一厂一店""独苗孤证"，无论其报道内容多么丰富、新闻价值多么显要、故事情节多么曲折、人物表现多么真实，也应该果断放弃暗访，换用其他显性采访方式去进行。

新东方陷"造假门"，就是由记者暗访所揭露的一桩事涉公共利益的社会事件。 2017 年初，《法制晚报》记者假装应聘新东方教师岗，与近百人一道获聘。明明没有任何从教经验，却被要求弄虚作假"BEC 高级证书、 TKT 证书持有者"，还教授了一套糊弄学生及家长的方法……当年 8 月曝光出炉之后，新东方掌门俞敏洪震怒之下要求一查到底，并对涉事教师做开除处理。这家教育培训公司，已经在全国 50 座城市设立了 56 所学校、31 家书店以及703 家学习中心，累计面授学员 2000 万人次。所以，记者的暗访揭露，完全具有广泛且重要的社会公共意义。

某省会城市有家报社，派记者乔装成消费者，和一名专业人士以"打假"的名义到一些大型商场购买"名牌"商品，然后声称"名牌"不是真货，要求索赔，否则曝光。这份报纸还连续开出版面报道此类"打假"事情。据说，这是在吸取王海"打假"经验的基础上，由新闻记者和专业人士结合起来索赔。据称，该报成功率极高。让人怀疑记者究竟是为了打假，还是为了索赔。（《记者暗访宜遵循的原则》曹罡 视听界 2002 年第三期）

更为典型的案例是，一名省委党报的记者因患病急诊要求住院。这家省人民医院的医务人员告知：现在没有床位，而且这种病最好到那家专科医院诊治，比在我们这儿更加合适。于是，该报就火力全开进行批评监督，斥责医院见死不救。这家媒体的记者是不是在使用一种化装隐性方法进行职业新闻采访呢？如果是，那他批评的理由就不成立。因为院方的说法，不存在明显破绽。如果不是，这种曝光就显然不是出于公共利益驱使。无论哪一种，他都站不住脚。

如果记者暗访是为了解决自己的问题、本媒体的问题、至爱亲朋的问题、局部利益或小团体的利益，即使你的暗访报道是真实准确的、暗访手段是合乎法律和职业要求的，其做法也不光彩，应该受到职业道德和自我良心的谴责。媒体作为社会公器，无论如何不能成为自家的自留地，想种什么种什么、想怎么耕耘就怎么耕耘。

出于公心，是记者暗访的基本出发点。因为，新闻职业道德是新闻工作者在长期的新闻实践活动中形成的调整人们相互关系的新闻规范和准则，是社会道德对新闻记者这一职业所提出的特殊要求。

《中国新闻工作者职业道德准则》要求我们："积极反映人民群众的正确意见和呼声，及时回应人民群众的关切和期待，批评侵害人民利益的现象和行为，畅通人民群众表达意见的渠道，依法维护人民群众的正当权益。"人民群众整体固然是由个体所组成的，但记者在采访报道中的私利，绝不应该包含在内。

新闻职业道德要求我们"加强和改进舆论监督，着眼解决问题、推动工作""不向采访报道对象提出工作以外的要求"。记者暗访中的私人诉求、解决自己面临的问题，绝不属于需要用自己掌握的舆论公器所推动的工作的一部分。

新闻职业道德要求我们"不利用职业之便谋取不正当利益，不利用新闻报道发泄私愤"。记者通过暗访为自己或亲朋好友以及小圈子出气谋利益，就是"泄私愤"的一种表现，其谋求目标也属于不正当利益。

中央电视台新闻调查节目的一个内部信条：我们正在调查的是严重侵犯公众利益的行为；没有其他途径收集材料；暴露我们的身份就难以了解到真实的情况。

《南方都市报》深度报道部记者刘伟在王林案调查采访中，涉嫌非法获取国家秘密被警方刑拘。美国圣克劳德州立大学终身教授彭增军、南京大学新传院教授周海燕分析后认为：有公共利益而产生的道德正当性，才是新闻记者的保护伞。记者在调查性报道中，行走于法律灰色地带，"行走刀锋"的道义基础是公共利益。（《从南都刘伟事件引起的学术对话》原载《传媒观

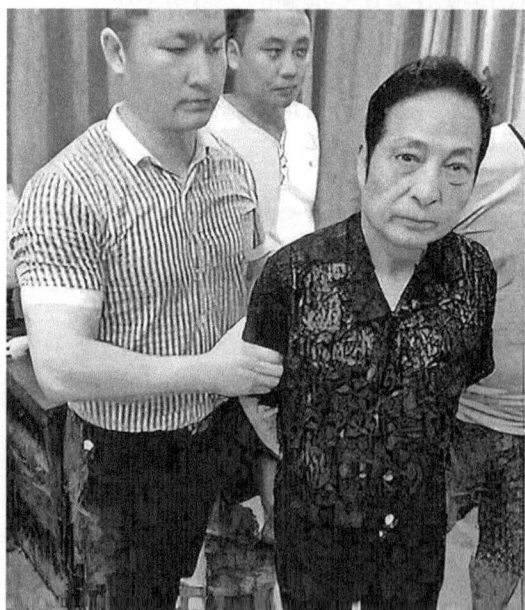

左：7月15日王林因涉嫌一桩命案被警方控制。

右：警方当时对刘伟实施刑事拘留所出示的《拘留通知书》（原载《新华网》2015年10月30日）

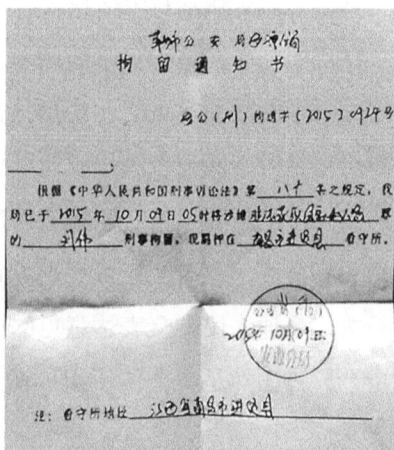

察》2015 年 12 月第 394 期）

媒体及其从业人员的公共利益宗旨，不但中国，而且也是西方国家新闻界同行非常追求和强调的自律要件。美国新闻业创始人普利策早在 1907 年 4 月 10 日退休前夕，就留下光照后世的箴言。其中有"永远反对特权阶级和公共利益的窃取者""永远忠实于公众利益"。后来的《美国职业记者协会道德准则》在前言中，就标明了"竭尽全力，服务于公众"的警句。然后在内容中还有"要认识到，比起公共官员和其他那些寻求权力、影响力、关注的人，私人更有权利控制住纯属于他们自己的信息。只有那些超乎寻常的公众需求，才能依法触犯人们的隐私。""除公众知情权之外，记者完全没有责任去服从任何利益集团。"

在新闻线索面前，记者到底是否需要采取暗访手段采集详细素材，不能不认真权衡这事跟公共利益有没有关系？有多大关系？同时还要自审一下记者的出发点，是出于公义还是一己私利。过了这两道关，才能决定方法取舍。

央视曾经派记者暗访播放了一档专题节目《亲历盗墓》。内容是《今日早报》记者为调查西安市面上非法盗卖文物的情况，化装成文物贩子，亲身参与了盗墓者从一座古墓中盗取 13 件文物的全过程。然后，花 1.4 万元买下全部捐给了陕西省文物局。全程 7 天 7 夜，事后盗墓犯罪嫌疑人几乎全部逃脱警方抓捕。这件事，曾经引起新闻界广泛讨论。绝大多数同行认为，该报记者的行为，除了已经涉嫌犯罪（因为直接以购买为诱饵导致古墓被盗，加上参与盗墓），还有一个明显问题就是为了媒体报道出彩"私利"考虑。像这样的报道素材，新闻记者不是不可以介入暗访，但是，当确证被暗访对象行为触犯国家刑律、并可能给国家文物造成直接破坏之时，记者就应该果断中止暗访，向警方报案。然后目击抓捕，旁听审讯，采访嫌疑人和律师、文物保护专家等。其整个过程的采访取证手法，是先暗后明。社会效果应该比央视播出的要好，关键是体现了公共利益至上的采访报道理念。

记者不是先知先觉的奇人，他不可能对暗访中万一出现的各种状况变化早就了然于胸。在获知新闻线索决定采用暗访手段之前，要度量公共利益合与不合。在已经进入暗访过程中，也要不时考虑公共利益。直到新闻后期编辑、制作、面世的每一环节，都需要不断端详公共利益这根红线。像有的暗访内容涉及当事人隐私，违法犯罪手段和现场可能出现模仿、教唆、血腥、淫荡等问题，也不能图报道对一部分受众的感官刺激而失去最广大人民群众切身利益的需要。河南郑州某电视台记者假装嫖客到一家黄色交易场所，招徕了两名性工作者。这个记者不断挑逗、给对方下套，诱使性交易暴露。节目播出之后，很多观众谴责记者和电视台这种行为。这到底是记者搞曝光新闻呢，还是记者假做新闻真当嫖客？

为了防止记者隐匿身份取证中，以公共利益之名却行媒体及记者自己私利之实，美国新闻界专家对暗访中的偷拍偷录，提出了五个不能容忍：1. 为了赢得奖项。2. 可以借此打击竞争对手。3. 以更少的时间和资料获得新闻故事情节。4. 这样做的原因仅仅是因为别人已经这样做了。5. 因为采访者本身就是不道德的（记者职业行为中参与违法犯罪活动——著者注）。（伍廉瑜 张军《慎用隐性采访》湖北传媒网 2003 年 1 月 15 日）由于这五条界限用语非常明确毫不含糊，可以为我国媒体同行所借鉴。

还要注意，记者不能以公共利益为名而滥用暗访手段，或者超限使用暗访手段。一家国内著名报纸的记者，为了检验上海 110 的出警效率和处警水平，打电话谎称自己遭到抢劫，然后在头版发表《本报记者街头报警》体验式暗访报道。山西几家新闻媒体共同策划了一次暗访行动，同时给几家医院拨打急救电话，谎称某处有危重病人急需抢救。然后测试这些医院的救护车能否及时出动赶赴现场……无独有偶，2018 年 7 月，南昌某官网也出动多名记者，通过打电话报警分别测试了 5 个派出所出警是否及时、处警是否走过场。记者可以用你的方式"暗访"警察处警、执法的情况，但法律没有给你测试警情的权力，更没有给你报假警测试警察处警的权力。这种不当手段，不但影响破坏了新闻媒体的社会公信力，还分别造成了对警务资源、医疗急救资源的无效浪费和侵占。而且，也违反了记者可以采用暗访取材手段的前提条件与基本原则。

第二章

新闻暗访的基本概念与源起

暗访，是业内外对记者隐身或隐性采访、秘密采访的一种俗称。它是记者隐匿真实身份，隐匿取证手段、隐匿采访动机，在受访者并不知情也未察觉的情况下，猎取新闻报道素材的一种特殊采访形式。三种隐匿只要居其一，就属于暗访，这是记者显性采访的一种重要补充形式。

我国最早研究定义记者暗访的，是新闻界前驱邵飘萍。他在参与发起北大新闻学研究会并任导师的 1923 年期间，编辑出版专著《实际应用新闻学》《新闻学总论》。在前者第八章 A 节里，专门论述了"个人朋友与资格之显隐"。"外交记者显示其资格与否，当视情形不同而临机决定。有若干人不喜彼言者披露于报纸，亦有若干人唯恐报纸不采其所言，苟误用则两失之矣。故探索新闻，问之附近之知其事者，有时直告以我乃某社社员，有时又只能作为私人询问，而勿令知我为新闻记者。凡此亦临机应变之一端，求达探索新闻之目的而已。"这段话中的"资格"一词为记者的身份之意，"显隐"则为公开记者身份或隐藏记者身份。

最近 20 年，新闻学研究专家对记者暗访有多种说法，相互之间各执一词争议多多。不过，这些纯理论的课题，一线记者就让给学究们研讨吧。我们只关心实际操作方式好了，本著也不介入相关论辩。

记者暗访，常常使用偷拍、偷录、秘记、体验的方式，也有通过卧底切入观察了解。

记者暗访，由于以当事人、目击者身份，绕过或省略了常态显性新闻采访的中间人介绍环节，可以有效减少"中介身份"转述的信息衰减和不准、造假。记者亲身参与、直接耳闻目睹，使"第二手报道素材"变为"第一手报道素材"。它呈现出新闻现场逼真再现、新闻人物直面交流、新闻事实一手获取的特点。所以，以这种形式生产出的新闻报道，故事性强、可信度高、受众共鸣度大。

暗访属于一种特殊调查手段。由于它的对象有可能在记者显性采访中，拒绝接受或不愿合作，即既不照面也会"无可奉告"。还可能对新闻事实隐瞒、篡改、编造、粉饰等，以造成记者采访获得的报道素材失真（包括主干失实和枝节不准）。在这种情况下，新闻记者只能被迫采取隐匿方式（含三种隐匿的任何一种），直接进入新闻现场或直接面对新闻当事人、目击者、知情人等，了解事实真相，突破障碍干扰和心理防范，获取报道的第一手资料。

暗访除了要求记者必须在新闻现场，或与新闻当事人直接面对面之外，也包括记者通过现代通信工具的采访交流。如变换身份的电话采访、微信采访、视频聊天等。记者还会通过这些工具，以一个其他事由切入旁敲侧击核心新闻。

记者暗访用的设备器材，这些年发展变化进步很大。录音、摄像、笔记、化装等等，已经今非昔比。暗访包的基本配置是：日本高清晰的 CCD 针孔摄像机、微型麦克风、标配 612 兆的数码存储器（2.5 英寸彩色显示屏幕）、可充锂电池。另外，存储器还预留 SD/MMC 卡的外插槽，方便日后扩展存储空间，6—7 小时摄录不在话下。还有的厂家，专门为暗访记者定制个性化暗访包，女包、挎包、夹包、公文包等都可以。不过，现在一支签字笔，就可以集录音录像于一体，全部入口竟在一般人视力难以察觉的针孔之间。皮鞋跟录音，可以完全打消被暗访者的任何警觉和防范。智能手机更成了无所不能的暗访神器。它除了大众都知晓的摄录功能，还能通过软件，将现场对话瞬间转变成文字，而且能自动传输到遥远的编辑部，危险暗访还可和警方直接相连。即使暗访对象是老外或操着少数民族如维吾尔族、哈萨克族、藏族的语言等，也不妨碍媒体军中帐营同步掌握现场动态，完全可以随机互译。在这方面，过去军方特工间谍才使用的器材，已经不如记者先进。警方便衣侦查的一些工具，也算不上先进了。这时候，会遇到一个棘手难题，就是如何界定记者合法与法律禁止之间的矛盾？

这些都是新闻记者可能使用的偷拍、偷录暗访设备

根据《中华人民共和国国家安全法》和其他法律、法规的规定，任何组织和个人均不得非法持有、使用窃听、窃照等专用间谍器材。除非法律特别授权，持有、使用即为非法。《中华人民共和国刑法》第二百八十四条明令：非法使用窃听、窃照专用器材，造成严重后果的，处二年以下有期徒刑、拘役或者管制。我国有关法律还规定：任何个人和组织都不得非法持有、使用窃听、窃照等专用间谍器材。对非法持有属于国家秘密的文件、资料和其他物品的，以及非法持有、使用专用间谍器材的，国家安全机关可以依法对其人身、物品、住处和其他有关的地方进行搜查；对其非法持有的属于国家秘密的文件、资料和其他物品，以及非法持有、使用的专用间谍器材予以没收。记者的特殊职业需要诉求在于公共利益，完全不存在犯罪的故意，可能会成为暗访中使用那些特殊器材的一个抗辩理由。而且，在司法实践中，法院认定时有个前提原则，即行为人使用普通的录音、摄影器材非法窃听、窃照的，不构成本罪。因此，记者暗访要小心翼翼，千万不要为了"武装到牙齿"而授人以柄、引火烧身。

暗访这种手段，可能会让人想到军方特工间谍和警方便衣侦查，更早可以追溯到古代朝廷大官微服私访那里。可是，有确证史料可以证明，暗访确实是新闻从业人员的首创。其后在丰富提高暗访技术水平方面，新闻界也确实借鉴"拿来"了他们的许多高招。

根据英国国家档案馆公开的秘档，可以看到早在第一次世界大战爆发之前，该国特务情报机构军情五处（MI5）就下设一个"B6组"。这个组织曾网罗多达40名特工情报员分散在城乡。当中一份由匿名资深监视员撰写的报告，披露了这批特工的外形和才能，跟大众在电影上看到的高大威猛的"007"截然不同……除了拥有敏锐触觉，其实平凡无奇。他们最重要的是"不显眼"，外貌"尽可能不似警察"，穿戴起旧衫帽子出没贫民窟时，能跟那儿的贫民没分别，"长时间伫立街头时能抵受寒冷、炎热和潮湿"。真正的特工根本不需假须乔装，因为"假须易被识破，特别是在餐厅、酒吧或地铁高射灯之下"。

美国中央情报局（CIA）最早是在1775年—1783年美国独立战争时期，乔治·华盛顿总统为对付冲突而主张成立的，当时名叫美国情报组织战略服务局。它豢养了一大批间谍特工人员，现在这个机构庞大到拥有2万名雇员，每年预算为80亿美元。

国内现有的研究普遍认为，"一战"结束后，有不少曾经的军方特工间谍退役后处于失业状态，欧美一些国家的新闻媒体眼光独具，发现了这批人的非常价值。于是，雇用他们以自己擅长的方式来挖掘新闻信息。于是，记者暗访就诞生了。这种说法是站不住脚的。因为"一战"的起始结束时间是1914年7月28日——1918年11月11日。而全世界最早出现的记者暗访作品，发表时间是1875年7月4日，比"一战"要早40年之久。这篇作品就是英国报纸《派尔-麦尔公报》刊登的《现代巴比伦的处女贡品》，暗访作者正是该报主编W·T斯蒂德。他是一位英国报业史上的著名高手，并未从事过特工间谍也没有在军队服役过。他通过一名已经从良的妓女和一名伦敦警察厅前刑事侦查总监，还有其他非常复杂的社会关系，化装成嫖客深入妓院，与一名13岁处女伊莉莎接触暗访……连续报道第一天6个整版，接下来三天每天都有，总共刊登12篇暗访文章。（《英国暗访鼻祖的贡献与争议》作者：展江《青年记者》2016年4月上）这个最早的记者暗访，不但推动了英国建立了"斯蒂德法"，结束了当时泛滥的雏妓现象，更重要的贡献，是这种记者隐匿的第一手新闻素材的采集方式和报道方式，轰动了大英帝国新闻界，也对世界新闻业产生了重要影响。

　　记者暗访中的卧底采访报道，最早出现在美国。 1887 年的一天，《纽约世界报》大名鼎鼎的老板普利策给新来的女记者内莉·布莱（原名伊丽莎白·简·科克伦 Elizabeth Jane Cochran)第一个报道选题，是疯人院患者们遭受的非人待遇。这位智勇双全的女孩居然破天荒想亲身进去感受目击。她先在一家寄宿公寓胡闹了一夜，第二天被拉上法庭。经医生鉴定，判定她是精神病人。于是，她混进黑泉岛疯人院，度过了艰辛危险的十天。在律师帮助下，内莉终于活着出院。她写出了卧底报道《在疯人院铁栏的背后》，一战成名天下知。内莉后来还据此写了一本书《疯人院十日》，流芳百世。从此之后，大名鼎鼎的新闻老板普利策对这种"既当记者、又当侦探"的做法，情有独钟鼎力支持。

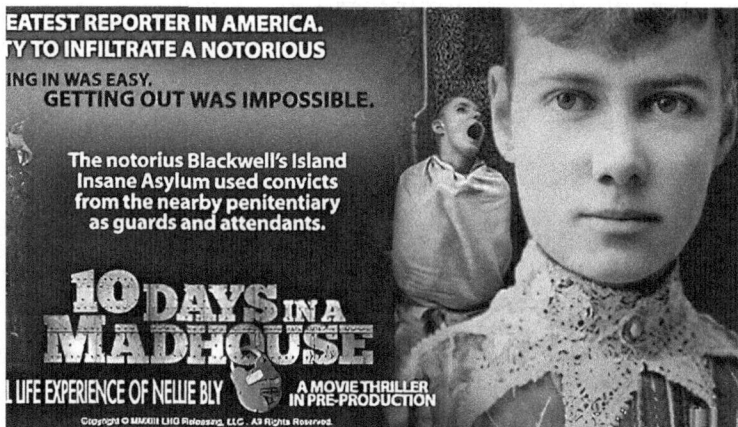

美国暗访记者内莉的惊险经历后来被好莱坞拍成电影《疯人院十日》，在全世界播放后广为人知。这是电影海报。

　　到了当代，美国仍然有一些媒体钟情于暗访并通过它来突破市场同质化竞争。该国收视率很高的几个电视新闻调查类节目"60 分钟""20/20""48 小时"等，均大量采用记者偷拍偷录手段劲爆新闻。

　　中国有史可考的最早记者暗访，是 1903 年，有位叫沈荩的日本"海归"，受聘为"报馆访事"（即今天的记者），同时兼任一家日本报纸的通讯员，开始以记者的公开身份为掩护，从事反清活动。当时的北京正处于八国联军控制时期，沈荩交游广阔，常掩盖记者身份与各界名流把酒言欢。一次，偶然从贵族口中得知中俄两国要签订密约的消息。于是，他千方百计接触到政务处大臣王文韶之子，搞到了《中俄密约》草稿的原文。沈荩迅速将此寄给了天津英文版的《新闻西报》，该报收到后当即原文刊登。随后，国内外各大新闻媒体纷纷转载，日本新闻界还专门为此出了一期号外。（《1903 年〈中俄密约〉是怎样泄密的》作者：安广禄 2007 年第 12 期《文史天地》）后来他被官府抓捕，慈禧亲自下诏处死。

但是，初期的记者暗访，无论其手段和水平，都显得稚嫩或不成熟，与军方特工间谍以及警方便衣侦查相差甚远。因此，史上也确有一些退役转行的人，"下岗再就业"被招聘到媒体来发挥其长进行暗访。他们极大地丰富了记者暗访的手段方式，也提升了记者暗访的整体水平。但记者暗访无论中外，都不是这些人开创或最早使用的。

新闻媒体青睐暗访，主要原因有三：真实还原新闻本相、勇于维护社会正义、挖掘稀有报道素材。

媒体是新闻事实真相的发布载体，记者是新闻事实真相的挖掘者和报道者。记者采访负有识别与破解谎言及假象的责任。俄罗斯作家索尔仁尼琴说，不能让谎言通过我兴风作浪。记者职业的社会影响力，更加需要想方设法"破局"的本领，暗访就是其中一个重要手段。

美国保险史上最大的诈骗案，就是 ABC（美国广播公司）记者冒着生命危险卧底，揭开重重黑幕的。当时，一个遍布全美的骗保集团，涉案金额高达 5 亿美元。主要角色包括冒牌病人、中间掮客、医疗机构和保险公司，仅南加州就有 100 多家医院涉案。在数十亿计医疗保险诉求中，真相调查极其艰难。记者乔装成病人，亲身经历整个骗保的全过程。记者还找到了健康人却自愿接受手术骗保的米古拉·海尔格拉，把一个大肠镜检查 2000 美元如何拿到 1 万美元保险金，及其中间 8000 美元差额在四方利益间如何分赃，来龙去脉弄得清清楚楚。 ABC28 岁的女制作人杰米·拉古炎还深入到一个骗保沙龙……当案件被美国联邦调查局（FBI）彻底破获的时候，所有涉案人员要么三缄其口，要么矢口否认。但 ABC 记者暗访的录音、录像、笔记、证词等，还原了事件真相，所有案犯都受到了法律制裁。连联邦调查局探员，后来也对 ABC 记者暗访的勇气和水平，啧啧称赞！

记者的职业，应该是社会正义的化身。它寄托着千千万万公众舆论发声的希望，也寄托着蒙冤、被迫害、失去自由、弱势群体、抗击暴政等社会人士或阶层的求助需求。在与邪恶势力或违法犯罪现象作斗争中，记者挺身而出登高一呼，能够产生强大的社会震慑力。但有些时候，机智斗争、巧妙周旋、虚与委蛇、引蛇出洞、放线钓鱼等，反而可以获得更好的社会效果。记者暗访，就是智取巧获的一种非常规战法。

兰成长暗访山西浑源县一煤矿被活活打死，这位中国贸易报社山西记者站工作人员的悲惨遭遇，曾经在中国新闻界产生巨大反响。最早在媒体上揭露事件真相的，是《南方都市报》记者。他们循着仅有的一点点线索，深入到被害人家中倾听呼声、找到现场目击者了解真相、直面黑恶势力各种威胁，大无畏地伸张正义。就在兰成长死亡当年，河南电视台都市频道记者付振中，也勇敢暗访该省的黑砖窑，掀起了震动全国的"黑砖窑风暴"。4 位中央政治局常委分别作出批示，让山西省省长公开道歉检讨，让令人咋舌的罪恶大白于天下。这种正义感还影响了该台都市频道最年轻的首席记者崔松

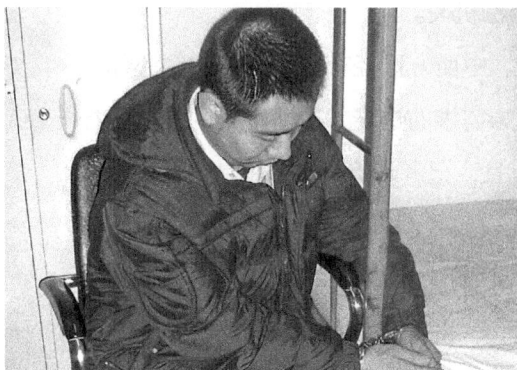

行凶的矿主侯四，逃走 9 天后投案自首。
打死暗访"记者"的黑煤矿被封后，矿工们仍等在现场讨工钱。

旺，他也冒死潜入河南登封一家黑煤窑暗访。此前，他曾装扮成刑满释放的、越狱在逃的、卖菜的、卖原料的、拉砖的、包窑的……以各种方法接近黑砖窑，就为调查智障人如何被诱骗胁迫沦为奴工。

暗访素材一般不是大路货，不是人们司空见惯的正面报道，甚至其事件结局完全出乎受众预料。这种稀有稀缺报道资源，也促进了新闻记者付出较大代价去探索尝试。在新闻界，素材资源就是生产力，报道线索就是记者出击的动力。在那些可能引起公众强烈关注、引发社会重大变革、造成党和政府高层领导非常重视的报道内容，记者会不惜时间、精力、甚至身家性命，也要把真相挖出来。其中，暗访就是捕捉这些稀有素材的一种高招。

广州地质调查院伪造地质灾害报告，《南方都市报》记者张志韬接到举报，想了很多办法总觉得亮明记者身份无论如何都无法获得确凿证据。于是，记者变换身份在番禺大石镇随意选取了一处丝毫没有地质灾害的青山，请该院出具一份虚构的"广州市地质灾害应急调查报告单"。于是，一名预警室副部长、高级工程师到了现场，直取 25000 元现金后，当场出具已经盖上广州市国土资源和房屋管理局的公章的地质灾害调查报告单。可以设想，如果不用诱饵暗访，怎么能让腐败分子暴露在舆论的照妖镜下。国土资源部闻讯，立即责成广东省国土资源厅督促广州市局配合市纪检监察部门，依法依规严肃查处此案，涉嫌犯罪的依法移交司法机关。

对新闻记者暗访的研究，虽然国内外、中西方已经有数量不少的经验体会和论文发表，但随着时代的变迁、受众口味需求的进步、传播工具的发展、社会状态的革新，新闻界仍需与时俱进。况且，记者暗访牵涉的领域，包括新闻学、法学、社会学和道德伦理等方方面面。仅仅我们自己关起门来坐而论道，肯定是不够、不充分、不立体多维、不生动深刻。因此，还需要前方记者勇于实践，与后方创新研究结合起来。用成熟的理论，再反过来影响指导媒体和记者。

一、隐性采访中的三种隐匿

隐性是和显性相对应的，掩藏是和公开是相对应的。记者的隐性采访，要求不暴露自己，在受访者完全未察觉、并不知情，也没有同意的条件下，暗地里猎取新闻素材。从记者业务角度，他要想被采访对象能在真实新闻场景和情节发展原生态中，不受干扰地展示报道素材，必须做到三种隐匿：隐匿真实身份，隐匿取证手段、隐匿采访动机。这是记者暗访最核心的要素，其中任何一个要素露馅了，即意味着暗访的失败。

记者隐性采访中的三种隐匿，在我国乃至域外绝大多数国家和地区，由于缺乏"新闻法"或其他成文法所支撑、规范、厘清，在社会传统人际交往和媒体接受思维上，产生了一定的抵触情绪。新闻理论界有困惑，新闻实践上有混乱。我们需要从公众知情权和社会正义的高度，从记者的职业担当和实现路径的角度，来发掘其价值属性，寻找其正当合理的实践需求及理论依据。

记者身份是舆论的代言人，这是全社会都清楚的。"防火防盗防记者"——大多数是那些有负面行为的人或单位所散布的一种毁谤谰言。当然，也不排斥确有极少数记者职业道德低下，导致一些企事业单位和社会人员产生防范厌恶心理。记者隐匿真实身份，就是要突破违法犯罪类被采访对象的思想防线，让他们不因舆论监督的目光在场关注而拒绝采访、假语村言、制造各种假象等。因此，这种隐匿属于显性采访可能遭遇困境的正当反应，在实践中具有工作必要性和受众容许性。

记者隐匿职业身份采访，还是对有限的媒体资源效果的最大化应用。虽然说当今媒体遍地，公民记者数以亿计，可是，真正的重大新闻从挖掘到"认证"，从采访到报道，还要靠执业记者来担当。中华全国新闻工作者协会（中国记协）2016 年 5 月 31 日通过官网正式发布《中国新闻事业发展报告（2016 年）》。其中透露全国共有 223925 名记者持有有效的新闻记者证，其中包括报纸、期刊、通讯社、电台、电视台和新闻电影制片厂、新闻网站。根据专家研究的持证与非持证 1∶4 左右的比例，即使加上没有记者证仍然可以从事新闻活动（特别是县一级的新闻媒体），目前在我国靠新闻采访报道吃饭的记者，加起来总数只有 100 万出头。可是，新时代中国的社会经济政治繁荣发展，每天涌现出海量新闻报道素材，亟须记者采访。媒体可用资源有限，记者不愿意也不可能经常面对软磨硬挡的采访对象。于是，对那些不得不报的重要新闻、对那些可能引起重大社会反响的事件和人，记者和媒体就一定要想方设法减少"无用功"。为了消减受访对象顾虑，解除对方防范心理，隐匿身份接触采访就成了一个优选项。

不过，记者隐匿职业身份采访难度很大。由于这个行当的新闻敏感，固化了记者喜欢打探的外在行为习惯，对于那些身负违法犯罪污点的当事人来说，正好和他们的高度警觉特性相冲突。所以，稍有不慎，非常容易暴露。而且，暴露之后的结果一般都很严重。因此，记者隐匿职业身份需要在暗访的全过程处于完全"忘我"的状态。正像军情特工和便衣警察一样，装什么就要像什么。而且要处变不惊、临危不惧。那种到了现场见了人，就忍不住激动万分、忍不住贼眉鼠眼、忍不住打探追问、忍不住急于下手、忍不住偷拍偷录、忍不住要和"家里"汇报、忍不住向警方报案等，统统无异于自我暴露，引爆装在身上的定时炸弹。轻者，暗访计划彻底泡汤，重者，可能遭遇不测后果。2007年1月10日，《中国贸易报》驻山西记者站工作人员兰成长，就因前往大同市浑源县一家无证开采的黑煤矿进行调查时，暴露真实身份而被一群暴徒殴打致死。

记者暗访中隐匿取证手段，主要指偷拍、偷录、密记等方式方法，必须在受访对象完全没有察觉下进行。其设备的先进性是隐匿的重要保证。

当今世界媒体和科技都高度发达，由此衍生出的记者暗访设备，也呈现出代际更迭既快又小的特征。针孔摄像机取代了部分传统的普通摄像机——那种体积大、携带笨重、操作复杂、移动不便、非高清的机器。全功能或部分功能的小型、微型偷拍机，隐形、超小、高清、迷你，已经在电子市场上可以轻易买到。笔式录音机早在20年前就已充斥媒体领域，现在几百元一个强磁专业取证录音笔，可以高清远距甚至隔墙听音，它的超长待机降噪功能更是了得。其外观还是微型迷你隐形的，甚至，一个钥匙扣也能"打天下"。暗访设备一般有两类；随身携带时分为两种，一种为利用纽扣摄像头，穿在身上摄像，另外一种用螺丝镜头安装在包里，这两种一般都在媒体暗访时经常使用。图像传感和音频传输，都已经能够做到通过 WiFi 信号，迅速即时让编辑部同步看到听到。河南电视台都市频道首席记者崔松旺，在暗访报道《智障奴工》的卧底过程中，被黑社会监工搜完身没过多久，又令他脱下鞋子给自己穿。当时他的袜子里就装着一部微型手机和另一套偷拍设备，此时想扔都没有机会，他只能装傻不理不睬，没想到对方没再强求，让他"蒙混过关"。这惊险一幕，除了记者现场应对的心理素质，也说明那些能够藏在袜子里面的暗访设备足够精微。否则，是很难逃过一劫的。

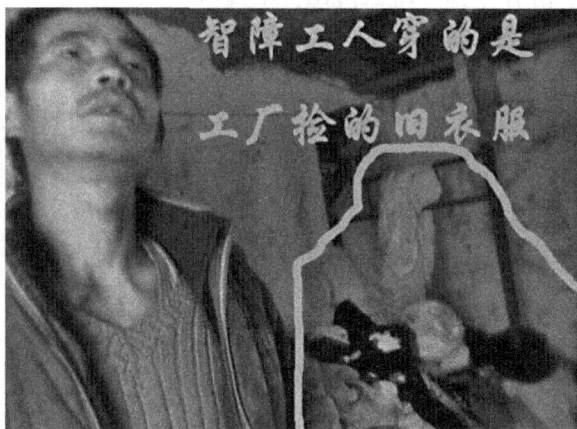

经暗访，在驻马店和郑州等地发现多处黑窑厂。这些黑窑厂，智障者少则 5 人，多则十几人，挤在恶臭扑鼻的小简易房内，每天吃不饱，休息不够，却要干重体力活，动辄挨打。在黑窑厂被奴役日久，除了身体垮掉外，智障者的智力和精神障碍也越来越严重。　视频截图 魏晓光的博客　新浪

但是需要警示，偷拍偷录设备的使用在法律上有严格限定。如果跟间谍、侦破、特工等领域挂上了钩，记者就有可能成为民事侵权被告乃至刑事追究风险的主角，牢狱之灾也许会成为现实。

显然，隐匿取证手段仅仅靠设备的先进性是远远不够的。否则，记者暗访的专业性就不存在了。它还需要隐匿者在现场应对复杂状态中的强大心理和娴熟技巧。网易新闻人间的一个专栏叫暗访记者，作者佳琳讲述过一系列自己在隐性采访中遇到的惊心动魄的故事，有的"差点丢了性命"。"栏目组

领导安排了男同事阿伯和我一起去暗访一个地沟油工厂"。"我知道自己很'嫩'，缺乏生意人的江湖气，怕引起他怀疑……"可是，临到最后一刻还是被暗访对象发现了。手机被抢、暗访机被毁，拍摄的大量磁带统统被扯烂。这个女孩在现场软硬交替、刚柔并济，才保全了 3 名记者的人身安全。采访手段的暴露，直接导致记者身份的暴露。所以，暗访手段的隐蔽性，是和暗访主体的隐蔽性相关联的，一损俱损。

取证手段暴露，有的还因为暗访记者在使用偷录偷拍设备时出了纰漏。如忘了消声，照相机摄像机"咔嚓"一下就前功尽弃了。操作失误，当记者发现设备"怠工"偷偷修正时，被受访方发现。机器故障，出现意想不到的惊扰，等等。所以，在暗访前，记者一定要反复"擦枪验枪"，设计实战场合的各种不测，出征前进行反复演练，以确保万无一失。

记者隐匿采访动机，一般分两种。一是不显露记者身份情况下的动机隐匿，还有一种公开记者身份却以另一个采访事由掩盖"这一个"真实目的。可以说，暗访程序的正义远没有目标的正义更重要，虽然两者不可偏废。

既然是穷尽其他显性采访方法无法获得，那么这样的报道素材犹如攻坚堡垒，是具有一定的新闻价值的。"冲什么而去"，也即记者暗访的方向目标，一定要深藏不露。如果受访人知道你的真实动机，暗访不但做不下去，而且记者还有人身伤害危险。即使侥幸逃脱险境，也很难获得或保全预想目标中的有价值材料。有丰富实践经验的"老记"深知，暗访中的任何痛苦艰难都可以忘掉，唯独自己的使命须臾不可忘却。唯其不忘，才会在言谈话语和人际交往过程中，能更深、更隐、更巧妙、更智慧地藏匿起来。《潜伏》中的国民党军统天津情报站处长余则成，能够在刀光剑影喋血遍布的巢穴，历经重重风险而镇定自若，最后圆满完成党组织交付的潜伏重任，其使命感在胸既是精神支柱，也是最好的警示。唯其如此，才会在隐蔽战线智勇双全。暗访记者，需要好好学习。

公开记者身份"王顾左右而言他"式的暗访，其谎言的属性更加明显。由于这种调查方法带有主观上的欺骗性，新闻伦理上的争议，导致许多记者暗访后，会有道德上的心理负罪感。因此，我们必须明白记者肩负的社会责任，与个人道德声誉发生矛盾对抗的时候，自己不能两全只能择其一应该怎么办？余则成在军统中为党工作，每天都在说谎。记者采取暗访方式，已经是在万般无奈后的一种选择，属于两权相害取其轻。况且，许多场合公开身份的暗访，是记者不慎暴露之后因势利导的一种托词。

新京报 2015 年的天通苑地铁口保护费、平谷盗金、微整形乱象等调查，再到 2016 年的朋友圈虚假广告、莆田系医院掘金技法、电商刷单等调查，都在北京甚至全国产生了广泛良好反响。该报深度调查部副主编张永生在接受"传媒研究"专访时介绍："平谷盗金暗访后期，采访对象对记者起了怀疑，专门把记者约到了他们的地盘上，设了个'鸿门宴'，直截了当地说：'我已经知道你们是记者了'。这是一个试探，当时我们的记者感觉猝不及防，拼命维持镇定，把谎言编得再圆一些，用一些举动来降低对方的警惕性，跟对方重新建构信任关系……"这难道不是一种无奈的应急反应吗！既要保护自己安全，也要保证暗访任务的完成。张永生还说："有个老词儿叫作'明察暗访'，无论我们是明着约谈，还是暗访，都只是采访的一种方法。"

关键还是要衡量常人道德和报道素材天平两端，孰重孰轻？

二、介入式和不介入式

记者暗访根据现场身份标识，可分成两种：介入式、不介入式。

介入式暗访，是新闻记者为了取证的特殊需要，故意隐瞒或改变真实身份，装扮成情景需要的当事人与暗访对象互动。他既是新闻的采访目击者，也是新闻的当事人。

不介入式暗访，是新闻记者并不假冒新闻场景中人，也不与受访对象直接交流，只以旁观者的目光观察了解，悄悄获取事实材料。其身份是非双重的。

记者暗访大量使用的是不介入式，也称旁观者方式。有研究者认为，这已达到 90％的份额。此种分析数据的由来并无科学可靠根据，也无适量的调查和数理统计支撑，因此只能当个参考。但不介入式暗访，属于记者暗访的主流方式，这应该是不争的事实。

从新闻学原理上看，记者是新闻事实的忠实报道者或记录者，他不能干预事实、设计事实、编造事实的。换句话说，记者如果亲身介入了新闻事实的发生和发展过程，影响了事实的任何变动，他就可能悖逆了忠实报道这个天职。从此角度上看，记者介入式暗访，正是对已经发生或正在发生的新闻的一种影响和干预，它有可能左右了事实的发展方向，也有可能对除事实结局以外的情景、情节产生助推力，因而会扭曲事实本来的面貌——新闻学分析对介入式暗访的意义，并不是叫停喝止记者介入式暗访，而是给我们实际运用操作提出一个重要警示：记者暗访的任何方式，都不能也无需对正在变动的事实和即将起变的事实，进行人为干预，更不能策划、制造、导引事实，将新闻现场中的人和事，朝着记者希望的轰动爆炸性方向推动。

从司法对犯罪认定上看，只要触犯法律而构成罪行、做出违反法律的应受刑法处罚的行为，一概被认定为犯罪。这是任何人的身份、职业、地位、学识、财富等，都不能左右的。王子犯法与庶民同罪，中国共产党在《党章》里也确认必须在宪法和法律范畴内活动。因此，记者当然没有触法而不受追究惩处的豁免权。以司法对犯罪认定标准分析介入式暗访的意义，可以拉出一条高压线，即记者一般不能用这种方式应对犯罪为内容的新闻报道事实。不管你是什么身份、也不管你的目的如何，只要你是犯罪事实的参与者，就有可能触犯刑律。用这么高昂的代价去换取介入式暗访所获得的新闻素材，是很不划算也完全没有必要的。如果记者在介入式暗访前未预料到、暗访中才突然发现犯罪行为，经过慎重权衡，认定除此无他必须挺身冒险的话，记者千万要记住：自己的一言一行绝不能涉嫌犯罪，也不能为犯罪提供任何方便或主观诱导。万一警方抓捕、事后追究，都还有个退路。

从新闻自律的要求上看，《中国新闻工作者职业道德准则》分别于 1994 年、1997 年和 2009 年 11 月三次修订，其中都明确规定："要通过合法途径和方式获取新闻素材""新闻采访要出示合法有效的新闻记者证"。作为新闻纪律的中宣部印发的《加强和改进舆论监督工作的实施办法》第四条第四点更曾明确规定：通过合法和正当的途径获取新闻素材，不得采取非法和不道德的手段进行采访报道。不搞隐蔽拍摄、录音。虽然本书已在前节指出过，新闻纪律禁止的主要是"非法和不道德"的暗访，但是，在介入式暗访过程中，记者身兼新闻的采访者和新闻的参与者甚至当事人双重角色。除了它们之间角色规范的矛盾不兼容，还有一个记者自己报道自己的禁忌被打破了。再通俗一点讲，就是媒体不能利用自己所拥有的社会公器，宣传报道自己。触犯了这个，就属于职业道德存在问题至少是瑕疵，严重的就是违纪行为。

综上所述，记者暗访绝大多数应该采用不介入式，而介入式只能是万不得已的情况下所做的无奈选择。而且，媒体还要清清楚楚地规定：在报道策划阶段可预见涉嫌犯罪方面的内容，不允许记者介入式暗访。而在无法预见的情况下，暗访现场发现涉嫌犯罪，记者绝不允许充当其中一个角色，须从介入式悄然"位移"（指角色转换成观察者）。违反这个原则，即使司法不予追究，新闻单位也要作出适当处分。

道理阐述过后，我们现在来分析几桩典型案例——

《卧底当代丐帮》据说是中国第一部当代都市丐帮写真集，两位暗访记者叫占才强、高汉民。他们为了这个深度调查选题，毅然分别辞去楚天都市报、人才信息周刊的公职。用风餐露宿亲历乞丐生活，转遍武汉三镇打入丐帮，来惊爆人们完全不认知的群体真相。从源头探访到内心渴望，从悲惨身世到江湖真假，他们揭秘了"一个庞大的散存的部落"……这部纪实作品，震撼人心。

卧底，显然属于介入式暗访之列。它需要记者隐身潜入某个群体、现场、组织等，还要在其中与被暗访对象发生交流互动、共同参与某种活动、甚至同吃同住同……卧底记者能不能只观察不"介入"？不能，因为一旦"卧"进去了不通过言语行动打成一片，就很容易暴露。所以，一般记者卧底的对象，不能够是犯罪集团或与犯罪有显著关联的。道理在于记者不是警务人员，不具有法律所授予的豁免权。只要从事、参与犯罪，哪怕只是出于正义目的而在卧底过程中沾上一点点"罪"的边边，就有可能受到法律的追究和惩处。

在《卧底当代丐帮》这部纪实书中，两位记者通过 16 个章节展示的绝大多数暗访对象，是"风餐露宿""寄居在这个城市里的流浪汉和乞丐"。"他们蛰伏街头，靠着人们的同情和施舍打发日子"。由于"仅武汉地区，保守的数字也有几万人"，所以，他们有时候也不得不面对并置身于"具有犯罪性质、对社会对他人构成危害的乞丐个人和团伙"。但是通观全书，记者所有"介入式"，都是用于真乞丐"他们的苦难和企图"。而遇到涉嫌犯罪的人物和场景，记者就成了"不介入式"的观察者。尽管这种"不介入"可能导致自己露馅，但两位还是恰当地把握好了其中的底线。

这里需要澄清一下，有人可能认为他们已经从媒体辞职，就够不上记者暗访这么高大尚了。错！全世界记者都有职业记者和非职业记者两类。美国普利策危机报道中心的主要工作，就是资助非职业记者有价值的新闻报道。我国自互联网媒体兴盛以后，"公民记者"就呼啦一下千千万万地产生并壮大起来，还开创了史无前例的"公民记者时代"。占才强和高汉民上交了《记者证》，干的还是记者采访报道的正事，我们至少要承认他们属于"公民记者"吧。

中国新闻界暗访记者前驱范长江，早在 1936 年就曾隐身天津《大公报》以特约通讯员身份，假扮成"几分乡下气"的商业公司小职员，受命前往西蒙地区（乌兰察布市、呼和浩特市、包头市、乌海市、鄂尔多斯市、巴彦淖尔市、阿拉善盟一带）去暗访。当时日本对中国东三省已经下手，达额济纳后图王的政治立场关系重大。范长江冒充商业代表向图王献礼，还"自来熟"地参加图王许多日常活动，包括打牌聊天这些娱乐消遣，从中窥测感受他的家国倾向。范长江后来还深入内蒙古北疆的额济纳旗（今酒泉发射中心一带），不惧密探监视和跟踪，刺探日本侵略者的动向。这期间，他暗访了王公、牧民、汉商各色人等，调查了额济纳旗的政治、经济、文化、历史、地理、民俗状况。结果写成长篇通讯《忆西蒙》，1937 年发表在胡政之创办的

《国闻周报》上。

范长江的暗访，显然属于不介入式。读过他的那个长篇通讯，受众看不出一点点"参与"的痕迹。他就是一观察者，虽然也会和暗访对象发生语言交流、参加一些活动，但自始至终都没有"干预"或影响对方的行动或决策等。如果硬要说他有什么"介入"，不过就是他为了麻痹受访人而故意假装的"亲和"。虽然他的暗访对象并非都是罪人，但记者不认为需要介入式，以旁观者的方式暗访可能更随和、更真切、更隐蔽呢！

从范长江的记者暗访我们又可以学习到，记者暗访到底应该选择介入式还是不介入式？主要根据报道效果和规避风险两方面来权衡。如果介入"涉嫌犯罪"，记者可能惹祸上身——必须禁止！如果暗访对象与犯罪无牵连，也并非一定要采取介入式，可以在两种暗访方式间权衡选择，以社会效果最大化为标准。

第四届中国新闻奖一等奖作品《挖墙脚的人们》，是北京人民广播电台的暗访报道。记者假扮成购买发票者，取得了对方的信任，使用隐蔽起来的录音机，将他和卖发票者的通话收录下来，并在中央人民广播电台播出。这个暗访所使用的手法属于介入式，因为记者扮演了新闻中的采访者与被报道的当事人双重角色了。这位记者的职业暗访其目的，毋庸置疑属于正当。可是，法律规定制造、销售、虚开假发票就是犯罪，而且明知发票是假却敢购买，也属于犯罪。这个定论可以在《中华人民共和国刑法修正案（八）》中找到依据。无论是为他人、让他人为自己或者介绍他人虚开普通发票（包括假发票），都构成虚开发票罪，情节严重者将要被追究刑事责任。《新民晚报》早在 2013 年 9 月 30 日就曾刊登过一篇消息《购买使用假发票也要追责》。上海浦东公安分局经侦支队，破获了当年全市最大假发票案，"抓获涉嫌假发票犯罪的嫌疑人 37 名，其中包括了一批购买、虚开发票的私企老板、个体户、中间人、财务人员"。"警方表示，不仅制售假发票的犯罪团伙要继续打击，购买、使用、介绍购买假发票的单位、单位主管人员及直接责任人，也可能要被追究刑事责任，市民切莫心怀侥幸，购买使用假发票。"由此看来，北京台这种涉嫌犯罪的报道素材，记者是不适宜介入式暗访的。记者的职业，限定了其对新闻的介入种类。如果是警方刑侦人员，这种购买或许正是"钓鱼上钩"抓住铁证的必要手段。而记者购买，则不能以目的的正当性和职业需要，因此免除法律追究。事实上，我国迄今也没有任何一个法律条款，授予记者这种特权和豁免权。如果司法因记者介入式暗访犯罪情节不严重、也不具有犯罪的故意，而免于追究刑事责任，至少新闻媒体和记者本人都要清楚，这是犯罪行为！

还有一种介入与不介入相间或过渡的记者暗访。就是记者开始切入的时候，是不介入式。后来发现自己无法获取目标新闻素材，于是当机立断将自己"送进"暗访场景的当事人行列。如果用那两种手段概念来硬定位，这种情况很难划分。新闻采访尤其是暗访对象与场合的复杂和瞬息万变，使记者不得不随时切换身份。这个时候，他头脑中要有一根不得触犯法律、更不能犯罪的警戒线。如此才能保证介入式暗访手段的正确应用。

《金陵晚报》曾经用两个整版，推出暗访报道《"蒋介石"招摇美龄宫》。记者接到线报，在蒋宋当年的私人官邸美龄宫（现在的历史文化旅游场所），来了一名长相酷似蒋介石的人，此人也是浙江奉化人。他一身长袍马褂扮作蒋的身份，在巨大的江防地图前对游客招徕："共军是不可能打过长江的！"由于该景点还有国民党军队的服装有偿租借，络绎不绝的参观者排队穿着副官、秘书服站到"蒋介石"身边拍照、录像。一位旅游到此的"老八路"发现后气愤地向媒体爆料。记者赶到现场不动声色暗访了很长时间，但很难满足深度报道的需求。为什么？仅仅靠隐身观察、偷拍偷录，掌握不到这个主角怎么能驻扎在此"全国重点文物保护单位"背后的交易。于是，在数次去无功而返后，记者开始以其他景点邀请人的身份，同"蒋介石"谈事论价。丰厚诱饵＋行情谙熟，促使对方不但兜底讲述了自己一大家子到美龄宫来做这个特殊营生的来龙去脉，甚至还取出了一份合同，暴露了签约双方的利益分成明细。暗访记者立即抽身回去发稿，第二天就一大组现场照片、现场特写、加上时评《且问美龄宫》倾泻而出。报道获得"全国晚报现场新闻大赛一等奖"和当年江苏省好新闻奖。党和国家主要领导人还就此作了重要批示。

暗访记者用镜头和文字，真实还原了美龄宫内"蒋介石"猖獗和"御林军"林立的场景。该景点生财无道的做法在媒体曝光后，引发社会和高层极大愤怒，扮蒋敛财的一干人马很快被扫地出门，景点领导也受到了处理。　文图：丁邦杰、端木宁肃

这位记者从不介入到后来无奈之下转身介入式暗访，成为新闻当事人，虽然有欺骗和像其他游客那样身着蒋军服装的事实存在，但显然是职业暗访的实际要求，也没有任何违法犯罪。加上最后成功获取全部报道证据、社会效果显著，因此，可以理论联系实际地认定，其暗访手段的选择，是恰当的。

三、暗访的操作空间

记者暗访的空间并非无穷大，不是所有新闻报道题材都可以使用暗访手段。也不是记者对所有新闻采访切入方式的选择，或明或暗完全依他本人随心所欲选择。暗访需要前提条件，需要构成暗访的基本要素，需要记者自身具有特殊的隐身与捕捉素质之外，还具备理性的价值判断水平。

我国新闻界长期存在暗访作品泛滥、暗访行为过度、暗访总体的社会效果不尽如人意这样一个事实，此为冷静、理性、智慧的研究专家得出的共同结论。早在 2003 年中央人民广播电台法律顾问徐迅、 2004 年南京师范大学教授顾理平、 2004 年中央电视台资深记者骆汉城等，都在他们的论著中有过分析论述。十几年来，新闻业起伏翻腾变化很大，但竞争日趋激烈。在这种

大势下，记者暗访的负面问题不但没有得到有力遏制，而且还呈现进一步发展之势。究其原因当然比较复杂，冰冻三尺非一日之寒。但媒体也好、记者也好，逾越边界超范围使用，肯定是其关键的漏洞。

相对于正面以应该、必须、加强、学习等空泛要求与规劝，依据类比对比及可行性，对记者暗访操作空间进行排除法约定，或许更具有执行意义。我们试着来探索几条——

第一、在暗访的使用频率上，媒体不得下达考核任务，记者本人也不要自设奋斗指标。

一家新闻单位、一个地区或行业媒体、一种新闻介质形式、一国大众传播方式，都不能将记者暗访报道常态化，更不能把记者暗访作为一个定期频繁出版播出、日常都能见到的专版或栏目。这是因为一旦固化出版周期、固化播出时间、固化报道时效、固化受众接受模式，媒体必然为维持这种传播定势而四处八方寻找暗访目标。如此以暗访形式决定暗访内容，和新闻运作的基本规律反其道而行之，特别容易造成为满足形式需要而逾越暗访可以使用的内容有限空间。在这方面，我们已经看到国内一些知名媒体迷途知返。直接动因或许受到上级有关部门叫停，或许被社会舆论批评，或许是学界分析使其惊醒，抑或是实际操作难以为继。

《北京青年报》曾经在 2006 年 10 月 20 日的 A14 版，开设了"北青暗访"专栏，并发出《"北青暗访"征集线索》的启事。该文只是吁请读者爆料提供记者暗访报道线索，却没对暗访可操作空间有任何明示与限定。受众只能从具体的暗访作品，受到导向性"启示"。结果看到的首篇暗访报道《照顾饭店生意，能闯水库禁区》，该报为了揭露饭店老板违规带游客去密云水库游玩，而不惜使用介入式暗访。记者首先冒充违规者引诱老板违规，然后用舆论公器给被诱违规人曝光。这种开局使业内专家感到吃惊，中国人民大学新闻学院教授陈力丹撰文明确批评了这种做法（《暗访新闻要谨慎》作者：陈力丹《新闻与写作》2006 年 12 月），央广法律顾问徐迅对此也持同样批评观点。后来，北青的这个记者暗访专栏，只出了两期就悄然关张了。

无独有偶，《扬子晚报》也曾推出《每周暗访》专栏，其出版周期性更明确更固定。虽然该报力推的稿件有《非法屠宰场》《零点行动》《夜查死鸡源头》《货币传销暗流涌动》等，其内容不少确实涉嫌违法犯罪，但是，从专业角度上分析可以看出，那些新闻素材有的并不一定非隐瞒记者身份而无法获得。具体操作和指挥者曾经撰文说：这个栏目以其"小切口、小事件""贴近生活、贴近群众"的特点，受到广大读者的肯定（王文坚《寻常最奇崛 容易却艰辛——组织采写"每周暗访"专栏的体会》1999 年 05 期《传媒观察》）。但暗访不可能只唯受众马首是瞻，即使群众喜欢，还要看你操作有没有违反新闻采写规律。其"出界"可能也是囿于报道内容服从暗访形式，这个专栏后来也很快停办了。

央视"每周质检报告"的暗访，杀伤力是很大的。它不但对消费者市场产生重要导向作用，还在新闻界兜起一股旋风。北京卫视的"第七日"，浙江卫视的"目击"、江苏卫视的"零距离"等视频类媒体，纷纷起而仿效。而南方周末、新京报这种优质纸媒，也多次运用隐性采访进行了大量有深度有看点的新闻报道。

记者暗访当然不是必须禁绝的对象，虽然国内外法律和职业道德规范，限制的可操作空间非常有限，但是，一旦新闻单位把它的推出时间往复化、报道惯性程式化，就很难避免记者隐身采访的滥用和超界。由此可能带来许多触犯法律或新闻纪律警戒线的问题。如果不正视这个负面后果，我们就会得不偿失。

"刀用多了就钝了"。某种程度上，以频繁使用"卧底"的方式获取信息，只能证明记者不够勤奋和努力，采访走了捷径。美国新闻伦理专家 Bob Steel 认为，"卧底"行为就像是一把刀，有着锋利的刀刃（sharp edges）。高频率地、不恰当地使用会误伤到无辜的人，侵蚀掉新闻界的公正。同时，过度使用这把刀，还会让刀锋变钝，反而失去其应有的作用。这一特殊方法，应保留给那些值得和应当使用的特殊报道。（《卧底采访的法律与道德风险》作者：阴卫芝《新闻记者》）这种分析的针对性，适用所有记者暗访手段。湖北一家影响力较大的都市报首席记者，自己撰文坦承"迄今从事隐性采访近千次……"这么高频使用是个令人担忧的问题。

正确的做法，是看菜吃饭、量体裁衣——遇到必须报道、又非采取暗访而不得的新闻采访内容，媒体就果断派经验丰富的记者前往操作。如果有任何可能无需暗访即可得，即使非常困难、障碍重重，还是尽量要求记者使用显性身份想方设法采访为好。

记者作为单兵作战特色明显的职业，当然需要新闻理想、当然需要业务努力目标，但是，在暗访的数量方面，完全没必要自设指标。因为记者暗访必须根据社会发生、自己发现的变动中的新闻事实，其内核是否符合暗访的前提条件而定。切不可依据自己的喜好擅长，为完成数量而让内容服从形式。把暗访作为职业，肯定是不合适的。现在我们可以看到书店和网上，都在售卖有关记者暗访经历和暗访作品的畅销书，"我做暗访记者××年"（多为两位数）之类的书名常入俗眼。有的书作者毫不隐讳地在自我介绍中，挂冠"著名暗访记者"的称号。任何一个资深媒体从业人员都会清楚，以暗访作为专业的记者，在新闻单位是不存在的。自封也就是一个商业助推噱头。不过，这种书籍的畅销和社会影响力也会带来一个误导，就是对记者队伍中那些年轻人、对那些怀抱新闻理想的大学新闻学子，造就一尊遁隐江湖的记者大侠偶像。他们会学而师从之，导致新闻采访中的特例暗访，成为无所不能的惯例。那么，记者之路不是可能走歪了吗！况且，那些书中，间杂或充斥着许多不当使用介入式暗访的案例，本身就是错误甚至可能涉嫌违法犯罪，出版社编辑不一定懂很专业的新闻业务呢！

武汉电视问政明察暗访慵懒涣散状况。当天的这场问政以"村级基层组织如何坚强有力"为主题，武汉市各区书记迎来这场"期中考"。当晚播放的督查人员和媒体明察暗访电视短片……

第二、在暗访的素材对象上，明确一切正面报道只能使用记者的显性身份，违反要因越界给予处分。新闻学界与业界，很多年研究探讨暗访的适用对象，目前观点主张趋于一致。就是所有非违法犯罪内容的报道素材，都应该通过记者公开身份的方式采访获得。记者暗访毕竟是不道德的行为，其间难以回避说谎、欺骗、诱导等与职业身份不相符的表现。即使可能遇到这样或那样的困难，记者也只能通过迂回曲折等方法克服。道理在于，这种行为违反了国家管理部门的规定，也不符合新闻工作者职业道德的要求。比如央视的"每周质量报告"，经常使用记者暗访，给假冒伪劣产品曝光，受众收视率很高。可是有一期，他们为了给曾经曝光过的德州扒鸡做平衡报道，以"明察暗访'绿色'扒鸡"为题，报道同样生产扒鸡的企业如何严把质量关。更有媒体为了报道政务大厅的政府工作人员作风转变，如何提供"一站式"服务、如何态度好办事效率又高，派记者去暗访偷拍。如《江西日报》2012年2月18日《记者暗访湾里区服务中心感受新气象》。"非典"肆虐时期，《扬子晚报》曾经派记者对江苏部分地区的"防非"工作进行暗访。报道推出完全是表扬类的事实……这些本可以显性身份采访的内容，都违反了"正面不可暗"的基本原则。他们知不知道那些万不得已的记者暗访，基本都是"两权相害去其轻"的无奈结果。过去我们在此方面未能旗帜鲜明作出某种结论或约定，经过这么多年实践探索和理论分析，现在我们应该非常明确地要求记者：所有正面报道，不得使用暗访手段。即使是负面报道，也要视具体情况来综合判断，尽一切可能只用显性方式获取报道素材。不到万不得已，绝不使用"绝招武器"。在新闻单位，这要成为一种制度，违反应受纪律处分。如果记者不当使用暗访成为侵权被告，输了新闻官司回来还要在司法处置之外给予适当的行政处分。只有这样严格规范，才能遏制住当前媒体记者暗访过多过滥的势头。

第三、在暗访的手段选择上，新闻单位要为记者提供官方器材，以此来制约操作者可能的任意而为。记者暗访，只靠脑袋记，必然无法还原事实真相。"好记性不如烂笔头"也不现实，掏采访本还不暴露身份啊。因此，为了秘密调查取证的需要，携带暗访设备、偷录机偷拍机就成为暗访记者的标配。不过，在法律条文界定上，记者的这些装备与公民禁用的间谍器材只有一线距离，稍有不慎或不当使用，就有可能违法犯罪。国家有关法律明确："任何个人或者组织不得非法持有、使用窃听、窃照等专用间谍器材。"记者偷拍偷录机会不会被划入禁区呢？《中华人民共和国国家安全法实施细则》第二十条又进一步具体规定："暗藏式窃听、窃照等专用间谍器材"被列为第一种。试想，记者暗访所使用的偷录偷拍机，哪一种是扛在肩上公然亮相的呢？中国目前还没有"新闻法"和其他专项行政规范，去明确记者暗访所持设备，究竟应该限定在什么技术范围等级内。实际操作的涉法边缘非常模糊。再说，记者暗访并非涉嫌危害国家安全。我们只是以"法无禁止则可行"的理由去干起来再说。所以，暗访记者稍有不慎，还是极有可能触犯法律。新闻单位为了工作需要和记者安全，可以统一购买配备合乎法律规定的器材设备。谁使用谁申请，履行必要手续还可以从程序上防止滥用暗访。另外一个就是为了规范需要，防止记者越界。现实中，确有记者使用自己购买的"隔墙有耳"窃听器，这种东西肯定属于非法持有的警用工具，一旦暴露就有可能被起诉。除了公民隐私权侵犯民事涉案，还有一个《中华人民共和国国家安全法》追诉的危险。媒体官方提供暗访器材，虽然也难以绕过法律主体的限定问题，但无论如何上了法庭，记者个人抗辩理由是基本成立的，可以求得豁免，或在法官的自由裁量权范围内从轻发落。

第四、在暗访记者的角色定位上，我们只能是事实的忠实记录还原者，而不能成为新闻的直接当事人（卧底除外）。秘密调查的一个前提条件，就是不妨碍、不打扰被访对象的真实性表露，不制造、不扭曲现场环境的真实变化。美国传播学史上具有重要影响的学者大家沃尔特·李普曼有过一句名言：记者应该做"墙上的一只苍蝇"。意思就是不能因为记者的到来，而影响正在发生的事件。耳闻目睹，是暗访记者采集的基本操作方式，所有暗访设备如偷拍偷录机等，只是记者耳目的物化延伸。我们只在暗处静静观察悄悄倾听，保证被暗访的事实按照它的本相进展与暴露无遗。《法院的失序》是获得普利策调查报道奖的优秀作品，擅长暗访的美国《费城问询报》3 名记者，为了调查费城法院系统严重的私下交易和其他司法腐败事实，竟然用 3 年时间，在审判室里待了无数个星期。他们最后写成的获奖作品，是全程观察的结晶，毫无介入对新闻事实的影响和左右。在我国，重庆电视台《天天630》节目播出了对"假尼姑当街行骗事件"的暗访，这位记者自始至终以围观者的身份站在行骗尼姑的身边，通过隐藏的摄像机记录现场的新闻事实。他既没有上前制止，也没进去参与起哄，以使其故事性更加曲折离奇充满矛盾冲突。而我们见到的另外一种暗访，则是记者不当介入，在最后发表的新闻报道里面，记者已经成为"五个 W"中的一个。《羊城晚报》记者曾经为了测试上海警方的 110 出警速度，假装遭到抢劫的外地顾客。报案 2 分零 10 秒，4 辆警车呼啸而至。无独有偶，山西也有多家媒体记者，自编自导了一出危重病人急需抢救的新闻。几家医院急救中心的 120 救护车也是风驰电掣赶到……这些记者不但炮制了新闻，而且，他们自己正是新闻的当事人。

第五、在暗访记者的工作场域上，应严格规定只能限制在公共场合范围内才能使用。也即普通公民都可以自由进出的公共场所，如商场、影院、公园、车站、码头、机场、饭店……如果法律已有特别禁止性规定的地方，或须经法律特别授权才能进入的地方，如审案法庭、军事禁区、科研基地、国界边关、监狱拘留所等，记者就不得进入暗访。2002 年 7 月，南非一所监狱的违法犯罪活动被人用偷拍的形式记录下来并公之于众。此举揭露了南非监狱中的腐败与其他黑暗，但当事人仍然受到了严厉惩罚，支持偷拍的监狱长也因此被免职并调离了监狱。不过，企业生产车间、机关办公地点、社会组织大楼等场合，不是屏蔽记者暗访的合法理由。如有必要，可以进入。

给记者暗访操作空间划一个允许的操作半径，绝不是要给正当的采访报道套上笼头，更不是将媒体的报道创新戴上镣铐。而是明确范围疆场、优化工作措施，使具体做事的前方记者能够清晰操作边界，可以大胆少顾忌地从事自己的报道业务。如果媒体放任记者左冲右突，脚踩西瓜皮——滑到哪

囚犯顺着窗户爬上爬下，是为了与不同牢房的犯人沟通，买卖烟草或者毒品。（南非摄影师 Mikhael Subotzky 2011 年 10 月 17 日人民网）

里是哪里，等到新闻官司上身或司法部门追究，那就后悔莫及、也对不起前方辛辛苦苦的将士了。

四、记者追求的理想效果

暗访社会效果最大化，是所有记者追求的理想效果。不过，对何为"最大化"的理解追求，可能各有各的说法，各有各的理解、各有各的认同，各有各的实现方法，"一千个哈姆雷特"也不为怪。

年轻新手，喜欢寻猎刺激、惊悚、勇为。刚入道的年轻记者，一般对隐性暗访充满新奇和勇为的心理。好多人怀揣新闻理想来干这行，满心要为正义鼓与呼。当他们获得社会黑暗、特别是带有黑社会性质欺压百姓、涉嫌严重违法犯罪的报道线索的时候，内心很容易涌起一探究竟、廓清真相的热血冲动。当然，这类新闻素材，很难从正面、显性方式切入获得，于是他们就会不畏风险展开暗访。一个正派稚嫩青年，当他隐身深入到"非常团伙""非常事件""非常人物关系"内部，亲身融入、耳闻目睹那一幕幕常人难见的新闻现场时，是很难抑制刺激、惊悚的内心感觉的。但恰恰正是这种感觉和揭开真相后的成功喜悦，强化了他一次、两次、三次寻猎此类新闻线索和"特工"般工作体验或经历的追求。

这种初生牛犊不怕虎的敢为精神，当然是值得肯定的，但其间的风险因其缺乏应对和判断经验而特别大。尤其是其寻猎刺激、惊悚的工作目标，已经偏离了记者为了党和人民利益、为了揭露黑暗打击犯罪这个正确的方向。所以，他的暗访成功率不会高。一是自己出事的风险较大，诸如受到人身伤害、财产重大损失等。二是好不容易挖掘的暗访事实，媒体不适合发表而被总编"枪毙"。像血腥场面，作恶手段，敏感事件，涉及宗教、军队丑闻等。三是特别可能触犯记者暗访禁忌，如以犯罪手段获取犯罪报道素材等。

对这种暗访新手，媒体应该因势利导，除了每次暗访行动仔细安排帮助分析外，还要派经验丰富的老记者一对一传帮带。开始几次，绝不允许其单独出击，防止发生不测以及暗访失败。学徒的记者，除了要学师傅的暗访技巧外，还必须多多思考他们追求的新闻价值，而不是逞勇猎奇找惊悚刺激。待到比较成熟时，才可"单飞"。

二流"中手"，循着官方呵斥，按图索骥。这种记者，已经在媒体江湖混了经年，掌握了暗访的基本套路，也对暗访报道面世后的社会效果有了一定认知。尤其是对暗访风险，包括自己的人身安全风险和报道可能不被"出笼"风险、即使"出笼"但招致高层不满风险等，心知肚明。"常在江湖飘，哪有不挨刀"，于是小心翼翼寻求保险。其结果就是习惯在领导人批示表态、官方明确要求、从业媒体具体安排中，"主题先行"寻找暗访选题。中央部署全国"打黑"，他就来个黑道小混混如何一方称霸作恶的暗访报道。上峰批示指某地拆迁严重侵害群众利益，他就潜入寻找受害当事人了解实情。媒体布置某个报道任务，他会使用暗访手段具体呈现新闻素材……总之，这类"中手"喜欢被动"暗访"，并在一次次"今天重复着昨天的故事"中，寻找保险系数。

这种记者的暗访报道，一般发表概率很大，暗访中的操作风险也不高，完全不像年轻新手那样冒冒失失动辄得咎。从媒体稳重对上负责要求来看，还属于宝贵资源。他们在新闻单位的内部考核中，基本处于中上游状态。但这种暗访最大也是最显著的不足，就是不会出奇——大路货较多。换句话说，属于暗访中的较平庸者。原因在于其选题的出处不是来自生动鲜活的社会生活，不是来自记者自己的价值判断，而是来自官方发话的"对号入座"。我们并不反对记者同党中央保持高度一致，也不排斥记者关注上级领导的喜怒哀乐。但暗访这种特殊的采访手段和常态不同，它无论如何应该是突发事件、现象级新闻、老大难问题，而且是记者显性方式无法获得的珍贵素材。从"红头文件"按图索骥，就违反了新闻学"先有事实，后有新闻"的基本原理和记者自己应该遵循的新闻规律。平庸，永远是记者从业进步的桎梏。

对这样的二流"中手"，媒体重点要在暗访选题上引导把关，而在具体的暗访技术手段上，要放心他们的操作。有时为了"打击"他们满足平庸裹足不前的暗访惯性，可以适当"枪毙"一些选题和报道成品。这样的记者，自己也应清楚关键是要在"破平"上下功夫，把两眼向上转为向下，多多在突发事件、新闻爆料、线人"喂料"等渠道上，寻找鲜活选题。

资深老手，擅长展示独家爆料、曲折情节。只有从业经验丰富的老记者，才能称得起"资深"的头衔。这样的记者，在暗访报道的表现上，通常是老将出马，一个抵俩。通常是要么不出手，出手就独家。他们不喜欢"吃别人嚼过的馍"，更厌恶为了完成新闻单位内部的"工分"考核，而勉强隐身或强拉硬扯采访题材。他们不但在暗访的手段技巧上安全保险，而且还会自出新招。最可贵的是他们擅长在"独家"俩字上寻寻觅觅，暗访中还会特别注重情节的变化跌宕起伏。

具备以上两个要素之后弄出的暗访报道，总是能够让受众沉浸之中，随记者笔触而愤怒、惊叹、悲情、怜悯……这样的暗访，因其故事性强，常常会成为人们茶余饭后甚至是工作中的谈资，而且很长时间难以消失。暗访中的受害者或弱势个体，往往还会引发广泛捐助等社会热潮。尤其是这种暗访的独家性，可能在同城、同行业、同类型、同等级媒体中，产生震荡。这个行业的竞争，在当前态势下，独家新闻的稀缺已经到了争抢不择手段的境地。暗访新闻的独家报道，更能在媒体同仁中产生强刺激。当然，在受众中的影响力也会是倍增效应。

对这样的资深老手，媒体当然应该特别珍惜，每有他们创作的重要暗访发表，一要在追踪报道上投入力量，除了当事记者本人，其他记者编辑也可一道进入深化报道环节，以扩大源报道战果。二要在媒体的版面或时段安排上，给予强有力支持，放大他的暗访报道社会效应。三要在内部考核上，给予必要的奖励，以典型引路在记者队伍中产生导向作用。四是通过分析策划，帮助他们破骄戒满，别仅仅停留在故事情节和独家两个节点上，力争暗访提高社会影响力再上台阶。最后这条需要从选题开始抓起，从报道立意方面下手，从采访中的挖掘深度突破。

一流高手，善于追求重大影响、上下关注。这类记者是极少、慎重使用隐身手段的，几乎一年或几年才会有暗访大作问世。但每有出动，必会产生重大社会影响，令高层震动、百姓哗然，司法机关坐不住。猎奇、平庸、玩

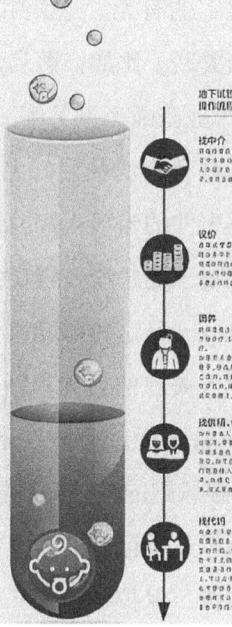

南方都市报 2016 年 10 月 11 日大篇幅刊登的记者暗访报道

煽情、以完成报道任务为己任等，一概与他无干。他的暗访时间或许很长，经历的各种风险也足以成典型传教案例，而暗访结束后的实际写作、制作过程，倒不一定非常复杂耗时。为什么呢？因为这种人策划比较周密、采访深入透彻、立意绝对高远，否则，怎么叫一流高手呢！

《倚天屠龙记》中，张三丰创造真武七截阵时提道，"当世之间，算得上第一流高手的也不过寥寥二三十人"，当时武当七侠尚未成名……《射雕英雄传》中，周伯通、洪七公、欧阳锋、裘千尺、黄药师、周伯通等，敢称、能称一流高手的也没有多少。当代记者队伍中的暗访一流高手，可能就更凤毛麟角啦！全中国数起来大概也超不出 10 位。

这种记者精英，暗访作品的一个标志就是重大社会影响。具体体现他的选题在新闻价值五要素中，集中追求前两个，即重要性、显著性。时效性尽管也比较重要，但暗访调查本身需要耗时较多，加上基本上都不是动态新闻，所以这方面要求并不突出。接近性因其暗访素材关联面广、故事性强，一般作品也不存在问题障碍。而趣味性，则是与暗访本不相搭的东西，其他记者也不会在意它的有无。这其中，重要，是暗访涉及的问题可能与千家万户的切身利益相关联。比如：著名调查记者王克勤的作品《山西疫苗乱象调查》《北京出租车业垄断黑幕》等。显著，是暗访的对象或者挖出萝卜带出泥的相关人物，是具有广泛社会知名度的名人、明星、政府官员、意见领袖、黑道大佬、敏感事件的当事人等。比如：《东方早报》记者简光洲的作品《甘肃十四名婴儿疑喝三鹿奶粉致肾病》，《南方都市报》记者徐纪周揭露雷政富的报道等。所以，一旦这种暗访作品问世，就会产生轰动效应甚至爆炸性效果。上下左右投入关注的目光，新闻媒体不约而同争相后续报道。但一流高手从业媒体以外的同行，只能在他首发新闻后，顺着其未吃干榨净的新闻"剩料"，做些跟风跑的"下脚"报道。这不但放大了一流高手的暗访战果，而且进一步抬高了这位记者的人气效应，强者愈强！

媒体最要呵护、保护、爱护一流高手。他们是新闻单位中最先进最重要的生产力，也是记者群体人所崇尚的英雄和偶像。仅仅其暗访的经历，就是一本最鲜活不过的新闻业务教科书。再加上他所创造的暗访作品广泛社会影响，给自己所供职的媒体赚足了高分。保护，就是每逢一流高手要有暗访出击，媒体一定要从可能发生的各种危险危急情况考虑，为他们的人身安全提供必要保障。如缜密策划分析暗访预案、加派助手不让单独行动，配备必要的防护设备、场外组织接应或增援力量以备紧急施救、事先告知当地警方发出预警通报，等等。呵护，就是给一流高手最好的经济待遇、最高的社会荣誉、最强有力的工作支持。每家媒体内部都有记者考核，对他们的发稿数量，应该从宽不严，不一定非要和其他记者那样每月每年要求达标数，而因人施策地把重点放在质量上。这种人只要在重点稿、示范稿、"拿大鼎"稿子上，能够撑住本媒体门面，就一路绿灯。爱护，就是对一流高手的暗访选题，要从大方向上予以论证审核。唯其"核武器"功能，一旦放错或有偏差，给他本人和媒体带来的负面后果，也是难以承受之重。标杆的力量是无穷的，媒体拥有一流高手记者是为幸运和光荣，请珍惜好自己的宝贝！

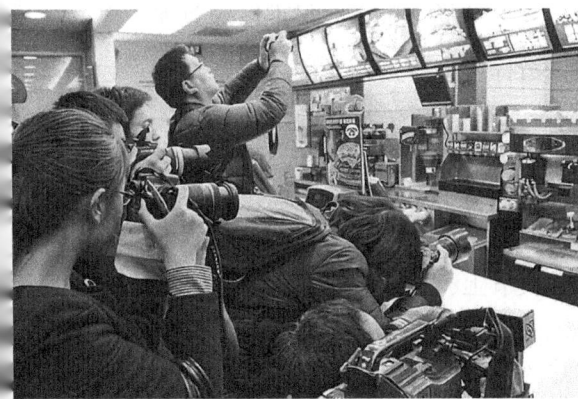

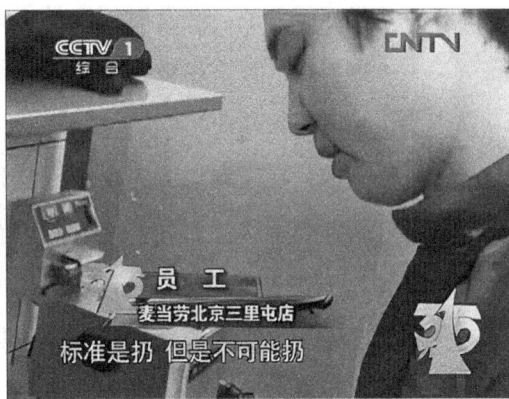

央视记者卧底报道麦当劳北京三里屯店质量问题后，大量媒体记者赶到现场，跟进曝光。

最不入流的家伙，只会铤而走险、胡编乱造。此类所作暗访的目的是耸人听闻，想通过不正当手段渠道一鸣惊人。他们其实玩的不是真人真事、真实场景的观察、卧底、采录，而是先在密室里面策划好剧本，然后使用密拍密录设备进行暗访演戏或情景再现。这种人的工于算计，集中用在了拍电影、写小说那般编造故事、策划情节上。有时貌似天衣无缝，编辑和受众一般还难以察觉拆穿。比如：北京电视台生活频道《透明度》栏目工作人员訾北佳搞的所谓"纸馅包子"暗访报道，不但躲过了本单位的审核，还在央视得到转播。《纽约时报》记者杰森·布莱尔，多年在其新闻报道中作假。直到一篇美国女兵林奇被俘再获救的报道，被编辑拆穿西洋镜后才彻底暴露。

这是隐藏在媒体内的一种"定时炸弹"，其暗访报道一旦败露真相大白于天下，就是他所供职的新闻单位倒霉受难之时。广大受众千夫所指，上级领导彻查追究，不但媒体领导的乌纱帽难保，有时还连累所在媒体一道翻船。正常的新闻报道事实，都会受到批评通报，恶意造假、特别是胡编乱造暗访新闻，处分一定更加严重。其社会危害性和新闻业内的负面影响力，均不可小觑。

为防这样的"老鼠屎"，新闻单位除了要在暗访稿件发表环节上，加设"防火墙"之外，还要对已经发现的触犯高压线者，给予顶格处分：开除。涉嫌刑事犯罪的，要及时提交警方介入。不这样下狠手，很难以儆效尤，根绝问题再现。布莱尔被开除了，訾北佳被提起刑事诉讼，最后被判刑并永远不得再从事新闻业。

其实，在记者暗访等级水平划分上，有时界限分野并不清晰，还有一些存在两种类别过渡之间的情况。也有一些记者暗访，这次成功下次失败，这次高超下次略低。我们只是从总体上、大节上、数量最广泛意义上进行分析认定。或许它们总的优点缺点，在某个暗访记者身上，互有显现。知道了这些分门别类，是为了让你从事记者暗访工作时，把目标方位对准成熟优秀的一流高手，尽可能减少弯道时间而实现跨越式成长。有志者请向上看齐！

第三章

记者可用的几类特殊暗访手段

记者暗访＝秘密调查，这是没有疑问和争议的。既然含有秘密的性质，记者在操作中就不得不采取一些特殊手段方法。但是，我们已经论述过，暗访的禁忌较多，记者在刀锋边行走，除了小心翼翼之外，必须弄清哪些是可以合法使用或常规使用的武器。

新闻采访和报道，一线记者和"象牙之塔"里面的研究学者是很不一样的。记者重视具体的可行性操作套路，新闻学研究者喜欢在理论的深海里探索游弋。我们不能简单地肯定谁也不能武断地否定谁，但本书的立足点还是前者。因此，将每一种暗访实用手段方法阐释清楚，并用典型案例解读之，就是本章各节的任务。

1992 年，美国广播公司（ABC）《黄金时间现场》的制片人接到线报，说北卡罗来纳州食品连锁巨头食狮公司（FoodLion）出售不卫生的食品，包括将过期牛肉与新鲜牛肉一起包装、漂白肉并去味等。制片人认为这是一个极具新闻价值的重大选题，决定实施卧底采访。ABC 的两位女记者（Lynne Dale 和 Susan Barnett）经过上级批准，主动承担了这一工作。她们制作了虚假的简历，包括虚假的身份、地址和经历前去应聘。被录取后，记者戴着假发，里面藏有微型录音录像设备，记录下了超市店员如何包装肉制品及怎么放置标签，录制的场景包括熟食处理部、员工休息处、办公室等，三周的时间共偷录了 45 个小时的影音素材。ABC "黄金时间现场"栏目后来播出了记者暗访的新闻，惊动全美。食狮公司在美国的 14 个州有 1100 家分店，所以损失是巨大的：公司股票暴跌、销量锐减、全国的连锁店面临倒闭危险。于是，食狮公司起诉了 ABC 公司、《黄金时间现场》栏目的两个制片人及两名女记者。北卡地方法院于 1997 年 1 月判处食狮公司胜诉。陪审团要求 ABC 支付补偿性损失赔偿费 1402 万美元和惩罚性损失赔偿费 550 万。 1997 年 8 月，法院将惩罚性损失赔偿费减至 31.6 万美元。 1999 年 10 月 20 日，美国第四巡回上诉法院（里士满）重新审定地方法院的判决后，仅支持了其中两项诉由，"对雇主有不义之举"及"非法侵入"，驳回了地方法院关于"欺诈""不公平贸易手段"的内容，虽 ABC 最终败诉，但惩罚性赔偿降为 2 美元。（《卧底采访的法律与道德风险》作者：阴卫芝《新闻记者》）我国著名新闻法学家魏永征先生就此评价过：此案就基本价值层面来说，表明美国司法并不支持卧底采访。 ABC 虽然只赔偿 2 美元，但还要承担依法由败诉方支付的巨额诉讼费用（估计高达数百万美元），同时还付出了 7 年应诉的庞大人力和物力。

这桩典型案例，可以通过以下三个层次环节分析来认识记者特殊暗访手段的运用：

第一，媒体的决策。这个报道是美国全国广播公司下派的任务，两名女记者报名承担、但不是自己主动作为的选题。作为美国媒体三巨头之一的 ABC 决定采取派记者用卧底的暗访方式潜伏食狮公司，为的是能亲自拿到食狮公司问题的第一手确凿证据。在记者暗访的所有手段上，卧底是最厉害最具有杀伤力的一招，当然难度也最大，一般非不得已不会使用。那么，这次新闻事实的暗访难度，应该说并非到了非此不能的程度。牛肉是否过期？到底新鲜不新鲜？完全可以通过购买送交权威机构质量鉴定的方式来确定。如果为了保险，还可以在暗访购买环节，加入约请公证部门介入的程序。对于食狮公司漂白肉并去味的问题，凭美国现有的检测先进程度和技术手段，也完全可以鉴定出来。因此，这个派记者卧底的决策是错误的。

第二，卧底的场所。在一共三周时间内，两名女记者偷拍偷录了 45 个小时的影音暗访素材，其涉足场地包括该公司超市的熟食处理部、员工休息处、办公室等。全世界记者都应该知道，暗访的触角只能限制在公共场所。公司超市作为一个生产（后道工序一部分）、包装、销售区域属不属于？回答是肯定的。因为，与公共场所相对应的另一面，只能是私人领地。超市后场是社会公共场所的当然延伸，只要不涉及商业秘密，记者暗访无可厚非。就像央视记者卧底暗访麦当劳北京三里屯店的曝光报道一样，完全站得住脚。可是，企业员工休息处呢？记者暗访尤其是卧底偷拍偷录，就有可能侵犯公民隐私权。办公室也是如此，可以肯定地说，这两个地方不是公共场所。连饭店包厢、KTV包间、宾馆房间等私人封闭空间，记者在有公民活动时偷拍偷录，都涉嫌侵权。ABC记者这样大胆使用暗访设备，后果可想而知。北卡地方法院和二审第四巡回上诉法院，判决都认定她们"非法侵入"，尽管依美国法律所指并不一定是"非公共场所"问题，但如果站在中国司法的立场上看，也是侵权之举。

第三，使用的手段。记者卧底比其他暗访手段更需要对象单位和对象人毫无察觉，因此，其"谎言"和"欺骗性"，当然也比其他暗访更烈。ABC记者应聘食狮公司时，制作了虚假的简历，包括虚假的身份、地址和经历。在第一次被拒未获雇用后，制片人又请另一个州食品公司老板写推荐信，请人培训肉类包装技术。这中间的问题，出在欺骗性质的"推荐信"撰写人，是食狮公司的同行。这就涉嫌"借力打力"——通过一家帮助，批斥另一家，它客观上助推了同行之间的不正当竞争。在美国可能也没有什么法律，禁忌媒体此道。但在职业或公共道德上，或许就难辞其咎。虽然，两级法院判定记者及媒体"对雇主有不义之举"的诉由，是暗访人拿着公司薪水却干着为ABC偷拍偷录的事，其法律依据是北卡罗来纳和南卡罗来纳两个州的新闻侵权法。但这事儿在中国媒体同行看，就是另一个暗访手段的"不义"。譬如，央视记者卧底麦当劳北京三里屯店的时候，如果与肯德基公司有什么关联，这种暗访手段就至少会受到职业道德的质疑。

第四，暗访的目的。美国广播公司记者不择手段对食狮公司实施卧底取证，为的是彻底揭露暗访对象弄虚作假、危害消费者利益的恶劣行径。结果导致事与愿违，案件在巡回法院重审后有了结局， ABC 仍败诉，但罚金仅是 2 美元。从这个案例的发展过程来看，法官在"新闻自由"和"企业合法权利"的平衡中使用了"利益衡量原则"——努力让各方都有部分胜利，同时，也有部分失败。食狮公司在这一曝光过程中，损失的是商业信誉及股票市值，以及 7 年诉讼成本；而 ABC 损失的同样是 7 年的诉讼成本及差一点的巨额赔偿金，同时，必然受损的，还有媒体公信力。

现在我们把眼光收回国内，看一桩和老美差不多的记者卧底，却产生了另外一种结局。这期间的为什么，值得咀嚼——

2014 年 5 月，上海电视台三名记者花了三个多月时间卧底福喜公司，"潜伏生产线进行了两个多月的卧底调查"。他们以暗中摄录的图像和说话，披露了这家麦当劳、肯德基、必胜客等洋快餐连锁店的肉类供货商使用过期、变质、次品原料，偷换保质期标签，编制阴阳账本等不法行径，政府当局迅即采取措施予以查处。警方依法对上海福喜食品有限公司采取行动。这次记者卧底暗访，取得了巨大成功。不但没有遭到受访对象诉讼，也没有新闻业界和学界对其暗访手段使用的批评指责。它还引发全球媒体的广泛关注， CNN、 BBC、 NHK 等国际知名媒体都对福喜事件进行了跟踪报道。该报道作品《食品工厂的"黑洞"》，获得了当年中国新闻奖一等奖。

通过分析这桩典型案例，来认识记者暗访手段的选择和使用，可能也要经四层：

第一层：要不要卧底？记者接到爆料，反映上海福喜公司长期使用过期原料制作食品。这事牵涉面非常广泛，中国那么多洋快餐巨头都是它的常年客户，因此维护公共利益的报道价值非同一般。可是，食品企业是绝对禁止外人进入生产现场的。即使本单位员工上班，也必须经过重重关卡——脱衣换鞋、穿特制保暖衣和防护服、戴口罩和手套、紫外线消毒，据说前道程序就需要时长 40 分钟。记者在显性采访肯定不能的情况下，因其新闻价值而决定暗访，但暗访要尽一切可能不采用最极端的卧底手段。现实是进不了受访现场，所有证据无法取得。因此，卧底确实符合选题分量特重、记者万不得

左上：福喜公司迅速成为媒体追踪曝光的对象。

右上：生产车间被暗访拍摄的工作场景。

上海福喜案 3 名卧底记者在商讨策划方案。

已这两个先决条件。电视台知道业界禁忌，所以在报送中国新闻奖材料中，反复说明其万般无奈的最后选择。

第二层：如何抓取暗访素材？这家电视台采访作风扎实，竟然为了时长26 分钟的一档专题节目，派记者卧底三个多月，这在一般新闻媒体，是不可想象的。可是正是时间充分，记者的隐蔽和素材采集才更深更谨慎。不像有的记者卧底暗访，要么时间紧任务重，要么记者或领导求胜心切功利性太强，导致拍录粗糙、取材武断、手段暴露等。而这个福喜卧底，记者在生产线旁、在工厂仓库、解冻间、员工食堂等，区域覆盖面很广。再加上各个环节不仅是物的证据，还都有出镜人证的配套。在涉及肉品生产日期的关键证据上，一般都是近景拍摄，可以让受众看得清清楚楚。最值得称道的，是记者整个暗访报道，没有任何诱使，也没有自己对曝光事实的参与。完全用正在进行中的新闻事实来说明记者的判断。因而，它是客观公正无可辩驳的。要不然有一丝一毫的破绽，这家国际连锁巨头怎么可能善罢甘休！美国食狮公司能做到的事情，它都能做到。

第三层：对受访人是否尽到了保护义务？所有记者无论显性还是隐性采访，都应履行对提供报道线索的"线人"和受访证人，悉心保护的原则义务。万万不能为了自己曝光畅快，客观"出卖"而置他们于危险境地。上海电视台这次干得漂亮，也包括在新闻职业道德上没见漏洞或瑕疵。根据职业道德规范和法律禁忌，记者暗访的客体，只能是违法犯罪。福喜公司的作为，涉嫌触犯中国食品卫生法、严重侵犯中国消费者利益。但是，福喜公司的生产员工，按工艺流程和企业要求工作，无论如何算不上罪人或违法者。因此，记者在卧底摄录中，既不点他们的姓名，也尽量不采用人像脸部特写。如遇拍摄必须，则做马赛克或其他覆盖遮挡，连有的对话都作了变声处理。可以想象，长达三个月时间，记者获得的音频视频素材有多少啊，他们显然百里挑一作了精心选择和剪裁。

通过中外两桩案例透析我们知道，即使媒体发现新闻素材只适合记者暗访取得，但其暗访手段的选择和使用，仍然是一个决定成功与失败的关键艺术。稍有不慎，就有可能造成反向结果。后面几节将会具体展示记者暗访中手法不当，不但工作失败，而且暴露以后招致人身伤害等问题。它的严重性，跟显性采访失败大不一样。美国《芝加哥太阳报》记者曾经以自开酒吧的方式，接近且混熟州政府和市政府检验官员，并对其进行小额行贿等。当隐藏的偷拍偷录机"吃饱喝足"之后，报社刊出系列曝光报道，将掌管商业场所安全卫生的那些官员贪污腐败行径，统统曝光。社会影响很大，但美国普利策新闻奖评审委员会却并未认可该报记者的暗防手段……掌握这门艺术首先需要新闻从业人员、特别是前方记者，熟悉了解、认真学习几类特殊暗访手段，它们具体的方式方法和实施要领。在现场发生意想不到的紧急情况时，我们可以怎样临场应变？吃记者这碗饭的同仁，千万不要把这种堂堂正正的新闻业务，看成教你如何扯谎、如何欺骗……

最后要提醒，暗访手段和暗访类型并不是一回事。但新闻从业人员还是应该知道学界对暗访类型的一些表述的基本观点。记者暗访——以介入与非介入为界而分两大类。这里的介入是指暗访记者对新闻事实的发生发展，参与、推动甚至主导事件的结果。而非介入则是完全旁观、记录，不影响受访对象和新闻事实的任何变动发展。介入性记者暗访中分诱惑性与非诱惑性两种。诱惑性记者暗访中又分机会提供型和恶意诱发型两种。有关这些，会在本书第六章"暗访中的两类陷阱取证"中详细阐述。

美国著名新闻学者罗恩·史密斯在他的著作中提出：记者在暗访时，总是隐瞒自己的意图，因此所有的暗访都是欺骗。作为一种欺骗手段，暗访有三副面孔，或者说三种形式。（1）主动欺骗；（2）被动欺骗；（3）假扮他人。（《新闻道德评价》2010 年新华出版社第 48 页）。我们根据自己的实践和国情，总结出五种可用的暗访手段——

一、旁观记录型

记者暗访最常用、也是最基本的一个招式，就是隐瞒职业身份进入采访现场，不动声色地耳闻目睹，悄悄用暗访机拍录音视频证据，回去经过整理编辑，将事实真相曝光在大庭广众之下。这就是旁观记录型暗访，它的特点在于完全不干预、不介入、不因记者的主观意志而影响新闻事实的进展变动。基本要求记者不与暗访对象进行任何直接互动交流，只取原生态本相事实构成报道要素。诚如沃尔特·李普曼所说的："墙上的一只苍蝇"那样的记者，不影响正在发生的事件。

这种暗访一般见诸新闻媒体之后，其客观真实性要比其他暗访手段更加具有说服力，其证据的确凿性也更强。从新闻学原理或新闻专业主义角度说，记者只是新闻的旁观报道者而非直接参与者，因此，尊重事实、还原事实才是我们的职业使命。

有人问，既然旁观，为何还要隐瞒记者身份？因为不少场合、不少人，发现记者在场后，会出现"事实变形"。即想说的话不说了、想做的事不做了，即使说和做，也可能扭曲原来的面目。尤其在我们这个国度，舆论的正面影响力和对负面的威慑度，可能导致一个原来非常朴实的干部，面对电视台的摄像镜头，他会端起架子，说些官话套话甚至假话。平时言谈话语间那种大众化通俗语言表达，全都掩藏起来。对丑恶现象曝光性报道，也可能带来打击报复"线人"或爆料人的后果。即使普通百姓，也心有余悸不敢面对记者说真话。这样，记者获得的就不是事实的本真面貌，所见所闻也可能是假象。依此报道，就生产出了假新闻。如此简单道理不能理解，那就无法理解记者的所有暗访行动了。

2000 年 7 月，湖南嘉禾县爆出我国恢复高考以来最大的高考集体舞弊丑闻，在该县考点参加考试的 507 名考生中，近一半试卷雷同。《羊城晚报》记者赵世龙事先接到线报后，联合湖南经济电视台新闻中心记者赶到现场暗访。三人找到考点外一栋具有最佳拍摄角度的民房，在阳台上晾了几床事先带来的床单，床单中间挖了个洞，以便于拍摄。藏好设备后，他们一边坐在屋顶闲聊，一边观察对面考场情况。考试开始 20 多分钟后，开始有学生作弊，随后的作弊现象越来越令人触目惊心。高考第一天所拍摄到舞弊镜头录像资料长达 180 分钟，足以说明嘉禾考点存在着大面积的舞弊行为。为了不出意外，三人于当日下午带着录像资料立即撤离嘉禾返回长沙。中央电视台《焦点访谈》记者获悉后， 7 月 8 日也赶到现场接着拍摄……（刘向晖《新闻记者》2000 年第八期）

这是一次典型的旁观记录型暗访，它的全部要素，都符合这种类型的基本特征。嘉禾是湖南省面积最小的县，任何外来的东西很快就能引起当地的注意。为了不暴露行踪，三人在嘉禾宾馆登记住宿时，用的是送人来的司机身份证。在考点外，三人找到一栋具有最佳拍摄角度的民房，对房东称，要到房顶上看看表妹高考时的情况。全程隐瞒身份、隐瞒目的、隐瞒采访手段。最重要的是，记者完全没有自己介入新闻事实的异动，只做原生态的旁观记录者。甚至，在音频视频的后期制作处理中，记者仍然坚持原生态呈现，绝不添加媒体的主观意志——"电视台以长达 5 分 40 秒的无声画面，披露了郴州嘉禾高考考场舞弊百态，电视画面极具视觉冲击力，考生公然作弊的行为令人触目惊心，监考人员表现出来的麻木让人瞠目结舌。"

据媒体报道，高考前夕，记者接到一个自称是"有正义感的观众"的匿名电话：郴州市嘉禾县往年高考舞弊现象十分严重，今年仍可能再次爆发大面积的高考舞弊，请媒体予以曝光。我们试想，如果记者换个考生身份进入暗访，与考场其他作弊者传递答案、使用特殊工具等，这就可能因记者的介入而干扰或影响了事实本来面目的真切呈现。在丑闻的原发点上，也会扯不清。而且，还有可能造成记者自己涉嫌违法甚至犯罪。

无独有偶， 2015年《南方都市报》记者也通过暗访揭露高考舞弊。事发地点在江西南昌。开考第一天，该报记者就卧底高考替考组织，发现湖北个别高校多名大学生加入，试图通过充当"枪手"牟利。南都记者采取同新闻事件当事人一模一样的"替考"身份潜入考场，在调查中发现，替考者均持有由"上线"提供的具有本人照片的"身份证""准考证"，部分证件户籍地

左上：(策划并主持偷拍曝光了湖南嘉禾高考舞弊事件的记者赵世龙，后来暗访调查陕西商洛地区大面积爆发艾滋病，调查广州长洲戒毒所强卖戒毒女为娼案等，都是为海内注目的高难度独家报道，轰动一时。2004年他著作出版了《调查中国：新闻背后的故事》)

右上：南方都市报卧底暗访揭露了江西高考案后，警方迅速出手抓捕。几个涉案人员被抓获并供出幕后的黑手产业链。

显示为山东。

与此同时，记者还发现这些证件信息已存于江西教育考试院系统，照片为"枪手"本人。当天下午，"倒数第五分钟如期被监考老师注意到，考完终于被带走，见了主考官巡视员提醒赶快抓人，省教育厅省教育考试院的人也来了，最后被带到公安局，领导也来了，才表明记者身份……"江西省考试院、教育厅、公安厅迅速行动，国家教育部和公安部也立即关注此案。

这一场看似完美的"舆论监督"事件，却因卧底记者介入暗访事实涉嫌非法甚至犯罪，而引发国内新闻界和法律界广泛争议。暂不论这方面的是非臧否，首先认识一下这次南都记者采取的暗访手段，由于非旁观记录型，而将自己投入了新闻事实中，并且还成了万众瞩目的事件焦点人物。从报道效果上看，南都记者对事实的还原程度，因本人的介入而显得客观性不足。卧底虽然可以更深入、更清楚地了解真相，但与旁观记录型相比，它同时也损耗了一部分报道的原真性。记者作为事件当事人，他的主观感情、他的认识程度、他与事件中的其他人物之间的关系处理等，都可能或多或少地影响价值判断。从报道过程看，南都记者成了新闻五要素的其中之一，冲淡甚至超过了广大受众对真正主人翁的关注度。使真正的违法犯罪者应该受到的舆论谴责，分流一部分到了记者身上。很多人批评记者本身涉嫌违法犯罪，就是舆论的反应。从报道事实本身看，由于记者的不当介入，干扰了新闻呈现的流畅性，也使事实可能发生的变化进程和方向，朝着记者预案推动的目标前进。无论大小，也是与大众传媒客观报道、真实再现诉求多少有点相左的。这也是我们一般不主张或者反对记者通过卧底暗访的一个重要原因。

记者是海上航船桅杆上的瞭望者，但不是掌舵手；记者是社会利益的忠实"看门狗"，但不是主宰人；记者是记录时代变迁的太史令，但不是当朝宰相；记者是正义法庭的旁听者，但不是审判官。我们的角色定位，规定了自己不应成为新闻的当事者和主人翁。卧底暗访，是所有万不得已暗访手段中最万不得已的选择。哪怕有一线可能，暗访记者都不要绕过旁观记录型方式去获得报道素材。

在记者执行旁观记录型暗访任务的过程中，可能会遇到一些棘手难题。比如，发现紧急情况需要救人，旁观的记者到底应不应该出手？这时候，由于自己处于非介入状态，新闻工作者的职业行为与社会道德或公民义务，两相权衡甚至冲突较量就不可避免。由于千钧一发时不我待，根本来不及细考，如果不在暗访知识手段学习中，事先了解掌握几个基本原则，就难免铸下大错。

生命优先的原则，即记者暗访中遭遇受访人（无论主要还是次要人物）人身伤害，可能危及生命或重要部位伤残，现场情况也无法报警或警方到场施救来不及，这时候旁观记录状态可以结束，记者直接见义勇为。人的生命高于一切，记者暗访必须服从、服务于最高利益。如果为了自己报道的耸人听闻，而一味坚持冷漠静观，报道推出的血腥、暴力当然会攫人眼球，却免不了同时收获社会舆论的质疑。稍有良知的记者本人，只为自己作品轰动而放弃受害者生命，事后也会受到社会和自我良心的谴责。

最典型的案例，是南非自由记者凯文·卡特（Kevin Carter）在非洲苏丹拍摄的那幅世界著名的大作《饥饿的女孩》。当时，一个瘦得皮包骨头的苏丹小女孩在前往食物救济中心的路上再也走不动了，趴倒在地上。而就在不远处，蹲着一只硕大的秃鹰，正贪婪地盯着地上那个黑乎乎、奄奄一息的瘦小生命，等待着即将到口的"美餐"。凯文·卡特为了抢拍这一绝佳镜头，静观待拍而未出手驱赶食人的秃鹰。 1993 年 3 月 26 日，美国著名权威大报《纽约时报》首家刊登了凯文·卡特的这幅照片。接着，其他媒体很快将其传遍世界，本片获得了当年美国普利策奖"特写性新闻摄影奖"（Feature Photography）。可是，随后满世界的批评、质疑、谴责滚滚而来。人们在寄予非洲人民巨大的同情的同时，更加关注那个小女孩的命运。成千上万的人打电话给《纽约时报》，询问小女孩最后是否得救。而与此同时，来自各方的批评也不绝于耳，甚至是在凯文·卡特获得大奖之后。人们纷纷质问，身在现场的凯文·卡特为什么不去救那个小女孩一把？就连凯文·卡特的朋友也指责说，他当时应当放下摄影机去帮助小女孩。就在这位伟大的摄影大师获奖短短三个月后，即 1994 年 7 月 27 日夜里，警察在南非东北部城市约翰内斯堡发现凯文·卡特用一氧化碳自杀身亡。

事后追惩原则，即并不危及生命的暗访对象作案逃脱、违法犯罪、财物损失、破坏家庭、制造伪劣、社会影响，等等，记者并不需要暴露身份毅然出手，还是应该以旁观记录完成暗访为第一要务。记者的天职，决定了他在暗访过程中所实施的针对社会丑恶现象和涉嫌违法犯罪行为，在一定程度上需要"观棋不语"，而这一点也正是旁观记录型暗访手段的精髓所在。如果记者在暗访过程中，不分情节轻重、不分场合允否、不分时间对错，凡是有损社会之举都去见义勇为，那新闻价值的追求就不可能实现，那他就辞职不做记者好了。相对于阻止"这一个"负面来讲，记者的成功暗访具有更大、更广泛的社会意义。诚然，我们当记者应该具备起码的公共道德底线，但在平衡眼前暂时功利和新闻报道后产生的舆论影响力价值时，要知道天平两端的分量，还是在向社会更广泛利益倾斜。这正是公众与法律，对记者职业暗访中静观不动的容许性。从根本上讲，暗访报道本身，也是新闻从业人员与违法犯罪作斗争的一种有效手段形式。当具体的人具体的事被暗访记者捕捉到并曝光在大众传媒之上后，公众舆论的谴责、司法机关的追惩，虽说不在案发当时，但社会意义更广泛更普遍更有深度。

随机应变原则，即根据暗访过程中已经发生、可能发生的危机状况，因时制宜、因人制宜、因地制宜。紧急情况、复杂状况、难以预料的意外，不要受编辑部预案所束缚，也不要机械恪守自己原先的采访路线图，完全靠暗访记者现场判断、随机应变。一般媒体决定派记者暗访，总是已经获得爆料线索。但所有新闻线索都只是一个事实轮廓或脉络，至于具体情形和发展走向，基本模糊不清，有的甚至跟已获的线报大相径庭。在这样的情境下，暗访记者的自控判断和临场发挥空间就很大，千万不要书生意气画地为牢。比如前面两条：生命优先原则、事后追惩原则，它们在某些特殊场合特殊条件下，处于相互矛盾的状态，和暗访记者的职业追求也存在着某些冲突。为什么世界舆论对凯文·卡特拍摄《饥饿的女孩》时的不出手作为，有天壤之别的是非臧否？就是说当事记者在新闻发生现场，可能会面临两种抉择而不是唯一。如果说在潜伏进利比亚 IS 组织隐身暗访的战地记者，在交战前线偷拍偷录时，发现人民在流血、生命在死亡。此刻他不随机应变，硬是死搬教条机械遵守"生命优先原则"的话，就只能手无寸铁冒着横飞的子弹炮弹去救人？如果你觉得应该去救自己觉得应该救的人，那你就已经输了。"知乎"一位网友"猫将军"在讨论这个问题时认为：本职使然，而不是主观意识使然，你是什么职业，就好好地忠于职业，遵守职业道德做好本职工作。你去救，你拿什么去救？以血肉之躯抵挡重机枪的扫射？以血肉之躯抵挡 107 火箭炮的覆盖射击？以血肉之躯抵抗步兵战车的推进？以血肉之躯对抗主战坦克的火炮？或者用手接住火箭弹？抗日神剧么？一篇翔实的前线记录有时候能救的人，比你自己单打独斗能救的人多得多。

二、体验感受型

这是记者混同受访对象一模一样的身份，通过与他们在同一场所、同一群体范围、采取同一行为方式，除了耳闻目睹还用心体察，来收集报道素材的一种暗访方式。它的特点是记者必须融入其中，在"一同"中观察、"一同"中了解、"一同"中获得心灵感应、"一同"中完成暗访任务。他的隐匿行为和近距离摄录容易暴露，是这种暗访的一大难题。

记者采用这种暗防手段所作出的新闻报道，一般故事性强，情节细节比较真切。由此带来的感染力和可信度，是其他暗访所难以企及的。在客观报道的字里行间，记者也会掺入些许感受的话语。此为主题渲染之需要，只要不喧宾夺主，不管什么报道体裁都是允许的。

必须强调的是，作为一种暗访手段，它的目的、方式、取材对象等，和常见的记者体验性报道，是完全不一样的。我们不能用后者来理解前者，更不能简单用后者来替代前者。暗访中的记者身份隐性，受访对象是不知道记者的现场存在的，所得事实属于真正的原生态呈现。而非暗访的体验性报道，记者身份显性在外，所得事实可能存在变异状况。因此，它们两者的适用新闻内容，存在一道清晰的鸿沟——沟这面是正面报道，沟那边是负面报道。记者体验感受型暗访，不能用于表扬甚至中性内容的新闻素材采集，这是由暗访本身的特点性质所决定的。有关这方面原理，前文已有阐述。

体验感受型暗访，适用那种一般看看、听听、书面资料难以掌握其内幕、核心情况、人物心理、社会关系等方面复杂素材的负面采访报道。比如黑白难分的丐帮，仅仅靠记者隐身观察，是很难弄清楚他们中的身份构成、相互关联、上下等级、内部分工，及至帮中人的喜怒哀乐的。所以，占才强、高汉民两位为了完成报道设想，毅然做出了辞去媒体专职记者身份，而潜入武汉三镇丐帮之中的决定。一般的新闻单位，无论如何也不会愿意花如此长的时间、这么大的记者人力资源，去做这样一个选题。可是，如果想弄清丐帮的来龙去脉和他们的内心世界，暗访记者不作体验、缺乏感受、害怕融入，是无论如何也"拿不下来"的。记者采用这种暗访手段，主要出于尽可能接近客体，而且除了偷拍偷录还要亲身体会感受一番受访对象的环境场景和新闻表现方式的需要考虑。

有一位记者装扮成下岗工人，和兴建中的公园工地 30 名临时工一起工作了一天，体验他们的劳动心态，后来写成标题为《上岗第一天》的报道刊载在报纸上，再后来又被这位记者纳入"体验式暗访"范文。从新闻业务探讨角度看，这个题材属于典型的正面体验报道，而不能和记者暗访混为一谈。尤其是该文还明明白白写着："听说来了位'体验生活'的记者，大嫂们都管我叫'党代表'……"这就更加清楚标示，记者在采访现场的身份是显性的，受访对象是知道的。这怎么可以叫记者暗访呢？所以，我们要掌握记者暗访关键要素，不能把它和正常的体验报道当作一码事。

同理，苏联记者波列伏依在二战中曾跟飞行员一起，参加了一次飞行战斗，之后写了一篇战斗特写。这也只能是记者显性身份的体验式报道。新华社记者郭超人 1960 年采访我国攀登珠峰的登山队员时，与登山队员一起行军，一起宿营，一起攀登，甚至在零下 30 摄氏度的严寒里，同登山队员登到 6600 米的高度。他写出的《红旗插上珠穆朗玛峰》，也不是记者暗访报道。

而这位记者的暗访，才是体验感受型暗访报道的典型案例——

香港《文汇报》驻深圳记者涂俏根据自己的暗访经历，写下四部纪实性著作《苦婚》《生存体验》《世纪之痛》《你无法阻止》。中央电视台将她评为"最精彩的女性"。

记者涂俏的暗访《苦婚》面世后仅一年，深圳福田实施中国第一爆，二奶村瞬间灰飞烟灭（新民周刊）

当中国商品社会开闸之后，港台和内地部分富商中刮起一股"二奶"风，严重侵蚀社会道德。在深圳罗湖文锦渡口岸附近的花园，有所 140 多幢别墅的"二奶"村。这里来了一位花枝招展的低胸装女人"阿敏"，她就是暗访记者涂俏。此次隐匿身份体验感受 60 天，她全身心吃住在村里，混熟了各色"二奶"，了解她们的身世、感受她们的痛楚、体验她们的精神空虚。通过近距离体察暗访，全景式扫描"二奶"们的生存状态。但是，当涂俏的体验感受型暗访结束之时，她却用还原真实的报道揭开一个令人难以相信的真相。这就是闻名全国的深圳"二奶村"，其真正的男主，并非巨贾富商，而是几乎清一色的普通劳动者——90％为香港货柜司机，他们的年龄基本在 40—60 岁之间，正处于夫妻情感的淡漠期。正是记者深入体验感受型暗访，使后来推出的《苦婚》，深刻揭示出我国社会道德在性和婚姻方面出现的腐化倾向，已经开始向下蔓延。它给那些不惜卖身以求生存的女性带来的苦难，其实就是我们这个社会的痛点。如果记者只是浮光掠影采访，是无论如何不会发现挖掘出个中的新闻报道价值的。

《生存体验》是涂俏深入到乞丐群落、邪教领地、贩毒集团、黑社会帮派中去，逼近观察、掌握第一手资料，然后作出的非常翔实的报道。但是，这部纪实性著作的暗访和一般的卧底不同，就是记者的立足点，基本是通过苦难方和受害者，折射社会邪恶势力和犯罪集团的。失去体验、少了感受，它对"内幕"的显示就不可能以大量细节来印证，并且那些细节也是绝不可能凭想象"创造"出来的。因此，这部作品的震撼力，是因感染力而催生的。

实践证明，体验感受型暗访，特别需要操刀记者全身心地投入、真诚真切地"换位"、放下功利地"替身"。这些实质都不是单纯的采访技巧问题，而是世界观和思维方式问题。至于它和记者卧底还有重要的不同，本书在相关小节会详细阐述。

需要指出，体验感受型暗访的界宽并非无穷大，至少是有些行业有些岗位，严禁记者用这套手法操作。鲁迅先生作为一位文学大家曾经说过，为了体验监狱生活，我想上街打警察。可他老人家只不过想想，绝没有真实体验。新闻记者能不能去通过体验感受型暗访，潜入关押案犯的大牢呢？肯定不可。因为采访无限制，体验有禁忌。逐一列出到底哪些地方、什么行业不允许记者实际体验亲身感受，无论如何都会挂一漏万。浓缩概括为简单明确一句话，就是非公民可去的场合，不能体验感受；非公民可做的事情，不能体验感受。本书第十章"记者偷拍偷录的六大禁区"，也会详细描述这种禁忌。

《羊城晚报》1998年8月25日曾经刊登《本报记者在上海街头报警》的新闻。这名记者隐匿身份，冒充遭到抢劫的外地旅客，想通过亲身体验的方式，感受当地警方接案后的快速反应能力。110接警仅仅2分零10秒，便派4辆警车呼啸而至……这样的体验感受型暗访，无论他的理由是什么，都会占用有限的司法资源。如果同一时间，警方接到其他刑事犯罪报案，就会影响警力的有效布控。据说，暗访记者"得到有关部门特许"，这就从另一方面暴露其报道涉嫌人为安排编造的痕迹，新闻事实可能更真，新闻价值可能为负。

这个案例告诉我们，涉警的体验感受型暗访必须十分慎重。因为它几乎属于刀锋上演绎记者绝技，稍有闪失，极有可能触及违法犯罪的高压线。

江苏一名年轻记者为了亲身体验感受青少年堕落轨迹，潜入一家舞厅消费，成为那里的常客。直到他发现每天零点后，舞厅卷闸门关闭，里面的"大戏"才真正展开。于是，该记者暗中联系警方团团包围，自己以老客身份混迹其间。零点过后，舞厅关门灯光骤暗，贴面舞、脱衣舞、裸体舞依次展开。记者躲进厕所报警，特警劈门闯进，抓捕了所有涉嫌犯罪分子。当这个惊心动魄的暗访新闻甫一见报，新闻界、法律界立即哗然。人们提出质疑：这名记者能够在黑舞厅体验感受型暗访已经混到老板零点后不驱出的程度，其参与的黄色下流活动，必然到了涉嫌犯罪的地步。用这种手段获取的新闻再怎么可读怎么精彩，也是必须受到法律制裁的。记者不能越俎代庖，越界去做刑侦人员的事情。况且，即使司法机关破案取证，也不允许以违法犯罪手段去获得。

这个案例告诉我们，记者体验感受型暗访，其手段必须合法化。当事记者自己无论如何不能以身试法，更不能以涉罪手段获取报道证据。从法理上说，记者体验感受的内容一旦违法，又拿不出情况紧急而来不及诉请司法机关救助的情形，不符合紧急避险、正当防卫以及自救行为的构成要件，不具有阻却行为违法性的正当事由，就必须承担相应的法律责任。

浙江某媒体记者冒充应聘者参加杭州市副局级干部的考试，结果竟然被选中。直到商调时才知道，这是记者前来展开的一场隐身"考察"招聘是否公正的暗访。

这个案例告诉我们，亲历和体验类别的记者暗访，不能对党和政府的正常工作造成干扰影响和冲击，否则，很容易遭到查处或责任追究。

体验感受型暗访还要注意，防止记者主观意志和自有思想意识形态，掺入获得的客观证据之中，更不能像"揉面"一样随意揉捏。由于这种暗访行为，不仅仅是记者以看到、听到、摄录到的事实素材去构成新闻稿，还需要记者身心投入、仔细品味、换位思考等。在发表的新闻作品中，允许暗访记者在客观报道中，表达自己的感受和体会。正因为这种评论、评价性内容的导入，可能会造成有的记者主宾关系的颠倒。他不是站在受访对象的角度思考、并由此溢出情感、心语、酸甜苦辣，而是用自己的"正能量"来驾驭统筹体验感受对象的思想和行为。如此作出的暗访报道，就会扭曲事实和真相。人们看这样的报道，轻者有"两张皮"之感，重者以为记者和新闻媒体想刻意掩盖什么。这就与我们辛辛苦苦甚至冒着风险暗访的诉求，背道而驰了。

三、声东击西型

暗访并不意味着记者在任何时候任何条件下必须隐瞒身份，有时候公开的新闻采访，记者将真实的取材报道目的，隐瞒在某个幌子背后，用声东而击西的手法进行调查取证，也是一种正当暗访。它的特点是以公开采访"这一个"的方式，掩盖记者所欲获得的"那一个"的真实目的。对那些习惯文过饰非的地区和单位，对那些喜欢"正面宣传"封堵"负面报道"的领导者个人，对那些甚至隐身暗访都针插不进水泼不进的机构，这种方法比较适用对路。《南方都市报》记者刘伟当初深陷王林案被警方抓捕，就是采用声东击西型暗访的。但他的跨越步幅过大，竟然超越了法律界限而一失足成千古恨。为了能够随时获得王林案一手材料，以便写出独家报道，刘伟主动联系了王林的情妇雷帆和王林的前妻张七凤，并提供了一些帮助——提供身份证办理手机卡，供雷帆和钟伟联系；将自己的律师朋友侯某介绍给王林的家属；在雷帆、张七凤向钟伟购买王林案件信息的"交易"中，应雷帆请求对张七凤进行了劝说。最危险的是在王林的情妇和前妻谋划出资200万元向办案民警行贿"购密"（案情机密），刘伟参与其中。这一切，都是在他的记者身份公开情况下，并以相互朋友交往聚会形式为幌子掩护的。这正说明声东击西型暗访的操作难度非同一般，玩过头了会砸到自己的脚。

在新闻生涯中，我们会遇到一种对媒体采访极度反感、"防火防盗防记者"的报道对象。这种人不管你用明访还是暗访手段切入，他都"油盐不进"。由于难以近身，这就不适合"声东击西型"暗访。但绝大多数被采访被报道者，还是欢迎或者乐于与记者合作并提供各种采访方便的。因此，我们针对后一种状况对象，可以考虑使用这种方式。

"声东"就要找一个受访对象喜欢的、至少是不抗拒的报道选题，进入场所、接近人物、与之周旋。在中央媒体对比较封闭地区或单位的暗访报道中，在区域化媒体对抵触心理比较强烈的对象的暗访报道中，不时会出现这种切入方式。如，央视记者在一次对山东莒南县法院院长的暗访中，就使用了声东击西型手法。表面上是采访该县法院的正常工作，似乎要作正面报道，但实际上是要攫取该院院长知法犯法无法无天的证据。在摄像镜头前，这个院长操着本地官腔无所顾忌地大谈自己"上管天、下管地、中间还要管空气……"仅一句话，就足以将暗访对象的负面形象暴露无遗。而记者取证，并没有隐瞒身份，也没有隐瞒摄录手段，只是声东击西而已。焦点访谈曝光时正逢山东在开人代会，人大代表说把我们山东人面子丢光了。国务院领导看到后震怒，三天之后这个领导就被撤职了。根据记者暗访三个隐瞒要件只要有一个具备即可的定义来看，这种隐瞒采访目的的采访也属于暗访。

在"声东"过程中，除了正面采访的理由要充足站得住脚之外，记者具体操作的"违和度"必须降至零。即在冠冕堂皇的正面报道诱惑下，使受访对象放松警惕性，减轻甚至放弃对记者的防范心理，然后才能不动声色地搜集曝光爆料证据。有的记者暗访暴露，首先是在这个过程就因谎言不圆、行动不轨而露出破绽的。

"违和"的"漏点"通常会是：

1. 采访理由不成立。人人都知道记者是无事不登三宝殿，缺乏新闻由头和报道价值的人和事，你凭什么来采访呀！所以，编不出严丝合缝、顺理成章的采访理由，记者就不要采取声东击西方式展开暗访。人家也是要打量来者何意的，尤其是有违法犯罪或损害公众利益行为的人和单位，其防范心理更加严重。如果没有隐蔽性强的造访由头，是会被全程监控抓住软肋的。

2. 采访行为有疑点。因为记者的真实目的并非表面的问话记录，而是要偷偷获取其他方面的爆料素材。于是，不成熟不老练的"记仔"言语闪烁、贼眉鼠眼，很快就可能露出庐山真面目。

3. 采访时机已"犯冲"。媒体记者出于尽快捕捉到目标负面新闻素材的目的，往往想抢在暗访对象实施违法犯罪或其他严重损害社会公共利益行为的第一时间，前往现场实施密拍密录。殊不知，这个时候正是受访对象最为紧张、最为警惕、最为防范的敏感时刻。任何风吹草动和记者采访，都会打草惊蛇。它决定了暗访套路的选择，一定不能使用声东击西术，只能采取其他隐身方法。无论你表面编制的正当理由如何严丝合缝，"这个时候"介入都是很不妥当的。如果确实需要迅速及时曝光其黑幕，换用其他方式入手好了。

2007 年，新华社经济参考报首席记者王文志跟同事肖波，在河南固始县违规修建办公楼的手机报道证据，就是在县发改局佯装正面采访报道时，获得了一份《全县"十一五"新农村规划建设情况》书面材料，从而挖出这个国家贫困县巨资违规修建豪华大楼的报道素材。温家宝总理就此作出重要批示……

"声东"的目的全在"击西"。记者捕捉目标对象受访中的语言破绽、行为"污点"、现场问题、其他书证物证等，正是其"假语村言"背后隐藏的真实诉求。在这个过程中，需要采取一些正常采访不会使用的手段方法，以确保"击"其软肋，"击"中要害，有时甚至需要一"击"以"致命"。

密拍密录，当然是"击"的基本需要，正常公开采访哪需要这个。这对暗访记者来说，并不是新鲜事难事。但在声东击西型暗访中，记者需要一面与受访对象虚与委蛇，一面将摄录设备的方向对准前方或另外一个目标对象。也有的兵分两路，一面稳住受访人假装正面报道采访，一面有人去要害部位拍录取证。由于这种暗访，是在记者公开身份但隐瞒采访目的的情况下实施，其欺骗性更加厉害。因此，稚嫩的记者、缺乏经验的记者，要小心在心理上存有阴影，而在行动操作中露出马脚。另外，受访者明确知道你是记者，如果"击"不得法被人发现，新闻纷争甚至肢体冲突可能在所难免。

语言陷阱，是"击"的必要手段。这种暗访记者身份是暴露在外的，而他真正想要的东西，都不是放在台面上的。于是，就需要事先设计好一套冠冕堂皇的对谈话题，甚至在交流细节上的某些旁敲侧击，以引导受访者毫无戒备、放松警惕地吐露真相或其他问题。它其实是一个记者以宽泛的"开放式提问"为幌子，以特定指向的"闭合式提问"为目标的"套话"索取过程。因此，事前的准备非常重要，完全是"功夫在诗外"。需要记者在非常熟悉目标对象的情况甚至表达习惯的基础上，将要害问题隐藏在不经意的问题提问中。换句话说，记者要将自己的真实采访目的和核心挖掘的目标素材渴望，穿插在许许多多正面话题的提问中。如钱钟书先生所说：水中盐、蜜中花，体匿性存，无痕有味。这其中的关键，是记者千万不要触发对方的敏感神经。

兵分两路，是"击"的可能需要。受制于有些环境场合一般人难以到达或无法近身，记者无奈使用亮明身份采访方式，通过声东击西手段、以正面报道或表扬性报道为诱饵，取得受访对象信任。这样才可以因势利导地接触当事人、知情人、目击者、领导者等目标对象，也取得了身临其境目睹现场的可能。但对于那些阴暗的、违法涉罪的情况问题特别是涉案场景，记者试图仅仅通过语言交流"套"出真相，是比登天还难的事体。于是就要在同去的两人或几人中，事先做好分工合作安排。一路负责以记者正常采访方式缠住受访对象，并且千方百计通过话题设置和诱访技巧，消除他的心理防范与警觉。其目的是为了掩护另一路记者的探访。当然，"另一路记者"大概要以上厕所、找刚丢掉的东西、上车去取采访本、给司机师傅说句话等理由，暂时离开公开采访对象的视线和现场，然后悄悄探访记者真正想要的秘密。当受访对象一旦察觉，两路记者之间还要事先设定好报警信号。如手机发送震动和特殊图案或其他特殊暗号等，提示隐蔽、转移、逃跑。所有这些，如果想单兵作战和靠一路人完成，几乎是不可能的。

《新疆都市报》在智障包身工调查采访过程中，就是使用了声东击西型暗访方式。他们事后向中央新闻媒体介绍说："我们采取了暗访的方式采访，不久有派出所的警察来查是否有'可疑的人物'，记者躲在工厂的一个邻居家里并声称是邻居的亲戚躲过了调查。后来得知，是工厂老板报案，以为有人偷窃。在之后的暗访中又被老板娘发现，记者佯装是来调查环境污染问题，老板没有怀疑并领记者参观了工厂，在参观过程中，老板对记者介绍说对工人很好，但这跟记者所看到所拍到的现实情况并不相符。由于"声东"的表

数十名智障工人的悲惨遭遇，被当地人形容为"猪狗不如"，很多人家专门砌了围墙，为的是看不到老板用皮鞭抽打工人的场景。

记者采访佳尔思绿色建材化工厂老板娘。(新疆都市报记者拍摄)

面目标是环保，所以，受访对象在明知记者身份的情况下，仍然还直接间接地吐露了一些有报道价值的素材。"李兴林带着记者参观了淋浴室""李兴林带着记者推开了工人们住所的房门"……趁着李兴林与摄影记者相谈正欢，记者来到工地上。鼻子上挂着片烂布的王力，40岁，是工人中与记者沟通最顺畅的。两年间他跑过两回，也被毒打过两回。"第一次都快到托克逊了，被他们开车抓回来了，想跑掉是不可能的。""两年间洗过澡吗？""从来没有。""想回家吗？""想！"王力一直无神的眼睛忽然亮了起来。"你是哪的？""黑龙江望奎县。"断断续续的一问一答，总是被紧跟着的小老板打断。看，这后面使用的就是记者兵分两路的策略。

四、猎取获得型

猎和取，都有主动进击的含义。记者采取这种手段暗访，和被动旁观记录型不一样，他要依据已经掌握的新闻线索和其他背景情况，对暗访对象主动接近并进行直接交往，积极争取通过主观方向的"抓捕"获得自己想要的第一手报道素材。此招运用范围广泛，内涵比较丰富，在介入性暗访中，最为常见。

猎取获得型暗访，需要记者像天空中的苍鹰，他在自由翱翔时其实一双鹰眼始终俯视着大地万物。一旦发现自己的目标猎物，就会俯冲下来成功猎取。他的目的性很强，标识对象非常明确，完全不是漫天寻找，也不是蹲点守候坐等猎物，更不是普遍撒网重点培养。这种获得报道素材的具体方式有很多——

冒充切入法：确定了暗访目标地后，一般匿名隐身无法进入。于是记者针对受阻环节具体状况，以特定假冒身份潜入贴近暗访对象，以获取报道素材。在欧美新闻史上，记载着许多记者为了突破某些暗访禁地的精彩案例。假冒间谍侦探、验尸官助手、大脑滑筋的疯子、富豪家的女佣、神职人员、管道修理工等，潜入核心区域抓取独家新闻。即使在当代，这类暗访手段仍在"老谱不断新袭"。俄罗斯《共青团真理报》的记者尼古拉和叶莲娜佯装重病患者，暗访"生物能交换""性疗法"的神医。"9·11"后，英国《太阳报》记者安东尼·弗朗斯应聘伯明翰机场搬运工成功后，在皮鞋里面暗藏一枚假炸弹，伺机安放在飞机靠近主油箱的货仓中。"如果我是本·拉登手下的一名恐怖分子，可能已经令这架飞机上的 220 多名乘客甚至更多的人送命了。"他亲身猎取的报道素材经媒体曝光后，引发了全世界航空界的巨大震动。我国也有很多记者冒充进入敏感地带暗访新闻的案例，比较有影响力的是 2015 年 1 月 16 日《深圳晚报》记者乔装医务人员潜入太平间，猎取年轻歌手姚贝娜逝世后摘取眼角膜的现场图片。可是三位记者不慎暴露，被死者家属和生前签约的公司删掉所有相机和手机图片后轰出，然后在全国新闻界引发一场轩然大波，最终以该报公开赔礼道歉而告收场。

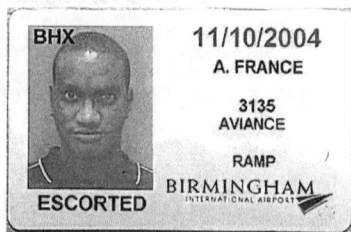

1. 弗朗斯将一枚假炸弹放到了皮鞋里。
2. 弗朗斯轻松地通过了安检。
3. 这是弗朗斯的机场通行证。（图源：世界新闻报）

　　冒充，是暗访记者最为常用的一种隐身手段。这其中的瞒天过海、扯谎捏白、欺骗受访对象等，特别容易引发职业道德争议。所以，记者在具体操作中，一方面需要逼真乱象，另一方面还要内心把握谨防"深陷进去"的问题。记者冒充不够专业而露馅，轻者可能造成整个暗访计划失败，重者可能给记者的人身带来伤害危险。而冒充进入乱真状态，记者有可能会在自己职业采访的路径上滑边，进而享受被冒充对象的角色"福利"。这种情况，是被一些新闻单位负面案例所证实了的。比如暗访涉黄新闻，冒充嫖客接触卖淫者时失去了定性，记者自己弄假成真先亲身感受一下。暗访赌博集团，冒充赌徒学到了"抽老千"绝技，记者就用这个赚了个盆满钵满。暗访假冒伪劣，冒充大买家知晓了操作套路，记者到处炫耀"传经送宝"。南京一名女记者卧底盗窃团伙四天三夜，周旋于"老大""小弟"之间，亲身参与偷盗自行车多辆，上演了一场"无间道"。女记者勇气固然可嘉，然而，为了采访而犯罪却突破了新闻工作者的行为底线。（作者：崔洁 肖水金 席晨 张前 2005 年 3 月 23 日检察日报）这是一桩记者冒充"深陷角色"的典型案例。

冒充还有一个值得注意的问题，就是记者暗访所冒充的角色有禁忌规定，不是任何身份都可以冒充的。英国《星期日泰晤士报》记者冒充一家保安公司的职员，向英国一家著名军火商购买 200 枚导弹。为了取信于这家军火商，记者向卢旺达政府腐败官员购买了一份"武器终端购买许可证"……这样的惊天暗访，可能在西方国家并不违法，但在我们这个国度是万万行不通的。所以，国内记者在借鉴仿照外国新闻界同行暗访做法的时候，一定要审慎作为，不能人家已有先例自己就能也"冒一把"。我国的法律法规限定了记者，即使为了新闻采访的工作需要，也无论其目的多么神圣，都不可以冒充的对象是：国家司法人员、政府公务员、现役军人、人大代表政协委员等，有关其中的为什么和根据缘由，本书第九章：不得乔装的几类特殊身份对象，会详细阐述。

线人委托法：在记者完全无法接近和冒充进入暗访对象所处场域的情况下，只有通过委托新闻线人的办法，借助他的耳闻目睹，对目标实施偷录、偷拍、偷记，以揭开不为人知的内幕或真相。这种方式，其实是把记者的暗访职能，授权委托给了线人执行或代理。线人"喂料"最早的发明创造可能源于中国，近代西方记者大量使用，这些年已经为国内媒体广泛使用。"报探""内探""省探""衙探"均为南宋北宋时期小报的重要消息源。"师尼之辈"和"国亲之臣"利用自己出入皇宫禁地之便，也有做新闻线人的记载。（吴俊庭《中国新闻传播史稿》华中理工大学出版社第 25 页）美国华盛顿邮报记者鲍勃·伍德沃德和卡尔·伯恩斯坦，就是利用隐藏在美国中央情报局高层的"深喉"这个重要线人，揭开了"水门事件"的全部真相。最终令尼克松总统下台，包括司法部长、白宫幕僚长、白宫顾问、总统的主要内政顾问等权倾朝野的人物锒铛入狱。 2003 年英国 BBC 依据线报，揭露时任首相布莱尔曾授意情报部门杜撰假情报，愚弄公众并把英国拖进伊拉克战争。这使政府陷入空前信任危机，众多议员要求布莱尔引咎辞职。香港记者暗访为了获得大腕明星的爆料，竟然买通其保姆，在他家中安装窃听设备。香港狗仔怕自己"面熟"还雇线人彻夜在跑马地、铜锣湾、兰桂坊这些明星要人经常出没的地带"辣更"（是粤语"带着任务逛街"的意思）。此外，内地狗仔也会在北上广热门夜店设下线人，充当"无间道"，他们甚至大多是负责停车的或者洗厕所的人员。《新京报》早在初创时期，就推出"万元重奖新闻线索"活动，延伸了记者的暗访触角。 2004 年 3 名大学生作为媒体线人，帮助暗访记者爆料了全国最大的大学生深陷非法传销案。中央高层批示，警方重拳出击抓捕，摧毁了一个庞大的地下传销网。比较典型的是上海《文汇报》驻浙江记者万润龙劲爆的"3·31"千岛湖惨案。当时，省市县三级警局拒绝向媒体透露任何信息，现场军警密布，任何无关人员禁止入内。在罹难者家属陆续赶赴现场后，当地政府除禁止媒体采访外，还密切监视台湾家属，严禁台湾旅游行业代表到现场勘察及摄影拍照。记者万般无奈，支付 1000 元钱通过线人揭开了这起恶性刑事案件的真相： 3 名歹徒登上正在航行中的"海瑞号"豪华游艇，致使船上 24 名台胞和 4 名船员全部被害……

亲历抓取法：就是确定了暗访目标后，记者希望无限缩短和暗访对象的距离，于是想方设法以自己亲力亲为、感同身受的方法，直接目击抓取报道素材。这种方法和体验感受型暗访的区别，在于记者并非扮演和暗访对象一模一样的角色，暗访时间也没有体验型那么长，暗访的取材手段在于直接目击而不是通过慢慢的心灵体验来产生报道主题。它和冒充切入法的区别在于，突出了记者与暗访对象的身份对应性，即服务对象、加害对象、引诱对象、工作对象、活证对象等。唯有这种无间距观察与感受，才能对暗访主题拿捏得更加恰当、对暗访素材捕捉得更加准确、对报道证据把握得更加确凿。

美国首位合法男妓马库斯 2010 年 1 月 23 日在内华达州正式"开卖"，《纽约邮报》为了一探虚实，派出离婚女记者曼迪·斯塔特米勒乔装成顾客，花 500 美元包下男妓 2 小时，成为他的第二名客人。（宋世锋 编译 扬子晚报 2010 年 2 月 6 日）当时，众多媒体都在想方设法抢夺这个独家新闻，但唯有《纽约邮报》想到通过记者亲身担任男妓服务对象的方式，来无间距暗访这名名噪一时的新闻人物。男妓先用脱光衣服和她洗鸳鸯浴，来测试女记者是不是"来乱的"。但女记者却表示自己只要按摩聊天，他们很快都一丝不挂进入了浴室。付费以后的两个小时中，马库斯谈起他的人生经历，他的家乡，他很小的时候父母就离了婚，他入行男妓业是为了寻找母亲不曾给予的女性关爱。甚至："我不用伟哥，也不用酷哥（另一种壮阳药）。"他承认自己 23 岁才有第一次性经验，当男妓前还曾经因为找不到工作流落街头，而且只跟 6 名女性有过关系，性经验其实不多，而他的招式可以说是"纸上谈兵"，全都是看"印度爱经"学来的。他曾经在美国海军陆战队服役，曾经拍过色情片……但整个暗访过程，女记者斯塔特米勒称自己严守了记者的职业底线，两人完全没有性接触，最亲密的只是让他吻了自己的背部（见下图 环球图片论坛 2012 年 12 月 16 日环球网）。

相同的亲历抓取法记者暗访，需要考量记者所在国度的法律准允宽度。像美国《纽约邮报》女记者这种作业方式，在大洋彼岸可以，到了我们这边就不可以。虽说她并未和男妓真抓实干，但至少也是赤身裸体对聊。因此，我们只能佩服这家媒体的新闻策划胆略和当事记者奋不顾身的敬业精神。中央电视台暗访报道组潜入东莞，偷拍偷录黄流滚滚的乱象，就是一种亲历抓取。但记者既不能表现出清纯而暴露真实身份，

也不能毫无顾忌以身试法。于是，才有了"临门一脚"的各种托词，付费以后逃离现场。所以，不是任何暗访都可以使用亲历抓取法切入的，也不是任何亲历抓取都可以肆无忌惮完全逼真再现的。记者无论如何要掌握火候尺度，知道适可而止，而不能功利心切，为了暗访成果而"出师未捷身先死"……

记者暗访亲历如果发生角色错位，就会导致严重后果。央视播出暗访节目《亲历盗墓》——《今日早报》记者为弄清西安市面上非法倒卖文物的情况，以文物贩子亲历的形式，跟随盗墓贼偷拍了一座西汉古墓被盗掘的全过程。然后记者以 14000 元买下了这次盗墓掘出的 13 件西汉时期的文物，献给了省文物局，盗墓贼闻风而逃。这家媒体记者想通过与盗墓者无间接触，亲眼目击其违法犯罪的全过程。但即使在墓地架设隐蔽摄像机，也无法拍到古墓下面发生的情景。于是，他用文物贩子购买者的身份加入盗墓目击的真实过程，这就把记者暗访可以亲历的角色，突入到法律禁区里面了。于是，被司法机关追究。

记者隐身暗访中的猎取获得，特别讲究手段正当准允性，"出猎"的自身安全是必须事先细致周全考虑的一个内容。它包括三方面内容：记者所获得报道素材的非法证据排除、记者抓取手段的合法性、记者自己的人身安全不受暴力侵犯。

记者暗访中所获得的报道事实，需要排除非法证据的嫌疑或问题。证据不合法，报道就不安全。换句话说，虽然记者已经掌握了暗访中的事实，但这种事实一定要经得起法律非法证据排除的检验。司法侦查机关及其工作人员在办案过程中，使用刑讯逼供等非法手段取得的证据，不得在刑事审判中被采纳。最高人民法院、最高人民检察院、公安部、国家安全部、司法部于 2010 年 6 月 13 日颁行《关于办理刑事案件排除非法证据若干问题的规定》的主要内容，对非法证据排除做了详细规定，确立了非法证据排除规则。同样道理，记者在暗访中，使用不当手段所获得的报道事实，也不能被媒体公开报道刊发。比如有的记者为了取得被暗访对象的事实素材，通过威胁吓唬，逼使对方就范作出了一些有声表达及肢体动作，或其他行为。不管记者有没有偷拍偷录，这种事实证据都站不住脚，也不能作为报道证据所用。也有记者暗访中使用利诱、色诱等方式，导致被暗访人犯错。这也不是正当手段获取素材，应该列入恶意诱发序列（后面章节会专题阐述），也不会受到法律的认可。还有记者暗访中通过偷取或侵犯公民隐私的方式，获得某些暗访素材。这也会因侵权在先不当巧取，而被社会诟病或法律排除。总之，记者暗访主动出猎抓取，应尽可能不破坏新闻事实本来的展现场景和表达方式，更不能人为制造任何记者自己想要的结果。如果不注意这个要件，即使掌握了报道事实，也是无效证据甚至可能是扭曲真相的假证据。

暗访中记者的抓取手段，还需要符合身份界定和法律许可。不许可，则不安全。不管你的主观出发点如何正义，但只要手段不合法、超越了新闻记者的职责允许范围，所获事实证据也不能被媒体放心使用、更不能受到法律的保护。像国家侦查机关才可使用的隔墙窃听，这种特殊工具和手段，记者是不可以违法尝试的。还有在被报道对象的家里及其他私密场合，加装窃听、摄像头等装置，警方或许可以而记者却万万不行。还有卧底，记者对一般的违法对象通过卧底暗访危险性（非指人身伤害）不大，但涉嫌犯罪对象的卧底暗访，就有可能后果难料。比如贩毒、制枪、杀人、盗抢、强奸……记者通过卧底暗访的手段，所获取的受访对象的这些犯罪证据，可能将记者本身也"一锅端"。而且，因其事涉案中，司法机关和广大受众有理由怀疑记者在报道事实过程中，会刻意放大了什么、隐瞒了什么，抑或将自己的涉嫌犯罪行为作了正义的描述。

在记者暗访的所有方式方法中，主动出击猎取，是最有可能遭到人身暴力伤害危险的一种。人的安全，当然是所有安全要素中最重要的一个。因此，需要在暗访行动前周密策划，并设计好突发事件应急抢救预案。特别是一旦暗访记者身份暴露，可能遭到殴打、伤残、侮辱、非法拘禁等。每一次出击，都需要紧急报警和外围接应的准备。河南电视台最年轻的首席记者崔松旺在卧底黑砖窑，探访智障人不幸遭遇过程中，挨了耳光、皮带，在实在忍受不了的情况下，取出暗藏的手机向同事求救，然后冒着生命危险连夜逃出魔窟。按照事先约定，记者同事已在附近接应……（《崔松旺：暗访记者的自白》2011 年第 44 期《南方人物周刊》作者：刘珏欣）所以为了记者安全计，一般这样危险的出击式暗访，需要周密组织安排，包括接应人员和措施，也包括针对可能发生的不测事件紧急应对。有时候，还要和警方联系备案，求得他们的支持和保护。

五、圈套诱饵型

为了掌握暗访对象实施违法或犯罪的证据，用以曝光揭露，记者想方设法创造受访人难以察觉的暴露机会。就像渔翁垂钓，总要在水里设放一些诱饵，让贪心的鱼儿咬钩入套。但是，这种暗访方式，特别容易因记者手段的不正当，而触犯法律或违反新闻从业人员的基本职业道德。这种暗访在学术上也叫"犯意诱惑式暗访"。

采取这种暗访方式必得一个前提条件，就是记者已经通过来信来电来人和"线人"举报或其他渠道，获得暗访对象违法犯罪的牢靠线索，记者只是用这个特殊的暗访方式，当面求证和现场取证。如果暗访线索并不靠谱，或者说记者根本没有掌握初始的报道证据，如果记者只是普遍撒网重点培养，则无论如何不能采取此道。出发点是否恶意，是正误最重要的衡量标准。

英国 BBC 知名栏目"全景"曾经播出一部暗访专题片《购买奥运会》，揭露 2012 年奥运会申办几个国家城市竞争中，发生在国际奥委会中的肮脏交易。当时，伦敦、巴黎、纽约、莫斯科、马德里五城角逐。根据报道看，BBC 早已获得新闻线人提供的报道线索，而且具有可证性。于是，抢在 2005 年 7 月投票前，派两名记者化装成伦敦咨询公司的雇员，通过 4 名掮客与国际奥委会委员曲线联系。在隐性采访过程中，BBC 记者投其所好表示愿出不菲的金钱，用以收买有最终投票权的 124 人中的 30 多人。后来，这名掮客帮助记者接触到部分国际奥委会委员，并具体讨论了影响选票的一些实施细节……其中一段偷拍录像还拍到了国际奥委会委员、保加利亚奥委会主席伊万·斯拉夫科夫，向"探底记者"描述了"如何对有投票权的委员施加影响"。当 BBC 掌握了确凿的猛料证据后，"轰"的一声劲爆丑闻。节目组提前将偷拍到的对话录像交付路透社，于 2004 年 8 月 4 日晚间播出。国际奥委会道德委员会闻之不得不展开调查。（2004 年 8 月 5 日新民晚报《BBC 记者乔装打入奥委会用"行贿"惹官员上钩》）

在这桩记者暗访典型案例中，BBC 就是使用了金钱诱惑的方法，先将"中间人"搞掂。然后，还是通过金钱诱惑，将部分国际奥委会委员也引上钩。不过要注意两个关键，一是 BBC 使用这种手段暗访的出发点，是揭露国际体育核心组织内的严重腐败，清洁奥林匹克的神圣形象。而记者在使用这招之前，已经获得靠谱爆料，得知这里面的黑幕好深！早在 1998 年 11 月，国际奥委会副主席、2002 年冬奥会协调委员会主席霍德勒在盐湖城发觉，该城冬奥会组委会副主席约翰逊给国际奥委会喀麦隆委员埃松巴的女儿提供了奖学金。这次 BBC 记者在两方面条件都具备时，才机智出击。

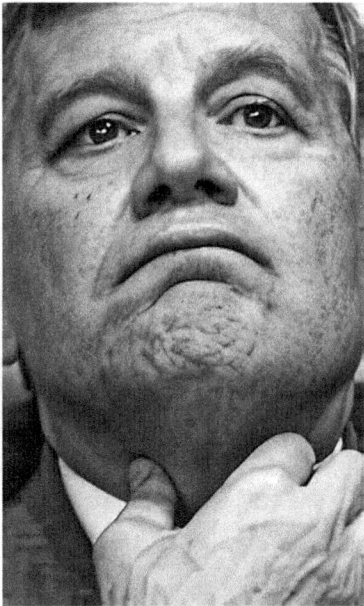

保加利亚奥委会主席斯拉夫科夫，在新闻发布会上百般说辞为自己辩解。

记者的诱饵除了金钱，还可能是其他物质。除了是现货，也可能是某种充满诱惑力的承诺。唯有对受访对象具有相当的诱惑力，才可能在隐瞒身份、隐瞒报道目的的情况下诱使对方展露真容，从而发现掌握鲜活的报道素材。不过，这种手法特别禁止记者以身试法，换句话说，就是发生过一些不惜以记者自己触犯法律，而诱使被暗访对象暴露问题的案例。这种情况在国内外隐性采访实践中，并非鲜见。比如，警方在扫黄打非中，确实抓到过记者，而被捕记者言之凿凿自己正在乔装嫖客设套实施职业暗访。也曾发生过一名年轻女犯以己"色"为诱饵作案，犯敲诈勒索罪。开始记者采访，她因怕被曝光而不愿意露面。记者于是假装站在她的立场上看问题，说她有"冤"，并以为她"申冤""解脱"为诱饵。结果如愿以偿，获得了自己想要的报道素材。（新浪网谭壮满的博客《浅谈记者与新闻采访》）我们知道，即使记者身份是公开的，但隐瞒其采访目的，也属一种暗访。这位记者以非物质的职业承诺，诱使受访对象接受采访吐露真情，是一种采访策略的正当应变。但也有一些记者，通过承诺获得了曝光素材后，翻脸不认人大肆炒作。这需要慎重权衡，谎言引诱与事后毁约造成的职业道德缺陷与社会负面影响，它们与诱饵暗访成果之间，孰重孰轻。

年轻有为的高枫，2002 年 9 月因 PCP 病毒性肺炎去世，终年 34 岁。北京晨报 2002 年 9 月23 日

国家广播电影电视总局总编室曾经通报批评过一桩典型案例，是湖北楚天广播电台记者主持人张弛以词曲作者的身份，通过自己的好友歌手戴军为桥梁诱饵，介入与另一位歌手高枫的电话聊天。海阔天空漫无边际神侃持续了半个小时左右，高枫才发现自己的电话"神侃"已经通过"突击访问"节目现场直播的电波，飘荡在江城广袤的空际。其中既有对同行的评价，也有对一歌手写的《天长地久》与自己《天长地久》一歌重名的不满。既有一些不适宜公开的内容，也有一些无意间冒出的脏话。这家媒体此种以比较特殊的关系设套，获取报道素材，并原汁原味不经筛选地公之于众的做法，在新闻业界和音乐娱乐界，受到普遍诟病。个中问题的另一关键，还在于电台记者对并不涉嫌违法犯罪的受访对象或新闻内容，以这种隐瞒身份的暗访方式

的介入获取。

有限触法（即低当量级的违法犯罪）的侦破暗访手段运用，只有国家警务人员具有相关权力，这在全世界应该都是如此的。为了侦查破获犯罪活动或抓捕涉嫌案犯，警方下钩实施侦查行为，叫作"警察圈套"。这种带有"诈术"性质的圈套，通过假面目示人，而且利用、诱发、煽动对方的某种欲望（如金钱、毒品、色情等）。（《诱饵侦查与警察圈套研究》河北省高级法院魏建、廖志敏河北科技大学人民警察学院学报2002年6月第2卷第2期）而记者不是司法人员，媒体也不是司法机关，他们两者之间所承担的权责不尽相同。法无授权、于法无据，我们如果越俎代庖，不但不可以，还可能引火烧身涉嫌犯罪。发生在西安的记者深入盗墓团伙中暗访，以文物贩子高价购买为诱饵导致一座古墓被毁事件，就是一个深刻教训。

圈套诱饵型暗访适用对象必须明确。因为这种方法不仅广受争议，还往往是游走于法律红线边缘的一种操作，记者实施过程可能要冒较大风险。它不同于普通常见的回应性暗访的一个重要特征，就是如果缺乏可信新闻信源为前提，即记者暗访前的目标对象并不具体清晰，一般就不能下手。上钩的清白公民与上钩的违法犯罪嫌疑人之间，有一条法律保护的红线，记者普遍撒网重点培养，就有可能造成诱导式侵权案的发生。比较典型的案例，是上海客管部门执法人员在查黑车过程中的"钓鱼执法"，暗访者用诱饵圈套钓起了一名完全没有违法主观动机的司机，在全国引起较大愤怒。记者暗访更是不能因其有利可图而将根本没有违法犯罪意愿的公民，诱导上邪路。

圈套诱饵型暗访的"饵料"必须合法。如果有记者为了接触了解贩毒集团内幕，就以海洛因鸦片大麻为诱饵，通过私下交易取得对方信任，然后……如果有记者为了深入黑社会集团，就以枪支弹药或其他武器为见面礼，然后……如果有记者为了掌握流氓组织的活动证据，不惜以卖身诱使对方入套，然后……如果有记者为了打进海外间谍组织，就用国家涉密情报为"投名状"，然后……这一切首先涉嫌严重犯罪。你可以说自己目的神圣，但记者这个职业完全没有违法犯罪的特权，即使过程或手段也不能逾越法律红线。

圈套诱饵型暗访程序必须合规。新闻媒体中人的所有暗访，都属于职务行为。尤其是这种暗访需要一定的物质付出，记者本人不仅不应承担其成本，更需要在行动前履行必要的请示汇报和审批把关手续。除了安全考虑，还有一个程序上防止漏洞。一旦出现不测或其他问题，也好以组织的名义帮记者扛一点责任，这是仁厚的媒体爱护自己记者的一种制度设计。而记者更应该积极主动履行自己的请示报告责任，让上级领导和更富经验的把关人，修正自己的暗访目标及其实施计划。完成上述程序的记者，如果在行动中发生侵权或其他不测，主要责任或不利后果应由派出媒体承担，而不应由执行职务行为的当事记者自扛。

六、卧底彻查型

看过香港电影《无间道》和孙红雷姚晨主演的电视连续剧《潜伏》，你就会知道"卧底"是怎么回事了。在记者暗访特殊手段中，卧底彻查型是最艰难、最危险、最富有戏剧情节、有时甚至是惊心动魄的一种。

卧底，古代称为细作，指暗探、间谍。其别称还有很多，如：二五仔、边缘人。本意就是睡倒在床底下，引申指埋伏下来做内应。指潜入敌人内部埋伏下来做内应的间谍，后来是长期潜入犯罪团伙内部的警察的别称。

媒体采取这种暗访手段的对象，一般须是特别重要、特别复杂、特别具有报道价值的内容，而且常常具有团伙或组织性质。因其露馅被识别的风险，执行这种任务的记者综合素质需要很高，随机应变、胆大心细、吃得艰苦、敢于献身，既是完成任务的需要，也是保护自己生命安全的需要。

英国《金融时报》的女记者 Madison Marriage 卧底揭露了一个高端慈善晚宴竟是聚众淫乱派对。一个叫作总统俱乐部慈善信托基金会（The Presidents Club Charitable Trust）的机构，参加者均为商政等各界精英，每年都会在伦敦多切斯特酒店举办慈善筹款晚宴，为儿童医院等提供帮助。 33 年来这一组织共筹集到超过 2000 万英镑（近 1.8 亿元人民币）善款，仅近十年就为 200 多个慈善机构提供了资助。可它几乎没有被外界报道，极其神秘低调。而且，这个晚宴有个奇怪的规定，只邀请男性嘉宾参加。于是，这位女记者得知该晚宴招募 130 名女招待后，便前往应聘且顺利获得参加资格。于是她乔装打扮，并在身上装好秘密摄像头后前去卧底。

自左向右：英国首相特蕾莎·梅、活动组织者 David Meller、记者 Madison Marriage。"看看新闻"

2018 年 1 月 18 日晚，如期举行的慈善晚宴要给伦敦布卢姆斯伯里地区著名的儿童医院奥蒙德街医院筹款。当晚所有女招待都被要求穿统一的黑色紧身超短裙"制服"。所有人都被要求没收手机，并签署一份长达 5 页纸的保密协议，但负责人并没有给她们时间阅读，只是告诉她们要给在场的男士端饮料并让他们玩得开心。而 300 名"玩得开心"的精英们则对女招待动手动脚肆意抚摸调戏。甚至还有年近七十的嘉宾直接问女招待是否提供性服务，而这名女招待年仅 19 岁。若有人被吓得躲进厕所，负责人会通过来回巡视和监控将她们带回现场。随后所有人又被通知要留到次日凌晨两点参加后续派对，而在这个后续派对上，喝醉的男嘉宾们则依旧粗鲁地要求女招待喝酒，甚至让她们到桌子上跳舞等，行为极其不堪……《金融时报》依据女记者卧底拍摄的事实证据迅速曝光，引起了全英愤怒。最终活动的组织者，刚被女王授予英国帝国最优秀勋章的 David Meller 宣布从英国教育部辞职。英国首相特蕾莎·梅表示读到这则新闻非常愤怒，强烈指责称"不应将女性视作玩物"……

这位女记者的卧底暗访付出的代价，是被侮辱甚至可能是性侵。而更多的卧底彻查，是生命随时可能丢失的威胁。这种真实的故事，几乎每一个都能写成一部电影或电视剧。有材料显示，目前在香港警队有 80 多名"卧底"潜伏在各类犯罪集团内部，做"卧底"的警员必须出于自愿，不能是独生子，祖宗三代必须清白；"卧底"一般在社会或学员警中招募，面孔必须陌生，"卧底"有多项特殊权利，可以"假戏真做"，功成身退后升级快，可以享受到国外定居等待遇。可记者既享受不了警察卧底的待遇，也不能享受充分的国家机器安全保护。他们唯一能"享受"得到的，只有危险。缺乏坚定新闻理想的人，是难以胜任的。

卧底打入违法犯罪组织或集团内部的方法有多种——

由头贴近法：就是记者寻找一个可以不让对方怀疑的合适理由，贴近靠拢暗访对象。混熟以后，慢慢潜入，这需要比较长的时间才能实现。比如生意同行、黑道兄弟、旅行偶遇、网上聊天、施工人员……关键在于不留刻意痕迹。法国女记者埃瑞拉卧底"伊斯兰国"恐怖组织的开始过程，就是通过化身麦乐迪加入年轻穆斯林网络社区，并在 Facebook 和 Twitter 上创建了虚拟的用户资料、线上交流，然后被圣战者首领阿布·毕雷尔看中的。

假冒伪劣法：看过电影《英雄虎胆》就知道，我军侦查员冒充刚从国外越境过来、现已被我军捕获的匪军副司令，根据其供词线索深入到匪巢之中。这就是通过冒充一个对方知道但不熟悉的角色打入。但记者不是警方侦探和国家安全间谍，不具备抓人替代冒充的条件。那就冒充买家、受贿官员及亲属、投资合作意向者、上下游供货商等"切入"。中央人民广播电台记者揭露苏南某企业非法生产海量"三无"注射器、输液器，引发国务院总理亲自批示，就是通过假冒富豪买家一次性订货 10 万套而打入的。

中介引入法：这需要一个和卧底组织集团熟悉的中间人物或中间环节，通过他的介绍引荐而打入卧底。但实施前，记者必对其中介反复考察审核，确保其可靠性。如果发现疑点或觉得靠他很难让卧底对象信任服气，千万不要贸然行动。因为在实践中，确有所谓引荐记者卧底的中介临时变卦，现场暴露记者身份。也有跟暗访对象关系一般者充当中介，使卧底记者陷入危险的艰难境地。

卧底暗访有"长卧"和"短卧"之分，它们是以时间段长短来区别的，前者为多。

"长卧"，是指暗访记者打入受访对象的组织集团内部，或与需要曝光揭露的对象混熟，用比较长的时间观察分析、偷拍偷录偷记。待完全掌握确凿证据，可以给社会惊天一曝时，才抽身而出展开正义报道。如香港《文汇报》驻深圳记者涂俏卧底"二奶村"，占才强、高汉民卧底武汉三镇"当代丐帮"就属于此。

"短卧"，是指那些并不太复杂的负面对象、负面案情，暗访记者可以用比较短的时间"一次性"或比较少的"几次性"隐身接触，就能弄清真相和背景，所花精力并不太大的暗访。如英国记者卧底高端慈善晚宴揭露聚众淫乱派对，就属于此。

鉴于卧底的危险性，必须慎之又慎。无论哪一种卧底，事先都必须向自己所供职的媒体报告并获得批准。任何个人英雄主义的行为，都是不允许的。如果为了隐蔽的需要，可以将知情人限定在直管领导或"一把手"那里，向媒体内的其他同事保密。新闻单位对必须实施卧底暗访的行动，需要事先进行周密部署和"沙盘推演"，一定要确保万无一失。不要指望完全靠记者自己现场随机应变，一着不慎或有漏洞，就有可能行动失败并有可能危害卧底记者的生命安全。

在卧底过程中，记者为了取信被暗访对象，避免身份泄露，可能还要实施一些侵犯法益的行为。如参与打架斗殴、协助偷窃盗抢、充当黑帮打手、侵犯公民权益……有时候还要为暗访对象提供某种犯罪的机会，以便现场取证。如何把握法律红线，执行记者非常需要行动纲领。由于卧底过程中所遇问题的千变万化，非但策划阶段难以预料，事后的学者也无法穷尽，因此，总体上说，记者卧底一定要遵循"涉罪不沾"的原则。即无论遭遇何种复杂案情，都不能为了完成卧底暗访任务而参与涉罪活动。宁可承受失败退出的结果，也不能以触犯法律为代价。《深圳商报》曾经报道过一名晚报记者，发现妻子吸毒后竟想因势利导卧底暗访。后在中缅边境两次参与贩毒过程……最终涉嫌贩卖、窝藏毒品罪而被羁押。这其中要明确，卧底记者和卧底警察的权限有很大的不同。记者不享有任何犯罪追究惩处的豁免权，而警察在法庭之上可以用"职务行为说""执行命令说""紧急避险说""法益权衡说"来进行抗辩，记者一个也没有。一旦发现重大走私、涉枪、贩毒、暗杀、纵火、投毒等司法并未授权记者参与侦破的恶性犯罪，除了在选题策划阶段就要放弃卧底外，案中发现也要及时退出，报警依靠警方破获，记者不可自行逞能决断。但记者在其他案件卧底过程中有人身安全特殊需要，轻微违法一般是允许的，可以得到司法免责的宽容和谅解。当然，记者如果在执行卧底任务中遭遇生命垂危的特殊情况，则可以权衡法益轻重例外处理。

新闻报道的卧底暗访，本属于职业记者的职务行为。但今夕何夕，我们已进入 Wab3.0 公民记者时代，社会产生了不少非职业记者卧底爆料的新闻。这部分人的安全问题、行为合法性问题、行业规范管理问题等，都还没有人去研究。如果有人属于此类，至少要遵守职业记者卧底的基本要求，绝不能越位。

曾经有一位七旬老人郑义（化名）卧底百场保健品销售会，写下 5 万多

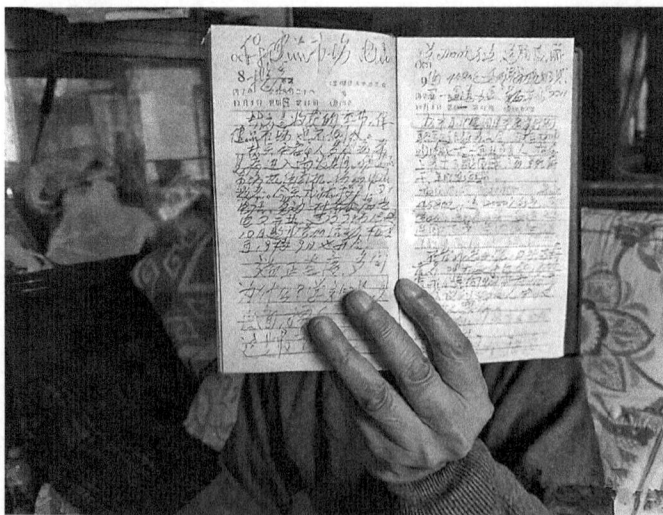

郑义写的"防骗日记"。受访者供图

字日记揭穿骗局，他就是典型的公民记者。这位老先生自叙"我退伍后到某工厂当过工人，因为爱写文章，文笔好，还干过几年内刊特约记者，写写豆腐块文章，就想着把这些都记下来"。他挺身介入卧底暗访的理由，除了揭穿骗术让老年人不要受骗上当外，还在于媒体记者一般年轻，很难进入这种场合而不被发现。（新京报记者 刘洋 2018 年 3 月 9 日）

更令人叫绝的，是美国《华盛顿邮报》竟然被外人卧底算计了。没错，就是迫使尼克松总统下台的老牌美国主流媒体，差点一失足酿成千古恨。美国阿拉巴马州共和党联邦参议员候选人罗伊·莫尔竞选时，有人放出风声，说他任职阿拉巴马地区检察官期间曾让一名十几岁的少女怀孕。《华盛顿邮报》得到线报赶紧对此事进行了报道披露，指责参议员候选人莫尔有不当性行为。随后，一名女性主动联系了该报，说自己就是他们报道中的那名受害少女，莫尔让当时 15 岁的她怀了孕，还逼她堕胎。《华盛顿邮报》对这名女性进行了两周深度采访，一个可以颠覆竞选结果的猛料即将公开。然而，随着采访愈加深入，记者发现不太对劲，这名爆料女子的背景和讲述存在很多漏洞，前后不一致。而且，在采访中，她还不断询问记者，一旦故事发表，对莫尔的候选人身份会造成多大影响。《华盛顿邮报》怀疑受了骗，立刻收了手，没有发表这段采访。但是，事情并没有结束。

27 日早上，《华盛顿邮报》记者看见，这名爆料女子离开后走进了一个总部位于纽约的保守派组织办公室。这一发现揭开了将美国老牌媒体耍得团团转的幕后"黑手"。这里面有一家叫作"验证项目"（Project Veritas）的组织，在很多美国主流媒体眼中算是一根硬刺。这家组织的负责人是詹姆斯·奥基夫（James O'Keefe），一名美国保守派独立调查人士。 2010 年，奥基夫创立了"验证项目"组织，以"调查揭露腐败、欺诈"。奥基夫本人以及手下雇员以卧底偷拍著称，被他们盯上的不仅有美国学术界、政界以及社会服务组织中的客人，还有主流媒体和左翼组织。稍不留神，就被揭发出各种"政治偏见和丑行"。此前，该组织就给竞选中的希拉里造成不小的麻烦。通过长达一年时间的卧底，希拉里选举黑幕被爆出。在偷拍视频中，希拉里竞选团

WP Washington Post ✓
@washingtonpost

While in Alabama reporting about supporters of Moore's Senate campaign, a Post reporter heard Moore allegedly had sought relationships with teenage girls.

Over three weeks, the Post interviewed four women, all of whom were initially reluctant to speak. wapo.st/2yL1Y1x
pic.twitter.com/g0bVtHckG5

2:30 AM - Nov 10, 2017

华盛顿邮报记者发现
莫尔性侵多名少女线索后，
与 4 名最初不愿发声的女
性调查核实……

队核心成员讲述了如何帮希拉里贿赂选民、雇"特工"搞臭特朗普及其支持者、玩弄媒体报道特朗普负面……引发了一场波澜。上当被骗的《华盛顿邮报》愤怒发文揭露称，提供有关美国参议员候选人虚假信息的女性属于"验证项目"组织的成员，这是一起阴谋，试图设下圈套欺骗、抹黑新闻媒体。但奥基夫并未直接回应这一事件，而是直接曝光了拍摄的另一则卧底视频，对象是《华盛顿邮报》负责国家安全的记者丹·拉莫特。视频中，拉莫特对东家带头与特朗普对着干的行为进行了吐槽，称《华盛顿邮报》内一些人存在反特朗普偏见，一席话打了《华盛顿邮报》的脸……（张骜《环球时报》2017 年 11 月 30 日）

此两案可见，卧底暗访不但在新闻业界成为彻查案情的撒手锏，甚至在业外也已经被一些人借用为真相还原法。作为肩负职业新闻报道和公众利益的忠实"看门狗"，就更应该学好用好这种方法，为揭露黑暗打击邪恶而战斗。

七、混合交替型

兵无常势，水无常形。记者暗访是一种复杂劳动，更会体现那种艰巨的智力抗衡。现场应变和紧急避险，都不是课堂书上按图索骥所能简单学会分清的。如果理论概念条条框框一二三四五可以替代，那就不会成为一种实战学科了。而且，各种违法犯罪活动手段纷繁复杂，有时呈现纵横交替的特点。记者暗访过程中使用任何一种孤立的特效高效手段，都不足以对付受访对象。单一的暗访方式，还有可能造成以偏概全、纯客观主义、表面真实实质失实等后果。在这种情况下，就有可能要求几种方式方法一道上、先后上，相机行事交替灵活运用。

混合交替型暗访的适症对象，并非只是重大、复杂报道。即使有的报道选题含金量不是太大，但只要记者投入暗访之中，就需要针对现场情况以变应变，怎么有利于隐身安全、怎么有利于切入取证、怎么有利于扯清乱麻，就怎么投入。许多成功典型的记者暗访实践，都会闪现出多种手段并用、多种方法交互的智慧火花。

新京报刊发的报道《炸药化学品开矿，平谷盗金12年未歇》，就是一个混合交替型暗访之作。"4月初，调查陷入僵局，为打开局面，我们决定夜里冒险进入矿洞，看能否抓到盗采现场。""我们打算进入的金洞假封着。那是山腰的一块相对平整的地方，一堆碎石前，线人停下了，'这原来是个矿洞。'铲去碎石，底部是块木板，掀开木板，刺鼻的酸臭味瞬间窜出，垂直而幽深的洞口赫然现身。""我们戴好此前采购的简易防毒面具，开始下洞……一千多米的洞里，我们钻过上了锁的铁门，挖了一个多小时的假封碎石堆，终于到达了那个用化学品堆浸金矿石的水池前。"第一环节，记者用了现场目击取证记录法。紧接着，记者冒充富家子弟谎称想投资，千方百计联系一个叫高健的捎客寻找矿主。这个过程也很复杂，经历了好多天，每次接触都有可能露馅——这是寻机捕捉型。再然后几番智斗，终于见到了"大痞"朱金山和矿主王静国。在对方考察和7个小时鸿门宴上，记者俨然已经成为这帮黑金盗采集团的一员，和他们呼朋唤友。最后，还在矿主王静国的陪同下，进入矿井深处实际考察……这些就属于卧底彻查型了。

在这次暗访行动中，记者为了顺利切入，第一招不得不先掌握些实际情况，以便核对。新京报记者的足智多谋，表现在根据前方实际状况，随机应变、多法交融。

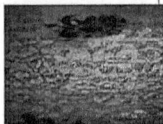

刊登记者暗访报道的 2015 年 5 月 11 日新京报版面

查实"线人"举报材料的真实度究竟几何。第二步必须寻找非法开采金矿的当事人，而且一定要和他们面对面交锋。这个环节如果省略，新闻五要素就缺少了一个重要内容，发表的报道也无法生动抓人。第三招是暗访取证之必须，就是把表面封闭的金矿与违法犯罪者实际开采运营事实联系起来，那就无论如何要抓取人和物之间的关联关系。所以说，"混合交替"的精髓在于依据暗访中的实际状况相机行事，绝不死板教条"一根筋"。任何单个获取新闻素材的手段，都是跛足的。也完全不存在"仙人指路""九阴真经"式的暗访教程。就像战国时期的孙膑曾经在桂陵之战中利用一计围魏救赵，它是依据当时战况和敌我态势，灵活运用声东击西法、分兵击之法、批亢捣虚法（避开敌人的锋芒，攻击敌人虚弱的地方）、以逸待劳法的结果，属于典型的混合交替型战术。能够在新闻暗访中，将多种采集、求证、蒙骗、隐身、避险、抗衡、自保等手法交替运用的，应该就是成熟且高手记者了。

曾经在美国引起强烈反响的《芝加哥太阳报》记者劲爆诊所堕胎案，就是一桩比较复杂的混合交替型暗访。当时报社通过线报获悉四家诊所为就诊妇女做不必要的堕胎手术以牟取暴利，随即派女性调查员到私人诊所暗访。第一招是旁观记录型，就是对环境对象侧面观察了解基本状况。第二招是体验感受型，调查员假装要进行怀孕检测。但为了戳穿西洋镜却买了男性尿样送去化验，结果在这些男性尿样测试中却得出了阳性结果，调查员因此被建议去做堕胎手术。第三招是卧底彻查型，报社派一班人马分别隐瞒身份，在所有四家诊所和两家代理所获得了正式工作。在四个多月的卧底暗访调查期

这是美国《芝加哥太阳报》另一篇全球轰动的争议报道：官网上登载的弗吉尼亚理工大学校园枪击案内容截屏，它因新闻事实失真而曾引起华人和韩裔强烈抗议。

间，她们发现不少女性即使没有怀孕也被做了堕胎手术，同时还发现了其他问题，包括误诊引发的命案。第四招是猎取获得型，为了使自己的目击证明更有说服力，暗访人员从诊所偷拍了 100 多张医疗记录，虽然这种偷拍行为违反了所在地法律规定。至此，《芝加哥太阳报》通过混合交替暗访法，完成了对此事的所有彻查。于是推出惊天系列报道，不仅这座城市，全美为之震惊，随后该州通过了几项法律来管理对外接受病人堕胎的诊所。涉案医生有的被投进监狱，有的离开了该州。一家诊所起诉报社但被法院驳回。不过，该报违法偷窃医院医疗记录的行为，受到新闻界同行批评指责。最后导致这么有影响力的报道，却在当年普利策奖评选中，被评委们否决。

由此，我们就需要研究一个在交替暗访中可能遇到的混合问题，那就是记者怎样把握适用范围和某些禁忌。前面各节在阐述单个暗访类型的时候，既说过其长、也点过其短，既分析过操作、也表达过理性思考。可是，有些暗访如果几种手段混合运用的时候，就需要考虑它们之间的协调性，换句话说就是可能产生的相互对抗。

比如旁观记录型，要求记者进入采访现场，不动声色地耳闻目睹，在不打扰受访对象中悄悄用暗访机拍录音视频证据，它的特点就是 6 个字：不干预、不介入。不能用记者的主观意志去影响新闻事实的进展变动，要求记者不与暗访对象进行任何互动交流，只取原生态本相事实构成报道要素。可是，因为暗访现场的需要或者冒出其他突发事件与未预料到的情况，记者又必须转换手段，用猎取获得型展开应对。这种手段，记者对暗访对象都是主动接近并进行直接交往的。它的冒充切入法、亲历抓取法等，都和旁观记录型有重要区别，特别是适用对象完全不一样。如果在混合运用的时候，记者就不得不考虑两者之间交互，可能引发对方怀疑而露馅。这样不但任务可能完不成，对记者的人身安全也会带来威胁。比如《新京报》记者深入平谷暗访非法采掘金矿案的时候，先是由爆料人村民夜晚带路摸黑进洞观察现场，完全没有惊动涉嫌违法犯罪人。可是案情需要，他们不得不面对面与矿主和身后背景人直接接触，7 个小时的鸿门宴中，竟然三次被对方怀疑并直接问：你们是不是记者？而且，将记者佩戴的手环与手表褪下来打量个遍，这是旁观记录型暗访所不可能遭遇的危险。所以，单独手段比较好准备和处理，一旦几种混合引用，不测因素加大，我们吃这行饭的人不得不更加小心谨慎。为了混合而不矛盾露馅，谋划在先、在细、在实。中央电视台"焦点访谈"曾经播出《"罚"要依法》暗访报道，记者混合运用了显性和隐性等几种采访形式，对山西潞城境内 309 国道交警乱罚款现象获取证据，曝光报道。其中，记者搭乘运煤车，在 100 多公里的路段上往返三趟，暗中观察偷拍偷录。由于真切、合规、逻辑关系严密而充满说服力，立即引起山西省委省政府高度重视出手解决。设想，如果央视不经过精心策划组织，还有可能如此严丝合缝吗？

还有一个警示，就是混合交替型暗访的几种禁忌。

一是缺乏暗访经验的初入道者不宜。那些没上过战场的人，看见刀光剑影、听到枪炮声大作，就会本能地惊慌失措。新记者在老记者带领下，做点并不复杂的"单点"暗访还行。如果有的暗访报道可能涉及多种应变手段混合交互，就一定要由成熟记者来担当。有的年轻人新闻理想热烈，勇敢潜入复杂状态现场暗访，一旦败露后果不堪设想。《京华时报》记者暗访一家非法食品加工企业时，先是卧底体验，后来要求拍照取证。年轻记者溜进车间，正按快门时，突然走进三名管理人员。"此时，兰和神情紧张，我握着照相机的双手不停地发抖……"（京华时报《拍摄过程惊心动魄》2002 年 5 月 9 日）

二是取证对象或内容上的某些不宜。混合交替型暗访基本都是难以预料的现场情况和情节，复杂应变程度要求不像单个暗访手段所面对的那样目标明确、使用手段明确、取证要求明确。有时候突遇某种对象和状态，记者由旁观记录转身为猎取获得或其他捕捉，因没有事先预料，就有可能应对不当甚至闯了"禁区"。湖南都市频道两名记者前往社港镇"新港水上乐园"暗访色情表演。坐在前排的摄像记者没有料到 6 名身穿三点装的女子，"一上台就将胸罩向下撩开，然后有将短裤脱至膝盖处……随着台上女子的走动而移动真空。在录第四个节目时，台上女子距他只有二三十厘米远。这时，他发现该女子突然弯下腰来，平视针孔。到第五个节目时，已拍了半个多小时的摄像记者去厕所准备换带子……"然后就是因暴露而被十多个打手挥拳猛击，摄像包也被抢走。记者被劫持，机器被毁掉，录像带也不翼而飞，直到派出所民警赶到。这种混合交替暗访，遭遇性器官赤裸的对象，照理说记者无论如何是不能拍摄半小时、还想到厕所换带继续的。要知道，记者是去通过暗访获得证据，而不是其他，有必要近距离拍那么多裸露的性器官吗？一般几个大致镜头，足可以劲爆（还要打马赛克）或报警抓捕。这名记者不是沉浸至少是用法不当了，他还没有清楚自己应该回避的禁忌。央视记者深入东莞暗访黄流滚滚状况，与宾馆经理、桑拿房老板、老鸨及性工作者的对谈基本就能锁定卖淫嫖娼的事实。至多舞台稍纵即逝的三点装镜头足矣，犯不着那么近距离拍摄性器官。我们相信记者绝不是为了过眼瘾而去，遭遇没有预料到的场景一时无措。这正是混合交替型暗访的难处和某些禁忌、不宜。

第四章

记者暗访的法律依据

　　记者有没有权利暗访？记者暗访受不受到法律保护？这个问题自 1885 年英国《派尔-麦尔公报》记者 W. 斯蒂德发表全世界第一篇暗访作品《现代巴比伦的处女贡品》， 130 多年来世界对此仍有质疑，合法与非法争议不断。在媒体职业道德层面，各种批评反对和拥趸赞成的对峙就更多了。我国最近一二十年来，每遇重大记者暗访报道面世，就会有一波合法不合法的讨论潮随之而来。如南都记者卧底高考替身作弊、西安记者深入盗墓村暗访掘墓团伙、南京女记者潜入盗车黑帮等。而在世界许多国家，对记者暗访的法律规定又千差万别，这就更加重了社会认识的矛盾。在这种大背景下，从事新闻暗访的记者，特别需要了解掌握法律对自己的职业行为相关法条约束及其司法支持度，认真学习并在它所划定的区域严格执行之。

　　法律，是国家高于一切的行动红线。连《中国共产党党章》都规定自己必须在法律范围内活动，记者就更不能逾越法外履行自己的职务行为了。依照法律规定的权限和程序进行暗访，记者的人身安全、工作的合法性、报道发表的社会影响力，才有保护依据。这些法律，既包括实体法，也包括程序法。

　　我国当代新闻史上最早实施记者暗访的记录，是中央电视台 1992 年对河北省无极县假药市场的暗访。可 10 年之后央视组织一次"隐性采访研究"课题演示会，该台邀请的我国新闻法学专家徐迅（中央人民广播电台高级编辑、法律工作室主任），现场介绍我国现行法律中有关偷拍的法律规范，有记者当场惊呼被"吓着了"。（《记者就在你身边》徐迅 中国广播电视出版社）这生动地显示，即使在这样影响力了得的中央媒体，至少在采编队伍执行层面对暗访的法律依据，还是处于比较漠然无知或少知的境地。如果由此向下放大试问，我国更多的地区媒体、行业媒体、专业媒体等，有多少记者编辑了解掌握暗访的法律依据？这是一个难以获得满意回答的问题。

法律依据之于记者暗访的第一个重要性，是新闻从业人员职务行为合法性的保障。

记者暗访于法有据，这要放在改革开放初期，我们是没有说这种话的底气的。因为，我国直到 1987 年 1 月 1 日《中华人民共和国民法通则》颁布实施之前，不但没有任何涉及记者暗访的法律法规条文，甚至连公民隐私这样的文字也没有出现过。自 1987 年上海出现我国第一起新闻官司，至 20 世纪末，新闻侵权诉讼案已累计达到 1000 多起。按照《中国新闻官司二十年1987—2007》（刘海涛、郑金雄、沈荣 著 中国广播影视出版社）这部断代专史记载，每年国内发生的名誉权诉讼案在八九百件左右。徐迅专家研究总结出，这期间我国新闻侵权纠纷案件，呈现出四次大的浪潮。在国家上位法尚未出台相关记载暗访侵权界定内容之前， 2002 年初最高人民法院的一则司法解释、 2002 年 4 月起实施的《关于民事诉讼证据的若干规定》，先后对记者暗访可能造成的民事侵权作出界定。直至 2002 年 12 月，提交到全国人大讨论的民法典草案，里面正式加入了隐私权条款。据专业统计：随着法治的建立健全，涉及隐私权保护的全国人大及其常委会颁布的法律有 9 部、国务院颁布的行政法规有 3 部、最高法和最高检颁布的司法解释有 14 部，国务院各部委颁布的行政规章有 36 部，有省市自治区直辖市及被明确授予立法权的城市，颁布的地方性法规有 132 项。（见《人格权保护法律手册》2000 年 3 月法律出版社出版作者《人格权保护法律手册》组编)其中任何一条，都可以成为司法判决的依据。而 2021 年 1 月 1 日正式实施的《中华人民共和国民法典》，则是所有法律依据最重要的一部上位法。法律作为守护社会公正的最后一道防线，给记者提供了清楚的操作空间，即违法必究，只要不违反这些界定，我们的暗访就具有正当性和合法性。

法律依据之于记者暗访的第二个重要性，是记者在外人身安全和设备安全的保障。早已有打"狗仔队"前科的美国奥斯卡影帝西恩·潘，2010年3月的一天在洛杉矶某餐馆吃完午餐出来，发现记者暗访偷拍，立即动粗脚踢。虽然记者并未受伤，采访设备也无损毁，但仅此市检察官就依法控告，要求判他18个月刑期。最后，法院判决西恩·潘除公开道歉外，到社区义务劳动300个小时。可见，美国法律对暗访中记者的人身和设备安全的保护，是极端严格的。在美国总统特朗普竞选期间，他的竞选经理莱万多夫斯基（Corey Lewandowski）在活动中只不过拉扯Breitbart新闻网站前任女记者佛尔德（Michelle Fields），朱庇特市警方就以殴打记者为由立即将他逮捕。（文图CBF聚焦网）

左：记者佛尔德在现场被"殴打"的录像截屏。 右：特朗普美国总统竞选经理莱万多夫斯基。

可是在我国相关法律，尤其是上位法《中华人民共和国民法》出台之前，发生过多起暗访记者被殴致伤事件，百度搜索"记者被打"可以找到13900000个具体条目。以前处理结果都因施暴者以记者侵权在先为由而未得到恰当严肃追究。1998年11月，湖南经济台记者在322国道暗访衡阳祁东县稽查组设卡对运送化肥车乱罚款。现场被发现后，铁棍石块齐下，记者谢佩贤被打得遍体鳞伤，摄像机被抢、手机被砸。事后凶手处理，也是高高举起轻轻落下。那些年，司法部门处理暗访记者人身被伤害案，只能依照一般治安事件或致伤刑事案来处理，基本没有将记者暗访中的职务行为与应当受到的法律特殊保护联系起来，原因就是当时这方面无法可依。就像警察执行公务遭到殴打，在西方欧美法系中，是有专门的袭警罪以独立罪名方式、独立法例制裁的。我国这种大陆法系国家，由于强调制裁普遍行为，故以非独立罪名模式"妨碍执行公务罪"，执行《中华人民共和国刑法修正案（九）》第二百七十七条第一款从重处罚。记者暗访虽然是维护公众的知情权、监督权、参与权、表达权，但在法条无明确规定前，从重处罚就不可能。

现在，国家有了那么多法律法规，记者依照它们暗访，就能在人身和设备安全上得到有效保障。 2016 年 8 月，定州市法院一审判处殴打记者的"最牛女村主任"孟玲芬有期徒刑 20 年，并处罚金人民币 15.5 万元。这种判决，就是既考量了实际危害后果，也权衡了记者职业采访的公共神圣不可侵犯性。

法律依据之于记者暗访的第三个重要性，是具体操作过程中公民不受侵权的保障。

在任何国家、任何社会制度、任何新闻生态环境下，法律都是一柄双刃剑。中国出台了那么多跟记者暗访有关的法律法规和行业制度，为保障记者行使正当的职务行为、为保护记者的人身和设备安全，提供了不可逾越的强力支撑。可是，所有这些法律条文，也制约了新闻从业人员在实施暗访过程中，对公民隐私权、名誉权、肖像权、信用权等人格尊严，对单位和机构乃自政府部门的合法权益的不当侵犯。过去记者暗访法律意识淡薄，侵权问题屡有发生，和缺乏法律制约有较大关系。

2000 年第 34 期《新民周刊》发表两名记者图文并茂的专稿《我们"买"到了一个女娃子》，讲述他们在四川人口买卖交易频繁地九眼桥，仅仅花 300元就从人贩子手中买了一名 19 岁的女孩……这种以近犯罪手段"体验感受型"暗访，显然是法律所不允许的。但当时司法并未追究，源于相关涉及暗访的立法还未作出界定。如果放到今天，大概就不会那么幸运。

暗访侵权最多的是公民隐私权。男性"根浴"、陪睡保姆揽客卖淫现场、南阳喝花酒裸陪特技表演服务、海南澄迈地下淫窝、休闲屋卖淫女强行解裤子，这些有名有姓有媒体的记者暗访报道，其中不少非常粗暴地触及公民隐私甚至是阴私。有一家周末报，发表对某艺术学院美术系裸体模特女孩的暗访，结果造成被访人精神崩溃、家人成天以泪洗面。还有家媒体公开的《南邮已婚女教师勾引班上男生，导致怀孕并堕胎》，报道者声称掌握"偷情过程和证据"。从取证到公布，一路违法。这些侵权曾经一度散见于很多记者暗访，虽然社会反响强烈，司法部门却往往难以下手。因为我国法律对公民隐私权明确保护的时间，是 20 世纪八十年代末期。1987 年 1 月 1 日《中华人民共和国民法通则》颁布实施，里面仍无隐私权保护条款。作为一种独立的民事权利，直到 1988 年最高法才以《关于贯彻执行〈中华人民共和国民法通则〉若干意见》的形式，作出了明确保护的认定。最重要最直接的还是 1993 年最高法发布的两个司法解释《关于审理名誉权案件若干问题的解答》、1998 年《关于审理名誉权案件若干问题的解释》。这以后全国各地的媒体暗访对公民隐私权侵犯的现象，呈现锐减之势。由此可见，法律在支持记者行使正当采访报道权的同时，也限制和制止了暗访可能对公民隐私权的侵犯。

法律依据之于记者暗访的第四个重要性，是发生新闻官司媒体法庭抗辩取胜的保障。"文革"以后，我国新闻官司一度激增，新闻法学专家徐迅的研究表明，曾经发生过四次新闻侵权纠纷官司的浪潮：1987 年至 1989 年，第一波诉讼媒体高潮是：小人物告大报。其代表性案件是新疆喀什市建管局工会干部奚弘，诉《人民日报》及记者侵害自己的名誉权。历时大约 10 年，终于有了结论。1990 年至 1992 年，第二波诉讼高潮是：大明星告小报。代表性案件是：歌唱家李谷一诉《声屏周报》及记者侵害名誉权案，大获全胜。1992 年至 1996 年，第三波诉讼高潮是：工商法人告媒体。代表性案件是：香港独资的兴运（成都）实业公司告黑龙江法制报社、中国卫生信息报社以及消息源提供者北京周林频谱仪总公司，媒体方败诉。1996 年至 2001 年，第四波高潮是：官方机构和公务人员告媒体。代表性案件是：山西省岚县公安局副局长杨旺元就刑讯逼供"割舌"事件起诉《山西青年报》《南方周末》等

11 家新闻媒体，结果原告胜诉。 1999 年至 2002 年，传媒被告呈现出新的趋势，这就是：案件当事人，尤其是刑事犯罪嫌疑人、被告人、罪犯、刑满释放人员告媒体。代表性案件是：沈阳"慕马案"女贪官焦玫瑰狱中状告《中国青年报》损毁名誉权案……记者暗访被推上被告席，非常需要媒体责任豁免及其抗辩理由的依据。国家已经出台的那么多相关法律，既是约束的红线，也是保护的城墙。新闻报道还原了真实、媒体评论和批评出于善意、舆论监督立场公正、消息来源权威可靠、业经当事人同意、新闻价值符合公众需求——这些抗辩理由所支持的记者暗访报道的合法性，正是依靠已经正式颁布的法条而获得了法庭的支持。湖南《邵阳日报》主任记者卢学义曾经 12 次站在被告席上，为自己、为报社、为其他新闻界同行辩护。虽然他不是专业律师，也没有获得国家律师资格授权，但却赢得了其中的 10 次新闻官司。

新闻法学专家曾经公开表明：查遍我国现有法律，其实还没有任何一部或者一条，明确规定记者可以在什么情况下实施暗访与偷拍。但这并不影响我们依据法律的宽泛界定，从事自己的正当职业行为。天下合法与违法的对峙或抗争，具体案情千变万化，整个欧美法系和大陆法系没有一个国家的法律可以穷尽囊括这些个"具体"。于是，才只能宽泛界定。在西方国家几种暗访中，遵循的原则是"法无禁止则可行"，所以天地宽限好像很大，连美国在任总统尼克松的"水门事件"，也能调查出来公之于世。而克林顿总统与莱温斯基的偷情故事，一桩桩一件件仔仔细细地刊登在大名鼎鼎的时政媒体《纽约时报》上。在我国，虽然暗访内容远未达到那么劲爆，但这些年从数量到质量都有长足提高，这也是不争的事实。有经验的律师都知道，法条越不具体，抗辩的空间越大，行动的自由度也越宽广。同时，危险也会更大。一旦发生新闻侵权官司，双方唇枪舌剑，法官拥有的自由裁量权空间也相应较大。因此，从事暗访报道者，不能不对自己职务行为的法律依据熟悉了解，以便用它规范自己的具体行动。

一、上位法与下位法相关法条

我国法律汗牛充栋，从中寻找跟记者暗访可能侵权有关的法条，不说皓首穷经，至少也是件需要花费极大精力的事体。著名新闻法学研究专家魏永征先生经过查找梳理研究，在他的《新闻传播法教程》中列出，仅仅对公民隐私权保护的法律条款就有三种：

——对公民的人身、人格尊严、家庭、住宅等最基本的隐私事实予以保护。我国根本大法《中华人民共和国宪法》对上述各项都有相应规定。

——对单项属于隐私的事项以专门立法加以保护。如《中华人民共和国民事诉讼法》规定："涉及个人隐私的案件不公开审理"。"离婚案件，当事人申请不公开审理的，可以不公开审理"。《中华人民共和国刑事诉讼法》和《中华人民共和国未成年人保护法》规定，"未成年人犯罪案件不公开审理"。《中华人民共和国预防未成年人犯罪法》还规定："对未成年人犯罪案件，新闻报道、影视节目、公开出版物不得披露该未成年人的姓名、住所、照片及可能推断出该未成年人的资料"。这清楚表明法律把当事人不愿意公开的婚姻、家庭情况及未成年人犯罪情况，视为隐私加以保护。徐迅专家还找出《中华人民共和国邮政法》规定保护公民邮电通讯秘密，《中华人民共和国收养法》规定"不得泄露收养秘密"，《中华人民共和国商业银行法》规定"为个人存款保密"，《中华人民共和国统计法》规定"私人、家庭的单项调查资料不得泄露"，《中华人民共和国律师法》规定律师在执业过程中"不得泄露当事人隐私"，《中华人民共和国执业医师法》规定医生"要保护患者隐私"，《艾滋病监测管理的若干规定》确认"不得将病人和感染者的姓名、地址等有关情况公布和传播"……

——明文规定禁止擅自公布和宣扬他人隐私。其中有《中华人民共和国民法通则》发布后的第二年，最高法以《贯彻执行〈中华人民共和国民法通则〉的若干意见》的形式，所作出的比较具体的侵害公民隐私权等名誉权的界定。 1993 年最高法又颁布了《关于审理名誉权案件若干问题的解答》，1998 年最高法再颁布《关于审理名誉权案件若干问题的解释》。这两个具有法律性质的最高法文件，成了各地法院审理新闻记者侵权官司，包括暗访、侵犯隐私阴私等案件的重要执法判决依据。

除了这些之外，其实还有不少法律条款，对新闻记者暗访可能造成的侵权，有警戒和约束作用。如 2010 年 7 月 1 日起实施的《中华人民共和国侵权责任法》，第二条划定民事权益范围中，明确包括了公民的隐私权，等等。

就法的效力位阶而言，法可分为三类，即上位法、下位法和同位法。在我国的法律体系中，上位法高于下位法，同位法之间则具备同等效力，在各自的权限范围内施行。（张光杰《中国法律概论》复旦大学出版社 2005 年）它们的划分标准有法的渊源和法律效力大小两种。效力大的为上位法，它之下生效的为下位法。比如说宪法和其他法律部门的关系，宪法就是上位法，因为其他法律都是依据宪法制定的，其他的法律如刑法民法就是下位法。上位法是效力较高的法律，下位法是效力较低的法律。上位法与下位法也是相对而言的，例如国务院制定的行政法规，相对于全国人民代表大会常务委员会制定的法律来说，是下位法；相对于地方国家机关制定的地方性法规来说，是上位法。下位法不能与上位法相抵触。（百度百科：上位法）如果法律规定中有不一致的，应遵循上位法优于下位法，后法优于先法的原则进行处理。

熟悉和掌握法律中跟媒体行使采编职务行为、特别是和记者暗访相关的法条，对于所有从事这个行当、担负相关社会责任的人来说，具有十分重要的意义。知之者为知之，不知者为不知。如果不知，就一定要潜心学习。因为，你毕竟要知道法律高压线在哪儿，选择在安全区域内履职。你毕竟要清楚法律能够给记者提供什么保护，一旦出现不测举起盾牌。你毕竟要明白法律内在的弹性空间，坐在新闻官司被告席上可以据理抗辩。

下面，让我们具体来看看各种法律可能涉及记者暗访的法条，并留存备查吧——

宪法

第三十八条　中华人民共和国公民的人格尊严不受侵犯。禁止用任何方法对公民进行侮辱、诽谤和诬告陷害。

第三十九条　中华人民共和国公民的住宅不受侵犯。禁止非法搜查或者非法侵入公民的住宅。

第四十条　中华人民共和国公民的通信自由和通信秘密受法律的保护。除因国家安全或者追查刑事犯罪的需要，由公安机关或者检察机关依照法律规定的程序对通信进行检查外，任何组织或者个人不得以任何理由侵犯公民的通信自由和通信秘密。

民法典：

第九百九十五条　人格权受到侵害的，受害人有权依照本法和其他法律的规定请求行为人承担民事责任。受害人的停止侵害、排除妨碍、消除危险、消除影响、恢复名誉、赔礼道歉请求权，不适用诉讼时效的规定。

第九百九十六条　因当事人一方的违约行为，损害对方人格权并造成严重精神损害，受损害方选择请求其承担违约责任的，不影响受损害方请求精神损害赔偿。

第九百九十七条　民事主体有证据证明行为人正在实施或者即将实施侵害其人格权的违法行为，不及时制止将使其合法权益受到难以弥补的损害的，有权依法向人民法院申请采取责令行为人停止有关行为的措施。

第九百九十八条　认定行为人承担侵害除生命权、身体权和健康权外的人格权的民事责任，应当考虑行为人和受害人的职业、影响范围、过错程度，以及行为的目的、方式、后果等因素。

第九百九十九条　为公共利益实施新闻报道、舆论监督等行为的，可以合理使用民事主体的姓名、名称、肖像、个人信息等；使用不合理侵害民事主体人格权的，应当依法承担民事责任。

第一千条　行为人因侵害人格权承担消除影响、恢复名誉、赔礼道歉等民事责任的，应当与行为的具体方式和造成的影响范围相当。

行为人拒不承担前款规定的民事责任的，人民法院可以采取在报刊、网络等媒体上发布公告或者公布生效裁判文书等方式执行，产生的费用由行为人负担。

第一千零二十条　合理实施下列行为的，可以不经肖像权人同意：……（二）为实施新闻报道，不可避免地制作、使用、公开肖像权人的肖像。

第一千零二十五条　行为人为公共利益实施新闻报道、舆论监督等行为，影响他人名誉的，不承担民事责任，但是有下列情形之一的除外：（一）捏造、歪曲事实；（二）对他人提供的严重失实内容未尽到合理核实义务；（三）使用侮辱性言辞等贬损他人名誉。

第一千零二十六条　认定行为人是否尽到前条第二项规定的合理核实义务，应当考虑下列因素：（一）内容来源的可信度；（二）对明显可能引发争议的内容是否进行了必要的调查；（三）内容的时限性；（四）内容与公序良俗的关联性；（五）受害人名誉受贬损的可能性；（六）核实能力和核实成本。

此外，第一千零二十六条关于核实义务的规定是第一千零二十五条的延续；还有第一千零二十条关于肖像合理使用的规定，第一千零二十八条关于报道失实侵害名誉权补救的规定，也都是直接提到新闻报道行为的条款。

第一千零三十二条　自然人享有隐私权。任何组织或者个人不得以刺探、侵扰、泄露、公开等方式侵害他人的隐私权。

隐私是自然人的私人生活安宁和不愿为他人知晓的私密空间、私密活动、私密信息。

第一千零三十三条　除法律另有规定或者权利人明确同意外，任何组织或者个人不得实施下列行为：

（一）以电话、短信、即时通讯工具、电子邮件、传单等方式侵扰他人的私人生活安宁；

（二）进入、拍摄、窥视他人的住宅、宾馆房间等私密空间；

（三）拍摄、窥视、窃听、公开他人的私密活动；

（四）拍摄、窥视他人身体的私密部位；

（五）处理他人的私密信息；

（六）以其他方式侵害他人的隐私权。

第一千零三十四条　自然人的个人信息受法律保护。

个人信息是以电子或者其他方式记录的能够单独或者与其他信息结合识别特定自然人的各种信息，包括自然人的姓名、出生日期、身份证件号码、生物识别信息、住址、电话号码、电子邮箱、健康信息、行踪信息等。

个人信息中的私密信息，适用有关隐私权的规定；没有规定的，适用有关个人信息保护的规定。

第一千零三十五条　处理个人信息的，应当遵循合法、正当、必要原则，不得过度处理，并符合下列条件：

（一）征得该自然人或者其监护人同意，但是法律、行政法规另有规定的除外；

（二）公开处理信息的规则；

（三）明示处理信息的目的、方式和范围；

（四）不违反法律、行政法规的规定和双方的约定。

个人信息的处理包括个人信息的收集、存储、使用、加工、传输、提供、公开等。

第一千零三十六条　处理个人信息，有下列情形之一的，行为人不承担民事责任：（一）在该自然人或者其监护人同意的范围内合理实施的行为；

（二）合理处理该自然人自行公开的或者其他已经合法公开的信息，但是该自然人明确拒绝或者处理该信息侵害其重大利益的除外；

（三）为维护公共利益或者该自然人合法权益，合理实施的其他行为。

第一千零三十七条　自然人可以依法向信息处理者查阅或者复制其个人信息；发现信息有错误的，有权提出异议并请求及时采取更正等必要措施。

自然人发现信息处理者违反法律、行政法规的规定或者双方的约定处理其个人信息的，有权请求信息处理者及时删除。

第一千零三十八条　信息处理者不得泄露或者篡改其收集、存储的个人信息；未经自然人同意，不得向他人非法提供其个人信息，但是经过加工无法识别特定个人且不能复原的除外。

信息处理者应当采取技术措施和其他必要措施，确保其收集、存储的个人信息安全，防止信息泄露、篡改、丢失；发生或者可能发生个人信息泄露、篡改、丢失的，应当及时采取补救措施，按照规定告知自然人并向有关主管部门报告。

第一千零三十九条　国家机关、承担行政职能的法定机构及其工作人员对于履行职责过程中知悉的自然人的隐私和个人信息，应当予以保密，不得泄露或者向他人非法提供。

第一千一百六十六条　行为人造成他人民事权益损害，不论行为人有无过错，法律规定应当承担侵权责任的，依照其规定。

刑法

第二百四十五条　非法搜查他人身体、住宅，或者非法侵入他人住宅的，处三年以下有期徒刑或者拘役。

司法工作人员滥用职权，犯前款罪的，从重处罚。

第二百四十六条　以暴力或者其他方法公然侮辱他人或者捏造事实诽谤他人，情节严重的，处三年以下有期徒刑、拘役、管制或者剥夺政治权利。

前款罪，告诉的才处理，但是严重危害社会秩序和国家利益的除外。

第二百五十二条　隐匿、毁弃或者非法开拆他人信件，侵犯公民通信自由权利，情节严重的，处一年以下有期徒刑或者拘役。

第二百五十三条　邮政工作人员私自开拆或者隐匿、毁弃邮件、电报的，处二年以下有期徒刑或者拘役。

犯前款罪而窃取财物的，依照本法第二百六十四条的规定定罪从重处罚。

第二百五十三条（《中华人民共和国刑法修正案》）之一国家机关或者金融、电信、交通、教育、医疗等单位的工作人员，违反国家规定，将本单位在履行职责或者提供服务过程中获得的公民个人信息，出售或者非法提供给他人，情节严重的，处三年以下有期徒刑或者拘役，并处或者单处罚金。

窃取或者以其他方法非法获取上述信息，情节严重的，依照前款的规定处罚。

单位犯前两款罪的，对单位判处罚金，并对其直接负责的主管人员和其他直接责任人员，依照各该款的规定处罚。

民法通则（2020 年 5 月 28 日，十三届全国人大三次会议表决通过了《中华人民共和国民法典》，自 2021 年 1 月 1 日起施行。《中华人民共和国民法通则》同时废止。若遇废止前的新闻侵权纷争或诉讼，仍应依照该通则执行。《民法通则》相关的法条有：第五十五条、第五十六条、第五十八条、第一百条、第一百零一条、第一百二十条、第一百三十四条、第一百三十七条。）

民事诉讼法

第六十六条　证据包括：（一）当事人的陈述；（二）书证；（三）物证；（四）视听资料；（五）电子数据；（六）证人证言；（七）鉴定意见；（八）勘验笔录。证据必须查证属实，才能作为认定事实的根据。

第七十四条　人民法院对视听资料，应当辨别真伪，并结合本案的其他证据，审查确定能否作为认定事实的根据。

关于贯彻执行《中华人民共和国民法通则》若干问题的意见（也因《中华人民共和国民法典》的颁布施行而废止。若遇废止前的新闻纷争或诉讼，同上页《民法通则》项处理办法处理。相关法条为第一百四十条、第一百四十一条）。

侵权责任法（民法典在 2021 年 1 月 1 日开始生效，在这之前侵权责任法还有效。民法典第七章是关于侵权责任的规定，在民法典生效后，侵权责任法就废止了。陈案处理方法同上。相关法条为：第二条、第十五条、第四章第三十四条）

未成年人保护法（2020 年 10 月 17 日，第十三届全国人民代表大会常务委员会第二十二次会议第二次修订《中华人民共和国未成年人保护法》，自 2021 年 6 月 1 日起施行）

第四十九条　新闻媒体应当加强未成年人保护方面的宣传，对侵犯未成年人合法权益的行为进行舆论监督。新闻媒体采访报道涉及未成年人事件应当客观、审慎和适度，不得侵犯未成年人的名誉、隐私和其他合法权益。

第五十二条　禁止制作、复制、发布、传播或者持有有关未成年人的淫秽色情物品和网络信息。

第六十三条　除下列情形外，任何组织或者个人不得开拆、查阅未成年人的信件、日记、电子邮件或者其他网络通讯内容：

（一）无民事行为能力未成年人的父母或者其他监护人代未成年人开拆、查阅；

（二）因国家安全或者追查刑事犯罪依法进行检查；

（三）紧急情况下为了保护未成年人本人的人身安全。

第七十七条　任何组织或者个人不得通过网络以文字、图片、音视频等形式，对未成年人实施侮辱、诽谤、威胁或者恶意损害形象等网络欺凌行为。

国家法律还规定：任何组织或者个人不得披露未成年人的个人隐私。

对未成年人的信件、日记、电子邮件，任何组织或者个人不得隐匿、毁弃；除因追查犯罪的需要，由公安机关或者人民检察院依法进行检查，或者对无行为能力的未成年人的信件、日记、电子邮件由其父母或者其他监护人代为开拆、查阅外，任何组织或者个人不得开拆、查阅。

行政诉讼法

第五十四条　人民法院公开审理行政案件，但涉及国家秘密、个人隐私和法律另有规定的除外。涉及商业秘密的案件，当事人申请不公开审理的，可以不公开审理。

人民法院组织法第七条也对为保护公民隐私而不公开审理作了规定。这些规定其实是对公民隐私权最明显的司法保护。

最高人民法院《关于贯彻执行〈中华人民共和国民法通则〉若干问题的意见》（试行）（同上述《民法通则》项已废止，处理方式亦同。相关法条有第六十五条、第一百四十条、第一百四十一条）

最高人民法院关于确定民事侵权精神损害赔偿责任若干问题的解释

违反社会公共利益、社会公德侵害他人隐私或者其他人格利益，受害人以侵权为由向人民法院起诉请求赔偿精神损害的，人民法院应当依法予以受理。

第三条　自然人死亡后，其近亲属因下列侵权行为遭受精神痛苦，向人民法院起诉请求赔偿精神损害的，人民法院应当依法予以受理：（一）以侮辱、诽谤、贬损、丑化或者违反社会公共利益、社会公德的其他方式，侵害死者姓名、肖像、名誉、荣誉；（二）非法披露、利用死者隐私，或者以违反社会公共利益、社会公德的其他方式侵害死者隐私。

第五条　法人或者其他组织以人格权利遭受侵害为由，向人民法院起诉请求赔偿精神损害的，人民法院不予受理。

第六条　当事人在侵权诉讼中没有提出赔偿精神损害的诉讼请求，诉讼终结后又基于同一侵权事实另行起诉请求赔偿精神损害的，人民法院不予受理。

第八条　因侵权致人精神损害，但未造成严重后果，受害人请求赔偿精神损害的，一般不予支持，人民法院可以根据情形判令侵权人停止侵害、恢复名誉、消除影响、赔礼道歉。因侵权致人精神损害，造成严重后果的，人民法院除判令侵权人承担停止侵害、恢复名誉、消除影响、赔礼道歉等民事责任外，可以根据受害人一方的请求判令其赔偿相应的精神损害抚慰金。

第九条　精神损害抚慰金包括以下方式：（一）致人残疾的，为残疾赔偿金；（二）致人死亡的，为死亡赔偿金；（三）其他损害情形的精神抚慰金。

第十条　精神损害的赔偿数额根据以下因素确定：（一）侵权人的过错程度，法律另有规定的除外；（二）侵害的手段、场合、行为方式等具体情节；（三）侵权行为所造成的后果；（四）侵权人的获利情况；（五）侵权人承担责任的经济能力；（六）受诉法院所在地平均生活水平。法律、行政法规对残疾赔偿金、死亡赔偿金等有明确规定的，适用法律、行政法规的规定。

第十一条　受害人对损害事实和损害后果的发生有过错的，可以根据其过错程度减轻或者免除侵权人的精神损害赔偿责任。

最高人民法院关于审理人身损害赔偿案件适用法律若干问题的解释

第十五条 为维护国家、集体或者他人的合法权益而使自己受到人身损害，因没有侵权人、不能确定侵权人或者侵权人没有赔偿能力，赔偿权利人请求受益人在受益范围内予以适当补偿的，人民法院应予支持。

第十八条 受害人或者死者近亲属遭受精神损害，赔偿权利人向人民法院请求赔偿精神损害抚慰金的，适用《最高人民法院关于确定民事侵权精神损害赔偿责任若干问题的解释》予以确定。精神损害抚慰金的请求权，不得让与或者继承。但赔偿义务人已经以书面方式承诺给予金钱赔偿，或者赔偿权利人已经向人民法院起诉的除外。

第三十一条 人民法院应当按照民法通则第一百三十一条以及本解释第二条的规定，确定第十九条至第二十九条各项财产损失的实际赔偿金额。前款确定的物质损害赔偿金与按照第十八条第一款规定确定的精神损害抚慰金，原则上应当一次性给付。

第二十三条 精神损害抚慰金适用《最高人民法院关于确定民事侵权精神损害赔偿责任若干问题的解释》予以确定。

最高人民法院关于审理利用信息网络侵害人身权益民事纠纷案件适用法律若干问题的规定

第十二条 网络用户或者网络服务提供者利用网络公开自然人基因信息、病历资料、健康检查资料、犯罪记录、家庭住址、私人活动等个人隐私和其他个人信息，造成他人损害，被侵权人请求其承担侵权责任的，人民法院应予支持。但下列情形除外：

（一）经自然人书面同意且在约定范围内公开；

（二）为促进社会公共利益且在必要范围内；

（三）学校、科研机构等基于公共利益为学术研究或者统计的目的，经自然人书面同意，且公开的方式不足以识别特定自然人；

（四）自然人自行在网络上公开的信息或者其他已合法公开的个人信息；

（五）以合法渠道获取的个人信息；

（六）法律或者行政法规另有规定。

网络用户或者网络服务提供者以违反社会公共利益、社会公德的方式公开前款第四项、第五项规定的个人信息，或者公开该信息侵害权利人值得保护的重大利益，权利人请求网络用户或者网络服务提供者承担侵权责任的，人民法院应予支持。

中共中央宣传部、国家广播电影电视总局、国家新闻出版总署《关于新闻采编人员从业管理的规定（试行）》

第一条　新闻采编人员要坚持以马克思列宁主义、毛泽东思想、邓小平理论和"三个代表"重要思想为指导，拥护中国共产党的领导，拥护社会主义制度，树立政治意识、大局意识和责任意识，贯彻团结稳定鼓劲、正面宣传为主的方针，把握正确舆论导向，支持改革开放和现代化建设，为人民服务，为社会主义服务，为全党全国工作大局服务。

第二条　新闻采编人员要遵守宪法和法律，奠定党的新闻宣传纪律，维护党和国家利益，维护人民群众的根本利益。要严格保守党和国家秘密。报道违纪违法案件，要自觉遵守案件报道的纪律，注意报道的政治效果、社会效果。采编涉外新闻报道，要遵守我国涉外法律和我国已加入的国际条约，贯彻我国对外政策。采编民族宗教报道，要遵守我国民族宗教政策和相关法规。要依法维护公民个人隐私权，依法维护报道对象的合法权益。采编涉及未成年人的负面报道，要遵守我国对未成年人保护的法律规定，维护未成年人的权益，未获得未成年人的监护人同意，一般不披露未成年人的姓名、住址、肖像等能够辩别和推断其真实身份的信息和音像资料。

第三条　新闻采编人员要坚持真实、全面、客观、公正的原则，确保新闻事实准确。要认真核实消息来源，杜绝虚假不实报道。新闻报道在新闻媒体刊发时要实行实名制，即署作者的真名实姓。不得干预民事纠纷和经济纠纷的调解，不得干预正常的司法审判活动。报道涉及有争议的内容时，要充分听取相关各方的意见，认真核对事实，准确把握分寸。

第五条　新闻采编人员从事新闻报道活动时如遇以下情形应实行回避，并不得对稿件的采集、编发、刊播进行干预或施加影响：

1. 新闻采编人员与报道对象具有夫妻关系、直系血亲关系、三代以内旁系血亲以及近姻亲关系；

2. 新闻采编人员采访报道涉及地区系本人出生地、曾长期工作或生活所在地；

3. 新闻采编人员与报道对象属于素有往来的朋友、同乡、同学、同事等关系；

4. 新闻采编人员与报道对象存在具体的经济、名誉等利益关系。

第七条　新闻采编人员要杜绝各种有偿新闻行为。不得利用采编报道谋取不正当利益，不得接受可能影响新闻报道客观公正的宴请和馈赠，不得向采访报道对象或利害关系人索取财物和其他利益，不得从事与职业有关的有偿中介活动，不得经商办企业，不得在无隶属关系的其他新闻单位或经济组织兼职取酬。

第八条　新闻采编人员要严格执行新闻报道与经营活动分开的规定。不得以记者、编辑、审稿人、制片人、主持人、播音员等身份拉广告，不得以新闻报道换取广告，不得以变相新闻形式刊播广告内容，不得为经营谋利操纵新闻报道。新闻采编人员不得以订阅报刊为条件进行新闻报道，不得直接要求被采访报道单位或个人订阅报刊，更不得以批评曝光为由强迫被采访报道单位或个人订阅报刊、投放广告或提供赞助。

新闻记者证管理办法

第十九条　……新闻记者……不得借新闻采访活动牟取不正当利益，不得借舆论监督进行敲诈勒索、打击报复等滥用新闻采访权利的行为。

广播影视新闻采编人员从业管理的实施方案（试行）

三、认真把握违法违纪案件报道。报道违法违纪案件，要确保正确导向，克服负面影响，自觉遵守案件报道的纪律，注意案件报道的政治效果、社会效果。对违法违纪案件的报道既要把握好度，也要把握好量，避免报道数量过多，表现形式不妥，内容选择不当，尺度把握不准，造成不良的社会影响。要坚决制止采用自然主义的手法，过细展示犯罪过程和作案细节，坚决制止渲染凶杀、血腥、暴力、色情等情节，坚决制止详细描写公安人员破案过程和破案细节。

六、依法维护报道对象的合法权益。要尊重公民的人格尊严，维护公民的姓名权、肖像权、名誉权、荣誉权和隐私权。不得宣扬他人隐私，或者捏造事实公然丑化他人人格，以及用侮辱、诽谤等方式损害他人名誉。要通过合法和正当的手段获取新闻，尊重被采访者的声明和正当要求。采访意外事件，应顾及受害人及亲属的感受，在提问和录音、录像时应避免对其心理造成伤害。要通过各种方式，广泛开展保护公民合法权益的宣传。

七、切实维护未成年人的合法权益。采编涉及未成年人的负面报道，要遵守我国对未成年人保护的法律规定，维护未成年人的权益。未获得未成年人的监护人同意，一般不披露未成年人的姓名、住址、肖像等能够辨别和推断其真实身份的信息和音像资料。不动员未成年人参与可能损害他们性格和感情的节目；对有可能被未成年人模仿而导致不良后果的报道内容和播出形式要加以防范；对未成年人犯罪案件一般不予公开报道。广播影视不能借报道新闻、宣传法制之名展示未成年人犯罪案件，不能为了追求收听率和收视率而公开披露未成年人的犯罪细节、作案方式。特殊情况需要报道的，要采取必要的技术手段加以处理。

广播电视管理条例

第三十二条　广播电台、电视台应当提高广播电视节目质量，增加国产优秀节目数量，禁止制作、播放载有下列内容的节目：

（一）危害国家的统一、主权和领土完整的；

（二）危害国家的安全、荣誉和利益的；

（三）煽动民族分裂，破坏民族团结的；

（四）泄露国家秘密的；

（五）诽谤、侮辱他人的；

（六）宣扬淫秽、迷信或者渲染暴力的；

（七）法律、行政法规规定禁止的其他内容。

国家新闻出版总署发布的《报纸管理暂行规定》

第八条　任何报纸不得刊载的内容，其中包括诽谤或者侮辱他人的以及法律禁止刊登的其他内容。国家通过对违法行为追究行政责任，来加强对公民隐私权的保护。

此外还需要注意的法条有：

《中华人民共和国邮政法》规定保护公民邮电通讯秘密。

《中华人民共和国收养法》规定"不得泄露收养秘密"。

《中华人民共和国商业银行法》规定"为个人存款保密"。

《中华人民共和国统计法》规定"私人、家庭的单项调查资料不得泄露"。

《中华人民共和国律师法》规定，律师在执业过程中"不得泄露当事人隐私"。

《中华人民共和国执业医师法》规定医生要"保护患者隐私"。

《艾滋病监测管理的若干规定》确认"不得将病人和感染者的姓名、地址等有关情况公布和传播"。

……

请注意：国家新闻出版广电总局成立以前的新闻出版总署和广播电影电视部的相关管理文件规定，仍然有效。尽管后两部署经过国家机构改革整合，形成了新的总局，但这并不意味着之前的文件规定被废止。相反，这些文件规定在没有更新文件规定出台前，依然具有约束作用或法律效力。

以上法条挂一漏万，并不能囊括涉及记者采访报道特别是暗访的所有法律法规，只是主要、经常可能运用到的一部分罢了。但这是从事暗访的记者编辑及其媒体领导必须学习掌握的基本内容。

可以看出，上位法之严但因其管理适用纵横度大，而行文比较原则宽泛。下位法更严却因管理适用疆域相对有限而比较具体。记者执行时要上下兼顾，按最严的来。如果不幸成了法庭被告，则按同等条件对象的上位法进行抗辩。

二、暗访取证合法的排他性要求

记者暗访遇到的最大挑战，就是可能被暗访对象甚至社会认为非法而抵制。

我国迄今为止尚无"新闻法"，因此很多人觉得记者暗访缺乏法律依据。再加上所有暗访因其或隐瞒身份、或隐瞒采访目的、或隐瞒采访手段，总有一种欺骗受访对象的感觉。记者又不具备警务人员的司法豁免权，这就更让人认为是非法行为。有人甚至有根有据地运用康德的"绝对律令原则"说，头顶的星空和心中的律令是最崇高神圣的，应用在媒体领域：第一，记者永远不能用侵犯他人权利的方式获得一个故事；第二，新闻界可以接受他人以应聘记者的方式，进入媒体卧底，并发布信息，那么记者可以卧底。否则，己所不欲，勿施于人。（搜狐传媒频道"什么是暗访禁区" 2015 年 6 月 9 日）

著名法学专家贺卫方教授曾经将记者暗访比作"毒树之果"（美国人称"非法取得的证据"），是不能吃的。

现实比较典型的一桩案件，是广东电视台两名记者暗访广州市地质调查院预警室主任刘永全出售虚假"广州市地质灾害应急点调查报告单"，所引发

广州地质调查院干部罗锦华卖假报告牟利一案庭审现场，嫌犯辩称暗访记者引诱犯罪……图片：南方都市报

的社会热议。在公开审判的法庭之上，被告代理律师突然提出：记者没有调查取证的权力。说是"记者越俎代庖，通过提供诱饵，故意设置圈套、陷阱，'钓鱼执法'假戏真做，僭越了特定公权力机关的刑事侦查权"，并言：如果本案将罗锦华就滥用职权而入罪，意味着新闻机构和记者充当了司法调查和警察调查的替代工具。法院一审分别以受贿罪、滥用职权罪，判处被告有罪徒刑后，却回避了暗访记者是否构成违法甚或犯罪的问题。《判决书》直称"数名记者采访报道与本案有关的事实行为并非本案的证据"，实际上直接排除了记者采访取得的证据即音频、视频和《报告单》。辩护人观点和法庭判决倾向，迅速成为法学界、新闻界的焦点话题，赞成者与反对者皆众，一时之间各方观点纷呈、聚讼纷纭。（《私人违法取证的相关法律问题——以记者"暗访"事件为例》溯小一［静以修身 俭以养德］北大法律信息网）

细查《中国新闻官司二十年 1987—2007》一书可以看出，过去很多年，司法判案对未经当事人同意的记者偷拍与偷录材料，并不认可它的合法有效性。依据是 1995 年最高法《关于未经当事人同意私自录音取得资料能否作为证据使用的批复》。福建《海峡都市报》因以记者暗访的形式报道泉州某酒店存在"色情服务"而被该酒店告上法庭。 2000 年 11 月，法院一审判决该报败诉。原因就是《海峡都市报》记者将他暗访时作的录音作为证据提交法庭，但法庭不予采信——因为按照最高人民法院的司法解释，在未获得对方同意情况下获得的录音资料不能作为有效证据。

直至 2002 年 4 月 1 日起，《最高人民法院关于民事诉讼证据的若干规定》施行才首次明确，视听资料即录音录像，可以作为合法证据。可是，在该法第七十条中，还同时要求，这类证据"有其他证据佐证并以合法手段取得""无疑点"。在第六十八条中也法定：以侵害他人合法权益或者违反法律禁止性规定的方法取得的证据，不能作为认定案件事实的依据。最高人民法院《关于贯彻执行〈中华人民共和国民法通则〉若干问题的意见（试行）》第六十五条规定：当事人以录音、录像等视听资料形式实施的民事行为，如有两个以上无利害关系人作为证人或者有其他证据证明该民事行为符合民法通则第五十五条的规定，可以认定有效。

在国外大多数国家诉讼程序中，录音、录像是具有法律效力的，早就允许作为证据使用。我国司法界实施新证据规则虽迟，但也算是与国际惯例接轨了。信息化、智能手机和采访录音录像设备的迅速更新换代，也推动了我国法律的与时俱进。被采访被曝光对象，有时出于自身利益考虑，对证据新技术含量本能排斥，但无法阻碍更不能推翻记者暗访获得的录音录像的合法有效性。因为视听资料与传统证据相比，它能够捕捉记录下现场的声音、影像，能够真实、形象、具体地再现已发生的某种时空状态下的场景事实。但这种捕捉记录的时空性往往稍纵即逝，错过了当时的时间、地点就不可能事实原貌再现了。况且，记者暗访主动出击和公民利害关系人的私自录音、录像有极大的区别，在于它的职业公共使命性，它纯粹是一种通过曝光抑止违法的正义行为，与公民个人私录私拍进行自力救济，具有天壤之别。

新闻从业人员作为暗访取证的主体，仅仅知道"合法取证"并不必然以对方当事人的同意或知情为前提这类司法认可的一般概念，是完全不够的。还必须仔细推敲领会法律的许多限制和禁止性规定。由于法律制定的严肃性和相关条款的明确、周延、精炼，我们需要读懂吃透，法律保护和支持的暗访偷拍偷录证据这些法条的排他性要求。依据民事非法证据排除规则分析，记者暗访所获得的证据属于非法的包括五种——

（1）记者以非法侵入、非法扣留以及窃取手段获得的实物证据。但紧急情况下，证据不予扣留即将灭失或转移走的例外。

（2）记者通过侵犯公民隐私权而获得的报道证据。这包括危及公民本人允许所获得的私人场域领地、私人保护拥有、私密生活状态、涉及性及性器官的状况资料等。

（3）使用已经被明确法条所禁止的取证方法，所获得的一切证据。

（4）通过威胁恐吓、设局欺诈、刑讯逼供逼迫暗访对象招供交出的所有证据。

（5）虽然并未使用以上四条手段，但起获证据的方式将会导致某些更高权力或法律原则遭到破坏。

如果进一步结合暗访新闻报道实际，还可以重点拎出四点："孤证"不能成立、非法获得不认可、隐私证据属侵权，疑点不能自圆其说会被推翻。下面逐一详细展开——

一是这些偷拍偷录的视听证据，是否有其他证据所佐证。在法庭抗辩和法官断案中，在新闻报道的事实辑取和认定中，都存在着一种叫作"孤证"的漏洞。它是单一孤立的证据，缺乏其他逻辑关联的证据所能支持其真实、有效、合法的结论。孤证不立原则适用的范围，还存在于考古学、考据学，以及在科学研究中为证明某个结论，会从不同的角度设计实验或寻找证据证明。记者暗访只有单一孤立的音频视频证据，不但难以使广大受众所能确信，也难以说服司法机关的办案人员，更不能证明受访对象的什么问题。

新闻孤证，就是只有单个孤立的消息源。暗访过程中所获得的视听证据，如果只是单方面所提供或抓取的，就一定要想方设法从另一个方面去证实它的真伪。特别是在遇到有争议的新闻事实时，编辑记者一定要十分谨慎。英国《金融时报》规定：对于人们不想公开披露的内容，比如非法活动、会大幅裁员的接管和公司重组、技术开发秘密等，必须至少有两个独立的、权威的信息源，重要新闻都是几个信息源相互验证。在美联社记者的 22

左上：金融时报记者轰动一时的暗访：一场英国上流慈善晚会，居然成了聚众淫乱的丑闻。

右上：图为该报卧底记者以应聘女招待的潜入手法，揭开一场无比下流的内幕过程……

条军规中也规定了：一个公开报道的新闻事实，必须要有两个或两个以上的独立消息源相互佐证才能发表。因此，"孤证"排除，应该是暗访记者自身新闻业务的起码要求，更是法律对于媒体公开报道的事实进行确证、以防侵犯公民名誉权的起码要求。法律规定，孤证不立，所有指控都必须有相互联系相互支撑的多重证据，形成内在逻辑链才行。

可是，记者暗访中的陷阱取证，大多数是对入陷的违法犯罪当事人言行的偷拍偷录。任何一国法律，都不认可自证其罪的单独证据。如果记者不想方设法从另外一个方面角度搜寻证据，暗访的陷阱取证就有可能陷入尴尬境地。另外，即使记者意识到需要收集多重证据用以佐证，但也会遭遇"无被害人违法犯罪"（某些罪行是被害人和犯罪人双方同意并且自愿交换的行为，或者犯罪对象无特定）的困扰。比如，赌博、卖淫、同性恋、乱伦、通奸、自杀、安乐死、堕胎、吸食毒品、酗酒、流浪和高利贷等，这些无被害人犯罪行为，就很难获得第三方证据。（《无被害人犯罪非犯罪化处理的宪法学审视——从马尧海案说起》道客巴巴 2018 年 08 月 20 日)在这样困难复杂的情况下，记者陷阱取证就更要讲究手段有效与合法双重因素了。

二是这些偷拍偷录的视听证据，是否合法手段所获得。以侵害他人合法权益或者违反法律禁止性规定的方法取得的证据，不能作为认定案件事实的根据。此间包含的意思非常丰富，比如利诱、欺诈、胁迫、暴力等不正当手段。有的记者暗访中为了让受访对象吐出真情，就冒充富商高价收买；有的记者为了弄清事情原委，就欺骗；有的记者为了抓住对方把柄，就以司法警务人员身份恐吓。使用这类方式获得的视听证据，法庭不予支持。广东电视台记者暗访广州市地质调查院出售虚假"广州市地质灾害应急点调查报告单"案，法院虽然判定罗锦华有罪，但《判决书》上并未承认记者暗访证据的有效性。所谓欺诈是当事人故意捏造虚假情况或者歪曲、掩盖真实情况，使他人陷入错误认识而做行为;所谓胁迫包括威胁和强迫，是当事人以未做的不法损害相恐吓，使他人陷入恐惧并由此做出行为，或者是当事人以现实的身体强制使他人处于无法反抗的境地而做出行为。所谓暴力就是采用激烈的强制方法使人就范的行为。只要谈话人意志处于自由的状态，谈话的内容也是其真实意思的表示，虽然记者暗访录音、录像时其不知情，但这样的行为不但不违法，其证据效力也为法律所认可。

三是这些偷拍偷录的视听证据，是否以侵犯他人隐私为代价。公民的隐私权属于人格权的一个重要方面，在全世界都受到各国法律的保护。记者暗访证据如果属于公民隐私，就不能作为公开报道的事实证据所使用。一旦破戒，轻者违法、重者犯罪。有关这个方面的详细内容，本书第十一章第四节里有详细论述。

四是这些偷拍偷录的视听证据，是否存有疑点并被排除。有的记者暗访报道面世以后，受众感觉似是而非，原因有多方面。图像抖动模糊、声音表达不清、对象多头含混、关系复杂难辨……记者的取证材料不能自证其结论观点。这在法庭之上，即使控方或原告没有提出质疑，法官也会不予采信。最高法《关于民事诉讼证据的若干规定》（此规定为法院现行审判此类纠纷的主要法律依据）要求，存有疑点的视听资料，不能单独作为认定案件事实的依据。要使该录音证据成为判决依据，必须符合两个条件：其一，录音证据的取得必须符合法律的规定，录音双方当事人的谈话当时没有受到限制，是自觉自由的意思表示，是善意和必要的，是为了保护当事人合法权益和查明案件真实情况的；其二，该录音证据录音技术条件好，谈话人身份明确，内容清晰，具有客观真实和连贯性，未被剪接或者伪造，内容未被改变，无疑点，有其他证据佐证。要使录像证据能够符合法律，也必须满足两个要件：其一，不许伪造。经媒体后期剪辑过公开播放的视频，应该前后连接紧密，内容未被篡改，具有客观真实性和连贯性（真实性）。而在新闻官司中举证，则必须提供记者暗访的原始资料，即未经删剪、编辑、配音、插画等后期制作的原始带。如果伪造，要承担我国《民事诉讼法》第一百零二条规定应予制裁的违法行为责任。其二，对方当事人没有提出反驳或反驳理由不成立。当然，记者取证不能触犯法律禁止性规定（合法性），前文已述。如果记者暗访材料确实存有疑点，并且因客观条件所限或者遇有不可抗力的因素，则需要通过其他方式、其他材料、证人证言等进行说明佐证，以形成令人确信的符合逻辑的闭环证据链。

以上四个方面，其实就是暗访取证司法保护的基本要素或核心要件。换句话说，就是法律对记者暗访偷录偷拍所获得的证据，有条件合法化了，我们必须满足这些强制性前提条件。

美国记者 Adam'Ademo'Mueller 也是 CopBlock.org 网站的创建者，他在网站上发布了新罕布什尔州一所高中校警粗暴对待学生的视频，以及自己与警官、校长、秘书的通话录音。在美国该州，未经许可录音是重罪。他拒绝了检方"认罪换两年缓刑"的提议，面临最长 21 年的指控。

但是，记者暗访所获得的视听资料，若法律不存在相关禁止性规定，则一旦发生新闻侵权诉讼，所涉及的名誉权伤害理由就不成立。

三、不享有特定司法豁免权

豁免权是一种职业特权，它指特殊主体因法定事由免除相应法律责任并享有的法定权利。（《妖魔化警察后果正在凸显》吕景胜 2017 年 1 月 15 日察网）任何一个国家的法律，都有对特定人群授予的司法豁免权。

如：外交官豁免权——无论刑事还是民事被诉至驻在国法院，驻在国法院不应受理。人大代表刑事豁免权——"县级以上的地方各级人民代表大会代表，非经本级人民代表大会主席团许可，在大会闭会期间，非经本级人民代表大会常务委员会许可，不受逮捕或者刑事审判"。（《地方各级人民代表大会和地方各级人民政府组织法》）律师豁免权——辩护律师在刑事诉讼中所享有的言论，包括口头发言、辩护词、辩护意见书等不受法律追究。元首豁免权——国家在任最高领导除犯内乱或外患罪外，非经罢免或解职，不受刑事上之诉究。警察豁免权——人民警察在法定条件和程序履行职责、行使权力时，如遭到执法对象对抗、拒绝、干涉、阻碍、辱骂、暴力、威胁等暴力或非暴力方法抗拒，警察使用强制手段造成人员伤亡或重大损失，无重大过错的不承担任何责任。此外，警察在卧底侦查中，依法令行使职务行为，迫不得已情况下对第三方合法权益造成伤害，可以用"违法阻却性事由"和

"紧急避险"理由进行抗辩，法律一般予以豁免。

特定的司法豁免权，来自法律明文授予，绝非自我按需索求，也不是任何一级官员可以"钦定"。

记者暗访能够与上述各种豁免对象相比对的，只有警务人员，而且是警察在暗访和卧底侦查过程中，可能表现的违法甚至轻微犯罪。有些记者认为警察执行公务可以这样豁免，我也是执行公务也应该可以。这就犯了两个错误：一是执行公务的主体，只能是国家机关工作人员，记者不是。二是执行公务的内容是依照法律、法规和其有关规定履行职责的行为。警察化装侦查、卧底侦查，都有明确的履职法律授权。而记者暗访，只是在行使舆论监督职责过程中，为了掌握更多更真实更鲜活的报道材料，而灵活变通的一种工作方式，它没有一条法律明确授权。可见，暗访记者与便衣警察两者之间的法律赋权大不一样。在法院审理广州地质调查院出售虚假"地质灾害应急点调查报告单"一案时，被告辩护律师就当堂指控："记者越俎代庖，通过提供诱饵，故意设置圈套、陷阱，'钓鱼执法'假戏真做，僭越了特定公权力机关的刑事侦查权"……（《私人违法取证的相关法律问题》万毅 2010 年第 11 期《北大法宝·法学期刊》）

调查取证是指有调查取证权的组织或个人为了查明案件事实的需要，向有关单位、个人进行调查、收集证据。具有调查取证权的国家机关对于立案处理的案件，为查明案情、收集证据和查获违法行为人而依法定程序进行的专门活动和依法采取的有关强制措施。通常情况下，具有调查取证权的国家机关有：公安、检察院、法院等其他行政机关在其行政职能业务领域的调查取证权。根据 2012 年《中华人民共和国刑事诉讼法》第五十条、第五十二条规定，刑事诉讼案件的取证主体，只能是审判人员、检察人员、侦查人员以及行政机关。记者不在其中，因此，记者暗访只能划入非法律指定身份的一种取证，法律研究者甚至把它划入所谓的私人取证之列。 1993 年颁布的《中华人民共和国国家安全法》和 1995 年通过的《中华人民共和国人民警察法》两部行政组织法对采用秘密侦查措施作出授权性规定。安全法第十条规定："国家安全机关因侦察危害国家安全行为的需要,根据国家有关规定,经过严格的批准手续,可以采取技术侦察措施。"警察法第十六条规定:"公安机关因侦查犯罪的需要,根据国家有关规定,经过严格的批准手续,可以采取技术侦察措施。"根据有关解释,在上述两法中规定的"技术侦察措施",包括秘密侦听、邮件检查等秘密侦查措施。可是,记者暗访没有……所以,必须把记者暗访和侦查清楚区别开来。

私人取证指的是,法律指定机构外的普通公民,自行收集和提取案件证据。大致包括三种类型:一是被害人与受害人委托的诉讼代理人的取证,二是被追诉的犯罪嫌疑人、被告人与受其委托的辩护人的取证,三是无因管理之私人取证(《常见的私人取证主体探究》步洋洋　佳木斯大学社会科学学报2014.04:35)。记者暗访当属第三种,原因是:无因管理是民法上的概念,指无法定和约定的义务,为了避免他人遭受损失,而自愿管理他人事务的行为。记者暗访虽然没有国家机关身份者参与其事,绝大多数也并未受到被害人及其家属的委托,但他是以非关系利害人的社会舆论监督机构之身份,而行使的另一种特殊"公干"。如果取证确实只有"法定取证"和"私人取证"这两种的话,我们新闻从业人员只能默认第二种。

警察权是源于宪法法律法规赋予警察机关及警察从事警务活动的法定权力,警察执法豁免权的法源根据是《中华人民共和国人民警察法》。国家之所

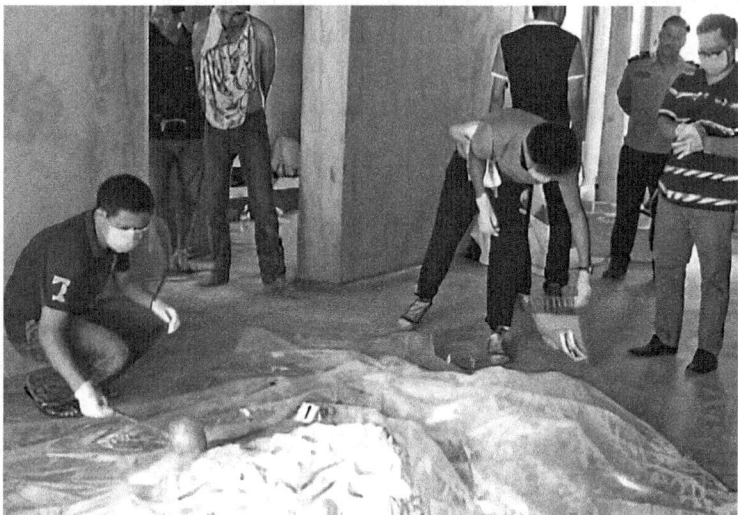

被誉为"金牌卧底"的广西缉毒警察甘科伟(左一)生前工作照。警方供图《南国早报》

以要以法律的形式，授予警察某些豁免权，理由在于警察执法权及执法活动的强制性和应急性，在于警察执法活动具有高风险性，在于警察执法活动中的部分风险具有不可控性，在于警察个体在执法现场面对高压力出现判断失误不可避免。（《妖魔化警察后果正在凸显》吕景胜 2017 年 1 月 15 日察网）

记者无法和警察攀比享有司法豁免权，意味着我们在执行暗访任务中，首先必须完全打消自己内心的职业优越感。尽管我们的使命那么神圣，我们的责任重如泰山、我们的舆论监督寄托着人民的希望，但在执行新闻采访报道任务中，必须依法而行。记者没有法律特别授权，违法就会受到追究，犯罪必然要入刑，我们和警察、律师、人大代表、国家元首等享有司法豁免权以外的其他普通职业同属一个层面。只有从思想意识上放低身段，才能在实际工作中严守法律红线，不因自己事业崇高而在暗访时为所欲为。

南方一家晚报记者白小超（化名），在一次矛盾冲突中，意外发现自己的妻子贩卖海洛因。于是，设计了一场"深入虎穴"的暗访计划。在向上汇报并得到领导批准后，参加了一次 2 公斤海洛因的取货过程……两度"亲历贩毒"之后，这名记者在深度挖掘惊心动魄故事想法的驱使下，直接奔赴云南边境。与贩毒集团要犯直接接触，直至发现自己贩毒后果已经极其严重，才惊醒过来主动投案自首，协助警方逮捕了自己的妻子。（《深圳商报》2001 年 2 月 20 日报道）在这起典型案例中，暗访记者白小超自以为记者使命神圣，如果写出自己亲历的贩毒纪实，而且还有自己妻子被改造过来这样曲折亲情的故事情节，肯定会一战成名天下知。殊不知，他从一开始发现并涉毒起，已经严重犯罪。或许这名记者看过警察卧底深入毒枭集团内部的作品不少，也想自己演绎这部大戏。但人家警察有司法授权特别豁免，你呢？一旦触法涉罪，必然受到法律制裁。所以，做记者暗访的，必须高度警惕防范职务违法犯罪。

无独有偶，《杭州日报·下午版》曾经发表一篇特稿《记者智取"冰毒"少年》。该文记述了《北京晚报》一名记者通过网络发现有人转让制造冰毒的技术后，以购买者身份对其暗访，并协助警方破案的真实经历。依据我国

《中华人民共和国刑法》第三百四十七条规定，走私、贩卖、运输、制造毒品，无论数量多少，都应当追究刑事责任，毒品交易 50 克即可能被判死刑。记者能否因为暗访正义实施购买行为而取得司法豁免？这是一个游走于"高压线"上的问题，明显属于非常危险的角色越位行为。应当引起新闻界同行警惕！

但是，我们强调暗访记者不享有特定司法豁免权，并不意味着无所作为动辄得咎。那样，会使记者在工作中经常处于消极、怠惰和无能状态，对那些隐藏较深、正常采访手段难以发现的重要负面问题，听之任之。结合法律规定、司法处置，以及记者暗访中的具体实践，我们可以从以下几个方面，进行积极探索和顽强努力。

在法律许可的范围内，积极谨慎作为。记者暗访涉及的对象，不是违法就是犯罪。而且其隐蔽性、社会危害性，往往常人难以想象。用正常的采访手段，根本难以了解真相。而非正常手段，就有可能触法。刑法理论中有"违法阻却性事由"概念，它是指行为虽然在客观上造成了一定损害结果，表面上符合某些犯罪的客观要件，但实际上没有犯罪的社会危害性，并不符合犯罪构成。"违法阻却性事由"包括，正当防卫、紧急避险、法令行为、正当业务行为等。大陆法系的刑法理论中一般认为：医疗行为、律师的辩护、

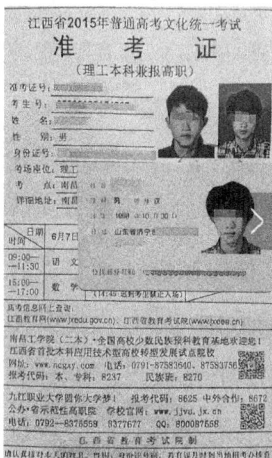

左：南都卧底记者带入考场的假身份证和准考证。若不看眼睛几乎神似。

右：高考卧底记者吴雪峰在语文试卷最后写下的一行字。（2016 年 6 月 10 日 360 个人图书馆）

新闻报道、体育竞技四种类型，都是可以作为"正当业务行为"构成"违法阻却"的，即不构成犯罪。在《南方都市报》记者卧底高考事件中，记者假冒"替考枪手"本身是肯定违法的。但这种"违法暗访"并未造成学生因替考而被不公平录取结果等任何实际危害，反而揭发出了江西高考舞弊黑色产业链。警方"一锅端"、媒体广泛报道后，产生了积极社会影响。因此，南都记者准确运用了"违法阻却性事由"暗访，结果并未受到司法机关的追究。刘昌松律师说，南都记者卧底所获取的证据是多方面的，例如伪造的身份证、准考证，既是物证也是书证；同替考组织者接触对话，可能形成视听资料；记者关于事情经过的陈述，可以作为证人证言等等，都有相当的证据价值。即使有些信息不能直接作为证据使用，也可以作为司法机关调查相关证据的重要线索。在法院审理广州地质调查院出售虚假"地质灾害应急点调查报告单"案庭审中，涉罪方辩护律师也曾指控暗访记者："记者获取信息和普通公民一样，并不具备特权。本案如果置换成普通公民，就会犯下行贿罪和非法买卖国家机关公文罪。为何记者这样做就不是犯罪？""以这种手段获取的证据如果不排除，就会陷入一个悖论：检察院都无法行使的诱惑侦查，却可以交由记者行使。如果本案将罗锦华就滥用职权而入罪，意味着新闻机构和记者充当了司法调查和警察调查的替代工具。也就是说，很可能出现这样一种情形：司法机关、警察通过邀请新闻机构和记者进行隐性采访而轻易获得证据，从而规避了《中华人民共和国刑事诉讼法》第四十三条关于侦查机关不得非法取得证据的法律规定。若如此，对每一个公民的权利都有可能造成侵犯"。可是，最后法院并未接受该辩护人的指控。

在法益平衡的原则许可下，勇于捍卫公共和自身利益。记者暗访遭遇到的紧急状况难以预料，可能发生的人身伤害和设备损害瞬间而至。而且，暗访中记者会亲身经历、耳闻目睹公民权益被侵犯或公共秩序被破坏甚至人身伤害事件。作为"私人取证"，也有国家立法保障。尽管我国《中华人民共和国刑事诉讼法》只是在第五十条、第五十二条明确规定审判人员、检察人员、侦查人员及行政机关享有收集证据的权利，但是也有有关私人主体取证的内容，如：《中华人民共和国刑事诉讼法》第四十一条、第四十九条规定了辩护律师、自诉案件的自诉人等私人主体享有取证权。在公诉案件中，证明被告人有罪的责任由人民检察院承担。在自诉案件中，证明被告人有罪的责任由自诉人承担。因此，肯定全部私人主体取证的效力并不违反法系解释。况且，刑法第二十一条规定："为了使国家、公共利益、本人或者他人的人身、财产和其他权利免受正在发生的危险，不得已采取的紧急避险行为，造成损害的，不负刑事责任。紧急避险超过必要限度造成不应有的损害的，应当负刑事责任，但是应当减轻或免除处罚。"这就清楚表明，记者的暗访取证作为有别于司法机关的取证之一种，仍然受到法律认可。同时，记者在暗访中一旦遭遇不法伤害、发现恶性犯罪。可以依法实施正当防卫、紧急避险（是指行为人处于危急情形下，为避免证据灭失之危险而迫不得已，以违法之方式获取证据）等措施。 2009 年 6 月 3 日晚，《城市信报》记者高明暗访青岛"酒托"，因为身份暴露而遭殴打。"老板娘说，要用石头敲死我们"。这是《城市信报》记者尚青龙在该报一周年时写下的记者手记。 2001 年，女记者罗侠进入重庆南岸区一家涉嫌从事违规营业的夜总会暗中拍照采访，遭到几名歹徒毒打，当场昏厥，几致残废。如果记者在此间防卫或避险，造成涉法危害，客观上对不法侵害人造成了一定的人身或者财产的损害，人民法院仍然会依据当时现场状况和记者行为后果，通过法益平衡来作出恰当判断。即使记者真的不慎涉嫌违法犯罪，法官也会酌情行使自己的自由裁量权从轻判决。譬如，暗访中记者如果暴露真实身份，现场有人要杀害或致伤他，此时，记者就可实施正当防卫。再如，暗访中记者发现被追踪的涉罪团伙企图制造火灾毁灭犯罪证据，就可侵入该民宅取证保全。另外，暗访中，记者如果遭遇犯罪嫌疑人逃跑，而报警处置来不及时，也可以随机限制其人身自由。当然，我们需要把握好度，不鼓励记者暗访之中逾越法律红线。

四、目的正当性不是触法的理由

记者暗访不是直接破案，但它的社会意义从某种角度上说，可能更大。

因为暗访的舆论监督性报道通过媒体公之于世，它所影响的就绝不是"这一个"，而在更大、更广阔、更深刻的层面上，推动"这一类"问题的舆论重视和解决。央视 2018 年 3 月所作山东三维集团倾倒工业废渣污染周边农村的暗访报道，引起高层领导批示和国家生态环境部的重视，在全国刮起一股环保举报旋风。

在记者显性采访无法获得违法犯罪性事实真相的情况下，暗访凸显出独特、无可替代的作用。宪法赋予新闻媒体舆论监督权，记者使用暗访这个利器，当然具有正义性和合理性。许多暗访记者是冒着生命危险和职业风险，履职从事这项工作的。神圣的使命感，对党和人民的忠诚，肩上背负的社会责任，是记者暗访最重要的精神支柱。大量实践证明，每一次历险、每一个揭露、每一回博弈，支撑暗访记者的，只有正义二字。

但目的的正当性，不是触犯法律的理由。记者暗访无论如何必须在法律的框架内操作，才是安全可靠且获得党和政府支持、能够得到人民群众认可信赖的。

曾经担任《中国青年报》记者的陈杰人，在《青年参考》发表《女大学生卖淫现象调查》。他在暗访文中写道"现在武汉地区的女大学生中，至少有 8—10％从事卖淫，如果加上那些只陪聊陪玩不上床的，估计接近四分之一"。报道一经推出，全国舆论哗然。在招致激烈批评后，陈杰人为证明自己的报道确有依据，而将新闻线索提供者的个人信息在互联网上几乎和盘托出，使完全无辜的新闻线索提供者，不得不承担完全没有必要承担的巨大风险。当时人称"陈杰人事件"。这一年，陈杰人被中国青年报社开除。（《陈杰人式闹剧该休矣》1tdlsg 的博客 2012 年 10 月 26 日）

尽管当时社会特别是传媒界有各种批斥和唾意，但我们还是不怀疑这个记者暗访报道的初衷。他做这个选题，还是要警示除了当地女大学生及其家长外，也有对整个社会法治化管理和青年价值观教育方面的镜鉴作用。可是，他犯了三个方面触法错误——

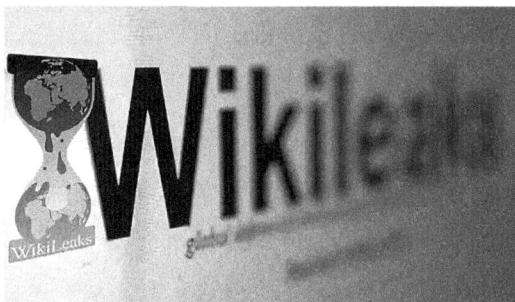

左：维基解密高频次出现陈杰人的名字，引起人们质疑……

右：陈杰人暗访报道激起武汉人民巨大愤怒。

陈杰人，请给武汉人民一个不愤怒的理由[转帖]

tt0459 于 2003/5/23 10:48:43 发布在 凯迪社区 > 文化敢论

　　新闻事实站不住脚，对整个武汉地区的女大学生群体，造成了身心伤害。"现在武汉地区的女大学生中，至少有 8—10％ 从事卖淫，如果加上那些只陪聊陪玩不上床的，估计接近四分之一"。这组最具爆炸力和杀伤力的数据，其信源只不过来自于该记者接触暗访的一名卖淫女和"20 多封举报信"（毫无出处，说不定就是一两个人匿名写的呢），没有任何一个权威机构或专家学者的研究报告做支撑，更没有什么社会学调查随机抽取的样本，即提供可信的点面结合调查为依据。武汉现有 30 多所高校，仅武大、华中科大就有 8 万—9 万学生，其中女生不少于 2 万。因此，报道甫出立即引起轩然大波，武汉地区多所大学爆发抗议潮，网络之上批斥之声铺天盖地。那些受到"脏水"泼身的女大学生及其家长，有理由控诉记者这个暗访报道，对他们的身心和名誉权造成了难以弥合的伤害。

　　暴露已成年学生性生活状况，侵犯了公民隐私权和阴私。整个暗访报道，充斥着对女大学生极度隐私状况的描写。副标题就有"清纯女孩已卖淫 3 年"，文中还有"找有钱人做情人""高价出卖肉体""早与前男友偷尝过禁果""性爱时不喜欢戴套"……这些文字让大众传媒的未成年受众如何入目？让武汉地区的女大学生及其家长情何以堪？从民事诉讼的法律角度上看，也属于明显的侵权内容。

　　出卖"线人"，将提供暗访报道新闻线索的当事人，公开抛到网上。当陈杰人的暗访被舆论声讨难以平复时，记者为证明自己的报道确有依据，而将新闻线索提供者的个人信息在互联网上几乎和盘托出，使完全无辜的新闻"线人"，不得不承担完全没有必要承担的巨大风险。所谓举报人是指知悉犯罪事实和犯罪嫌疑人而向公安机关、人民检察院或人民法院告发的单位或公民。《中华人民共和国刑事诉讼法》第一百一十一条第三款规定："公安机关、人民检察院或者人民法院应当保障报案人、控告人、举报人及其近亲属的安全。报案人、控告人、举报人如果不愿公开自己的姓名和报案、控告、举报的行为，应当为他保守秘密。"依据上述法律规定，公、检、法机关除了要保障举报人及其近亲属的安全外，对有保密要求的举报人，还要为他们的姓名和举报行为无限期地保守秘密。如果卖淫嫖娼属于违法犯罪的话，向记者提供相关线索的人就应纳入举报人的范畴。法律对举报人安全保障有明确规定，获得线索的媒体或公检法负有为举报人保守秘密的义务和责任。所以，只要举报人没有明确表示放弃保守秘密权利请求的，就不能将其列入证人的范围，其提供的举报材料也不宜作为证据在法庭上公开出示，并质证认证，法院甚至更不能将举报人的姓名作为证人写入判决书。作为新闻记者，如果为了自己"脱身"而将新闻"线人"公之于众，不但严重违反职业道德，而且在法律上已经构成对"线人"的侵权。

马克思说："需要不神圣的手段的目的，就不是神圣的目的。"（《马克思恩格斯全集》第 2 版 1 卷 178 页，人民出版社 1995 年版）

"唯心论者是强调动机否认效果的，机械唯物论者是强调效果否认动机的。我们和这两者相反，我们是辩证唯物主义的动机和效果的统一论者。"（《毛泽东选集》第 3 卷第 868 页）

记者暗访无论他的目的是什么，也无论他的想法多么美好甚至神圣，但最终的社会效果会说话。当一篇暗访作品遭到全社会抨击指责的时候，我们就可以从它的生产过程和记者初衷寻找到问题产生的根源。其中有人认为自己并无侵权的故意，于是触法没有关系。殊不知，法律确认的侵权责任，讲求的是过错原则，不管主观上是无意或故意，构成了侵权的要件都应当承担责任。

《中华人民共和国刑法》第十四条规定：明知自己的行为会发生危害社会的结果，并且希望或者放任这种结果发生，因而构成犯罪的，是故意犯罪。故意犯罪，应当负刑事责任。该法第十五条规定：应当预见自己的行为可能发生危害社会的结果，因为疏忽大意而没有预见，或者已经预见而轻信能够避免，以致发生这种结果的，是过失犯罪。记者暗访无论其主观意志如何，只要造成危害社会后果，就一律划入犯罪之列。如果造成的只是对特定关系人的精神伤害和物质损失，那就必须承担民事侵权的法律责任。即使完全无意，也需要依据《中华人民共和国侵权责任法》进行民事赔偿。各级人民法院不会因为记者暗访目的的正当性而免除其罪其责。由于记者不享有特定的司法豁免权，所以，他也不能像执行特殊任务的警察、国家安保特工那样，在卧底中轻微犯罪而不受法律追究。

1998年，《羊城晚报》记者通过谎报项链被抢，而测试上海警察快速反应能力事件。这种暗访干扰了警方正常执法，滥用了有限的警力资源，因此，不但失德也有可能触法。

记者暗访一旦触法，司法机关通常是怎样追究或归责的呢？弄清这个至关重要的问题，才能彻底打消新闻界对一旦失足，不切实际的抗辩主观奢望。

一是主张过错责任原则，即指以新闻侵权行为人主观上的过错，为构成民事责任的必要条件的归责原则。在此观点指导下的司法实践，表现为有过错有责任，无错无责任。不过，在新闻侵权中，由于行为人的过错难以判明，司法实践中，多数法官采纳过错推定原则，即推定媒体对损害的发生具有过错，若被告不能提出反证，则由被告承担损害赔偿责任。

二是主张无过错原则。在此观点指导下的司法实践，表现为有损害有责任，无损害无责任，以损害后果决定侵权责任。

三是以过错责任原则为主，以公平原则为补充。在此观点指导下的司法实践，也表现为有损害有责任，无损害无责任。

四是根据新闻侵害对象的不同，采取不同的归责原则。当新闻作品侵害了普通公民的人格权时，适用过错责任原则；当新闻侵害了公众人物的人格权时，适用恶意原则。

我国民事立法是把过错责任原则作为民事侵权纠纷的基本归责原则，以无过错原则为归责原则的补充。以前的《中华人民共和国民法通则》第一百二十条规定："公民的姓名权、肖像权、荣誉权受到侵害的，有权要求停止侵害，恢复名誉，消除影响，赔礼道歉，并可以要求赔偿损失。"由于未规定没有过错也要承担责任，因此根据法律规定，新闻侵权的归责原则，应适用过错责任原则。（《论新闻侵权抗辩》作者：柯东林 CALIS 高校学位论文全文数据库 2007 年 6 月 10 日）这是在四种法律归责主张中，对媒体最为不利的一种。《中华人民共和国民法典》颁布实施后，前述基本精神仍然续存。

记者暗访作为舆论监督不可或缺、甚至是极为劲爆的一环，它担负的社会正义与人民希望之责，意义固然神圣且重大。但共产党作为国家执政党都在《党章》中严格要求自己必须在法律范围内活动，我们有什么理由因为记者暗访目的正当而苛求法外开恩呢。

为此，新闻媒体除了要将防范暗访记者触犯法律的红线前置，强化教育引导和管理约束之外，再一个能做的工作就是学会弄懂辨别确认新闻侵权的几个要素——

其一，行为要有违法性。也就是说，只有当新闻报道行为或内容违反了法律的相关规定，才会构成新闻侵权。

其二，要有损害事实的发生。暗访报道通过大众传播媒介向社会散布了贬低他人的语言文字或图片视频，公开了他人的隐私，未经同意使用了普通公民的肖像等行为，就是损害他人人格的事实。

其三，因果关系，即侵权事实与损害结果之间有因果关系。新闻侵权行为与一般的侵权行为相比，其损害结果比较特殊，往往表现为人格上的贬低和精神上的痛苦，难以用具体的物质形式来衡量。因此，在司法实践中，对新闻侵权的损害结果要求并不十分严格，往往只要有损害事实的发生，就认定构成侵权。

其四，要有过错。民法上所说的过错包括两种形式：一是故意，一是过失。在新闻侵权中，从媒体方面来说，故意侵权的极少，所以新闻侵权主要的过错形式是过失。按照民法的相关规定，在侵权行为中，不论是故意还是过失，都属于过错，都要承担相应的法律责任。新闻侵权同样如此，区分故意、过失及过失的大小，只对区分责任的大小有一定的意义。（《法律与生活》2009 年 4 月上半月刊郭长星）

媒体一旦接到法院传票，首先必须按照这几条要件仔细查对一下，如果并非同时拥有，即便相差一条，也就不能构成侵权。如果确实触犯法律，就要考虑法庭之上的抗辩理由了。一般有这六条：暗访报道还原了真实，舆论监督立场公正，消息来源权威可靠，业经当事人同意，记者批评和评论出于善意，新闻价值符合公众需求。（详见《新闻纷争处置方略》第八章　作者：丁邦杰 2010 年 5 月江苏人民出版社）

第五章

国内外记者暗访基本规范

马克思恩格斯指出:"道德的基础是人类精神的自律。"(马克思恩格斯全集 1 卷 15 页)法律层面的探讨前面基本告一段落,现在我们要从新闻职业道德层面,来探讨记者暗访究竟应该如何自我规范约束,如何通过媒体自律来达到防止记者主观滥用暗访权与机会,或者是无意间越轨侵权。

如何将法的他律和媒体的自律有机结合起来,是个国际性的话题,人们称之为共律。(《〈媒体人新闻业务守则〉释义》序 魏永征)媒体管理和新闻采编人员的行为规范,必须法德并举。法治和德治犹如车之两轮、鸟之两翼,必须两手抓,两手都要硬,使之相互配合,相得益彰,而不能相互割裂,有所偏废。

如每届奥运会全世界媒体和记者在同业竞争下,追求最大限度的报道自由是无可非议的,但是这种自由同时要受法律和职业道德约束。服从安保警务指挥和按照组委会保密规定以及商业转播规则报道,就是一项基本自律要求。媒体有报道北京奥运开幕式彩排的自由,但是像"韩国 SBS 电视台记者通过暗访偷拍,将北京奥运开幕式彩排内容事先曝光",就是典型的违背职业道德、缺乏自律的行为,因此受到组委会和新闻同道的谴责。凤凰卫视主播在《时事直通车》报道此事时,和韩媒一样明知"彩排前,鸟巢的广播里播放观众入场须知,告知观众'请不要将开幕式彩排内容以任何形式泄露给他人和媒体,否则会追究法律责任,'"却在采访中诱惑观众泄露,还将泄露内容报道出来。这就明显违反了《国际新闻道德公约》的基本精神。

国内外对记者暗访，都有新闻业界或者以媒体为单位所制定的必守规则或规章制度。它是社会道德价值观的延伸和在新闻行业采编行为的具体体现。暗访，是一个游走于法律和道德边缘的危险职业行为。它不像一般的新闻采访报道那样安全、有序、规律性强、受访对象不具备攻击性、报道后的麻烦追溯比较少。暗访记者在具体操作中遭遇意想不到的艰难困境，很难通过及时请示汇报而获得上级指导同事帮助。在这种特殊条件环境中，记者如何想、怎么办、现场应对，基本要靠机智勇敢判断执行水平。古人云：预则立，不预则废。暗访的事前策划与推演，却往往很难"预"到场景和人物的突变状态。因此，从行为准则上对此做一个基本规范，才有利于记者心目中有一个界宽红线。他在这个范围内根据现场和人物状况"自由裁量"展开工作，可以确保既不违法犯罪，也不触犯职业道德底线，而且能最大限度发挥自己的主观能动性。

新闻业对记者暗访职业道德规范重要性和必要性的认识，是随着暗访行为和作品出现、发展的过程，而逐渐明晰和加深的。在暗访手段被广泛使用前，其自律的内容还是通过职业信条来映射到后来的暗访条款中的。

早在 1841 年，西方新闻职业道德自律第一人霍勒斯·格里尼，在创办美国第一家全国性报纸《纽约论坛报》之后，就规定该报记者应该"摒弃煽情主义做法，剔除哗众取宠的成分"。在创刊广告里，格里尼宣称："它将努力维护人民的利益和促进他们道德的社会和政治的权益。它将摒弃许多著名便士报上的不道德、下流的警察局新闻、广告和一些其他材料。我们将尽心尽力地把报纸办成赢得善良的、有教养的人嘉许的受欢迎的家庭常客"。霍勒斯·格里尼对该报的这些自我约束自我规范，虽然与世界最早出现的记者暗访作品（发表时间是 1875 年 7 月 4 日英国报纸《派尔-麦尔公报》刊登的《现代巴比伦的处女贡品》）相隔 34 年，但他的规范价值，影响了其后美国新闻界采访报道（也包括记者暗访）很多年。

普利策 1878 年在创办《邮讯报》时立下的宣言和自律，更是一直影响到当今的美国新闻业价值观和职业道德标准："不为党派服务，而为人民服务。

不是共和党的喉舌，而是真理的喉舌。不追随任何主张，只遵循自己的结论。不支持行政当局，而是批评它。反对一切骗局，不管发生在何处，也不管它是何种性质的。提倡道德原则和思想，不提倡偏见、党见和派性。"这种"矛头向上"的新闻监督批评价值观，对后来美国100多年记者暗访的选题方向，具有重要引导意义。

此外还有《菲拉达尔菲亚公共记录报》的编辑伦理，华伦·哈定为《星报》建立的道德规则，瓦尔特·威廉《报人信条》《报人守则》等。

1942年9月1日，中国新闻学会举行年会。会议提案之一就是拟订新闻记者信条。密苏里新闻学院校友、中央政治学校新闻学系主任马星野受中国新闻学会委托起草《中国新闻记者信条》12条。从每条开头的"吾人深信"的形式和内容看，是参考了威廉院长的《新闻记者信条》并根据中国新闻界的传统与实际情况而制定的。该信条前三条强调宣传贯彻国民党"三民主义"，其余九条总结了中国资产阶级办报的经验。《中国新闻记者信条》倡导加强新闻职业道德建设，由于战争环境，只能在大后方国民党管辖的部分地区新闻界实行。但它被认为是我国最早的较为明确和规范的新闻职业道德自律文件，是"我国近代新闻史上第一个也是唯一的全国性新闻职业道德准则"。（蓝鸿文）但这个规范里面，并无涉及记者暗访的条款。

遍查早期的国外新闻职业道德成文规范，人们还找不到一部专为记者暗访所设置的自律性文件。而且，在其他自我约束的信条中，也很难找到专门针对记者暗访的条款。它们是：英国每日快报的《记者信条》，美国密苏里新闻学院的《新闻记者信条》，日本《朝日新闻纲领》《读卖新闻信条》《每日新闻每日宪章》，日本新闻学会的《日本新闻伦理纲领》，美国报纸新闻人协会的《美国报业道德信条》，英国记者公约，联合国《国际报业道德规约》，美国全国广播家协会的《电视规范》，新西兰《报业道德准则》，委内瑞拉《新闻道德准则》，尼日利亚《新闻道德准则》，缅甸《报业准则》……

但是到了现代，随着新闻业暗访报道的日益广泛，甚至一度时期某个地域，记者暗访发展到了泛滥的程度。也有那些社会影响巨大的典型暗访事件，给新闻从业人员带来巨大震动。这几种情况，促进或催生了关于暗访的职业道德规范产生。这些规范，有的是以国家范围为约束的，有的以某个地区或者某家新闻媒体为约束对象的。但它们都会映衬出所在国政治经济和民族核心价值观的缩影。以英美为代表的自律公约包括：美国职业记者协会（SPJ/Sigma Delta Chi）、美国报纸编辑协会（ASNE）、美联社执行编辑协会（APME）、美国广播电视新闻节目编导协会（RT NDA）、英国全国记者工会（NU）、英国新闻投诉委员会（PCC)的行为规范（英国只有这两个全国性的自律规范）。美国报纸编辑协会（ASNE)在1923年通过"新闻规约"，1975年修订版改为"原则声明"。所有这些，对于暗访记者本人和他所供职的媒体，都有重要的滋养规约作用。本章将在后面分析解剖目前国际国内比较有学习借鉴价值的暗访自律规范，并通过相应的典型案例来诠释这些规范对媒体和记者自修自保自律所发挥的重要作用。

讲一桩美国《纽约时报》"偷来的新闻"真实故事，可以证实在法律管不到的职业道德边缘，如果缺乏某种自律，记者暗访会怎样亵渎新闻业的神圣光环。

1971年美国国防部把纽约时报告上了法庭，理由是该报通过内线偷窃的方式，将涉及国家安全的机密文件通过报纸公之于众。这个文件，其实是五角大楼组织的一帮专家学者撰写的美国深陷越战的来龙去脉。里面包括23年来4名美国总统以及政府不断撒谎，蓄意掩盖大规模屠杀骇人听闻真相的

左：刊登《越战档案》系列报道的纽约时报

右：美军制造的震惊世界的美莱村惨案现场。此照片获得了美国普利策奖。

多达 7000 页的档案证据。 6 月 13 日是个星期天，美国当任总统尼克松手捧纽约时报揭秘连续报道《越战档案》（一），气得暴跳如雷。司法部长米歇尔发给纽约时报一份电报，明确表示：根据《间谍法案》，文件内容是受到绝对保护的，继续刊登将会给国家利益带来无可挽回的伤害。纽约时报毫不理会继续刊登，到连续报道刊登到第三期那天，纽约联邦法院颁布了一项临时禁令，叫停继续发表。但华盛顿邮报、芝加哥太阳报、圣路易斯邮报分社等 12 家报社，一棒一棒接力跟着发表……结果，美国最高法院受理经过权衡，决定在新闻自由和国家安全两者之间，把民众知情权放在首位。法官裁定，纽约时报等新闻媒体有权继续刊登这份五角大楼机密文件。美国严苛复杂的法律，并没有阻止住记者通过中间"线人"偷窃的渠道（其实也是一种特殊暗访方式），来劲爆万众瞩目的新闻。

可是，纽约时报的法庭上胜诉，并没有阻挡住人们对这桩事件折射的职业道德问题的指责和反思。先是美国联邦最高法院大法官沃伦·伯格：

令我难以置信的是，长期以来被美国人民视作一个伟大服务机构的报纸，竟会不履行一个公民最简单而基本的义务。对于这种义务，每个公民都是以崇敬心情来对待的。我认为（也许太天真了），对待所发现的东西，或者说拥有偷来的东西，或者是政府的秘密文件，应当立即向责任公务官员报告。这个义务有赖于出租车司机、法官和纽约时报来履行。

还有人拿出几年前纽约时报曾经愤怒谴责参议员约瑟夫·麦卡锡的报道和社论，来以子之矛攻子之盾。当时，麦卡锡在调查所谓共产党打入联邦政府案时，也是通过特殊渠道获得了政府部门档案中窃取的资料。于是得出结论："看来，纽约时报对待'盗窃所得的文件'，抱持双重标准"。"本质上很像是，只要目的正当，可以不择手段"。

还有美国新闻伦理学家发现了纽约时报的这组报道，按照自己主观意愿，用不当删减和转接的方式，将"五角大楼文件""拼凑成一个故事"……

这就是典型的法律管不着，唯有新闻职业道德规范能够产生影响力和约束力的案例。它教育和帮助了所有美国新闻从业人员，在使用非正常手段采访获取报道素材之时，一定要从法律和道德两个层面，一道检点自己有没有失误？会不会导致报道虽然轰动而内心却久久不安？

美国佛罗里达中心大学有一位教授叫史密斯（R. F. Smith），十年前写过一本《新闻道德评价》。书中全用具体的新闻报道事例来解说美国新闻职业道德基本沦丧。其中"欺骗"一章专谈隐性采访和偷录偷拍带来的问题。教授的悲观结论是："新闻业正在经历一个艰难时刻。几乎所有的民意测验都表明公众不再尊重新闻工作者，他们怀疑自己是否还能够信任新闻媒介。他们并非对我们的职业技能有所怀疑，令他们不满的是我们的道德和我们对自己在社会中所扮演的角色的认识。"这是一个多么令人恐惧的问题！

自律的媒体最自由，这个颠扑不破的具有哲理的箴言，最早是谁说的已经无从考证。但我们可以查到德国古典哲学创始人伊曼努尔·康德，在他的名著《道德的形而上学基础》（2009年中国社会科学出版社出版）中，最早提出了"他律"与"自律"两个重要概念。他认为："自由不是你想做什么就做什么，而是你想不做什么，就可以不做什么。"这句话，很好地解释了，什么是"他律"，什么又是"自律"。马克思后来也说过：道德的基础在于人类精神的自律。

约翰·赫尔顿在《美国新闻道德问题种种》一书中指出：某些记者与消息提供者之间的关系不正常、不文雅、不道德。早期的报刊十分贪婪，不讲原则。把暗访搞成无间道，在权力、生存、金钱的江湖上玩弄手段，立于黑白两道之间。记者为猎取新闻，什么都干出来。这些缺德行为包括：记者冒充侦探、验尸官助手，或官方半官方人员，以便进入不会让他们进入的地方，并设法让有关人士谈话、提供新闻。他们会偷窃照片、在人家窗外向里偷看、从火警专用的安全出口爬进人家屋里等等……这些不时在我们新闻界不幸而被言中。如在深圳发生的记者隐身进入医院太平间，拍摄歌手姚贝娜捐献眼角膜的痛苦瞬间，引发了巨大的社会风波。

记者暗访的天地非常广阔，报道的纵深也难以度量。但暗访从隐匿身份开始，就是以记者谎言为代价的，为了"套"出受访对象的新闻素材，可能还要使用某些特定手段。当法律高压线清楚架在那里的时候，我们会为了安全而离它一定距离。但职业道德的红线往往并不显性，记者仅仅学时心中有、干时完全无，是肯定吃不长这碗饭的。

一、外国媒体的自律要求

世界近代新闻业最早诞生于德、英、美等西方国家，从"手抄报""政党报刊""商业报刊"，及至传教士将薪火传到中国，1815 年 8 月"察世俗每月统纪传"——第一份中文近代报刊问世，西方新闻业已经走过了两个多世纪的历程（1609 年世界上第一份印刷版报纸《关系报：总汇消息》Relations：Aller Furnmmen 在德国的斯特拉斯堡诞生）。

400 多年来，西方媒体既首创了记者暗访这种特别的新闻采集方式，也在它广为公众热捧和作恶受到舆论谴责甚至法律制裁这些起伏颠簸中，积累了大量的经验和教训。于是，他们自己设计构建了许多职业道德层面的自律防范和解决问题的制度。1953 年诞生的英国报业总评议会，1963 年 7 月改为报界司法界以及其他社会各界人士组成的报业评议会。1991 年 1 月成立新的独立的英国报业投诉评议会。1946 年 7 月 23 日刚成立的日本新闻协会制定《新闻伦理纲领》，以作为日本新闻业的行为规范。1910 年，国际期刊业联合会在布鲁塞尔宣告成立。1916 年，美国密苏里大学新闻学院院长威廉斯主持制定《报人守则》为第一届世界报业大会所接受，成为第一个国际性的新闻职业道德规范。1926 年第一届泛美报业协会通过一项新闻职业道德规则，1948 年 4 月，联合国新闻自由会议通过《国际新闻自由公约草案》，1954 年第一次由联合国大会颁行《联合国国际新闻道德公约》。1954 年间，国际新闻记者联合会也通过了《国际新闻记者联合会记者行为原则宣言》。日本新闻协会制定《新闻伦理纲领》（1946、1955 年、2000 年）。而有影响力的媒体更是制定自己的职业道德规范，如《路透社新闻守则》，而《纽约时报新闻采编部门价值与实践手册》，大概是迄今为止全世界媒体自律最详细、最严格的规范文本。西方尤其是在职业道德管理组织架构上的稳定建设，确保了所有自律既有监督性也有执行力。

英国新闻自律在西方各国具有参照借鉴乃至榜样的力量，一是开展得早，二是具备了比较完善成熟的制度化管理。当然，新闻媒体比较发达、自由竞争比较充分也是一个重要基础。 1991 年报刊投诉委员会（Press Complaints Commission，简称 PCC）成立。这是在 1945 年成立皇家新闻委员会、1953 年建立英国报业自律性组织英国新闻评议会基础上，再建的独立于政府、独立于媒体的行业自治自律组织。它很快制定了运行规则暨业务准则，通过了投诉程序，甚至为防止外部因素干扰影响客观公正，而建立了独立的资金来源等。

PCC 制定的规约对任何承认委员会的报纸都具戒律作用，只要违反就会受到严厉制裁。该会还设立了一个隐私专员，专门负责处理针对侵犯私人隐私的案件。全英各报遂对 PCC 承诺，"行为规约"将逐渐列入报纸与其总编辑和其他新闻从业人员的契约中，今后凡是破坏工作守则者，报社可以依约处分，包括革职。（以下 PCC 相关内容参见《英国传媒体制》唐亚明、王陵洁南方日报出版社）

1996 年 PCC 接手了约 3000 件投诉。这个数字是 PCC 成立当年的两倍。

1997 年戴安娜王妃为躲避狗仔偷拍追拍，不幸死于车祸，引发公众对大众媒体强烈不满。当时参与偷拍的 9 名记者被告上法庭，虽然法庭最后判定其杀人罪名不成立，但后来却被指控侵犯公民名誉权。因为私人轿车属于私人空间，偷拍车内人物活动的人被认为侵权。后来英国媒体新规约于 1997 年 11 月 26 日出台，威克汉姆勋爵将其称为"欧洲最严厉的传媒准则"。旧的"业务准则"共有 16 个部分，而新的做了较大改动，共由 17 个部分组成。它们是：公众利益、准确性、辩护机会、隐私权、骚扰、对悲痛和冲击的侵扰、未成年人、性侵犯案件中的未成年人、助听设备、医院、犯罪报道、性骚扰、歧视、财经报道、机密信源、稿费支付等。新"行为规约"在以下方面有所加强：对隐私权的保护、对未成年人的保护、限制了媒介借口"公众利益"滥用权力的可能、强调照片的拍摄和使用限制、禁止在新闻信息获取中的有偿行为。

戴安娜王妃车祸身亡，与英国狗仔记者的偷拍跟拍有关。人们陷入了沉痛反思…… 图为惨案事故现场汽车残骸（英国电视台新闻截屏）

1999 年， PCC 有关公众人物子女的隐私以及证人付费案件的裁决，给社会留下处理复杂案件迅速而高效的深刻印象。 PCC 给自己定下了一条死规矩：无论投诉来自何人何地，必须在 40 个工作日之内对其作出答复。而且，PCC 也开始着手建立独立和自律的欧洲报业自律委员会联盟。 PCC 在伦敦召开了一场有 20 多个国家参加的国际会议，在会上，与会者一致同意建立欧洲独立报业自律委员会联盟。

《业务准则》 2009 年 10 月作出了三方面修订： 1. 隐私——对第三条进行了修订，修订后明确指出， PCC 会考虑跟投诉者之前的揭发相关联的案件。 2. 骚扰——第四条改为记者在骚扰可能成为一个问题的情况下，要表明他们自己的身份或被要求所代表的 PCC 解决投诉的方式（以 2004 年为例）：更正（56 宗）、澄清（75 宗）、刊登道歉声明（48 宗）、档案注释（43 宗）、以个人名义道歉（67 宗）、刊登信函（86 宗）、作出保证措施（38 宗）、其他措施（27 宗）。 2008 年， PCC 处理的投诉案分类：准确性 71.4％，隐私 8.8％。

1997 年 8 月 31 日，戴安娜王妃车祸身亡。整个英国掀起了对记者偷拍跟拍等侵权行为的巨大怒潮。 11 月 26 日， PCC 对准则进行了 6 年来最大的修改，包括 5 个方面：进一步加强对隐私权保护；加大了对未成年人权益保护；限制了媒介借口"公众利益"滥用权力的可能；强调了照片拍摄和使用限制；禁止在新闻信息获取中的有偿行为。

2011年，默克多新闻集团的世界新闻报"窃听门"事件，促使英国各政党一致要求重新审视新闻媒体职业道德监管制度，并改组英国新闻投诉委员会（PCC）。英格兰和威尔士上诉法院资深法官布兰·莱文森爵士受权委托进行调查。

2012年11月，莱文森发布调查报告，提出了对新闻道德监管机构审计和认证标准，以期确保新闻道德监管机构能够独立、有效运行。

2013年10月，英国枢密院批准了《媒体自律皇家宪章》，对媒体自律机构的有效运行进行监督。

2014年9月，英国"独立新闻标准组织"（PSO）取代英国新闻投诉委员会正式运行。

2014年12月，英国"独立媒体监管者组织"（MPRESS）正式成立，新的机构改革了工作模式，具有了独立调查权、经济处罚权，理论上对媒体的约束力大为增强。（《新闻道德领域的国际对话》陈涛2015年12月对外传播杂志）

从英国新闻界这些年坚持不懈的自律作为，特别是涉及暗访报道侵权问题的自我约束努力，我们可以看到，资本主义制度下的新闻自由，也是秉行严格的"内治"为条件的。

我国著名新闻学专家陈力丹和硕士生武阳研究表明：早有19世纪末的美国"黄色新闻潮"，后有20世纪直至本世纪初的各类假新闻案。然而，西方新闻传播业经历一次次社会信任危机之后，反而通过稳妥地处理危机事件，逐步建立起较为完善的新闻道德自律体系。美国的新闻道德规范就是在批评"黄色新闻潮"的过程中逐渐形成的。除了20世纪20年代在理论上确立"客观报道原则"、40年代确立的"社会责任论"外，在自律实践上有新闻公评人制度（媒体聘请的道德监察员），也有类似欧洲国家的新闻评议会，例如成立于1971年的明尼苏达新闻评议会和两年后成立的全国新闻评议会。贯彻新闻职业道德规范，除了传媒本身外，新闻传播业的行业组织也有足够的权威来监督行业的道德自律。我们不能把揭露出来的西方新闻传播界的坏事一概视为西方新闻自由虚伪的证据。仔细看看被揭露的情形，多数是同行或行业组织，甚至媒体自身揭发出来的。这里一组老数字多少显示了这类新闻自律组织的作用：明尼苏达评议会在 1971 到 1990 年间处理了超过 1100 起投诉，186 起没有经过听证。（《论西方职业道德的自我修复》新闻记者 2012 年 3 月）

日本虽然有全国性的新闻协会实施行业自律管理，但其下星罗棋布知蜘蛛网般的记者俱乐部（据日本媒体研究学者岩濑达哉调查，大约有 900 个），却是真正的行规执行组织。自明治维新时期起，距今已有 100 多年的历史。其"黑板协定"，就是对重要新闻报道，制定统一报道方针的"集体性强制约束"，违反者将会被驱逐出去。它不但控制报道口径，也处理记者职业道德方面的违规行为。

下面我们来看世界多国，对记者暗访的具体自律要求或措施是什么——

美国职业新闻记者协会（SPJ）职业伦理规范（部分）：

除非传统的公开的方法不能得到对公众至关重要的信息，不要采用秘密的或窃听式的方法获取信息。如果使用了这样的方法，在报道中应该加以说明。

检验来自所有来源的信息的准确性，小心避免无意的错误，绝不允许故意扭曲。

努力找到报道的主体，给他们对于声称的错误行为做出反应的机会。

任何可能的时候，都要指明消息来源。公众应该有尽可能多的信息来判断真伪消息来源的可靠性。在承诺保证信息来源匿名之前，永远要质问一下信息来源的动机。要对为换取信息而作出的承诺中各种可能的情况都作出清楚的说明，一旦承诺，则保守诺言。

让无声的人们发出声音，官方信息和非官方的信息被以同样价值对待。

鼓励公众说出他们对新闻媒体的不满。

承认错误，并迅速纠正。揭露新闻记者和新闻媒体的不道德的行为。

美国新闻界认同并遵守：

未经同意进入私人所有的公共场所（例如工厂和商店）进行采访报道，会遇到"闯入侵权"的指控，属侵犯侵权。

无理打探、窃听谈话，用镜头、望远镜和其他设施监视他人，电话骚扰，从窗口窥视和安装窃听器等行为，被视为以精神方式介入他人问题的侵犯行为，被视为闯入侵权，属侵犯隐私权。

英国 BBC 约章：

隐藏的摄像机、录音机的使用构成了对新闻道德的失德或犯罪。因为信息披露将涉及主体的私人生活，新闻界并未获得相关授权。

英国 PCC（全国报刊投诉委员会）：

以调解的方式处理新闻侵权投诉，如果调解不成功，便会对投诉作出调查和裁决。但其裁决属于道义上的自律，对当事双方不作经济惩罚，但犯错报刊需在显著位置刊登裁决全文。

德国：　记者应该避免用不合法的方式获取信息、照片和文件。

俄罗斯：　秘密采访只有在特殊情况下才可以使用，特别是在该调查关乎公共利益的情况下。然而，公共利益不能是非法行为的借口。

加拿大广播公司：　只有充分考虑到公民和隐私的情况下，私密方法是不合法的。但由于信息的公开对社会和公众而言非常重要，而通过其他途径又无法获取时，秘密方法就具有了合法性，媒介也可以使用秘密方法……不应该使用欺骗的方法获取信息，但在合法的目标下，新闻工作者可以不暴露身份和职业，而作为一般公众去获取信息。如果媒介认为信息很重要，而且有益于公众，新闻工作者也可以在一般公众无法到达的地方从事暗访。但此举必须得到上级有关部门的批准，特别是征求媒介内部法律部门的意见，以应付可能带来的新闻诉讼。

《保加利亚新闻职业道德守则》：　在使用了秘密的相机、录音机或其他秘密设备后，要向公众说明我们使用的方法。

德国、奥地利、格鲁吉亚、保加利亚、捷克、菲律宾、新加坡、马来西亚等国家的新闻职业道德守则均规定：记者应该避免用不合法的方式获取信息、照片和文件。

二、港澳台媒体的行规

我国的香港、澳门、台湾三地，在政治、经济和文化上有不少类似，但和西方国家仍有诸多不同。

马克思恩格斯有句箴言："统治阶级的思想，在每一时代都是占统治地位的思想"（马克思恩格斯选集第 1 卷《德意志意识形态》1995 年 98 页）。大众传播媒介，总是带有它所属社会的政治结构的形式和色彩，反映一种调节社会和个人关系的社会控制的方式。这是威尔伯·斯拉姆在《报刊的四种理论》中反复证明的。在他所阐述论证的世界各国大众传播制度的四种模式：集权主义理论、自由主义理论、社会责任理论、社会主义理论中，每一种报刊体制都和它所处的政治制度紧密关联。香港和澳门，都是中国的特别行政区，但它们又是在我国行政区域范围内设立的，享有特殊法律地位、实行资本主义制度和资本主义生活方式的地方行政区域。台湾的特别之处，除了没有像港澳那样回归祖国的怀抱，还有一个就是它的现有国际地位不被世界所承认，世界只认一个中国。

鉴于以上特殊状况，港澳台地区记者暗访的诸多自律性措施和条款，既有大量欧美等西方国家行规的内容，也有和我国大陆新闻界自律近似或接轨的成分。在不少暗访实例和纠纷处置方式上，我们可以看到介于中西两者之间的影子。

据香港特区政府职业训练局统计，全港现有的 10400 多名新闻从业人员中，约有 60% 受过新闻专业教育。记者总数约 3000 人左右，一线记者多为入行不久的年轻人。目前香港新闻社团主要有：香港报业公会、香港新闻行政人员协会、香港新闻工作者联会、香港新闻记者协会和摄影记者协会等 5 家。其中最活跃、自称"最具代表性"的是记者协会，但注册会员还不足全港总数的五分之一。因此，从行业自律管理上看，除了香港新闻记者协会有过一个内容比较笼统大而化之的《守则》外，没有统一规范，它有点"五龙治水"很难统一的感觉，容易出现矛盾不一和真空地带。后来香港报界自发成立过一个自律性组织"香港报业评议会"，不过三家发行量最大的报纸均未加入，所以影响力和约束力也有限。因此，香港新闻自律，大多数是由各家媒体自己制定规约，自己监督管理（每家几乎都有）。一旦超出监管范围，则由司法部门执行法律追惩。但总体上看，这里的新闻职业道德管理比较严，出事后媒体处理也比较厉害。（《香港报纸的自律与他律》王雪松 2007 年 9 月 27 日 凤园）由于难以把那么多港媒制定的职业道德管理条款一一列出，我们选择比较典型、也比较有影响力的香港电台（RTHK）自定的《节目制作人员守则》，看它其中涉及记者暗访的几个条款：

访问罪犯和警方通缉人士，报告；为任何企图逃避法律制裁的人士，隐藏身份的任何建议，报告；支付任何费用给犯罪和曾犯罪的人士，报告；播出任何原作法律或记录用途的暗中录得的音像，报告；披露暗中取得或循非官式途径取得的绑票或严重罪案的细节，报告；外界提出要求观看或取得本台未有播出的音像或其他资料，报告；在涉及极度暴力的场面、露骨的性爱、不良用语、暗中录得的音像、委托其他机构进行意见调查等节目制作人员，与有可能引起争议的事项时，记者都要执行上报制度。事态越严重、争议性越高，便上报越高的管理层。在处理罪案新闻时，要求记者慎思为何报道、如何报道和以什么角度来报道。要警惕是否花太多的节目时间报道罪案，尤其是暴力罪案，以及这些报道可能造成的积累效果。新闻工作中如要进行电话录音，不论是作记录用途还是用以播出，都要先征得受访者允许。这项要求要在录音前提出，而不是录音中途或事后才征求允许。采访意外、灾难和骚乱时，尽管全面如实报道，但有责任避免社会引起不必要的不安和忧虑，不要过分集中展示意外、灾难和暴力后的流血场面……（《香港媒体的监管和自律》刁仁勇 2005 视听界）

文中那么多要事先报告上级的内容款项，基本就是香港媒体认为已经

"出格"、可能触犯行规甚至可能造成犯罪的记者操作。所以，必须小心谨慎不能越雷池一步。

台湾的新闻管制早在 1917 年 12 月 18 日就出台过一个 33 则条文的《台湾新闻纸令》。"两蒋""动员戡乱时期"长达 40 多年，除了施行"报禁"，对新闻媒体及其记者编辑管制更加严厉。彼时前 20 多年，涉及暗访的媒体自律基本没有什么意义，主要是出于"自保"而非为了社会公共利益和客观公正报道。如 1950 年 1 月 25 日，台北市报业公会提出的本团体职业道德规范、后来台湾各新闻团体通过的《新闻记者信条》。及至 1963 年 5 月 2 日，台湾最早的报业自律机构——台北市报业新闻评议会成立。但这个组织一是自律界宽只在台北圈子内，二是自律对象只是报业。 1971 年 3 月，台湾 5 家主要新闻行业组织共商后决定，将原来地方性新闻评议组织扩建为全岛性新闻自律组织。此后，这个新的台湾新闻评议会，相继制定了《报纸道德规范》《无线电广播道德规范》《电话道德规范》。它们和先前制定的《新闻记者信条》，成了岛内新闻业职业道德的自律标准。

但是，台湾媒体由于自由无序竞争，导致报道凶杀、色情、犯罪、侵犯隐私等内容泛滥成灾。通过暗访造成对社会和公民的伤害，时有发生。 1997 年 4 月 28 日发生的"白晓燕被绑架撕票案"，成为台湾民众对新闻媒体无良道德愤怒大爆发的导火索。 500 多个民间社团组织声势浩大的游行示威活动。台湾卫星电视台组成的新闻自律委员会， 1999 年 9 月 14 日制定了《台湾卫星广播电视事业商业同业公会新闻自律执行纲要》。它是按照岛内几个与新闻界关联的法律，另外汲取新闻专家、公民团体的意见及各国传播媒体自律规范，并参酌卫星广播电视新闻自律公约精神，汇集爬梳而成。但适用范围排除谈话节目、访谈及评论节目。它分前言、总则、分则、新闻自律协商机制、违反新闻自律纲要之处理机制五章。和香港新闻界的行规相比，它内容非常具体清晰，可操作性强。下面把可能涉及记者暗访的内容条款摘录出来，可资借鉴——

女儿被歹徒绑架"撕票"，台湾部分媒体不当采访报道负有较大责任。当天的记者会上，憔悴的白冰冰痛不欲生几度哽咽

成千上万台湾民众，聚集在台"总统府"前静坐游行示威

　　一般性侵害及性骚扰案件，原则上不予报道。家暴受害人在报道中应受保护。如严重影响社会治安或重大刑案之性侵害案件，不得报道被害人照片、影像、声音、住址、亲属姓名及关系、就读学校、服务机构等详细个人资料，或其他让人足以辨识被害人身份之资讯。若加害人与受害人有亲属关系，应隐去加害人之相关资讯。

　　采访儿童、少年当事人，应先表明记者身份及取得儿童少年监护人之同意，并应在非强迫或违反儿童少年当事人受访意愿下，方得进行采访报道。对于儿童及少年事件之报道，不得有行为儿童及少年姓名和其他足以识别身份之资讯。

新闻报道应尊重个人隐私。除考量公共利益时，否则不得侵犯任何私人生活。当私人隐私损及公共利益时，媒体得以采访与报道，但应全力防止不当伤害个人名誉及侵犯个人隐私，或造成媒体公审的情况。

新闻报道应避免歧视。包括对种族、族群、国籍、肤色、阶级、出生地、宗教、性别、性倾向、婚姻状况、身心障碍者及所有弱势者。在文字、声音、影像及动画片上，均不得有歧视表现。

错误报道之更正。报道者若有错误发生，必须依卫星广播电视法第三十条之规定，于接到要求二十日内，在同一时间之节目或广告中加以更正。

除了以上各条，这个新闻自律执行纲要，还专列了一系列有可能触犯的分则内容要求。不但涵盖面非常广泛，而且规定非常细致。它包括：犯罪事件处理、自杀事件处理、绑架事件处理、灾难或意外事件处理、群众抗议事件处理、揭发未经证实之信息处理、医疗新闻处理、重大流行疾病新闻处理、艾滋病毒感染者或病患相关新闻处理、性与裸露事件处理、性别及弱势族群相关新闻处理、身心障碍者负面新闻处理、灵异等超自然现象事件处理、电视媒体转载网络新闻之相关制播处理，一共14条。

最后，还一一列出违反新闻自律纲要的处理程序。

这部新闻自律纲要，是台湾新闻界最全面细致、也最接地气的职业道德规范。对记者暗访而言，几乎大多数条款都能对号入座。所以，也成了其他介质新闻媒体如报业、互联网等学习仿效的对象。如《台湾公视节目直播标准》：任何隐匿目的或身份以及秘密录制等方式，应审慎考量议题的必要性，尽量降到最低比例，并在提出采访企划阶段提报部门主管同意。

澳门是个只有30几平方公里的弹丸之地，人口仅56万，但新闻媒体和香港一样也比较发达，而且多元化。中国近代史上第一份近代形态报纸《蜜蜂华报》就诞生在澳门。目前有以《澳门日报》《华侨报》《大众报》为主的10份中文报纸，英文报纸2家，葡文报3家。另有周报5家、杂志10家、定期季刊20多种。广播电视以"澳广视"为主5个电视台、1个电台。网站以"澳门三十行动联盟"的13家为主，主打公民评论。不过，澳门本地媒体单个体量都不太大，这也和香港强势媒体同业竞争抢占地盘有关。书者曾经深入那里的媒体内部作过调查。

在长达150年的葡萄牙殖民统治时期，澳门一直没有新闻审查机构，主要遵循葡宪法，媒体崇尚新闻自由。那时的新闻主管机构是政府新闻司，但其主要职能是给媒体提供政府事务报道、图片以及双向沟通。另外就是组织登记和记者培训等事务性工作。直到澳门回归，新闻司改为新闻局，服务型职能一脉相承。所以，那里的新闻职业道德主要靠业界自治自律。

第一个是1937年12月5日成立的"记者联合会"。20世纪30年代初，澳门有《民生报》《朝阳日报》《大众报》等五六家中文报纸，共有几十名新闻从业人员。抗战爆发后，澳门新闻界人士积极参与抗日救亡活动，发起成立该会积极开展工作，在各报版面上加强宣传抗日，还组队到中山等地旅行宣传。1938年10月，因《民生报》被封，会务大受影响，遂改名为"澳门记者联会"，改选理监事，会章亦逐步完善，至1942年停止活动。

第二个是1968年成立的澳门新闻工作者协会，它是澳门历史上最悠久、会员人数最多、影响力最大的新闻专业团体。

第三个是1991年初成立的澳门记者联会，主要是一些青年记者编辑发起，维护新闻自由和进行新闻业务探讨……

这三个组织机构，在自己的《章程》中，都有对新闻职业和新闻自由崇尚的描述，也有一些参照港台媒体自律的规定，但总体上看不具特色，更有涉及记者暗访方面的职业道德规范，故不重复赘言了。

三、我国主流媒体约束

中央电视台1992年对河北无极假药市场的暗访报道，曾经轰动一时。河北省政府在舆论和国家高层领导关注高压之下，迅速实施治理整顿，并将结果上报国务院。国务院办公厅在征求卫生部、公安部、监察部、国家药品监督管理局、国家中医药管理局、国家技术监督局和国家工商行政管理局的意见，并经国务院领导同志批准，专门对曝光对象的后续处理，发出重要批函。上上下下如此良好的社会效果，引得国内新闻界纷纷仿效。记者暗访报道，逐渐广泛起来。一度时期，央视《焦点访谈》报道选题"有三分之二是运用偷拍采访"之说。（《关于记者暗访和偷拍问题的访谈》陈力丹 徐迅 2003 年 8 月传播学论坛）

央视作为最早尝鲜的媒体，在诸多记者暗访操作中，既收获了成功的喜悦，也经历了被打、被扣、质疑和负面反响后的彷徨及痛苦。 2002 年，央视总编室在记者编辑中做过一次问卷调查。在回答隐性采访使用不当的负面影响时，可多选的备选项由高到低依次是：有可能侵犯被拍摄对象的隐私权 39（单位：人次，下同），占 80％。有可能损害媒体的声誉 28，占 57％。干扰被拍摄者的原有生活 28，占 57％。容易引起新闻和新闻诉讼 25，占 51％。记者的安全会受到威胁 24，占 49％。给人们的心理造成不安 21，占 43％。调查也许不够严谨，但看得出很多人对暗访隐藏的风险是有认知的。（央视焦点访谈前主编、新闻调查策划庄永志《南都记者高考替考该不该》全媒派 2015 年6 月 8 日）

2003 年，央视制定了《新闻调查工作手册》，确认"法律并没有赋予记者为了揭露真相而实施违法犯罪的特权"，"新闻不是欺骗的通行证，我们不能以目的的正当性为由而不择手段"。并且对隐性采访秘密调查作出四项规定性要求：

（1）有明显证据表明，我们正在调查的是严重侵犯公共利益的行为。

（2）没有其他正常途径收集材料。

（3）暴露我们的身份就难以了解到真实情况。

（4）经过制片人同意。

（骆汉城《行走在火上——隐性采访的法律思考》P112 中国经济出版社2004 年版）

同一年，第九届全国人大会议翁维权等 34 位人大代表提交了 327 号议案，要求对电视暗访进行立法规范。

在此之前的 1997 年，中国记者杂志社专门开辟专栏，就记者暗访和新闻职业道德及法律之间的关系，展开讨论和争鸣。

很显然，刑法要求不得为"恶"，而道德要求应当为"善"，前者多是禁止性的规定，后者多是命令性的规定。此外，刑法有刑罚作为保障，而道德仅仅依靠社会舆论；最后，两者调整的社会范围也有大有小，刑法的规范显然要小于道德。

其实，在此之前我国新闻界对记者暗访中职业道德问题的警惕和预防，已经有所规范。《中国新闻工作者职业道德准则》是1991年制定的， 1994年和1997年、 2009年曾经有过3次修订，内容从八条减少到六条，但是这段话始终保留着："要通过合法和正当的手段获取新闻"。1997年的修订在最后的"要求"两字前面加了"正当"两个字，这显然是防范那些有违法问题的被监督对象可能提出无理要求的情况，目的是维护记者的权利。此前的版本在这句话后，还有一句"尊重被采访者的声明和正当要求"。有新闻学专家就此认为，《准则》不允许采用秘密的采访手段。可是后来修改后的版本，已经删去这句了。这也说明，从新闻职业道德层面上看，记者暗访并没有被列入禁止性规定。但是，新版第六条第二款规定： "维护采访报道对象的合法权益，尊重采访报道对象的正当要求，不揭个人隐私，不诽谤他人。"这可以理解为对记者暗访的限制性要求。

2005年，中共中央办公厅和中央宣传部分别下发《关于进一步加强和改进舆论监督工作的意见》《加强和改进舆论监督工作的实施办法》。文中均规定："要通过合法和正当的途径获取新闻，不得采取非法和不道德的手段进行采访报道。"但这两个指导性文件，也没有把记者暗访列入非法和不道德之列。

国家广电总局此后印发《关于切实加强和改进广播电视舆论监督工作的要求》的通知，却明确要求： 广播电视舆论监督工作必须通过合法途径和正当方式获取新闻素材，不得采取非法和不道德的手段进行采访报道，不搞隐蔽拍摄和录音。请注意，这三句话是连在一起的。按照法的上下位相矛盾时的认定规则，这项封杀记者暗访的规定很难得到贯彻落实。事实上，后来很多广电媒体的记者暗访，仍然在继续。

国家通讯社新华社下发《加强和改进舆论监督工作的实施意见》一共 8 条，其中专列： 六、恪守"诚信采访"的原则。进行隐性采访要慎重。获得新闻素材，要通过合法方式和正当途径。要依法履行舆论监督的职责。这里是明确允许隐蔽采访的，只是在其前后设置了一些限制性规定或要求。

进一步细查我国出台的《关于新闻采编人员从业管理的规定（试行）》《新闻记者证管理办法》《新闻从业人员职务行为信息管理办法》等文件，均未明确记者享有暗访、卧底等权利，但也没有相关禁止性规定。这些文件规定，只是要求记者采访必须"遵守宪法和法律法规，遵守党的新闻工作纪律"；"通过合法和正当的途径获取新闻，不得采取非法和不道德的手段进行采访报道"；"坚决制止采用自然主义的手法，过细展示犯罪过程和作案细节"等。这和记者暗访并无实质性冲突。

南方报业集团自律信条规定："合法采访。一般情况下应采取合法的采访手段进行采访。特殊情况下，为了党和国家利益、人民和社会公共利益才允许采用偷拍偷录的方式进行采访。事前应向部门领导汇报，来不及汇报的，采访完毕后立即报告。"这里的"合法"措辞很有意思，在许多人看来，合法的背面就是非法。如果一般情况下合法，特殊情况下就可以违法了吗？法学界对此进行过非常专业的分析。权威意见认为：违法是合法的对称，但它们两者之间的关系并非硬币的两面，非此即彼。而是存在着另一灰色地带，即两个都不是的内容。合法，是符合法律要求的行为，即在国家现行法律、法规规范内的遵守法律的行为。违法，是直接与法律条文对抗，如，刑事犯罪。而不法呢？是不遵守国家法律法规明文要求的总称。它和违法已经有了显著区别，范围已经拓宽到刑律以外的其他法规，涉及民事、行政等方面。按照《中华人民共和国刑法》规定，这三种违法行为中，只有触犯刑法，依法应当受到刑事惩罚的才是犯罪。此外，还有一个非法概念，意指不合法的，没有法律依据的，如非法活动、非法集资、非法经营，是指没有法律授权的行为。政府行政非法行为的后果，往往是被宣告无效或被撤销，但不受法律追惩。民事违法是指违反民事法规（包括民法、劳动法等部门法规）的行为。如没有正当理由而不履行民事义务或违反民事义务造成对方的某种损失等，除了赔礼道歉、挽回社会影响、赔偿经济损失和精神损害抚慰金外，不受刑律追惩。因为《刑法》中关于罪刑法定的原则是："法律明文规定为犯罪行为的，依照法律定罪处刑；法律没有明文规定为犯罪行为的，不得定罪处刑。"根据这一原则，违法可以入罪，但"非法"不能入罪。在欧美等西方国家新闻界观念中，"法无禁止即自由"。所以，法律没有禁止性规定的"非法"行为，也属于合法行为的一种。而在我国，则要受到其他法规和新闻纪律的约束。而且，中外都是有新闻职业道德自律的。记者暗访，其实是在这种黑白两间的"灰色地带"危险工作，一着不慎很容易落入法网或其他网中。

既然任何一部法律并无禁止记者暗访的规定，这就说明它只属于新闻行业行规和新闻从业人员职业道德管辖调整的范畴。记者为了隐身或隐藏采访目的，不得已使用的欺骗、谎言甚至诡计，即使出格而未造成侵权和犯罪后果，基本上只能唯新闻纪律和职业道德是问。

我国几位著名的新闻法学研究专家，对记者暗访可能造成问题的处理，有过高度惊人的一致意见——

中国传媒大学博士生指导教授、香港树仁大学教授魏永征认为：偷拍涉及人身权利，当然有法律问题。但是由于这个问题的界限不可能很清晰，所以还必须用道德来规范。这涉及私权问题，就是涉及每个个人权益的问题，个人的权益是可以调节的，可以坚持也可以放弃，在有些情况下还有不同权益的冲突和平衡，用法律统一规范可能做不到。（《隐性采访——权利的冲突与退缩》魏永征的博客 2005 年 9 月 30 日）

中央人民广播电台专职法律顾问、法律事务处处长徐迅在《偷拍偷录——记者就在你身边》一书第五章"暗访与偷拍的道德悖论"中，提出了以功利主义为指导的行为模式,可作为抗辩记者非诚信问题的理由。她认为在各类新闻选题中,什么是符合功利主义者所倡导的"最大多数人的最大幸福"？犯罪是最具有社会危害的行为，是对最大多数人幸福的最直接危害。因此，揭露犯罪的选题一般被认为最大限度地增加了社会正义，是用"小罪孽换取大好处"，记者在实施隐性采访时存在的非诚信行为可以被原谅。

中国社会科学院新闻与传播研究所研究员、博士生导师陈力丹在徐迅对其的专访中明确表示，面对隐性采访中记者的非诚信表现，记者和媒体要做到的是道德自律。他说，现在有一种倾向，似乎一定要制定一种舆论监督法或其他保障新闻工作者的具体法律才好，这是一种认识的误区。法律只是各种规范中的一种，而且是最低标准，新闻工作遇到的问题很多，法律也不可能完善到能够解决所有出现的问题，更多的规范依靠道德自律。

北京外国语大学国际新闻与传播系教授展江认为，暗访在遭遇伦理困境时，应当在两种禁止性规则中，选择对社会危害性较小的一种。由此可以推定出暗访的界限在于两条：一是被采访者严重危害公共利益；二是非暗访不能获取信息。这个观点得到了比较普遍的认同，

专家们还提到在法学理论中有"违法阻却性事由"概念，它是指行为虽然在客观上造成了一定损害结果，表面上符合某些犯罪的客观要件，但实际上没有犯罪的社会危害性，并不符合犯罪构成。"违法阻却性事由"包括，正当防卫、紧急避险、法令行为、正当业务行为等。大陆法系的刑法理论中，一般认为：医疗行为、律师的辩护、新闻报道、体育竞技四种类型，都是可以作为"正当业务行为"构成"违法阻却"的，即不构成犯罪。这里的新闻报道，当然包含记者暗访。

分析了这么多，我们可以看出，南方报业集团对记者暗访的自律规定，是实事求是符合媒体当前实践的一种严格道德规范。

北京青年报规定：暗访不能侵犯他人名誉权、隐私权，不得涉及国家机密、不得涉及与公共信息无关的个人隐私、不得违背保护未成年人和妇女权益方面的法律法规、不得涉及商业机密。这就是说，允许记者使用暗访手段，但必须建立在法律规定的那些个"不准"条件之上。

记者暗访作为一种事实存在，已经有几百年的历史。全世界目前尚无一

个国家在法律和职业道德上，规定封杀。既然如此，我们只有用新闻职业道德规范，对这种特殊的取材形式进行严格自律，防止通过说谎、设计等与记者正义形象相悖的具体手段方式，破坏了真实新闻的社会公信力和自身生命力。

法律，是由国家制定并由国家强制力保证实施、以规定当事人权利和义务为内容，具有普遍硬性约束力的社会规范。道德，是一种群体共同认可并应作为行为准则的社会价值观规范，它通过思想认识行为规范，是社会群体或个人在参与社会活动中所遵循的规则、准则的总称，是社会认可和人们普遍接受的具有一般约束力的行为标准。（"百度百科"相关条）

新闻从业人员的行为规范，是在现实采编活动中，根据党和政府、社会大众的需求、好恶、价值判断，而逐步形成和确立的。但它一定具有时代性，即随着社会发展的步伐而与时俱进。这可以解释为什么世界各国的职业道德规范不断出新，我国的新闻工作者职业道德规范也已经更新过四版。记者暗访所应遵循的标准或原则，既然要能有效约束行为规范，也必须适应新时代新变化新格局。作为新闻价值观和合法采访报道的具体体现和延伸，无论国家、地区、行业和媒体单元，对记者暗访都应采取积极审慎并与社会需求结合的态度，作出严格自律和相应支持。

第六章

暗访中的两类陷阱取证

陷阱取证，是记者为了获取被报道对象的负面新闻素材以及其他违法侵权证据，通过隐匿职业身份参与相关新闻活动，并以某种行为有利可图为诱饵，引发被报道对象暴露负面形象、实施侵权或者违法行为，在暗访过程中获取被报道对象践踏法律和道德行为结果证据的特殊取证手段。

陷阱取证最早是刑事诉讼中的概念，又称"诱惑侦查"或"诱饵侦查"。1988 年 12 月 29 日通过的《联合国禁止非法贩运麻醉药品和精神药物公约》第十一条规定，把陷阱取证称作"控制下交付"的侦查手段。这种手段可以追溯到十八世纪的英国一起无名抢劫案和十九世纪的美国"索勒斯违反禁酒法案"等英美法系国家的典型判例中。法国大革命前，当时的路易十四为维护其统治地位，捕捉革命党人，镇压资产阶级革命运动，多使用这种特殊手段。它是指在特殊的刑事案件的侦查中，侦查人员为了获取犯罪嫌疑人犯罪的证据或线索，抓获犯罪嫌疑人而采取诱使被侦查对象实施犯罪行为的一种特殊侦查手段或方法。但是，这种国家警务刑侦的特殊手段，后来在民事诉讼取证中，也被延伸使用。曾经被称为"我国最大反盗版案"的北大方正公司起诉北京高术科技公司，就是以公证部门公证过的陷阱取证的合法证据，在一审胜诉、二审败诉的情况下，最终获得最高人民法院的支持而取胜的。最高法判决的理由是：根据利益衡量和价值取向的方法，肯定"陷阱取证"的合法性和正当性。在民事诉讼中，陷阱取证是一种自力救济，不损害侵权人的合法权益，不属于非法证据。目前，除了美国以外，世界上如英国、法国、德国、日本、瑞士、葡萄牙等许多国家，均对"陷阱取证"从法律上予以确认。

记者暗访使用陷阱取证，开山之作可稽作品是英国《派尔-麦尔公报》记者 W·T 斯蒂德的《现代巴比伦的处女贡品》，和美国记者伊丽莎白·科克伦的《疯人院十日》系列报道。

记者暗访使用陷阱取证，完全是不得已而为之。一般适用对象为严重违法犯罪、隐匿较深、对外界防范很严、难以直接获取证据、公开报道有法律诉讼危险等。这种方法暗访，其实是游走于法律边缘，很容易操作不当而带来严重后果。所以，记者必须慎之又慎，不得任意扩大使用范围。由于设置陷阱形同警察破案侦查，一不小心败露被对手识破，记者整个暗访就会前功尽弃，甚至可能产生生命危险。所以，既要谨慎操作也不能高频率使用。

在新闻界比较有名的一个陷阱取证典型案例，是《世界新闻报》记者扮演阿拉伯酋长陷英国王妃索菲入阱的一次暗访。该报据此抛出的 10 个整版的《索菲录音带抄本》，造成了自戴安娜车祸去世以来，英国王室最严重的一次公共危机。

2010 年初，已经成为爱德华王子爱妻的索菲，因利欲熏心而被一名自称阿拉伯酋长的高手记者所套中。此记者出入超五星级饭店，乘坐劳斯莱斯豪华轿车，交际之中挥金如土出手阔绰。他通过一桩大额生意合同，设下陷阱让索菲陷入不可自拔的境地。当两人非常熟悉相见恨晚的时候，索菲掩饰不住进入英国王室前的"大嘴"性格，向"酋长"讲述起自己对时事政治甚至王室内部事务的评判观点。从当政首相布莱尔"在任何事情上都模仿美国总统克林顿"，到他的妻子"肯定想插手丈夫事务"，再到财政大臣最近提出的预算案"是为大选而特意编造的"，甚至前任首相梅杰也不能幸免于她的批评和嘲笑。索菲的放肆，直至评说王室内部的是非。她一点尊敬也没有地说女王是个"老太婆"，而查尔斯王子和他的情人卡米拉是当今英国"最不受欢迎的人"……最要命的是，索菲王妃的助手也敢插入毫无禁忌的评说，大谈爱德华王子是同性恋者。谁知道"酋长"记者已经打开微型录音机，取证下索菲的这一切能够引爆英国舆论和政治地震的猛料。《世界新闻报》原封不动给予曝光，英国新闻媒体"闻鸡起舞"跟着大肆炒作，公众竟然讨论起"王室的命运"这个敏感话题。布莱尔首相和白金汉宫赶紧出面危机公关收拾残局。索菲王妃也只有老实认错和忏悔，并宣布辞去所有商业职务……

可想而知，如果记者不"套出"索菲狂言的原版录音，那是无论如何也无法通过舆论的力量，使英国王室低下高贵的头。这种"挖坑"让暗访者往下跳的手法，就是陷阱取证。不过，《世界新闻报》的所作所为也太过恶意了，因此引发英国公众和世界新闻界同行对其职业道德方面的指责。

记者陷阱取证的优点有三：因其取证与入陷的过程同步，记者直击违法犯罪人和事实，暗访报道逼真还原生动直观。因其取证对象就在暗访记者视野范围内，只要报警就比较容易抓获犯罪嫌疑人。因其取证过程中的接触完全隐身甚至有"同党"之近，记者可以掌握许多内情，有助于司法机关破案抓获幕后主使。

记者设陷取证，是用隐蔽方法、在当事人完全处于盲知的条件下收集证据的。所以，其手段使用的法律界限和法律效力，是个不能不考量的前提。不然，即使查获了入陷者的问题证据，据此而产生的批评指控，却有可能使之成为无源之水、无本之木、无基之厦。公众评判时会觉得媒体荒唐，法官裁断时会依法驳回。

记者陷阱取证分"机会提供型"和"恶意诱发型"两种。前者是合法合规的，记者暗访可以据情使用。而后者则是违法违规的，记者暗访如果铤而走险，可能招致民事侵权诉讼或刑事犯罪诉讼的严重后果。

"机会提供型"陷阱取证：是在被诱惑者已有实施侵权行为的故意心理下，仅仅只是为其提供实施侵权行为的机会。新闻媒体应当遵循谨慎使用此类取证的原则。

"恶意诱发型"陷阱取证：是在被诱惑者根本没有打算实施侵权行为的情况下，由于他人的引诱并进而产生实施侵权行为的故意心理，从而最终实施侵权行为。新闻媒体必须严守禁止使用此类取证的原则。

记者的陷阱取证获取结果不以媒体单方认可定论，许多情况下，必须经过公证机构认证才属于法庭有效证据。我国《民事诉讼法》第七十二条早有规定："经过法定程序公证证明的法律事实和文书，人民法院应当作为认定事实的根据，但有相反证据足以推翻公证证明的除外。" 2001 年 6 月，北大方正怀疑北京高术天力科技有限公司、北京高术科技公司有制售本公司专利软件的嫌疑。于是会同北京市国信公证处公证人员到高术公司进行公证下的陷阱取证，其证据最后才被最高法认可为有效证据而获胜的。最高法院提审判决时认为，公证证明的事实无相反证据推翻，其真实性应予以认定。原告取证方式不仅取得了被告现场安装盗版软件的证据，也取得了其向其他客户销售的同类侵权行为的证据，其目的并无不当。加之软件侵权具有隐蔽性强、取证难度大的特点，该取证方式能解决取证难问题，起到威慑和遏制侵权行为的作用，符合依法加强知识产权保护的法律精神，亦未侵犯被告方的合法权益。但记者暗访，基本不可能随行带上一位公证处公证员。到底如何公证，确保取证内容合法化，颇有操作技术含量。

陷阱取证有三个值得小心的问题：

（1）记者是为舆论监督的正当性寻找证据，而不能是为证据寻找舆论监督正当性的理由。不要以为这是语言上的弯弯绕，弄反了法庭就可以认定你取证的动机不当；

（2）记者通过设置陷阱取得的证据，要能够证明被报道对象即原告行为的一贯性。如果只能证明的是"这一次"而不能扩大推论，则所取证被法官的采信度就大打折扣；

（3）取证的全过程一定要坚持不损害他人利益和社会利益的原则，否则就会被列入"恶意诱发型"而非"机会提供型"，前者是非法行为。任何利益引诱、威逼、胁迫或者人身攻击，一概都是取证过程中所禁止的。

这三个"小心"的依据，是 2012 年 8 月 31 日，第十一届全国人民代表大会常务委员会第二十八次会议审议通过了《最高人民法院关于适用〈中华人民共和国民事诉讼法〉的解释》，第一百零六条规定："对以严重侵害他人合法权益、违反法律禁止性规定或者严重违背公序良俗的方法形成或者获取的证据，不得作为认定案件事实的根据。"由此可见，记者暗访通过陷阱法获得的证据，合法与非法的判断标准，要看是否严重侵害他人合法权益或者违反法律禁止性规定或者严重违背公序良俗。只有不触犯这三个禁止性法律规定，才会被执法机关所认可。

有时候，记者暗访中的陷阱取证，和公民的其他利益发生矛盾冲突，如隐私权等。按照法学界提出的"比例原则"，即为了保护某种较为优越的法益而侵犯另一种法益时，只要没有超过必要的限度就是合法的。合法的新闻陷阱取证，对公民权利的损害，没有大于所欲保护的国家、社会和公民的整体利益，符合比例性原则。对此，媒体及其记者需要谨慎把握，不可滥用！

曾经获得中国新闻奖一等奖的广播作品《挖墙脚的人们》，是北京台记者张勉之的成名作。暗访当时，张假扮购买发票者取得发票贩子的信任。他们之间的生动对话被偷录以后曝光，司法部门强力出击扫荡……这个暗访作品当时影响很大，社会效果也好。记者就是使用了机会提供型陷阱取证。而下面这条新闻，就是涉嫌严重犯罪的暗访了：今天是第三十个"国际禁毒日"。为让更多人看到毒品的危害，都市频道记者历时一个月，在山西毒贩的出货地，冒死偷拍到了大车司机吸毒的场景，并周旋于一个又一个的制毒窝点，记录下了毒贩生产和交易毒品的现场……殊不知，记者暗访涉猎领域有禁区。尤其是陷阱采访，有些特殊犯罪领域是必须国家司法人员才能卧底设置陷阱的。如毒品买卖、武器交易、颠覆国家政权罪、盗取国家秘密情报等，不管记者是否掌握暗访对象犯罪线索，也不管记者的陷阱设置多么精巧，只要涉猎，就属于触法，严重的也有可能要承担刑事追诉的后果。

但现实是，确有一些记者胆子大得很，硬是挺身而出要去做"孤胆英雄"。如果将这些案例展开，将会占据巨大篇幅，我们只是把已经公开报道的暗访作品标题随手拈一串看看好了——

《调查隐秘枪支交易，交流全用隐语》《记者暗访"黑枪"基地1年缉枪竟能武装 1 个师》《媒体暗访：仿真枪交易隐秘猖獗为躲惩罚拆件卖》《朋友圈叫卖枪支地下窝点成"兵工厂"——一起特大网络贩枪案调查》《记者三天暗访斗智斗勇擒获"网上卖枪"嫌犯》……

《记者暗访广州毒品交易：饭店作幌子毒贩悄然散货》《广东陆丰记者暗访直击毒品卖淫交易》《南都记者暗访：东莞南联村街头毒品交易直击》《媒体调查网络毒品交易：不断换暗号用快递出货》《都市记者"潜伏"调查一个月，冒死揭开贩毒惊人真相》……

这些在任何一个搜索引擎中都能找到的报道内容，与其说是曝光要害犯罪黑幕，不如说是展示记者如何英勇无畏加机智大胆。其中惊心动魄的陷阱设置和取证过程，似乎每个都能拍出一集惊心动魄的电视剧。如果换作国家司法部门的眼光看，好多都是严重犯罪行为。因为法律从来没有授权记者可以替代警方刑侦和国家安全特工的职能，我们不能因为新闻报道目的的正当性，而将陷阱"挖"到国家的禁区里面去。

一、机会提供型陷阱取证

当记者已经掌握被暗访对象，有违法犯罪动机和曾经事实的相关线索时，可以通过隐匿记者身份化装其他角色，给对方再现违法犯罪行为一个机会，然后通过偷拍偷录或其他手法获取公开报道的事实证据。

譬如：央视记者前往东莞暗访黄流滚滚的新闻，视频上大家看到的是酒吧、宾馆、舞厅、洗头房、 KTV、路边店等，充斥着"性工作者"的主动引诱和招徕。记者上前询问价格和服务内容，马上就有经理或小姐肆无忌惮地展示卖淫嫖娼事实……

《扬子晚报》记者陈丹曾参与对江苏盐城、宜兴等地野生动物捕猎者的一次大型暗访行动——猎鹰行动，使用的就是机会提供型陷阱取证。"我在旅馆用餐时，故意向老板吹风：我们每天能销出上百只野生动物，这次来主要是想带些野生动物回去……见到捕猎头目时，记者又编了大套谎话才骗住了他。"正是记者这一系列对暗访对象的设陷，才取得了捕猎者的信任，使得

2014 年 2 月，央视记者到广东东莞市的 5 个镇暗访，发现多处卖淫嫖娼等违法行为。酒店经理表示，不怕警察，就怕是记者。

一桩野生动物交易逐步走向现实。在这一案例中，记者的目的在于促使捕猎者出现并摄录"现行"。这次铁证曝光了多起盗卖国家野生保护动物案，打掉了多个违法窝点，记者还受到了有关部门的表彰。（陈丹：《对隐性采访引发争议的思考》《理论界》，2005 年 10 月）

这两桩案例的前提，都是被暗访设陷的对象本身就有违法犯罪的动机和"已经事实"，记者的所有装扮和诱使，只不过给对方一种再现和继续的机会。记者只有拿到确凿事实，才能公开报道。如果对方并无违法犯罪的动机意愿，记者通过金钱、美色或其他诱惑"挖个坑"，致使受访对象以身试法大错铸成，这就突破了机会提供型的界限，使新闻走向了反面，属于媒体恶意。而另外一种毫无具体准确对象地实施机会提供型陷阱，属于"无的钓鱼"或"普遍撒网"，也可以划入恶意范畴。记者对毫无目的的群体设置陷阱，坐等猎物掉入坑内，这种机会，也属于诱使违法犯罪的一种。

"机会提供型"陷阱取证：是在被诱惑者已有实施侵权行为的故意心理下，仅仅只是为其提供实施侵权行为的机会。

记者暗访中正当使用的"机会"，专指时间性有利情况——记者给暗访对象提供某种场域、环境、氛围、时间契合点、有利可图的对象等，为其暴露实施违法犯罪事实、记者捕捉一手报道素材创造良好条件。

记者暗访提供这种陷阱机会之前，需要通过其他合法收集的手段，掌握暗访对象违法犯罪的牢靠线索，并在确认其他明访暗访手段都没有可能奏效获得的情况下，方可使用。简言之，就是确有必要、无奈之举。媒体方主观上没有犯意存在的余地，客观上也没有社会危害性才行。

2018 世界杯在俄罗斯开幕前，非洲加纳一名记者暗访揭穿多名裁判以及赛事官员的惊天腐败，就是通过机会陷阱取证法得手的。媒体已经获得了加纳体育界中有人接受贿赂的密报，但苦于没有掌握第一手铁证无法公开报道。于是派记者前往近身设陷，仅用 600 美元，就将一名本来会参与俄罗斯世界杯的裁判马尔瓦，"贿"入坑中。更加令人震惊的是在视频开头，是记者展示了在非洲足球有着第二影响力的官员，受贿现场把钱装进了塑料袋的场景。那个"边裁"还有音频证据："你知道的，感谢你的礼物，最重要的是友谊，彼此了解对方。"丑闻曝光后，国际足联迅速将马尔瓦除名。在 BBC 公布的另一段视频里，记者假扮的商人与加纳足协主席恩扬塔基在中东一家豪华酒店中会面，恩扬塔基把 65000 美元"购物经费"放到塑料袋中。令人感到讽刺的是，自恩扬塔基在加纳足协上台以来，一直把"反腐"当成自己的招牌。除了担任加纳足协主席外，他同时还是非足联的副主席，国际足联委员会成员之一。根据加纳国内媒体报道，加纳体育部部长（Isaac Asiama）表示，该国足协将"立刻解散"。北京时间 6 月 8 日凌晨，加纳政府发布公告，总统正式签署解散加纳足协的文件。此前，英国 BBC 记者暗访揭穿奥林匹克运动组织委员会内部的惊天腐败，也是通过机会陷阱取证法得手的。当时，BBC 记者假扮代表伦敦的商界人士，通过捐客和一些体育官员近身密谈。这个"伦敦大款"用数量不菲的出资额，诱使对方表达愿意交易的原话录音，具体就是在国际奥委会 124 名委员中有 30 多人的选票可以通过不同手段影响，其中一些需要用钱购买，对委员的公关费总共需要两三百万英镑。

This man stuffing cash into a plastic bag

This referee taking $600

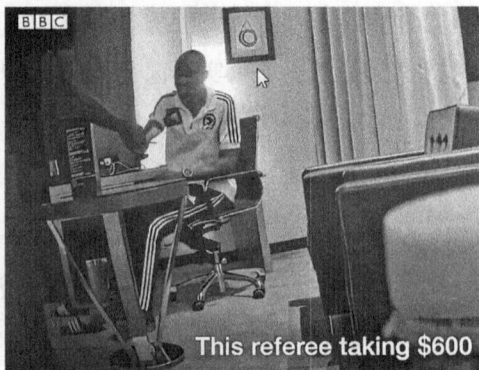

BBC 播放的加纳体育界官员和国际裁判，中招落入金钱贿赂陷阱的偷拍视频截屏。

　　BBC 挖的这个陷阱，不是无的放矢针对所有国际奥委会官员，而是"线报"中涉及的对象。而且，记者暗访前已经确认这个对象的"前科"及其所用中间环节过渡的掮客。再加上事前排除了其他所有采访手段能够获得证据的可能，因此，记者提供的机会合理合法，毫无诱使好人犯罪的动机，这才是超越国界也无可挑剔的正当暗访法。

　　无独有偶，英国第四频道电视台 2018 年 1 月播出了一档耗时 3 个月的调查报道节目"从脱欧中套现"，揭露了英国"内阁大臣们如何以脱欧顾问的身份向公司提供服务"，以获取自身利益的丑行。据报道，这 3 人 2017 年 10 月在伦敦梅费尔地区会见了自称是中国香港天岔国际咨询公司董事总经理、中国百万富翁代表的"刘菲（音译）"。 3 人同意为中国公司提供建议，指点有关脱欧后英国政策、监管和立法框架的调整事宜，并接受了后者的礼品及免费访问香港的行程。而事实上，"刘菲"并不是什么"中国富豪的代言人"，而是英国媒体安排的女记者。（《从脱欧中牟取暴利？英记者下套假扮中国富豪"钓鱼"三前高官》2018 年 1 月 22 日环球时报驻英国特约记者 孙微 环球时报记者 张骜报道）这也是记者暗访诱使报道对象"入套"的鲜活案例。

　　有句箴言：真理越过一步，就有可能走向谬误。记者的机会提供型陷阱取证"过限"问题，是摆在新闻从业人员面前的一道严峻考题。如果将机会提供演绎成恶意诱发，当然就属于不法，即使取得确凿证据也是会被法庭列入明确排除的范畴。这个问题，本书下一节会详细研究阐述。而机会提供表面形式的违法、实际效果的合法，则是另外一种特别危险的暗访操作。运用得好，可以使媒体报道大获成功。稍有闪失，可能将记者自己带入难以自拔的泥沼。

机会提供型陷阱取证怎么会"过限"呢？

一是"机会"设置太过广泛，并没有准确"陷入"的对象。在一些报道者看来，只要挖个坑，谁掉进去都是新闻。机会提供型陷阱取证报道，不时会看到这种事先没有确定的暗访对象，只是森林捕鸟一般，张网以待。结果写出来的报道，往往可能侵权。如果涉及犯罪内容，则记者可能成为诱发的始作俑者。有一家电视台男女两名记者，和一位家长事先谈妥，将他的孩子放在街头单独玩耍，然后两台摄像机隐藏拍摄，看会不会出现有人拐走的犯罪行为。结果还真的抓拍到一年轻妇女，假装孩子妈妈的同事来接她去下馆子吃好的……这个暗访，设陷的对象其实是街头熙熙攘攘的大众，谁跳谁倒霉。除了媒体曝光，还有司法部门的追究。可是，记者这种做法，已经属于诱使。机会提供型陷阱取证，只能明确针对特殊侵权主体，针对"这一个"或"这几个"，而不能是毫无目标不特定主体的"中招者"。所以，不说记者违法侵权甚至犯罪，至少是严重违反新闻职业道德的行为。

二是"机会"设置手段突破"法线"，记者本身操作就与法律格格不入。暗访前，媒体就应仔细推敲设置陷阱的方式方法，是否符合社会公平正义、一般道德、法纪规范。记者不得使用诸如高额利益引诱、施压、威逼、恐吓、胁迫等手段，让暗访对象"坠入陷阱"。山东一家网站记者，为了曝光校园黑心贷，就派记者打匿名电话给一家民营信贷公司。说是自己负责贷款客源，按照目前校园贷的"滚利"尺度收取利润二八分成。这家公司算账觉得利润空间特大，于是中招被纳入一群校园黑心贷曝光名单中。湖南一家报社记者，隐身到山区小煤矿去暗访。为了取证，吓唬那里的童工、叫他们在一个求救信上签名……所有这些，已经把暗访所能容忍的欺骗、谎言等，都演到了超越极限的程度。这是司法机关所不能允许的，暗访记者应该有非法之虞。

三是"机会"设置违反逻辑，"陷入"事实不能证实报道的二律背反结果。记者暗访所获取的事实证据，当然应该能够和媒体后来公开发表的报道主旨相吻合。你不能用某个城市的"娼盛"证明它的繁荣，你也不能偷拍到一个官员戴天价表，就说他是贪官，那表可能是他国外的亲戚或儿女买的。你不能拿到夜总会小姐和客人谈价的录音，就报道这里卖淫嫖娼亟须扫荡，警方执法还需要逮个现行呢。要不然，雷阳大案为啥闹出了那么大的舆论风潮。你更不能以安徽3个孩子喝了娃哈哈死亡，而确证宗庆后生产的产品有毒。北京青年报社开山社长崔恩卿就因这个报道，而悲壮离职（崔恩卿《我的心路》）。日本"毒饺子事件"曾经闹成国际风波，源头就是日本NHK电视台发现千叶、兵库两县3个家庭共有10人，吃了中国河北天洋食品加工厂生产的速冻饺子，先后出现呕吐、腹泻等中毒症状，其中一名5岁女孩还一度"丧失意识"。日媒坚称饺子里面有剧毒农药甲胺磷，于是多家记者暗访明访进口于中国的其他食品不断炒作，日本内阁官房长官町村信孝都发话了。中国国家质检总局闻讯，第一时间进入中日两边调查……结果，日本某县政府知事宣布，该县日前发生的毒饺子事件，根源在销售饺子的店内违规使用杀虫剂有关。这后一个案例更加说明，一桩事情的结果，有许多造成之因的可能。记者暗访陷阱里面抓到的是"果"，但一定不要随意推测其"因"。否则，也属于重要报道失实，有的可能要承担民事或刑事责任。

西南政法大学的一位研究学者蔡斐对机会提供型陷阱取证谨慎使用原则，进一步分解为四项基本原则，即合理怀疑原则、合法性原则、最为必要性原则和适当性原则。这有一定的参考实用价值。

二、恶意诱发型陷阱取证

陷阱取证的魅力，在于记者目睹被暗访对象"入坑"的完整过程，一经曝光因充满情节和细节而非常引人入胜，瞬间就会成为社会热议的焦点话题。但是，这种暗访手段，无论如何应该是记者无可奈何而出的下策，是在完全排除其他采访手段所能奏效的情况下，最后祭起的"撒手锏"。况且，这种方式暴露的危险较大，一旦被识别揭穿，报道计划泡汤还算其次，记者的人身安全就会遭到威胁。

但是，有些媒体有些记者设置操作陷阱成瘾一般，一年中可能有许多次，就像专业刑侦警察那样当作自己的职业来干。于是，恶意诱发的问题就会接踵而来。即使没有可靠的爆料线索，没有确定的"可陷"对象，他也会"制造"一个惊心动魄的故事出来。他的工作就是"挖坑"，里面还会放些令人眼馋的饵料，然后就是偷拍偷录中招栽下去的倒霉蛋——这就是恶意诱发性陷阱取证暗访报道的基本生产过程。

"恶意诱发型"陷阱取证：是在被诱惑者根本没有打算实施侵权行为的情况下，由于他人的引诱进而产生实施侵权行为的故意心理，从而最终实施侵权行为。

陷阱取证最早是刑事诉讼中的概念，是指在特殊的刑事案件的侦查中，侦查人员为了获取犯罪嫌疑人犯罪的证据或线索、抓获犯罪嫌疑人而采取诱使被侦查对象实施犯罪行为的一种特殊侦查手段或方法，是指采取诱惑他人犯罪的方式收集证据。记者的陷阱取证是从警方刑侦特殊手段中学习借鉴而来的。可是，暗访的记者知不知道，即使是刑侦警察，也必须在犯罪嫌疑人自己相对自由意志的支配下，实施危害社会的行为，其设陷取证才能够获得法律支持。否则，如果通过引诱使取证对象产生了犯意进而实施犯罪，检察机关就会追究实施引诱行为的侦查人员，而不是犯罪嫌疑人的法律责任。

国际上无论英美法系还是大陆法系，在两种陷阱取证中，律法都只承认或支持机会提供型陷阱取证一种。那么，如何区别它们两者之间的界限特征呢？

首先，要看被陷对象在实施违法犯罪前是否存在相关动机。存在，就是机会提供型。不存在，就是恶意诱发型。西方的犯罪学家根据犯罪动机的性质，把犯罪动机分为财欲、性欲和攻击欲三大类。中国的刑法学者主张将犯罪动机分为以下 11 类：政治动机、财物动机、性动机、报复动机、自尊动机、友情动机、妒忌动机、戏谑动机、恐惧动机、好奇动机等。（《犯罪心理学教程》读秀学术 2015 年 1 月）这种动机有无的判断，一般是以拟暗访对象曾经的言行、特别是已有事实的记者在设陷前，无论如何要对此作出清晰判断，万不能"主题先行"，以主观意志或捕获成果驱动，来设计实施陷阱计划。

其次，要看被陷对象的违法犯罪与记者的诱发行为之间是否存在必然的因果关系。也即被陷对象即使没有记者设置条件诱发，他的违法犯罪行为也会发生，记者的陷阱只不过是为其暴露并有效取证而采取的一种职业技术行为——这种因果逻辑关系链就成立了，属于机会提供型。否则，就是恶意诱发型陷阱取证。如果仅仅获知被陷对象确实存在侵权的动机和故意，而无实施的必然事实，也是不行的。

第三，要看被陷对象的违法犯罪行为是偶发的仅此一次还是必发的持续行为。记者设陷之前，需要分析拟暗访对象是否反复实施过同类或相关的违法犯罪行为。如果被陷者本身确已存在侵权的故意，而并非仅此次被记者引诱实施违法犯罪，这种类型属于可以"下套"的机会提供型，否则就是恶意诱发型陷阱取证。

以上三条，绝大多数情况下都必须同时具备，缺一不可。

在新闻界，确实存在如年轻美女记者化装成风骚夜莺引诱嫖客，在夜色中设置陷阱偷拍偷录，甚至抓到"大鱼"——名人明星、政府公务人员等。这种暗访报道抛出以后，通常都很抢眼，还会引来舆论大哗。但其诱发违法犯罪的做法，无疑属于"恶意"，可能导致被侵权人诉讼或司法机关追究的结果。

英国老牌报纸《泰晤士报》的一名记者， 2002 年 3 月假扮一名身家不菲的银行家。他以 40 万英镑为诱饵，与著名的牛津大学所辖的 4 所学院联系，以录取自己的儿子去学法律专业为交换条件。果然其中一个学院允诺在对方保守秘密的情况下满足其愿望。《泰晤士报》抓住这个丑闻大做文章，报道如期引发广泛关注，英国朝野一片哗然。连这种世界数一数二的名牌大学，都存在金钱交换的腐败啊！但在新闻界，这次陷阱取证被大家列入恶意诱发之列。记者设陷之前，并未掌握牛津大学相关腐败的动机证据，他是对4所学院漫无目的普遍撒网的。他也没有在暗访前，掌握牛津大学这4家被陷对象已有的腐败事实。他更不能确证被下套陷入者，属于"这一次"偶发，还是"复次"惯犯。

曾经引发社会轰动和新闻业界热烈讨论的《南方都市报》记者卧底高考事件，抛开是否"记者干了警察的活儿"不谈，我们对照三条区分标准可以看到，它并非恶意诱发型陷阱取证，因此属于正当职业行为。

南都记者早在半年多前就已获得"线报"，得知一个高考"枪手"组织涉嫌犯罪。"2014年11月，南都记者与一名高考'枪手'组织成员接头，并通过网络、电话等方式长期保持联系，但一直因种种原因未能见面。其间，'枪手'提出发展记者为其'下线'，参加2015年高考。为调查这个团伙的运作情况，南都记者同意，并提供了一张本人真实照片和虚假身份信息（包括姓名、籍贯、年龄、学历和专业等），成为其'下线'。此后，双方就以'上下线'关系联络。"这表明，记者设陷前卧底了解陷阱对象的犯罪动机，花了很大功夫。

"在卧底过程中，南都记者获得了该组织给一名'枪手'发放的高考'身份证'和'准考证'，此'枪手'曾发展多名下线。""据一名'枪手'组织成员最初介绍，'替考组织声称可以凭空造一个不存在的人的完整信息，包括学籍、身份证、准考证等'。""这名成员的'上线'还告诉他，等将考分卖出后，买家就可偷梁换柱——把'枪手'对应的考生照片替换，买家直接用这个考生的名字上大学，并由此更名改姓。""使用李某某身份证参加本次高考的'枪手'就表示，自己从大一就开始替考，如今大四已是第四次参加。家庭环境并不宽裕的他，据称三年来已挣到十万余元，同时还发展了不少'下线'。"这表明记者在设陷之前，掌握了暗访对象的犯罪事实，过往证据确凿。

"这名'枪手'表示，起初他被'上线'找到，是因为对方误以为他很缺钱。他答应后一度反悔，结果遭到恐吓——'你不能说不去就不去啊，提交

左：替考组织者给枪手准备的名为李士雨的准考证　　右：晚上 10 时，替考生一行十多人到达南昌火车站

了资料之后，已经在制作身份证、准考证了，整个链条的成本极大，临时退出你赔不起！'"这表明，犯罪嫌疑人的作为与记者的诱发存在必然的因果关系。即使记者没有介入这场替考，他们的违法犯罪行为也会发生，记者的陷阱取证为其暴露提供了机会。

综上所述，尽管这次记者暗访众说纷纭，但南都记者的陷阱暗访产生的社会效果与媒体报道动机，受到了全社会包括司法机关的正面肯定。在南都当年度新闻报道大奖颁奖会上，一位编辑深有体会地说："心有猛虎，细嗅蔷薇"（《记者卧底曝光高考替考获南都年度新闻报道大奖》南方都市报 2016 年 5 月 14 日）——这大概就是他们的轰动报道，屡屡获得整个中国关注的秘诀吧！

恶意诱发型陷阱取证，违反了陷阱取证必须因势利导、投其所好的基本前提，很多情况下与助推违法犯罪、教唆违法犯罪、制造违法犯罪等陷人入罪无异。媒体采取这种方式获得惊天一爆的新闻，存在着极高的"触电"风险，其具体可以表述为——

（1）增加社会犯罪率。恶意诱发是在被诱人并不存在作恶动机意愿，或即使有这样的心理因素，但并不敢实施具体想法的条件下，硬是被记者诱发导致的后果。这当然给本已繁重的社会治理和司法打击，人为增加沉重负担。

（2）侵犯公民合法权益。恶意诱发对并未实施侵权行为的公民而言，是一种对其宪法保障的人格权的公然侵犯。它包括隐私权、姓名权、名誉权等。新闻媒体对真人真事进行报道、评论、传播时，负有客观真实还原事实而非人为操弄的责任。因记者恶意设陷而影响公民原有的社会评价的，必须承担民事诉讼败诉的责任。

（3）破坏社会信用体系。恶意诱发中的欺诈、谎言、中伤，必然破坏和降低了媒体记者的社会公信力。而媒体与记者作为舆论的窗口和社会的公器，其报道的导向意义和作用非常明显。一旦操作失算，"这一次"所产生的广泛深远的社会示范效应和影响力，将很难弥补。

（4）导致记者可能"自陷"。恶意诱发实施的对象，不是违法就是犯罪。由于记者不是职业司法人员，法律界限辨识和取证手段使用，均无法和警方及特工相较。一旦在设陷取证过程中超越警戒，或者经不住金钱、美女、情感、名誉之诱惑，就有可能自落陷阱而出师未捷身先死。"卧底彻查型"一节中所举那名记者，正是在妻子贩毒案中设置陷阱取证时，不知不觉混为同党而成为犯罪嫌疑人的。

记者暗访使用恶意诱发型取证造成严重后果的，就要承担民事或刑事责任。关于民事侵权责任，前文第二条已经简述。刑事责任就是涉嫌犯罪。《中华人民共和国刑法》第二十九条规定：教唆他人犯罪的，应当按照他在共同犯罪中所起的作用处罚。教唆不满十八周岁的人犯罪的，应当从重处罚。虽然记者暗访并无与落陷者共同的犯罪故意，但其造成清白无辜公民或并不敢实施犯罪行为者违法犯罪，且产生恶果，这已构成了刑法中教唆犯罪的全部要件。直接操作的记者，应当被以此罪名而追诉。媒体参与策划指挥的相关领导，则可能承担滥用职权罪。

三、设陷原则、适症对象及限度

记者暗访不可滥用，暗访中的陷阱取证更不可滥用。出于保护公民合法权益，保护社会公平正义，也同时保护媒体和记者合法安全履职考虑，必须规定陷阱取证的使用原则和适症对象及限度。

如果说记者暗访是所有新闻采访手段中，不得已而为之的一种无奈抉择，那么，陷阱取证，更是记者暗访手段中不得已的一种最后抉择。设置陷阱无论如何充满欺骗、谎言、诱发的色彩，在司法上很容易滑向违法犯罪的边缘。即使记者小心谨慎操作，有时也会因复杂的现场突变或其他因素，而导致猝不及防的问题产生。因此，陷阱取证的基本原则是慎用、少用或有替代方案的坚决不用，合法必要的才可使用。

慎用——要求记者和他所供职的媒体，要对使用陷阱取证有谨慎的谋划与权衡。它不像其他采访那样，只有好坏和成败之别，陷阱取证还关乎记者生命安全和法律高压线边缘的操作，媒体也会因陷阱取证报道而成为全社会关注与议论的焦点。稍有闪失，后果不堪设想。

我们从南都记者设陷暗访江西高考舞弊案的公开报道可以看出，这家报社和执行记者的谨慎程度，非同一般。

首先，实施这项暗访计划准备了半年多。2015年6月7日的公开报道，从2014年11月记者加入这个替考组织团伙就开始谋划了。在这么长时间里，该报没有下手也没有报警，为的是捕获第一手证据。但这个地下组织相当警惕，一直没有让他见面，只有一"上线"单线联系。直到开考前一天，记者才见到真人并拿到《高考准考证》。如果这一刻报道或报警，都只拥有对方犯罪动机而缺乏犯罪事实。于是，按计划不得已实施机会提供型陷阱取证。

其次，在整个执行陷阱取证的过程中，前方记者"他不是一个人在战斗"。南都编辑部安排了摄影记者尾随跟摄（有替考生10多人到达南昌火车站、乘坐的士的照片，有入住南昌市青云谱区的海军招待所的远拍，有海军招待所附近的高考考点洪都中学的外景，有替考生前往洪都中学看考场的图像实录、有开考当天上午 8 时 18 分，替考者混在人群中走进南昌十中考场的偷拍）。除此之外，报社还派出一组记者，前往被替考的李士雨户籍地所在的山东巨野县田庄镇丁官屯行政村南隅村，调查他的家庭背景和身份证真伪。

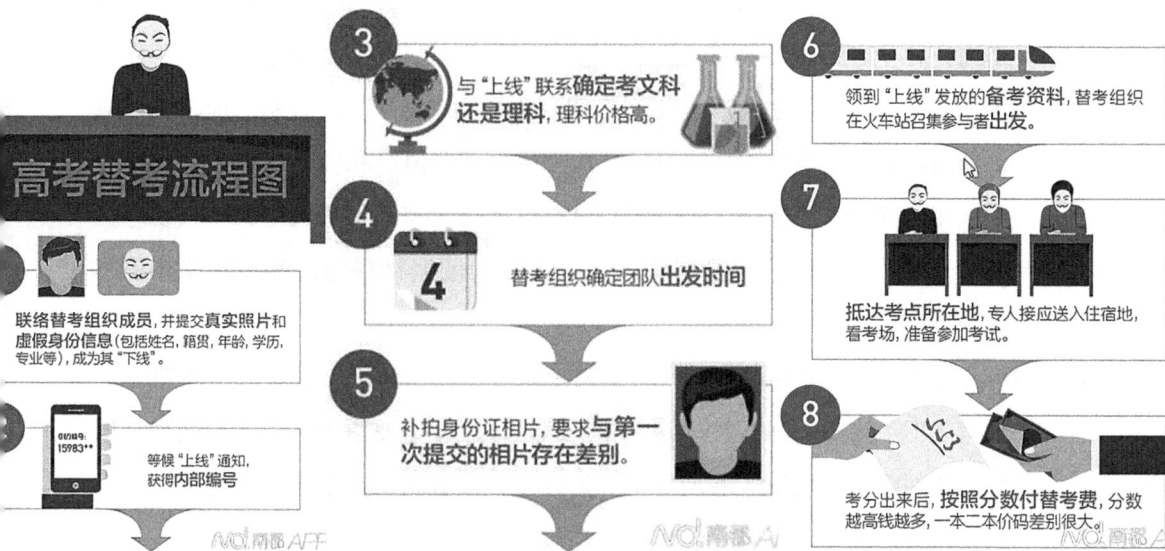

高考替考流程图

联络替考组织成员，并提交真实照片和虚假身份信息（包括姓名，籍贯，年龄，学历，专业等），成为其"下线"。

等候"上线"通知，获得内部编号

3 与"上线"联系确定考文科还是理科，理科价格高。

4 替考组织确定团队出发时间

5 补拍身份证相片，要求与第一次提交的相片存在差别。

6 领到"上线"发放的备考资料，替考组织在火车站召集参与者出发。

7 抵达考点所在地，专人接应送入住宿地，看考场，准备参加考试。

8 考分出来后，按照分数付替考费，分数越高钱越多，一本二本价码差别很大。

采写/摄影：南都卧底调查组发自湖北、江西、山东。

再次，为了不打草惊蛇但又必须照顾新闻时效性，在前方记者隐身考场设置陷阱取证的同时，报社专门安排后方编辑部中写手，综合各方面发回的重要信息，立即组稿。显然，这种机会提供型陷阱取证报道，如果等考场记者出来再写，不但容易放跑了涉嫌犯罪人，给警方事后破案带来困难，而且也会失去新闻报道的"正在进行时"之鲜活性。报社为了让受众在复杂案情前一目了然，还组织视觉美编，根据即将推出的战役报道，制作了 8 幅高考替考流程图（上图：2015 年 06 月 07 日 11：16 南方都市报）。所以，我们看到的那篇精彩报道的署名是南都卧底调查组。从这个典型案例来看，陷阱取证如果违反谨慎原则，其中哪怕一环不慎，就有可能满盘皆输，甚至可能导致前方记者的生命财产安全遭遇危险。至少会导致报道出现证据不足或证据漏洞，而引发新闻官司。

少用或有替代方案的坚决不用——陷阱取证属于真正的双刃剑，对涉嫌违法犯罪的当事人能够起到准确抓获现场证据的作用，但对新闻媒体也会产生欺骗、狡诈、谎言等负面社会形象的影响。媒体如果高频率使用，一方面会使受众产生"接受疲劳"，感觉这种东西过于普遍而丧失新闻价值的应有冲击力。另一方面，陷阱取证在法律风险前反复"走钢丝"，必然可能失手误伤无辜或把记者推上被告席。这就是"刀用多了就会钝"的普遍道理。我们应该把陷阱取证这种特殊采访报道方法，留给那些值得和应当使用的特殊报道中。在研究案情部署采访的时候，可以考虑有没有其他替代方案？只要存在哪怕一种其他采访手段能够获得大致相等的证据材料时，就果断放弃陷阱取证。

合法必要的才可使用——法无禁止则可行，这是广义合法的基本概念。只有触犯了法律的强行性规定，才是违法，才是需要承担责任的。法官在刑事案件判断中，均以"罪刑法定"为标准。记者的采访报道，客观上充当着舆论代言人的角色，必须防止权力的滥用，严禁侵犯公民的合法权益。我们应该自觉遵照法律的划定，在安全区域内履职。具体到记者暗访的陷阱取证，上等追求是完全符合法律，表现为对规范中指引的行为模式的遵守，且对社会有益。下一等追求是至少在法律框架内运行且对社会无害，是国家允许的行为，不违反相对应应该承担的义务和责任。

仍以南都记者设陷取证高考替考犯罪为例，这次机会提供型陷阱取证不属于刑法中列入的犯罪行为，《中华人民共和国刑事诉讼法》中完全找不到高考替考及其相近相似的罪名，其他法律也没有对其行为进行规制与约束。专家已经研究考证过此案，在相关法规中，卧底记者确实做了教育部门已出台法规中禁止的事情，属于违法违规行为。但是从客观上讲，记者卧底取证是为了监督、揭发报道替考这一现象的。因此从本质上分析，其替考属于合法。在司法实践中，之前那么多轰动一时的记者暗访，都没有进行司法追究，也可以看出中国的刑事政策倾向于认同此类记者卧底调查。

记者暗访说置陷阱取证，有没有相应的适症对象呢？有的，并非任何阴暗负面的报道素材，都适用这种方法。

一是证据必须当场获取，间接方式取证则可能无效或灭失。记者采访方式纷繁复杂，涉及违法犯罪报道内容的取证，也有通过司法机关出示或受害人陈述与提供的渠道而获得。但有一种证据并无现成办案案卷，或者被害人单方面陈述不足以成为法定证据。在这样的情况下，需要记者与加害方求证。许多违法犯罪只要暴露这种意图，就有可能造成相关证据的毁灭。印度"泰赫尔卡"网站记者陷阱取证正在执政的印度人民党主席拉克斯曼、平等党主席贾娅·贾伊特和几名印度军方高级将领、国防部官员。记者假扮成一掷千金的军火商，对这些大佬进行贿赂。结果全部中招，2001年3月13日公之于众的偷拍偷录4个小时的录像带，证明了这些人统统犯罪，警方立即实施抓捕。可以想象，如果记者不是采用这种陷阱取证的方法，这些表面上的正人君子，是不可能暴露出其严重腐败的本相的。即使记者获得了其他军火商的揭发旁证，也会被这些掌握国家核心权力的官员予以否认或灭失。

法界认为，证据是以法律规定的形式表现出来的能够证明案件真实情况的一切事实，记者新闻报道也需要捕获当事人真实情况的一切事实。但可以证明这两种事实有效的最好材料，是第一手证据而非间接证据。并且，许多非记者耳闻目睹并可为司法机关直接感触的证据，很有可能因缺乏证明力而无效。

二是证据对应人恶意隐瞒，记者用其他采访方式近身则可能因暴露而逃逸。记者采访对象大多数人尽管犯错甚至犯罪，仍然行不更名坐不改姓。报道的事实能否形成法定证据，具有可复查性。但有一种报道对象，因其犯罪对社会危害性较广或较大，而且其本身处于隐匿游动状态，他们的作案手段和产生恶果的隐瞒程度是很深的。记者一旦公开身份采访或用其他方式接近，这种人立即就会作鸟兽散，犹如交通案件的肇事者见记者警察而闻风逃逸。《羊城晚报》记者赵世龙当年的成名作"湖南嘉禾高考舞弊案"暗访陷阱取证，就属于这种情形。

三是证据能为法律所采信，可以坐实被暗访入陷对象的违法犯罪事实。

记者一般采访中所获得的证据包括：物证、证人证言、视听资料、鉴定结论、司法机关的询问勘验笔录、被告人供述与辩解等。但在所有这些证据中，因其案情不同，警方检察机关办案及其法院庭审所能采信的内容，则可能是有限的。比如证人证言，只要无正当原因拒绝出庭的，就是无效证据。记者的采访笔记，也因单方面录入无对应人签字认可，也属于无效证据。视听资料因其通过非法手段所获得，也不被法律所接受。还有其他很多非法证据……在这种情况下，记者公开报道面临事实证据缺乏法律采信支撑的危险，于是，遇有此类报道对象、报道素材，记者只能冒着危险实施暗访中的陷阱取证。

陷阱取证的界宽有限而非无限，没有一部法律或一个法律条款，授予记者任意设陷取证权。我们仅仅是为有违法犯罪动机且存在相关违法犯罪事实前科的人，提供某种实施的机会，让他们自我表现自我暴露，以便记者当场取得鲜活证据。但是，这种取证一定要控制限度，记者应知道哪些可为哪些不可为。

首先，干预、策划、推动、协助嫌疑人犯罪的都不可为。有时候记者坠入陷阱取证沉醉如刑侦警察卧底，有人还会为报道出彩惊心动魄而"不嫌事大"，在陷阱中也参与犯罪，以为记者职业神圣目的光明，最后总会得到法律豁免。这就是明显的取证超限。

还有，发现违法犯罪动机，即刻设置陷阱，没有条件创造条件也要让暗访对象以身试法，给记者提供一场波澜曲折的犯罪大戏来——这也是超限取证。因为法律并没有思想罪条款，只有犯罪动机不能作为司法惩治的依据。只要他没有作案行为和所导致的作案后果，司法机关也不能对之采取强制措施及至入罪判刑等。新闻记者发现其作案动机，除了相机规劝或者不点名报道警示外，完全不可设陷助推。换句话说，暗访的陷阱取证如果针对这种人，就已经属于恶意诱发型了。加上记者从中扮演一个角色，基本上就属共同犯罪，某种程度上可能还要比入陷对象的罪行更重。

再一个，当记者发现陷阱取证所获证明力薄弱时，不允许为了采访成功、报道影响大而放宽涉嫌对象的涉及面，否则，就属于超限。任何一种将非违法犯罪人拉入陷阱参与"演出"的行为，都涉嫌教唆犯罪。在此情况下，记者唯有通过其他渠道其他方式寻找"补强证据"（法律上为保护公民权利，防止案件事实的误认，对证明力不足的证据，要求有其他证据予以证实才可以作为定案根据）才算是正途。况且，陷阱取证也不可能一次性获得所有报道素材。通过多维管道多种方式取证，往往对涉陷证据还具有相互映衬相互比照的逻辑关联证实作用。

第七章

偷录偷拍的内外屏障突破

　　偷拍偷录是记者暗访取证的最主要手段。从具体操作环节上讲，采取这种特殊方式采访获得新闻报道素材，不像其他常规采访那样，由记者自己做主实施就行。暗访要过五关斩六将——内外都有可能出现意想不到的屏障。

　　有时候，身处前方的记者发现重要报道线索苦于很难通过显性采访获取报道素材，就会想以暗访偷拍偷录取证。但任何一种媒体任何一家新闻单位，记者暗访都属于重点报道，都需要向上报告获得批准。有过若干年记者经历的人，无不体察过自己的报道选题被"枪毙"的痛苦。所以，从内部看，如何以充足的理由说服周旋领导，免得他说"No"，这就是需要突破的第一道屏障。

　　经媒体批准实施暗访计划，记者在与暗访对象接触交往过程中，会遇到任何一本教科书都难以涵盖想象的困难。有些惊险情节，恰如电影电视剧一样惊心动魄。记者暗访不是简单的交际艺术，他还需要偷拍偷录取证，其难度往往与警方侦探或间谍特工相差无几。因此，如何近身、如何交往、如何掩饰、如何张网、如何引诱、如何摄录等，专业性特别强，非一般采访方式所能替代使用。这就是需要突破的第二道屏障。

　　在实施操作偷拍偷录的过程中，记者既需要取材，也需要安全。可现场状况常常遇到意想不到的突发和特别情况，不但使记者"偷不成"甚至可能连录音录像设备（尽管已经小型微型）也无法安放。而拿不到暗访证据，记者的全部努力基本就算失败了。如何解决"偷不成"所遇到的复杂问题，这就是需要突破的第三道屏障。

天涯头条发表了一位刚刚辞职的李姓暗访记者依依不舍的告别辞，很理想也很悲壮。后面好多记者跟帖，其中一位这样写道：

好兄弟，抱抱！

我以前也是暗访记者，做了十年了，吃尽了别人无法理解的苦。

不是被逼迫到这一步，谁愿意做暗访记者，其中的辛酸只有我们自己知道。

十年暗访记者，带给我们什么？只有心中的惊惧和身上的伤痕，这种惊惧和伤痕要陪伴终生。

当初不害怕暗访，不害怕写稿，最害怕的是写成的稿子不能见报，不能见报就没有稿分，没有稿分就没有工资。

冒着生命危险做暗访，稿件还很难见报，拿不到一个红包，工资还比跑口记者少，这种不公平月月都有。

天天忙得像小姐，累得像牛马，吃过早点后，吃午饭就到了晚上，梦里常常被人追杀，现在带来一身病，买不起房，买不起车，看不起病，养不起家，这就是我们的生活。

兄弟，告别暗访记者，就好好休养一段时间，再重新开始生活。

我们吃这行饭的人，从中可以读出本章要分析阐述的媒体内外三大屏障突破的艰难不易。

闻道有先后，术业有专攻。这一章，我们要从许多老记者成功的和失败的暗访实践中，来学习一些干偷拍偷录暗访比较专业的知识和技术，尤其是遇到各种困境如何突破的艺术。不会、不学、知之甚少，就有可能在重要暗访报道中惨败而归，乃至造成记者人身伤害事件的教训也有很多。

在大学新闻传播学院、在新闻媒体内部，一般新闻采访与写作是有教程或讲解的。但关于记者偷录偷拍的内外屏障突破的学问，既没有老师讲，也没有专门的课程可学，完全靠自己实践中的悟性积累。许多年轻记者碰得头破血流，才慢慢成熟起来。

我们可以列举很多记者暗访所遭遇挨打受伤、被非法拘禁、公私财产严重损失等不测事件，但发生在浙江台州的这起事件尤为特别与典型——

台州晚报记者跟随市纪委和市机关效能监察投诉中心暗访，调查取证群众反映强烈的椒江非机动车管理所乱收费现象。报道见报后，椒江交警大队长李小国带警察到报社撕扯拳打脚踢该报副总编吴湘湖。双方纠缠起来后，李小国用步话机调集几十个正在执勤的警察离岗，赶到台州晚报集合闹事，强行将吴湘湖从4楼架到大院警车上欲带走……肝癌晚期坚持工作的副总编吴湘湖大小便失禁，晕厥过去。人们把他紧急送往医院抢救。几个月后，吴在惊恐中死亡。这起事件，不但引起全中国新闻界同行愤怒，而且，其他国家主流媒体也纷纷发表报道，惊呼中国新闻记者同行的不幸遭遇。

台州晚报副总编吴湘湖生前照片

这是大批警察架走报社副总编的现场抓拍。此片刊登在《南方都市报》上，后获中国新闻奖。

此案告诉我们，记者暗访要冒风险，媒体发表暗访报道也有风险。因此，很多记者只是从现场偷拍偷录艰难的出发点，来埋怨媒体发表的磕磕碰碰，是不理性的。殊不知，媒体领导不但要对手下的记者安全负责，也要对暗访报道发表后的社会影响效果负责。一旦出现如台州晚报这样被冲击的严重事件以及上级领导追查批斥，他们都要上前"顶缸"承担责任。因此，暗访计划在媒体内部遭遇屏障的情况，也就可以理解了。我们的任务是如何说服打消领导的顾虑，把自己暗访报道选题的重要性阐释清楚，让你所供职的媒体感觉即使有风险，也值！当然，记者由于所处层次高度以及当事人的原因，无法感知总编辑、部主任等的宏观视野、战略高度、采编经验。通过恰当的汇报沟通，可以请他们帮你完善暗访计划、纠偏其中的问题、解决安全保障等。记者最大的本事不是会写文章，而是交流交往。暗访中的随机应变是交往，在媒体内部的沟通也是交往。我们不能"内战内行、外战外行"，也不能"内战外行、外战内行"。

再一个是暗访中可能遭遇的阻挠、暴力、拘禁、考验、暴露、毁证、逃生、示警等各种问题的紧急应对，真的是"沙盘推演"事先难以完全料算得到的。个中的知识学问和处置方法，需要学习学习再学习。即使"老记"，也不能自恃曾经有过的那些经历而"倚老卖老"。在许多悲剧性结局的暗访案例中，品尝苦果的正是有些经验的"老记"。道上言：打死会拳的，淹死会泳的。 2007 年 6 月 27 日，《中国贸易报》山西记者站聘用"记者"兰成长被黑煤矿主活活打死。死前的他"曾经在多家中央级媒体驻山西记者站做过记者，还曾经在山西某报的'舆论监督部'做过记者。但这样一个'资深记者'……"（《兰成长案折射记者站管理问题》范玉吉 2007 年 6 月运城学院报第 25 卷第 3 期）这类问题不解决，不但会毁掉记者暗访本身，还有可能招致人身伤害的惨痛结果。因此，我们说记者突破暗访屏障，最重要的是突破自己暗访知识贫乏、取证手段老化、隐身方法单调、应对措施不力等一系列自我障碍，才能胜任媒体赋予的重任。

一、不批准之说服艺术

说服领导是一门艺术——在新闻媒体内部，太多记者有这样的心得体会。他们在外获取如麻的新闻线索，从中梳理极其难得的"大鱼"。可好端端的一个报道选题，向主任总编汇报时，却被硬生生枪毙了。尤其是暗访报道的选题，一般都事涉重大、能够引发广泛社会反响甚至是"惊天一爆"。为了获得这样的线索，记者在外可能已经花费相当精力，苦苦寻找"线人"，初查新闻轮廓，了解对手背景，可能还和受害者有过初步接触。但领导硬是不批准暗访和报道。记者此刻心中的难受和痛苦，非新闻职业中人很难体会得到。

是记者汇报的材料不充足吗？有时候是有时候也不是。

是记者汇报的情况不清晰吗？有时候是有时候也不是。

是记者汇报的选题不值得这么采访吗？有时候是有时候也不是。

是记者汇报的暗访对象碰不得吗？有时候是有时候也不是。

是记者汇报的背景太复杂吗？有时候是有时候也不是。

是记者汇报的安全措施不周全吗？有时候是有时候也不是。

是记者汇报的取证手段会违法吗？有时候是有时候也不是。

是记者汇报的内容不适合公开报道吗？有时候是有时候也不是。

……

看清了吧？媒体领导在批准记者进行隐身采访之前，要考虑的因素就是这么多。这并非过于谨慎，更不是为难记者。因为暗访在任何媒体都是一种重要采访报道行为，除了涉及记者的人身安全风险，还涉及媒体本身的安全风险。当然，这两种风险的内涵是不同层面和不同意义的。做一名社会责任感强烈的记者，向上汇报自己的暗访选题和计划，也要考虑这么多因素，缺一不可，一条不过关都有可能被"屏障"挡回。而新闻纪律严格规定，记者如果做暗访前不汇报，未经批准就行动，属于严重违纪行为。不管你是否"钓到了大鱼还是小鱼"，都不能免责。

材料、情况、选题、对象、背景、安全、手段、内容这些暗访前要向上汇报的东西，恰恰就是记者实施暗访计划前，首先需考虑的最核心的元素。具备了这些，暗访就不会遭遇上级屏障。

但却有一些新闻理想中烧、急于建功立业的年轻记者，烦不了那么多，发现一个负面报道由头，或者偶然接触到一桩恶性事件的边缘，便会涌起"隐进去"看个究竟、查个彻底的冲动。他要勇敢揭黑，他要为民除害，他要把隐藏在舆论视野盲区的阴暗照射清楚，甚至想把腐败背后的黑幕翻个底朝天……我们的"老记"也可以在这种精神可嘉的牛猛面前，找到自己年轻时的身影。但记者在把自己生死置之度外时，请别忘了为媒体安全也想一想。作为媒体领导，这两条都是须臾不能出错失手的重大问题。稍有闪失，自己乌纱帽难保事小，媒体损失事大。

2018 年 7 月爆发的疫苗事件，立即让国人想起 8 年前因签发著名记者王克勤的暗访揭黑报道《山西疫苗乱象》，中国经济时报总编辑包月阳被免职之事。当时，记者王克勤向包总汇报这个深度调查报道选题，并申请去山西当地深入暗访取证之时，也是准备了充足的理由，打消上级疑虑取得报社支持的——

王克勤披露："我提交了《选题报告》，最早是 2009 年 9 月 1 日起草的，9 月 2 日提交的，9 月 4 日通过了。"（《"潜伏"半年写下山西疫苗乱象》2010 年 3 月 20 日武汉晚报综合消息）这显示，记者为了过领导这层关、也为了取得报社的大力支持，十分慎重地以书面形式进行了详细汇报。中国经济时报非常谨慎，除了总编包月阳反复推敲审核，还经过领导层相关研究才做出允许王克勤调查（含大量暗访）取证的申请。

那么，记者王克勤在实施这个重大采访报道计划之前，到底有什么"底气"可以打动媒体领导而准予他展开全面调查的呢？以下根据武汉晚报记者采访王克勤的报道《"潜伏"半年写下山西疫苗乱象》和其他公开材料，还原那篇深度调查发表前的准备工作，并进行逐个分析——

材料："8 月份我就接到陈涛安的投诉。陈涛安是通过山西一个媒体朋友跟我接上头的，他先是给我介绍了一些情况，后来我对他发来的很多资料进行了研究……""陈涛安提供的情况是跟疫苗有关，他是个专业人士，我跟他打交道的感觉，他是不会胡说的。

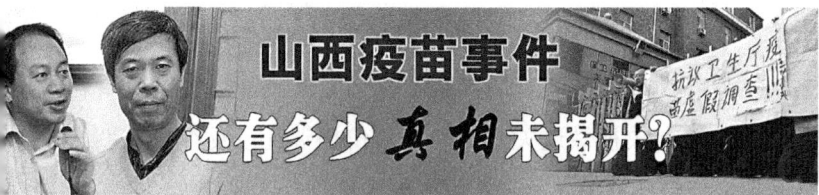

王克勤调查报道引发全国舆论强烈关注，网络热议如潮。图片中左为王克勤，右为实名公开举报人陈涛安。慧聪制药工业网专题图片人

情况："主要是发现有大量的人发现有怪病，这非常恐怖，而且有大量的孩子。"北京华卫公司是连经营疫苗资格都没有的皮包公司，居然经营攸关山西3500万人生命保障问题的疫苗达1年零10个月，这不可思议！

选题："孩子的生命是最宝贵的，每一个孩子的生命都至关重要。孩子的生命是容不得儿戏的，我高度重视这个选题，这个选题要比经济类的选题重要得多，什么事情都没有生命更重要。""我觉得这是一个重大选题"。

背景："山西省在2009年期间，官方的一些文件，他们实际上已经承认了叫做高温疫苗，高温疫苗是因为贴标签，而山西官方是承认标签疫苗的，这就意味着承认了高温疫苗，也就是高温曝光疫苗。"

手段："山西疫苗这个问题，在山西乃至在全国是很敏感的问题，采访期间由于安全问题，不能暴露身份，二要完成取证可采访。严格地讲，怎么能够有效地把身份把握好，而后在山西能够进行潜伏式的采访，我在山西时间跨度大概是半年，基本上都是潜伏式的采访。合适的时候是以记者身份出现的，但我轻易不会过多暴露我的身份，我尽力隐蔽我的身份。""陈涛安的大力帮助，很多资料是他汇总记录下来的。我们找到这些人，再通过这些人一带二、二带三这样带出来很多的患儿家长和患儿案例，实际上我算是对山西全省进行了地毯式的扫描吧，因为我们不是政府机关，没有任何特殊的权力，只能悄悄找。"

安全："此次更大的风险就是辛苦，实际上是搜索过程，这个搜索就是潜伏式搜索。"王克勤没有就此作更多说明，但他曾经的暗访经历极其丰富，面对过的危急场面惊心动魄，那么艰难曲折的危险都能从容应对，报社对此充满信任。

佐证：山西疫苗乱象不可否认地真实存在，王克勤掌握的两个重要材料可以证明：一是2007年12月3日中国青年报刘万永记者发表了《一家小公司是怎样垄断山西疫苗市场的》，时隔3年，山西没有给全国人民一个"是否"的解释。（《评中国经济时报之山西疫苗案的报道策划》黄艳兰《科技传播2010年9月下》）二是2008年央视做过关于山西疫苗价格混乱以及存在过期疫苗的节目。这个节目最后没能播出。（《王克勤调查报道的模式分析》黄澄

黑龙江大学新闻传播学院 2015 年 4 月 15 日毕业论文）

时任中国经济时报总编包月阳对王克勤的书面《选题报告》认真仔细研究，并与其他领导反复分析推敲。在确认各方面都周全放心之后，立即批准作出决策安排。此前，王克勤在这家报社已经做过大量暗访调查报道，其中有：《兰州证券黑市狂洗"股民"》《透过土地交易黑幕》《北京出租车业垄断黑幕》《山西"煤毒"》《北京上演四合院保卫战》《野蛮拆迁、暴力拆迁案例调查》《北京十家医院看病记》《河北"定州村民被袭事件"调查》《河北邢台艾滋病真相调查》《山西煤窑真相调查》《四川龙门山校园悲歌》《四川地震灾区的"王海清现象"》《四川绵竹中行大楼"5.12"垮塌真相》《粉粉砖惊现绵阳灾区》等，几乎每一篇影响力都很大，但包月阳为了这些"没少挨上级领导的批评，也没少做过检查"。这次，包总"意识到事情的严重后果，当时报社总部就有人劝他，'别签这篇，签了肯定要出事儿！'"他只沉静地回答："不签对不起孩子。"

后来，在签发这篇报道之前，包月阳对王克勤说："我已经做好了牺牲一切的准备！"

包总还对负责此稿编发的周刊要闻部主任陈宏伟交代："为真正的调查报道，冒点风险值！"但他还是谨慎要求："不是我害怕，我们做调查、做新闻一定要扎实严谨，做到滴水不漏才是。" 3 月 17 日，疫苗报道见报后，面对各方压力，他毫不惧怕，而是不断给我和车海刚副总编辑鼓劲打气，"你们别害怕，有我！"（《王克勤：签发疫苗报道的总编辑包月阳被免职》2010 年 5 月 12 日搜狐博客）

3 月 18 日，面对山西方面凶猛的反扑，他毫不犹豫地提出："我们要有坚定的立场与鲜明的态度！"随即，当晚经过他修订的《中国经济时报关于"山西疫苗乱象调查"报道的声明》在该报网站上推出。

看过王克勤名篇《山西疫苗乱象》的暗访调查计划通过过程，就会理解作为媒体领导他们的风险压力和慎重理由，就会清楚媒体作为记者暗访作品的承载发表平台，它对记者出击的允许与不允许，对整个社会的影响后果巨大。所以，我们应该学习"老记"王克勤，至少可以从这几点重要经验入手：

暗访前，要了解新闻大致的、轮廓的基本要素，含糊不清的、缺胳膊少腿的不要向上提出。

暗访前，要对选题新闻价值的大小作总体的判断。那些个例的"一厂一店"新闻不值得投入暗访的人力物力精力。唯有确认自己手中掌握着影响全局或具有社会震荡意义的报道选题，才可以向上申请汇报。

暗访前，要外围了解被访对象的基本状况和社会背景，尤其是有没有黑社会或政府官员、司法部门有人支撑，对记者实施计划的安全状况能有一个大概的评估。如果遇到危险怎么处置？有时可能包括报警、自己人接应、脱身等细节。这个没了解没想好，肯定会被领导一票否决。

暗访前，要将偷拍偷录设备准备妥当，并且对可能发生身份暴露后的素材保护和备份，有一定计划安排。记者如果缺少这个，不管任何原因所导致，都不可能赢得媒体领导支持公开报道。

暗访前，要对取证手段是否侵权、获取材料是否适合公开发表，作一个大致评估。如果事涉比较专业比较隐秘的内容，可以事先向法律界和相关专业人士咨询，得到肯定性意见后，再合并材料一道向上汇报。

但有时候暗访前并不能完全掌握以上周全的内容，并不代表就不能向领导提出隐身调查申请。只要其中选题重大、记者安全有一定保障，也是可能取得突破的。如新京报在 2016 年"和颐酒店事件"发生后仅两小时，记者根据女孩弯弯的长微博发现，当时"可能是一个卖淫团伙误将弯弯当成了卖淫女"，于是提出立即暗访揭穿幕后黑手。"我们当时不能确定这里面真的有一个卖淫团伙，当时只是决定赌一把，按这个思路去调查它。后来证明宝押对了，调查后，我们确认是有一个组织在背后进行控制。事情的轮廓清晰了，也符合当时网友的猜想。我们在警方公布之前抛出了调查报道，又一次引爆了舆论关注。"（《"对不起，我是卧底"，暗访记者的职业语》2016 年 6 月 6日传媒研究）

总之，暗访记者在怀揣一颗火热的事业奋斗心的同时，一定要多为自己所供职的媒体以及总编主任们设身处地地考虑考虑。不要为了自己逞一时之勇，而弄翻了媒体大船或者将自己的领导"拉下水"。

再说，记者学会暗访前说服领导的艺术，也是正当程序或程序正义的基本要求。正当的暗访报道，必有一个正当的请示报告批准程序和合理的实施过程。程序正义不仅有助于形成大致理想的暗访报道结果、实现新闻正义，而且本身具有社会价值，这些价值包括处理结果、影响力、媒体和记者声誉等。中国记协制定的《新闻职业道德准则》中"通过合法途径和方式获取新闻素材"的要求，其"合法途径"是全流程的，也应该包含记者暗访取证的事前报告程序。

顺利通过了媒体内部这一道关，我们才能向下一步暗访中的艰难险阻发起冲击——

二、进不去之三十六计

记者暗访获得了媒体领导的批准，现在开始进入实施计划的具体过程——直接接触暗访对象，进入偷拍偷录取证部位展开工作。万事开头难，记者暗访欲取得对方信任，最难也在进入初期。好多新闻界同行不慎暴露，都是在第一关，有的招致后果令人扼腕。

央视记者组曝光山东三维集团污染周边农村的暗访调查，就是在一开始暴露的。2018年2月26日，当记者还在初步对三维集团污染情况和村民们进行询问时，两名自称是沟里村的村干部拦住了记者的去路，强行要求搜身，场面一度僵持不下。村干部：你不说好，这个村子都出不了，我跟你说我们扣了你们的人质了，不让走。事后得知，扣押记者的村干部，竟是排污企业"看门打手"。（根据央视相关报道辑录）

《南方都市报》三名记者前往深圳市东湖水库明珠海鲜山庄暗访，发现深圳警界多名官员在此就餐，消费菜品中有娃娃鱼。暗访摄影记者刚开始拍照就被发现，随后被一人砸毁相机，抢走手机。另外一名文字记者被殴打，一名文字记者被抢走手机。尽管记者被发现后亮明《记者证》，仍遭到参与饭局的官员和安保人员拳打脚踢、扇耳光、锁喉、围堵，双手遭抓伤流血……报警后，辖区民警赶到，放任打人者离开。此事发生在2015年1月21日晚。

2001年，重庆商报女记者罗侠进入重庆南岸区一家涉嫌从事违规营业的夜总会暗访拍照暴露，遭到几名歹徒毒打，当场昏厥，几致残废。

巴西环球电视台记者蒂姆，在暗访里约热内卢一个掺假毒品和性交易舞会时被识破，惨遭毒贩杀害。

新京报深度调查部负责人张永生曾经领导过许多震撼级的重要暗访报道，包括京城地下赌局、天通苑地铁口保护费、平谷盗金、微整形乱象调查、朋友圈虚假广告、莆田系医院掘金技法、电商刷单等。他介绍说：每个选题在做之前，派哪个记者去哪个选题，我都在心里有个基本判断，根据记者的外形、气质、举止，跟所探访的场景有个大致的匹配。随后记者要做一些伪装，去跟他将要暗访的职业或者产业吻合，才能降低一个陌生人突然侵入一个完整的、操作成熟的、被黑暗掩盖的体系可能产生的违和度，这是最基本的要求。（《"对不起，我是卧底"，暗访记者的职业语》2016年6月6日传媒研究）

看到了吧，一位暗访经验丰富的"老记"，以他的成熟和阅历提出了暗访一开始最容易暴露的问题——"一个陌生人突然侵入一个完整的、操作成熟的、被黑暗掩盖的体系可能产生的违和度。"这就是记者暗访"切入"的危险和艰难。

在平谷盗金案暗访中，新京报记者接受了一个艰难而危险的甄别考验。黑矿主将两名隐身记者"请"到家中，在鸿门宴上连续猛灌 8 瓶大燕京，酒间前后问了三次：你们是不是记者？还扒下记者手上的手表和手环计步器质问："这会不会是偷拍设备啊？"直到查不出什么破绽，才算放行。（《记者手记：平谷盗采金矿采访突破中的"鸿门宴"》2015 年 5 月 14 日新京报）如此一幕宛如惊险卧底电影或电视剧的情节，却在记者暗访中正式上演。可见，暗访切入如何不易。

几乎所有记者暗访，或多或少都会遇到如何解除对方疑惑、不信任、设计考验、反调查等关口问题。突破这类障碍需要胆识，更需要计谋。中国古已有之兵书《三十六计》，时至今日，它已经突破了军事领域，被广泛运用于政治、经济、外交、生活等各个领域，成为人们克敌制胜的法宝。我们为什么不能把这些计谋消化融通，转化为能够为记者所用的暗访三十六计呢？

瞒天过海计：隐瞒记者身份、隐瞒采访目的、隐瞒采访手段本身，就含有主体、工具、方法三欺骗、说谎的成分。但这是记者针对违法犯罪和严重侵犯公众利益行为所使用的一种不得已而为之的被迫操作，并不违反社会公序良俗和新闻工作者职业道德准则。因此，暗访中故意一而再、再而三地用伪装的手段迷惑、欺骗对方，使对方放松戒备，然后获取确凿证据，是完全必要和正当的行为。问题不在隐瞒的道德，而在记者暗访中的隐瞒水平。

围魏救赵计：当一路记者暗访受挫、可能被对方识破或已经暴露被非法拘禁时，可以采取迂回战术，另一路故意暴露身份"亮证"采访，诱使对方分散注意力和警戒部署。暗访记者则抓住他的薄弱环节趁势介入或逃跑。这是一种明暗交替呼应的方式方法，化解暗访对象高度警惕、防范严密难以近身接触的困难。

借刀杀人计：记者自己不便出手的暗访，可以借用对手内部的"线人"或它们之间的内讧对象，了解和采集暗访证据。在警方卧底侦查手段中，这叫"特勤侦查"，就是在有一定活动能力、并具备为我工作的条件或具有为我控制的条件的人之中，物色建立和掌握使用的、用于搜集和了解犯罪嫌疑人、犯罪的思想动态、控制犯罪嫌疑人，或犯罪中危险分子和要害部位，为侦破案件提供线索和情报的重要力量。（见《中华人民共和国公安部刑事特勤规则》、蔡辉庭、李双其《刑事侦查学》中国公安大学出版社第8页）

以逸待劳计：不主动出击冒险进入暗访对象势力范围，而是寻找对方可能违法犯罪的活动场所，事前布设偷拍偷录设备，使用观察法获取曝光报道素材。

趁火打劫计：乘警方围剿抓捕之机，"切入"暗访对象圈子内"捞一把"。此时，有涉嫌违法犯罪者必定内心恐惧疲于奔命，对化装潜入能"提供帮助"或自称"同党"的记者，势必放松警惕，这个时候打进他们内部比较有利。

声东击西计：对社会关注的重要事件，媒体公开报道声言要对某个方面、某个问题深入追究深度报道实施监督。让被暗访对象产生错觉以为无事，记者却在另一还不被大家所注意的方面进行暗访，弄清来龙去脉后突然"一锅端"，使报道具有轰动效果。这也是新闻报道两条线作战的计策。

无中生有计：记者在暗访对象盘查考验中，如何能够真的隐身，当然需要掌握编撰自己身份和目的谎言的技术。南都记者暗访高考替考集团，说自己是大学生，要能装得像，要能拿得出假造的文凭，完全是无中生有的功夫，这是每一次暗访都要用到的技术。

暗度陈仓计：在寻找暗访对象的过程中，记者表面以商人、富翁、买家，以及其他利益相关方，进行活动。实际暗藏偷拍偷录设备进行暗中取证。这一招要求有不会引人警觉的幌子，指正面迷惑对方，而暗里实施自己的真实意图。

隔岸观火计：记者扮成与暗访对象完全无关的"看客"，在集团犯罪内部发生相互倾轧或者司法机关采取行动之余，偷偷摄录他们的罪证和其他值得曝光报道的新闻素材。香港记者经常使用这种手法，劲爆猛料。

笑里藏刀计：整个暗访过程，保持"笑面虎"外在形象，不与暗访对象发生任何芥蒂和意见冲突，让人感到好说话、舍得利益付出。但实际取证每一个都是要命的动作，报道面世杀伤力很大。

李代桃僵计：运用我国古代阴阳学说的阴阳相生相克、相互转化的道理而制定暗访谋略，记者在可能遭受某些局部小利益损失时，毫不在乎。要为整个战役报道或全局性的收获而牺牲眼前。只要能够保全暗访最终成果，宁可付出相对小的代价。

打草惊蛇计：在只知道暗访对象大致方向或不明确具体场所时，可以约请警方配合轰轰烈烈搜查进剿，以逼使他们暴露目标，方便记者辨识然后打入其中。

借尸还魂计：在非常特别的情境下，如黑社会或宗教组织追杀暗访记者，可以先在媒体上公开宣布该记者已在某次突发事件中不幸身亡，其实已经将他严密保护起来了，待条件成熟及追杀凶手或集团组织被抓获捣毁后，再行让该暗访记者复活。 2018 年 5 月，乌克兰首都基辅警方称俄罗斯籍记者阿尔卡季·巴布琴科当天在基辅遭枪击身亡。时隔一天，乌克兰安全局表示，阿尔卡季·巴布琴科还活着，散布其被害的消息只是"虚晃一枪"，目的是为了防止他被谋杀。

调虎离山计：如果被暗访对象的集团犯罪帮伙组织，被头目牢牢控制难以近身，可以考虑使用其他利益诱惑、警方抓捕、爪牙出事等法子，引诱其离开巢穴或因顾他而暂时放松内部控制，机智乘虚而入。

欲擒故纵计：在万众瞩目的突发事件后，相关责任方和责任人已经惊慌失措。媒体记者为了放长线钓大鱼而暂时对他们不采访报道，诱使他们放松警惕以为逃过一劫。暗访"切入"的最佳时机其实正在此时。待内幕完全清楚后，一朝和盘托出公之于众。

擒贼擒王计：记者暗访取证的主要对象，不是下面的小喽啰，不是帮闲的外围组织，而是涉及主要涉嫌违法犯罪头目的相关内容。当主犯的事实捕获以后，其他也就不在话下了。

釜底抽薪计：有些对社会有害的作恶现象，其根源其实在背后的保护伞。记者暗访的方向可以从"釜"转移到"薪"上来，重点搜集取证黑恶势力的后台人物，这样可以减少媒体精力损耗，彻底解决问题。

浑水摸鱼计：在两个或两个以上负面报道对象为利益或势力范围发生纷争互斗之时，在一个犯罪团伙之中发生内讧之时，恰恰是记者趁混乱时机打入楔子的较好时机。

金蝉脱壳计：一旦暗访记者遭遇不慎暴露、被非法囚禁等危险境地时，要想方设法报警或其他方法逃生。在所有的任务和工作面前，记者的生命是第一重要的。脱身逃避比任何坚持忍受都要聪明智慧，请丢掉拼死去做英烈的想法……

关门捉贼计：对可能发生流窜作案、异地作案的犯罪团伙，记者卧底采访宜在警方配合围合的条件下实施。不然，流窜移动与跨地暗访，大大增加难度，也容易因区域化媒体的管辖宽度有限而无法实施跨地暗访。

远交近攻计：当本地区本行业的负面报道对象，因人熟地熟环境熟媒体熟而难以"攻入"时，可以考虑从结交异地或其他行业入手，用"远方资源"曲线介入身边的黑暗，或许其隐蔽性更好，诱惑力更大呢！

假道伐虢计：就像新京报记者暗访平谷盗金案，他们打进涉嫌犯罪团伙的幌子，并非直接参与开采，而是广东富商要来投资。以一个不直接相干的理由为名，实际上要打入暗访取证，最后灭了他！

偷梁换柱计：这一套纯属暗访记者的基本功啦！暗中玩弄手法，以假代真。这要不会，就像文盲干记者，也太搞笑了吧！

指桑骂槐计：也就是记者暗访临场借题发挥，这一般是暗访中的细节处理之技。当被暗访对象实施考验考察记者针对性的质问时，记者可以不正面而借其他话题来回应。但这要求能够释疑解惑，能够立刻为自己解困。

假痴不癫计：暗访记者在接触暗访对象时，故意装得愚钝、呆痴、少一窍、残疾人、老态龙钟，其实内心潜藏秘技，满腹擒获招数。在对方轻视甚至是蔑视之余，密拍密录获取违法犯罪证据。开创世界近代记者暗访先河的《世界报》的内莉·布莱，就是用这招写出了轰动性报道《疯人院十日》。中国记者崔松旺的暗访名作《智障奴工》，用的也是这套。

上屋抽梯计：怂恿隐藏的暗访对象"走错棋"，使其上当暴露。一旦他们违法犯罪事实被偷拍偷录，立即报警抓捕，然后公开记者身份。一方面制止罪行造成公民伤害或其他社会后果，另一方面，也获得了鲜活的曝光素材。

树上开花计：有时在打入暗访对象内部时，没有"投名状"是不行的。记者这时就要懂得吹的艺术——树上本来没有花，但可以用彩色的绸子剪成花朵粘在树上，做得和真花一样，真假难辨。你就口若悬河地"画大饼"吧，只要不吹破，只要不让对方生疑，尽管制造假象，把自己装扮得很神通很厉害很强，反正取证到手任务完成，警方是不会抓你诈骗罪的。

反客为主计：记者从外部进入，却用主人的口气说话。以主动措施和声势压倒对方。这种方式比较少用，果欲使用，记者必得对暗访对象及其社会关系、生存环境等非常熟悉，否则容易露馅自爆。

美人计：这还不知道吗？在美国首位合法男妓马库斯 2010 年 1 月 23 日在内华达州正式"开卖"时，纽约邮报就是派出美女记者曼迪·斯塔特米勒乔装成顾客，花 500 美元包下男妓 2 小时，对此进行暗访的。这种计策，有时对揭露官员腐败、抓获卖淫嫖娼集团性犯罪等，都可以发挥作用。但实施中女记者的安全，必须有保护之策。

空城计：于紧急情况逃生使用，暗访记者暴露后可称外部早已有记者同行以及警方包围，如果自己发生危险，这里的人一个也逃不掉……其实也就是在敌众我寡的情况下，设法造成暗访对象错觉。

反间计：在不同派别、不同山头、不同暗访对象之间，挑拨离间制造矛盾引发内讧，从而可以趁乱隐身获取信任。

苦肉计：在暗访即将暴露或紧急情况下，暗访记者故意毁伤身体以骗取对方信任。这是一种不得已而为之的行为，保命保护身体是第一要务，但面临生命危险只能取而下之。

连环计：使用相互关联、有几重迷惑作用的计谋，让被暗访对象受骗上当，以便获取偷拍偷录的机会实施取证。

走为上计：发现自己已经或即将暴露，而且，生命安全遭到威胁，最好的办法就是择机退却逃脱。出去以后再行寻找报警还是其他什么办法……

三、偷不成之技术创新

暗访中的取证方法，基本就是偷拍偷录。只靠记者耳闻目睹是无法作为凝固的证据呈交公堂的，公开报道时也会心虚。即使有记者的采访笔记，一般也不具有法律效力。为什么呢？合格的法律书证，要求在这些单方面记录的材料上，有被记录内容对象的亲笔签名。连执法机关的审讯笔录，无被审人签字加手印都不行。可以想象，我们的记者采访笔记，有几个是具备这个条件的呢。所以，中国改革杂志记者采写的深度调查《谁在分"肥"》曝光广州华侨房屋有限公司在改制中优质资产流失等一系列问题，结果成为新闻官司被告。杂志社辩护律师当庭出示了包括记者采访笔记在内的书面材料作为证据，法官却对此未予采信。但记者暗访的偷拍偷录，有被采访对象的原声和图像，自 2002 年 4 月 1 日最高人民法院出台并实施的《关于民事诉讼证据的若干规定》后，人民法院开始确认其证明力。

做过暗访的记者最有体会，偷拍偷录既是一场危险的智慧比拼，也是一件比较专业的技术活儿。完全不是腰里别着一个微型暗访包，充足了电就信心满满地出征了。针对不同的暗访任务、不同的暗访对象、不同的暗访处境、不同的暗访危险度，记者要对偷拍偷录做不同的准备。有时候甚至要对偷拍偷录设备进行必要的技术改造，对偷拍偷录手段进行必要的技术创新。这一环节出问题，不但暗访可能泡汤，有时连记者的生命也可能难保。

记者使用的暗访摄像机安全和基本效果，必须具备这几个要求：

（1）暗访设备的外形要伪装，摄像头要隐蔽。

（2）要达到能随身携带，最好是人们经常携带的东西为好。

（3）录像资料要清晰，一般要求在 3 米范围内分清人的五官为标准。

（4）声音拾取一定要具备清晰度，因为影音并茂的录像才具有说服力。

（5）操作要简单，最好是遥控操作。

（6）录像完毕一定要可以马上回放观看，以便核对是否将证据完全摄录存储下来。

记者用暗访摄像机的技术指标，必须具备这几个要求：

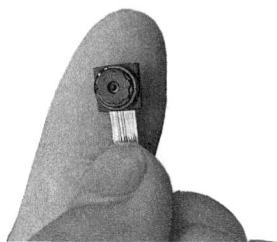

钥匙摄像头

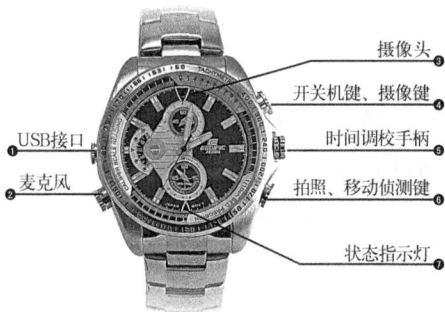

项目	相关参数
视频格式	AVI
视频编码	M-JPEG
视频分辨率	1920*1080
视频帧率	30fps
播放软件	操作系统自带或主流影音播放软件
图片格式	JPG 2560*1920
图片	5M pix
影像比例	4:3
支持系统	Windows me/2000 xp 2003/vista:M
电池容量	300mAh
工作时间	约130分钟
充电电压	DC-5V
接口类型	MINI 5pin USB
存储支持	1G\2G\4G\8G\16G Tf卡
电池类型	高容量聚合物锂电

（1）摄像机分辨率一定要高，按监控摄像机的分辨率标准最低要达到420线的摄像效果。

（2）暗访摄像机的声音拾取范围，最低要达到半径10米范围内，可以清晰听清正常声音谈话内容。

（3）录像资料最低要求每秒录制25帧，这样才可以看清每个动作，有助于逐帧分析录像证据，因为一些细小的动作可以在瞬间完成，如果录像帧率丢帧就会看不见所需要的证据。

暗访摄像机根据录像方式可以分为两类：直录型暗访摄像机和无线录像型暗访摄像机。根据操作方式分类可以分为：遥控操作型和手动录像型。根据外形分类实在是太多了，尤其以包式暗访摄像机和纽扣式暗访摄像机较为突出。

目前，实际常用的记者暗访摄像机，一般有如下三四种——

纽扣暗访摄像机与正常纽扣的PK：

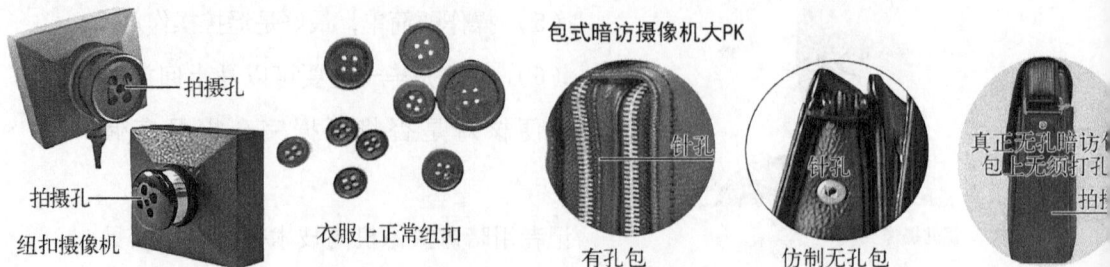

包式暗访摄像机大PK

拍摄孔

拍摄孔
纽扣摄像机

衣服上正常纽扣

针孔
有孔包

针孔
仿制无孔包

真正无孔暗访
包上无须打孔
拍

一种是所谓的包式暗访摄像机，就是将一台类似小型掌中宝这样的家用DV装在一个很小的手袋之中，并用一个特制的针眼镜头和摄像机相连，拍摄时只要将手袋上的小针眼对准被拍摄对象就可以。

另一种暗访摄像机就是纽扣样式的摄像头与存储设备连接使用，这种暗访摄像机是在纽扣中间开上一个小针眼，后面通过螺丝旋上针眼镜头，然后安装在衣服上，具有很大的迷惑性且不易被对方发现。但是需要在身上埋线，因此在夏天等需要衣服单薄的气候环境中就不宜使用。

还有一种暗访摄像机很多人叫直录型暗访摄像机，这种摄像机采用CMOS数码摄像头，通过闪存录像板直接存储在 SD 卡上，外观多种多样如手表形、钢笔形、遥控器形、打火机形等等。体积小，携带方便是一大优点，但是也存在一些弊端，如声音拾取范围近，无法马上回放录像资料，无法得知是否摄录到证据内容，经过很多体验者调查反馈信息，这类暗访摄像机都是使用的手机上的 CMOS 数码摄像头，这种 CMOS 数码摄像头存在一个很大的通病，就是对光的敏感度太差，一旦出现光线稍微暗的环境时，拍摄的图像噪点大，图像发暗好像在晚上拍摄一样不清晰。只能事后找特殊软件如"绘声绘影""迅捷视频转换器""Premiere"等，后期弥补抢救。

最近一款最新技术的暗访摄像机名叫无孔透视型暗访摄像机，区别于以往的包式暗访摄像机，成为暗访设备中的一个亮点。其异常隐蔽的拍摄和可以在很多非常环境下使用的功能，使得拍摄出满意的证据图像而受到众多老记者的欢迎，这种暗访摄像机采用特殊的"透视"硬件放置在包里，包的上面不用再开任何针眼，可以隔着包体进行拍摄。设备的外形上与普通的包一模一样，不像以往的包式暗访摄像机有个针眼对着被拍摄者，不用再担心红外针眼摄像机探测器的探测，无孔透视型暗访摄像机全部伪装在夹层，打开后里面没有任何录像类的东西在外面，可以放心地受检正常使用，所以大大加强了拍摄的隐蔽性。

我们看过百度贴吧"摄像吧"何拱中先生以上的专业观点和分析后，可以从新闻记者的使用更加安全、更加高效角度，来想想还能进行些什么革新创新，增加偷拍偷录的隐蔽性和拍录效果。

"防火防盗防记者"，是许多心中有鬼身上有黑的官员、单位、个人的口头禅，你没有污点怕什么记者。但对于这部分暗访对象来讲，他们的警惕性一般都是很高的。正如新京报深度调查部负责人张永生所说：一个陌生人突然侵入一个完整的、操作成熟的、被黑暗掩盖的体系，可能产生的违和度……

对纽扣摄像机进行换位改造。为什么？这种偷拍偷录在一般场合短时间使用不会暴露，时间长就不行。因为，何拱中关村先生告诉我们，纽扣摄像机的纽扣中间有个孔区别于衣服上的其他纽扣，不够伪装，长时间使用容易暴露，使用者使用的次数越多暴露的机会越大。那么，就用一根隐性线，将针孔摄像头贴身连接到皮带孔中好了。这就会隐蔽很多，不易被发现。

对有线暗访设备进行无线改造。在特定公共场所如宾馆饭店、茶馆酒吧、咖啡馆、卡拉OK舞厅等暗访的时候，可以借用家庭无线摄像头安放原理，两人操作进行无线偷拍偷录。即在暗访记者身上安放一个无线传输的网络针孔摄像头，在远处记者身上安放接收设备。前方记者偷拍偷录时无需摁动任何按钮，尽管面对面朝着暗访对象好了。当然如果将针孔安在身体侧面或背面，也就可以无需面对而摄录了。但这一般须得一个前提，就是该场所有WiFi，通过替代超五类线（网线）将信号传输到网络。为了解决非WiFi环境下无法摄录的短处，也可以花钱请技术高明的手机修理商，将手机接收发射无线信号的装置作些改造，也能实现记者分离操作暗中取证的良好效果。如果这样，前方记者就可以进入工厂、机关、商务楼、农村或其他封闭地带等，只要是能接收到手机无线信号的地方，你就能从容暗访了。

对危险暗访中的设备进行远程查看改造。如果能够请到手艺好的手机维修商解决无线分体摄录的问题，就可以对那些可能危及记者生命、暴力犯罪、突发事件等方面的暗访，实现前方拍摄取证，后方媒体大本营通过手机、台式电脑、投影大屏幕等，随机同时掌握动态状况，有利于媒体领导指挥布阵和实施紧急救援。我们如果还记得美国海豹突击队击毙拉登的情景，就会想起时任总统奥巴马和他的一大班白宫官员及幕僚们，目不转睛地盯着屏幕，监看卫星实时传送的视频。这就是通过前线军人头盔上的摄像头，传输回美国的。我们还可以学习借鉴家庭远程监控技术，事先在固定场所安放摄录设备，也能基本实现那样的效果。

对极其重大的暗访行动进行卫星传输定位。现在人造卫星可以很方便地实现视频目标的跟踪拍摄。美联社记者的跨国暗访《东南亚血汗海鲜渔奴调查》系列报道，就是通过一台世界上最高分辨率的卫星摄像机从太空拍摄，跟踪银海岸线这艘船超过半个月的时间，然后发现渔奴捕捞船……最终固化报道证据，作品获得2016年美国普利策新闻奖中分量最重的公共服务新闻奖。当然，这可能需要花很多钱，经济条件好的新闻媒体如央视、新华社、

卫星跟踪锁定渔奴海船运输线

美联社记者通过一台世界上最高分辨率的卫星摄像机从太空拍摄，跟踪银海岸线这艘船超过半个月的时间，最终发现渔奴捕捞船……

人民日报等，为了特别重大的记者暗访行动，也可以租用商业卫星实现记者暗访取证的特别效果。实践中，我国已有不少媒体给前方记者配备海事卫星电话等"烧钱"设备了，为争抢重大新闻不惜花费较大代价。央视在公开报道中，已经多次使用。但是，也有廉价使用卫星技术的成功案例。如《南国早报》记者 2017 年在对当地"黑燃气点"进行暗访取证中，为了弄清源头，就通过购买的廉价 GPS 定位装置，偷偷安放在几辆非法运输危险品的厢式货车上，完成了跟踪追击的任务，将利益链终端刨出。（《新闻暗访的三点体会》2017 年 6 月 16 日《青年记者》赵劲松）

老皮鞋明胶、剧毒一次性筷子、地沟油，后来轮到了肯德基……这些行业秘辛，让人们在震惊之余，亦感叹央视的"侦探"神技。记者装备量身打造，看央视的调查性报道，观众可以发现，暗访机的镜头几乎每次都能找准被采访对象，而且记者和被采访对象双方的距离近在咫尺。据央视的主力调查记者李梦（化名）讲，这主要源于"装备精良"。李梦曾参与采访调查了罗维邓白氏公司掌握 1.5 亿国人的个人隐私信息并进行交易的事情。"我们的暗访设备几乎都是为每个记者量身打造的。隐秘性真的堪比 007 了！"李梦说，一般一个记者会随身携带两个拍摄机器，一个烟盒、一个打火机，都可能是我们的暗访拍摄设备。"可能在对方看来，就那么随便一放，但其实已经在拍摄了。"而在早期，可拍照的手机等轻巧的电子产品还没出现时，摄像机的开关声音就成了大麻烦，每一次"叮咚"都能把记者吓得不轻，记者往往使出浑身的劲大声咳嗽，来掩盖声音……（《CCTV 暗访记者的卧底生活》松枝记 http：//shongzhiji.shz168.com/）

第八章

暗访写作中三对矛盾的处理

记者暗访取证后的下一道工序，就是进入写作过程。我们必须把前后两者结合起来一道筹谋一道学习，暗访才是有意义有价值的。暗访写作和其他新闻写作相较的特异之处，就是会遇到逼真还原事实与某些新闻要素自我抑制之间的矛盾。正确处理它们各自的消长关系，才能兼顾忠于暗访事实、追求社会效果、遵循职业道德三个面，才能既对得起艰苦取得的证据，也对得起媒体千千万万受众，还能对得起记者自己的良心。

逼真再现与回避违法、公开报道与"线人"安全、发表时效与司法处置——这是任何记者在暗访写作中都难以回避的三对矛盾。而任何一种媒体介质的记者，其暗访报道的发表形式，无论是报纸杂志、广播电视、网络平台（包括移动客户端）等，都要从写作开始。拍电影电视还要事先写一个剧本呢，即使三维立体新闻传播，剪辑排布画面声音，也都需要根据写好的暗访报道"本子"来按图索骥相关已获素材。

通常暗访中的现场情景、故事细节、人物表现、最终结局，都比其他报道更具戏剧性、爆炸性、更加抓人眼球。记者如果毫无顾忌地将其翔实写来，作品的可读性、可视度、可听感会非同一般。但暗访涉及的素材类型、交往的人物对象、录拍的场景声像、案件的来龙去脉，很多触及违法内容。比如，央视暗访东莞黄流，相信记者获得的声像资料，超过50％会沉睡在资料库中难见阳光，而写入公开报道的只是其中经过精心选择的一小部分。为什么呢？卖淫嫖娼的人物、场景、对话、细节等内容，是不适合和盘托出与公众见面的。记者如果要逼真再现，就属于公然触法，它不仅仅是传播黄色淫秽的问题，还有对其中的性工作者和涉嫌"买春"的当事人侵犯名誉权，这是基本常识。如果暗访一个盗窃集团，你写涉嫌犯罪者如何得手的过程，逼真再现当然可以扣人心弦，但它会造成犯罪技术手段通过大众媒体公开传授的客观效果，也属于一种违法行为。你写企业暗访所获得的问题，如果逼真再现暴露了其具有专利或自主知识产权的保密工艺技术，那就属于违法……还可以举很多媒体上已经看到的案例。这就给暗访记者写作提出一个抉择：在新闻事实的逼真再现和回避违法之间，你是二选一还是两者兼顾，还是有其他什么处理方法？

通常暗访报道必须遵循一般报道新闻要素完整的准则，但有时记者通过"线人"提供线索或暗访帮助时，也无所顾忌地照实写来，就会危及"线人"安全，至少会在记者的职业良心上说不过去。这时候就会遇到一个矛盾：在新闻"五个W"中，什么人是最重要的元素。其"人"既有台前活动者，也有深藏幕后者。如果为了某种原因而造成暗访写作中的一个要素残缺，怎么办？我们遇到过一些两相处理不当的案例，一种是只顾记者写作痛快，只管媒体发表影响力，将姓氏名谁毫不隐讳地捧给大众，但对"线人"造成人身安全危险或更长久的身心伤害。有的甚至闹到法庭，弄出一场"线人"与媒体记者之间对抗的官司，那种尴尬和酸楚，是难以言状的。更多的暗访报道，以名字谐音或者化名来替代"线人"。这种简单化的处理，由于没有交代，身份不明，所以造成一部分受众的误解或指鹿为马张冠李戴，暗访报道的公信力效果大打折扣。还有一种暗访报道，干脆完全不提新闻线索来源，以为绕过去是万全之策。这种手法，其实记者可能贪天功为己有，或者人为删减了暗访报道的一个魅力要素。本已有之的神秘和情节，由于记者写作中的简单处理而消失无存。这其间的矛盾，如果你遇到了会怎么处理？

通常暗访报道在记者取得确凿充足的证据之后，写作发表的时间越快越好，新闻时效性催促我们不能耽搁。可是，有些暗访内容对象涉及犯罪，在警方尚未掌握详情或尚未布控抓捕之时，任何风吹草动、甚至记者身份的暴露，都有可能带来案犯逃逸、罪证毁灭、人质被害等严重后果。就像南方都市报记者卧底江西高考替考报道，从获知新闻线索、到了解团伙背景、到打入犯罪集团、到全程参与亲历，整个过程历时半年多。记者在每个节点都可以写作发表公开报道，以震惊社会提醒警方。但这样做显然会打草惊蛇，让不法分子作鸟兽散。媒体记者的社会责任，要求我们的任何新闻作品都要追求最大最佳社会效果。从这个角度看，暗访报道单纯追求发表快，有时无异于给暗访对象通风报信，这是和愿望适得其反的。但反过来，如果警方不抓捕、不破案、案犯没有落网、被害人没有安全下落，暗访记者就写不了报道，那我们的身份不是异化成刑事侦查人员了嘛。等你报道面世之时，黄花菜早就凉了，一点新闻魅力都没有。遇到这样的矛盾，怎么处理？

哲学上的矛盾普遍性，标示着矛盾存在于一切事物中，矛盾贯穿于每一事物发展的始终，但这并不意味着每一事和周围其他事物之间都存在矛盾。如果暗访写作中遇到的三种情况，不处于统一体中，他们之间就不存在矛盾，都按新闻规律办好了。正所谓两权相利取其重，两权相害取其轻。只有暗访报道中的那些矛盾"相遇"出现在同一个报道中，抉择或选择及其他处理方式，才是无法回避的现实。

请注意："抉择或选择及其他处理方式"是三个选项而不是一个或两个。在这类矛盾面前，最容易出现的错误是"两极抉择"非此即彼——记者要对暗访报道的新闻规律作出牺牲还是坚持？这是二选一的思维。它既不符合哲学的对立统一规律，也不符合逻辑学上的三大基本规律。

马克思说过："两个互相矛盾方面的共存、斗争以及融合成一个新范畴，就是辩证运动的实质。"由双方对立差别缩小最后达到融合而使矛盾得到解决，这是解决某些矛盾的一种不可否认的形式。哲学承认的矛盾解决方式也是三种：一方克服另一方、双方"同归于尽"、融合。如果用非白即黑的简单判断来认识和处理复杂世界的问题，就会犯许多错误。暗访报道也是如此，写作思路的"选边站"，等于走极端。

新闻写作不是聂卫平下围棋"非白即黑"。记者暗访，面对极其复杂的取证素材、狡猾多样的作案手段、变化无穷的故事情节、跌宕起伏的亲身经历。当这些全部涌到笔尖纸面键盘屏面的时候，当我们考虑选材和思考架构的时候，无论如何需要多元思维，无论如何不要被僵硬死板的规定教条所束缚。暗访的逼真再现与回避违法、公开报道与"线人"安全、发表时效与司法处置这三对无法绕过去的矛盾，客观上存在着相互照顾、相互融合、相互授予的空间。虽然联系到具体"这一次"报道的实际操作，会是非常艰难的长考与艰辛过程，但如果把它们理解为对抗关系，就必然为了一个方面而损失另一方面。

怎么理解暗访写作中三种矛盾关系处理的融合，我们可以借用当今世界已经流行的媒介融合概念来理解。媒介融合论的原始发现者在美国，但美国大师级人物杰·尼尔森却在《传统媒体的终结》里预言说：未来五到十年间，大多数现行媒体样式将寿终正寝，它们将被以综合为特征的网络媒体所取代。这一观点显然是带有激进色彩的媒体进化论，它把新媒体的兴起与传统媒体的死亡联系在一起，认为两者属于此消彼长的关系。而发展事实证明，新媒体介质确实从无到有强大起来，但并非以传统报纸广播电视杂志死亡为代价。狭义上不同的媒介形态"融合"在一起，随之产生"质变"，形成了一些新的媒介形态，如电子杂志、博客新闻等。而广义上的"媒介融合"选择范围则更广阔，包括一切媒介及其有关要素的结合、汇聚甚至融合，不仅包括媒介形态的融合，还包括媒介功能、传播手段、所有权、组织结构等要素的融合。把传统媒体尚存的优势，与互联网、手机、手持智能终端等新兴媒体传播通道有效结合起来，资源共享，集中处理，就会衍生出不同形式的信息产品，然后通过不同的平台传播给受众。

暗访报道写作中的三种矛盾处理也是，如果换一种思路用融合的手法解决，就可能衍生出既照顾生动真实地再现，也确保在法律法规允许的范围内运作。既实现报道公开的新闻要素周全可信，也严格执行了"线人"保护在先的普世新闻职业道德准则。既抢抓了报道时机时效，也为执法机关抓捕破案留下了有效时间空间。

在这里，融合就是对记者所掌握资源和所面对空间的权变整合，与其说是新闻写作的一种作业方式变革，还不如说是寻找两头都能接受实操的优选法探索。学好弄懂会用横跨矛盾两级的揉术，可以催生暗访报道没有最佳只有更佳的社会影响果实。

一、逼真再现与回避违法

新闻是一个逐渐逼近事实真相的过程，这是马克思主义新闻观"报纸有机运动"的一个重要内容。记者在新闻报道的生产过程中，当然需要追求逼真还原再现所见所闻所采访到的新闻事实，这本是天经地义的事情。可是，在暗访报道写作中，却会遇到某些瓶颈。

逼真再现，意味着新闻与所报道的事实之间确实真切或相差无几，它是完全按照当时事实发生发展的本来面目，运用写实的笔法所进行的客观描述，它甚至追求对场景和细节进行特写式精细描绘，以增强报道的吸引力和感染力。

暗访的内容对象，除了违法就是犯罪，而正面内容的报道是不允许使用暗访手法采制的——这是基本常识。那么，记者写作将在大众传媒上发表的这些内容的暗访报道，单纯追求逼真再现事实，有时候会和法律相冲突，这是负责任的记者与媒体不能不事先考虑到的。这些冲突主要表现在：

逼真再现的违法犯罪事实，可能渲染血腥暴力性侵。任何采访所收集到的原始素材都是广博的，记者不能自动放弃对诸多新闻素材的选择权。全世界新闻职业道德规范都强调和坚持法律优先的原则，这一条是跨社会制度的普世要求。当暗访报道的内容与写法，与所在国的法律相悖时，媒体记者应该自觉选择删除或隐去。如果暗访报道写作中，毫无顾忌只管赤裸裸描述记者看到听到、偷拍偷录的情景，那么，媒体就会成为令人恐惧的场所。我们不会忘记，台湾艺人白冰冰女儿被绑架"撕票"案、香港《东周刊》女明星裸照案，写得越详细越逼真的媒体报道，恰恰在渲染犯罪方面立下了"汗马功劳"。事实上，成熟的媒体和成熟的记者，是不会靠这种下作手段来博人眼

香港艺人举行"天地不容"声讨会，声讨《东周刊》，成龙、张国荣、梅艳芳等人都振臂支持刘嘉玲。

球、抢占市场的。早在美英新闻业竞争初期，"黄色新闻"泛滥和便士报的上位，就留下了沉痛教训。此后，媒体和记者已经抛弃这种对社会有害的竞争手法。在我国，1994年3月15日颁布的《中共中央宣传部、新闻出版总署关于加强管理进一步办好报纸"周末版"的意见》就规定："不允许刊登淫秽、色情和渲染凶杀、暴力等有害读者身心健康的内容。" 1995年2月20日颁布的《新闻出版总署、司法部关于进一步加强法制类报纸管理的通知》第三条规定："要增强社会责任感，大力宣传社会主义精神文明，刊登案例要采取正面分析的方法进行正面教育，不得渲染凶杀、暴力，不得进行格调低下的性描写，不得刊登裸体照片。标题和图片设计要坚持健康高雅的格调。"因此，暗访记者写作时必须依照法律和新闻纪律，将社会效果放在第一位。

逼真再现的违法犯罪事实，可能侵犯公民隐私权。任何一篇暗访报道，都会涉及违法犯罪的主体和客体。当其涉及公民隐私或阴私（即有关于性器官或性行为的状况）时，尤其是触及被害客体的隐私，就必须主动绕开或完全删除。新闻界无权以披露新闻事实、满足公众知情欲而侵权。自然人享有私人生活安宁和私人生活信息依法受到保护，不受他人侵扰、知悉、使用、披露和公开的权利。它是一种人格权，联合国还将其作为基本人权写进了国际公约，我国是签约国之一。新闻记者本应是公民隐私权的守卫者和倡兴者，但囿于暗访中的某些事实特别诱人、公众的集体窥视欲望又很强烈，这就可能导致暗访写作中的出位，给隐私持有人造成心灵和其他伤害。在2014年2月9日央视的东莞黄流报道中，记者暗访了八九个高档会所。在招嫖和找嫖当事人的画面上，脸部都打了马赛克，那些"选秀"现场的"小姐"却暴露在光天化日之下。这种不同暗访对象的不同方式处理，显示了记者对"小姐"人格权的轻蔑，也是对妇女隐私权的一种侵犯。更有一家香港媒体记者，为了暗访某大牌明星父亲的病危状况，花钱雇用暗访对象家保姆在其主人家中沙发里安装了窃听装置……这样的报道出笼之后，怎么会不侵犯公民隐私权呢！

逼真再现的违法犯罪事实，可能造成手段模仿传播。既然写实，就不能不暴露暗访中发现的犯罪内容、犯罪手段、犯罪方法等。特别是作案手段如何残酷、怎么恐怖、为啥血腥、何为淫秽，这些对守法公民普罗大众来说，或许都是大开眼界最抓人的内容。记者照实细细写来，确实会大大增加阅读率、收视率、传播率。可它附带的犯罪诱惑与变相技法教授，危害性更大。尤其在模仿能力强的一部分青少年和已有潜在犯罪心理动机的人群中，这种暗访报道往往直接产生模仿、指导、教唆效应。比如，揭秘赌场"抽老千"之术，逼真再现只能助推"老千"的大规模繁衍。偷拍夜莺和嫖客如何讨价还价成交，逼真再现就会给非法卖淫生意带来"娼盛"。曝光盗窃犯罪中的撬门扭锁巧开保险箱，逼真再现一定给更多的家庭和单位造成新的灾难。解密计算机和手机新型诈骗手段，逼真再现无非是给歹心之徒创造了免费学习的机会……另外，暗访报道的刑事大案要案，应严格限制披露警方侦破手段及过程，以免为罪犯提供反侦破经验。大众传媒面对的受众形形色色千变万化，记者在写暗访报道时，不能不顾及复杂对象的接受心理，不可以任性而为。

逼真再现的违法犯罪事实，可能带来某些反暗示心理效应。暗访报道中对犯罪分了的反动性、贪婪性、残暴性、野蛮性、冒险性等强烈的反社会心理和猖狂的犯罪活动的揭露，会引起一些人的消极兴趣，产生反暗示的社会心理效应，或使具有反社会心理倾向者与犯罪分子产生心理共鸣，其反社会心理和侥幸冒险心理得以强化，诱发犯罪动机与犯罪目的。有些人则对犯罪分子猖狂的犯罪活动产生恐惧和明哲保身心理，不敢与犯罪分子作斗争。（林崇德.心理学大辞典（上卷）：上海教育出版社，2003年）

逼真再现的违法犯罪事实，可能给当事人带来人身危险。既是暗访，当然是正在进行时的违法犯罪实录，如果已经侦破抓捕和法庭宣判，那就不存在记者暗访的必要了。但这种新闻倚重的"正在进行时"，有时也给记者报道后果带来两难抉择。时过境迁"黄花菜都凉了"，及时掀开司法机关下手不及。许多暗访记者考虑较多的是前者，只顾自己的作品惊人，而忽视了为逼真抢抓而造成的严重后果。警方曾经忠告新闻界：有些案件一经公开报道，特别是记者详细披露了受害人及其家属亲朋，可能妨碍侦破或危及当事人人身安全，媒体就应当自觉屏蔽。如绑架案在人质被安全解救以前，毒品、走私案在未破获之前，媒体就不能报道案件的发生，更不能通过暗访手段跟踪报道案件侦破全过程。台湾白冰冰女儿被匪徒"撕票"，英国世界新闻报的"窃听门"事件等，显然是新闻记者不顾受害者死活逼真报道的惨痛后果。所以从这个意义上说，暗访记者笔下性命攸关，不可纵情！

逼真再现的违法犯罪事实，可能不当定性影响司法公正。记者暗访到的新闻事实并非法律事实，两者之间的内涵不同、性质不同、作用不同，它们不可混淆更不可替代。新闻事实是被采访报道者发现抓取的客观事实，它是见之于人的认识和报道表达的一种事实，"体现了语言与经验事实的同构关系"。而法律事实是通过书证、物证、视听资料、证人证言、当事人的陈述、鉴定结论、勘验笔录和现场笔录7种，经由法庭司法裁判中认定了的事实。在暗访报道产生轰动性社会影响之后，人们对相关违法犯罪的认识和批判之声如潮，客观上对后来的嫌疑人审判带来舆论压力。尤其是不同的暗访记者囿于自己的采访深入度、掌握材料的多寡、价值判断水准、法律知识深浅等各异，可能存在对事实性质的认定上存在偏差。结果不当定性的报道，直接影响司法公正。央视不止一次"媒体定罪"、自证其罪报道，都造成了舆论不当审判的后果，曾经引起著名大律师陈有西的愤怒，声言要诉诸法庭。这些，也是值得我们警惕的。

既然记者暗访逼真再现存在着这么多风险，那么媒体是否退出底线以求安全自保呢？显然不是。最好的办法，是在暗访报道写作中，精心找出那些可能与现有法律相矛盾相冲突的部分，采取回避法处理。其他则尽管逼真再现好了。

司法上的回避，是指司法人员由于对本案有利害关系或其他关系而不参加该案的侦察、审判等活动，以防止徇私舞弊或发生偏见，有利于案件的公正侦破和审理。而暗访写作中的回避，则是对某些与法有违的新闻素材进行隐去、绕道、寻找替代等方面的技术处理，使公开发表的报道既照顾新闻真实，又合乎法律条文和新闻纪律规定，取得最佳社会效果。这是聪明的记者、智慧的媒体上上之选。

回避违法的第一招，是隐身。暗访报道隐去一些可能招致报复或其他伤害的人物姓名、住址、身份特征、至爱亲朋。许多时候，恰恰这些姓名等元素，正是新闻"5个W"中的一个要素怎么办？那就只有使用记者给他起的替代名和其他替代来"打马赛克"。但是，一般要在文中作出明确的交代：为了当事人人身安全，特以×××替代。在这里必须强调，如果暗访报道没有暴露利害关系人姓甚名谁，但其他内容如果能推断出当事人，也是绝对不允许的。因为在法律上对新闻侵权诉讼，是以记者报道客观上是否暴露原告身份为标准的，并不在乎你写名字了没有。只要其亲朋好友、单位同事、社会受众能够从报道中推断出此人，新闻侵权的责任即成立。比如一则南方电视台暗访报道，在时评画面上给被强奸妇女脸部打了马赛克，流动文字和记者画外音也没有提及真名实姓。可这位受害者的腮帮上有一块明显的胎记，她的家人和同事当晚看到电视节目就惊呼……还有一家西北省会的报纸，记者暗访报道了盗挖古墓的犯罪集团如何猖獗。其中就有三座秦汉官员下葬墓地非常具体的方位。现在，第一座已经被非法盗挖，那第二座、第三座虽然没有写具体村庄田野名称，但其他有犯罪动机者可以轻松从哪座山麓、哪个河畔、哪块高粱地右侧等自然条件，推断出古墓遗址。南京一家周报，大特写版写一位农村女孩为贫所迫，被一所艺术学院教授循循善诱去当裸体模特。报道立即在其村里掀起轩然大波，人们看到化名范晓华的漂亮女孩，是出生在这样的家庭环境的：在美丽的南京长江大桥（全国只有一座）北面，有一座美丽的金牛湖（南京江北唯独一个），美丽的金牛湖边有一座美丽的小村庄（金牛湖畔只有一个村），美丽的小村庄有一位美丽的姑娘（她就是十里八庄有名的村花）……结果世俗的口水淹没了这家人，当事女孩很快精神失常疯掉了，只要人多就会脱得一丝不挂。这样的悲剧，使报道记者吃了新闻官司并败诉。

回避违法的第二招，是绕过。事涉暴力犯罪血腥场面和其他不堪入目的内容，暗访记者在写作中，需要毅然舍弃，或者用其他方式来替代。感官刺激可以博受众眼球于一时，但很快就会被主流人群主流价值观所唾弃。逼真还原暗访事实，与原封不动和盘托出那些少儿不宜、大众恶性、法律不容的内容，没有本质的等号关系。有所为有所不为用到记者暗访报道写作上，就是要审时度势，决定取舍，依照法律的准允度去选择已经搜集到的报道素材。 2014 年 1 月 16 日，南方某报发表长篇报道《枪手范杰明的杀戮 6 小时》，报道罪犯先后杀了包括他的同事、公司法定代表人、黑车司机以及一位

范杰明杀人案的遇害者家属来到法院，面对记者采访痛不欲生。（东方网记者 卢俊宇 2014 年 1 月 13 日）

海军哨兵在内的 6 人。文中毫无顾忌地渲染罪犯血腥杀人场景及其杀人手段。"他拿着装有硫酸的注射器喷到张云峰的脸上，捂着脸的张云峰退后两步蹲下来后，范杰明顺手拿起钢管不断敲击张云峰的头部，直到张云峰趴在地上，溢出白色的脑浆……"还有好多无法继续在这里传播。像这样令人恐怖的情景细节，生动逼真已经出格，记者和编辑在报道处理中，就应毫不留情地舍弃。在完整报道中绕过这么一节，既不缺少新闻要素，也不至于影响了报道的可读性和吸引力。

回避违法的第三招，是粗写。暗访报道有的地方过于详细可能违法或社会效果不好、一刀砍下去又可能对新闻要素伤胳膊断腿，遇到这类难以割舍的内容，记者写稿时就只有粗线条处理才行。粗，意味着概写，只交代新闻要素，只对变动中的事实进行笼统描述，不追求细节、不过于翔实。比如闽南一家媒体 2017 年 1 月 24 日报道《男子带切割机抢银行在墙上挖洞被当场抓获》，它就暴露了具体的犯罪手段。而此前不久的美国纽约时报报道的纽约皇后区雷哥公园的麦斯佩斯联邦储蓄银行（Maspeth Federal Savings Bank）被盗案，则注意到作案手段细节的隐蔽性，用粗写之法取而代之。暗访报道的生动性固然需要细节场景，有些特写式体裁和笔法，还需要越详细越好。但在整篇报道中，一般还是有所为有所不为，换句话说，绝不是所有都细，如果那样就不彰显报道细节的魅力了。虽然相对论诞生了一百多年，但是现代人在没有系统学习物理之前，其时空观依旧停留在牛顿的绝对时空观，认为时间和空间没有半毛钱关系，时间是均匀流逝的，空间总是均匀平直地分布着。所有新闻写实，细腻和粗放都是在两相映照对比中显现出来的。细是相对于粗而言，如果暗访报道没有粗线条，细腻也就不再凸显。

回避违法的第四招，是免议。有些暗访记者习惯于在报道中表达自己的观点，这对涉案新闻其实是一个大忌。因为，在警方尚未抓获涉案嫌疑人、检察院尚未批捕起诉、法院尚未开庭审判前，所有涉案人和案件情节，都还没有定性。记者仅凭暗访所掌握的局部事实妄加评说，很容易先入为主进行舆论先判。高明的记者总是善于把事实和记者的主观意见完全分开处理，而且报道最好的方式就是用事实说话，通过对事实的选择和排列，表达记者的价值观判断。毛泽东的秘书胡乔木早在延安《解放日报》创刊时期就说过，美联社记者个个都是宣传部长，正是要求学习借鉴他们用事实说话的新闻报道写法。暗访报道最好不要掺入记者的主观评论，相信公众对新闻事实的价值观判断。你超越司法程序提前做出定性，或者报道带有明显倾向性，或者以道德标准评价法律问题等，都可能对当事人造成侵权，对司法公正独立造成干预，对舆论产生不当导向。

二、公开报道与"线人"安全

"线人"，最早是给警方秘密提供涉案情报者的代称。这种人有的是与犯罪集团有关系的志愿者，有的是被警方招募戴罪立功的罪犯。有材料显示，香港每年用以酬劳线人的资金高达 5 亿元。在英皇公司出品的警匪片《线人》中，刑事情报科督察李沧东一直通过线人收集情报破案。一次行动，沧东为了抓嫌犯，无奈地牺牲了他的线人废噏。废噏身份被识破，被仇家复仇身中多刀，从此沦为疯子……在另一场抢劫银行大案中，狱中罪犯细鬼应召参与作案去做线人，结果也是身中一枪……

新闻线人，指在媒体编制外，兼职或专门用新闻眼光关注身边所发生的事件，并通过为媒体提供新闻线索来获取报酬的人。（《新闻传播学辞典》程曼丽、乔云霞主编 新华出版社 2013 年 2 月）事实上，有的线人根本不取报酬，只为社会正义。

给记者暗访提供新闻线索或相关素材的线人，由于事涉违法犯罪，身份暴露后的人身安全可能遭到打击报复，至少可能遭到威胁或社会压力，因此，对这些为媒体揭黑提供重要帮助的贡献者，记者编辑有为他们隐匿保护的基本责任。在全世界新闻职业道德和伦理规范中，无论国家信仰和社会制度以及经济政治状况如何，保护线人都是被媒体及其从业人员当做义不容辞的责任。联合国新闻自由小组委员会颁布的《国际新闻道德信条》和国际新闻记者联合会的《记者行为原则宣言》中，都有"应当保守职业秘密"的规定。甚至具体为："关于消息来源，应当慎重处理。对暗中透露的事件，应当保守职业秘密。这项特权经常可在法律范围内，作出最大限度的运用。"

导致美国当时在任总统尼克松下台的"水门事件"，就是由神秘线人"深喉"提供重要报道素材，华盛顿邮报两位记者循着线索深入调查最后惊爆于天下的。尽管他们当时受到司法部门的强大高压和反对派的强烈质疑，但坚决不交出"线人"是谁。记者用前后跨越 30 年时间，实现了对线人"深喉"承诺，在他本人意愿或有生之年绝不暴露消息来源和其身份。 2005 年 5 月 31 日美国联邦调查局前副局长马克·菲尔特在家中向记者自曝"深喉"身份。这是史上最著名的记者保护线人的正面典型案例之一。

英国 BBC 捅开的"伊拉克门"，曝光了美英两国捏造大规模杀伤性武器和化学武器情报而发动伊拉克战争新闻，"线人"凯利后被出卖愤然自杀身亡。英国国防部和 BBC 之间为究竟是谁该为凯利之死担责，相互"口水战"不可开交……

武器专家凯利因被出卖自杀身亡，在英国政坛和新闻界引发轩然大波，各种报道铺天盖地。

凯利是曾经长期参与联合国武器核查工作的英国国防部武器专家，先后 36 次进入伊拉克核查生化武器情况。 BBC 从他那里获取了布莱尔政府为配合美国发动伊拉克战争，而授意制造并公布虚假情报的新闻素材。但该通讯社记者古利根在报道中泄露，消息源是一名"高级情报官员"。并向英国议院外交事务委员会提交证据，要求调查政府是如何引导英国走向战争的。国防大臣胡恩写信给BBC主席，要求知道是谁向BBC记者透露情报。随后有人称凯利就是向BBC透露情况的人。10天后，凯利自杀身亡。这是史上最著名的记者致害新闻线人的典型案例之一。（《现代国际关系》洪建军2003年第8期）

在我国，中国改革杂志社曾经因发表一长篇深度调查《谁在分肥》，而被广州华侨房屋开发有限公司告上法庭。在法庭质证中，杂志社想要胜诉只有公开消息源，让提供材料线索者公开作证。但他们冒着败诉的危险，毅然选择绝不交出"线人"。广州天河区人民法院最后做出了公正判决：界定新闻报道的内容是否严重失实，应以其所报道的内容是否有可合理相信的、为事实的消息来源证明为依据。只要新闻报道的内容有以一般人的认识能力判断认为可合理相信为事实的消息来源支撑，而不是道听途说或是捏造的，那么，新闻机构就获得了法律所赋予的关于事实方面的豁免权。这是我国司法和媒体，保护新闻"线人"的典型案例之一。

有调查证明，我国媒体报道隐匿消息源过滥超过美国。哥伦比亚大学对2004年美国媒体的调查发现，仅有7％的报纸新闻不明确注明来源。而我国的研究者随机选择2007年9月25日至10月9日《人民日报》《北京青年报》等十余种报纸以及数家国外通讯社的40篇"硬新闻"，在总共164处消息来源语中，含蓄不露、似真非真的消息源共占58.5％。（《新闻报道中的消息来源和转述动词浅析》郭娟 田睿 2007年第6期现代传播）

在记者暗访报道写作中，要考虑公开报道的可信度，就不能不向受众交代新闻"5个W"中的消息源，否则就是要素残缺。这种定律在大多数报道中是成立的。无论记者主观还是客观原因，忽略了消息源的支撑，新闻就有可能成为杜撰造假的出口。美国多家主流媒体参与报道的伊拉克战争中女兵林奇的英雄主义传奇故事，就是缺乏明确具体消息源的骗局报道。2003年4月，纽约时报黑人记者布莱尔发表失踪美军报道时，被发现可疑消息源。责任编辑深入追踪，竟然揭开布莱尔自2002年10月以来所撰写的73篇报道中，至少有 36 篇不是完全造假就是抄袭。为了逃过编辑和受众的眼睛，他就是使用模糊或隐匿消息源的手法，招致纽约时报"陷入 152 年报史低谷"。纽约时报第一次在头版头条刊登 7239 个单词的长文《辞职的记者留下一长串欺骗》，进行自我曝光。

可是，有些涉案暗访的重要线索或材料，是由"线人"秘密提供的。公开报道暴露他们的身份或姓名，往往后果不堪设想。因此，必须采取模糊或者匿名方式处理。这就形成了一个二律背反的矛盾冲突：隐匿消息源可能影响新闻的可信度，更严重的是可能给虚假新闻制造一个护身铠甲。不隐匿消息源可能造成"线人"安全危险和打击报复的问题。怎么恰当处理才是智慧正确的选择呢？

确定什么条件下可以使用隐匿消息源，是第一位的。常态下的报道，即使是记者暗访，也必须在文中交代消息源。姓名要明白无误，涉及到的单位、职业、地址、身份地位、照片等，根据报道需要和受众关注度选择交代。这里所说的"常态报道"，是指没有非常特别的理由原因而必须改变正常规范的报道。媒体和记者执行这个规范，可以防止新闻报道匿名的滥化。我国 2009 年修订的《中国新闻工作者职业道德准则》中，对匿名问题没有明确的规约。只有新华社、《广州日报》等传媒机构制定的采编人员行为准则中有些笼统粗略的规定，更多记者和媒体面对匿名与否的难题还是靠经验和习惯来处理。这种非理性的决断有很大的随意性，有时难免失当。（《消息源匿名的道德冲突与化解路径》安徽师范大学学报［人文社科版］，陈新平 2011，39）

其次，尊重"线人"自己的选择和意愿。由"线人"提供报道线索或其他重要材料而采取的暗访，记者一开始接触"线人"就要了解其在日后报道中，是否愿意公开的问题。如果公开可能会产生什么样的后果——是由双方共同评估而非任何一方自己想象和表达可以定论。如果"线人"因人身安全或可能招致的打击报复提出保守秘密要求，除非记者放弃其线索材料或相关报道，否则，必须尊重对方意愿。但此时，记者要明确告知对方，所供线索与材料需要承担道德和法律责任，经得起事实和公众的检验。

左：市民围观"元宝哥"询问情况，新华
社记者对此产生怀疑。张勇 摄
（《[新华调查]济南"元宝哥"事件暴露职
业"新闻线人"弊病》2010 年 7 月 23 日）

右："线人"王白木
策划编造的"元宝
哥"感人故事，正
在济南街头上演。

　　第三，对"孤证"匿名消息源进行复查验证，并寻找有无其他非匿名的替代方案。"线人"只是暗访记者获取证据的一个初始渠道，而不是新闻报道推出的全部充足理由。因此，记者有义务有责任对其提供的线索或材料，进行复查验证，也就是将暗访报道的"孤证"升华加工为两个或两个以上、有内在关联关系的逻辑证据链。如果这个无法做到、出现站得住脚的反证，记者就要考虑放弃"线人"。如果"线人"要求隐匿的理由并不充分，记者又不愿放弃此新闻选题，则可以寻找有无其他非匿名报道的替代方案。另外一种，是对"线人"的可靠性和素质进行必要的考察。有的"线人"为了赚取"爆料费"而人为制造报道线索，必须甄别清楚。新华社记者就调查过在济南的一名职业"线人"，他自己编造策划了所谓"好心人遗留元宝、义丐 8 天守候失主"的新闻，当地好多媒体受骗上当，也有明知是局却"顺水"做新闻。这是一个负面教训。

　　第四，交代记者为何不暴露消息源姓名和身份的理由，是必须的。一旦确定暗访报道中将"线人"隐姓埋名，无论如何一定要在报道中，向受众交代不暴露消息源的理由是什么。出于对方安全、出于信用道德、出于环境因素、出于其他什么。总之，这种明确交代，等于给受众吃一颗定心丸，解疑释惑也使暗访报道本身具有说服力和公信力。

第五，应该使用不能被人推断出的假名或代称。既然对"线人"已经作出了承诺，公开报道不再透露其姓名，记者就要想办法借用其他"代称"，以保新闻要素的周全表达。没有这个，"5个W"或许就是残缺的。但是，此时要注意"代称"的泄密可能性。有的把"线人"姓名用谐音字替代，很快被推断出具体当事人。有的取"线人"姓名中间的一个关键字，也会带来麻烦。也有的以"线人"的职业或住址构名，往往也会让人跳进黄河洗不清。我们应当使用不能被"线人"的亲朋好友以及单位同事、其他熟人推断出的假名或代称，才是万全之策。

第六，保密承诺，坚持在任何压力下绝不毁约。使用"线人"重要线索或证据材料的记者及其所供职的媒体，无论遇到什么艰难险阻或者强大压力，都必须信守保密承诺。在没有征得"线人"同意的情况下，坚决不向任何人、任何组织（哪怕执法机关）暴露姓名和背景。甚至成为法庭被告，也要毅然坚守绝不出卖。 1982年美国明尼苏达州地方竞选中，《星论坛报》和《圣保罗先驱报》记者采访共和党候选人的公关助理丹·科恩佐的新闻中违背不透露其姓名的承诺，名字被暴露后导致他被解雇。科恩佐将两家报社告到法庭，官司一直打到美国最高法院， 1991年最高法院裁定两家报社败诉，给予他20万美元的实际损害赔偿和50万美元的惩罚性赔偿。媒体和记者因为出卖"线人"而名誉扫地。（《法治与自律——新闻采访权的边界与结构分析》许加彪2005年山东人民出版社）

第七，向媒体领导汇报匿名消息源原因和真相。暗访报道具备充足理由将"线人"隐匿，但在公开发表之前，即在报道提交编辑领导审阅的同时，就要诚实报告其做法的原因和背后的真相。就像华盛顿邮报两名年轻记者当年揭开"水门事件"黑幕前，首先向该报总编辑报告了隐藏在背后的一切，确保了媒体坚定不移地在高压之下力挺记者。不过，这种汇报只能在极小范围内，一般限制在媒体主要领导中，如果扩大则有"漏风"的可能。与此同时，媒体编辑有权也有责任对记者所提供暗访报道中的可疑之处，约请"线人"谈话或共同审稿。只由当事记者与"线人"单线联系的做法，是有可能偏听偏信出问题的。

第八，保存好"线人供货"证据，防止官司或出尔反尔。暗访记者依据"线人"指路所作的报道，已经产生广泛社会影响，从这个时候起，担负主要社会责任和法律风险的应该是媒体和记者。一旦发生新闻纷争甚至出现民事与刑事诉讼，冲突的主要承受方不在"线人"。因此，暗访记者一定要长期保存好"线人供货"的所有证据，以防万一出现的"反水"。你不出卖他、他却出卖了你，这种情况在业界也是有所耳闻的。

三、发表时效与司法处置

暗访报道的时、度、效，是所有新闻报道体裁中最需要恰当把握的品种。它既应该遵守媒体竞争激烈下新闻争抢时效的原则，又应该照应到报道所涉案件的司法破获与处理。记者和媒体不能简单以自己发表为快，而不顾客观社会效果。如果不注意这个，无异于给非法犯罪通风报信进行预警，可能造成案犯逃逸、资产转移、证据毁灭、证人遇害的严重结局。如何处理好两者之间矛盾关系，实现两者的平衡与统一，也是暗访报道写作中的一个重要环节。

"抢打第一枪"，是新闻江湖的基本操作法则。在重大新闻、突发事件、社会关注度大的热点焦点面前，先人一步、先声夺人，掌握舆论的主动权和话语权，是体现记者素质、媒体水平的拿手一招。面对新媒体竞争，传统媒体往往在动态性新闻争抢上望尘莫及，只能在深度报道、调查性报道、思想性报道同台竞技时，抢拔头筹。记者暗访当属深度和调查之列，如果在这方面的报道时效比拼不过新媒体，那就将失去传统媒体最后的"马奇诺防线"而一败涂地。但优秀记者优秀媒体的竞争目标绝不仅于此，还要在整个新闻同业中，最早最快对新闻作出反应，将事实发生和报道发表之间的时间差，缩短到最小限度。

记者暗访与其他报道相比，具有许多非常特性，它会在客观上对报道时效产生本能制约。如暗访了解真相、掌握证据的艰难，使短时间迅速报道成为不可能。美联社为了揭露东南亚血汗海鲜和渔奴非人生活状况，派 4 名女记者花费整整一年时间暗访才做出公开报道。中央电视台为了在 3 · 15 晚会曝光麦当劳食品不卫生和过期状况，提前几个月派记者前往参加工作招聘，然后卧底进入后场……暗访核对事实、政策咨询、法律保障等，受制于媒体以外的因素为主，这个不可或缺的环节，记者和媒体都很难在时间上实现自控……暗访审稿环节较多较复杂，内部除了主任、分管总编、值班总编，最后一般都要"一把手"亲自把关定夺。内部还好外部更难，有些暗访还必须拿到涉案司法、质检、安监、工商税务等部门去请他们审阅专业把关（和一般咨询不同）。程序上所花费的时间就很冗长……最难最棘手最无可奈何的是，有些暗访报道的公开，必须和司法部门重拳出手破获抓捕同步进行。媒体稍微超前越位，就有可能造成难以挽回的严重后果。可是，暗访报道的内容对象一般不像其他新闻，这基本是"正在进行时""尚在演变时"的新闻，而不大会是"已经发生时"甚至是产生了后果的新闻。因此，每一天每一小时每一分钟，都意味着可能发生重大变故，报道也可能成为明日黄花。

面对这些困难，尤其是发表时效与司法处置之间的矛盾，暗访记者在写作中如何两头兼顾，将时、度、效处理得尽可能统一、平衡，至少要从以下几个方面入手——

将所有暗访报道写好并通过审核程序，张弓待发跃如也。一旦司法机关强力动手，加上简单"由头"或者结局性文尾，立即推出发表。这里面包含暗访稿件架构上"切"的学问和"结"的技巧。记者不是简单地按时间排列顺序先后为文，而是要千方百计将司法部门的出击行动，与记者暗访所发现、所惊爆的事实紧密联系起来，通过写作无缝转接，让受众产生两者具有内在前因后果关系的感觉。在这个意义上讲，此举就从暗访记者被动等待司法处置、文章结构作些调整，升华到暗访报道立马产生的显著社会效果上来了。

由中央电视台、公安部、国家禁毒委联合拍摄的《中华之剑》，是世界上

境外毒品加工厂每个都有军队把守。一军人对着记者暗访镜头说：如果把毒品禁了，那我们部队吃饭从哪里来？我们的武器从哪里来？央视视频截图

记录时间最长的一部讲述有关毒品的纪录片，片中出现大量记者针对贩毒分子的偷拍偷录镜头。按照法律和新闻行规，这个领域的记者暗访是被严格禁止的。但该片的全部暗访报道内容通过媒体向社会公开，却是得到司法部门授权同意并保护的，而且在获取证据揭露发表之前，经过了他们的严格审核。甚至对发表时机都有过精心策划与研究。一旦《中华之剑》推出之时，央视记者只不过在其掌握的确凿证据前后，加入警方突袭抓捕的由头或结尾，整个暗访就可以安全有效地和盘托出了。

与司法机关商定，布控到位立即发表暗访报道，为制造连续深入新闻产品埋下伏笔。这属于媒体与执法机关的一种联动，一般只要双方配合得当，社会影响效果会很好。这和上面那种操作的不一样，在于记者可以全程参与并目击执法人员的行动过程。不是简单在原暗访报道中加头加尾，而是另起炉灶写一篇或几篇雷霆风暴的后续报道跟踪报道。其中，除了写主笔写警方外，还可以写违法犯罪嫌疑人落网的其他情景。如果执法过程中，收缴出枪支弹药等凶器、鸦片冰毒等违禁品、被非法拘禁受害者、金银钱财等不法所得……记者更可以循着这些线索，展开其他更为深入的调查报道。

央广《新闻纵横》记者曾经化装成东北地区大老板，采取"机会提供型陷阱取证"手法，深入江苏南部一家企业暗访非法生产销售一次性注射器和输液器的情况。当他们获得暗访对象"三证"（生产许可证、市场准入证、卫生许可证）都是不法手段搞来的、还宣称可以出具增值税专用发票原声录音后，一次性订货10万套注射器。带着确凿证据，记者向国家药监局、江苏药监局以及江苏省公安厅报案，并商定实施围剿抓捕和公开报道计划。结果如其所料，黑工厂被抄、黑老板被抓、大量的假货被查缴、打假不力的有关责任人也受到追究。央广连续3天播出的特别报道《江苏打假暗访实录》，在全国上上下下引起轰动性反响，连国务院总理都在播出第二天作出重要批示。江苏13个地市一把手还集中收听收看该报道，然后部署全省各地声势浩大的打假行动。央广其后继续跟进报道，新闻媒体和暗访记者尝到了与有关部门合作联动，运作舆论监督的甜头。

一边发表一边报警，将新闻时效与出警时效高度统一起来。这种情况，只适合被暗访对象处于信息闭塞、与外界隔膜的空间状态，或缺乏交通工具难以逃脱的地带。这种操作尤须谨慎，如果考虑不周，可能带来严重后果。也即犯罪嫌疑人闻风而逃，证据灭失、"线人"遇害等。

南都记者高考替考内幕卧底暗访报道，从写作到发表，就是这种精心策划精心处置高度统一的典型案例。当记者跟随20多名替考者顺利瞒过检查关口，进入考场开考之时，千里之外报社这边已经将暗访报道组织好，并选择上午10：49，2015年高考开始一个半小时后，在官方微信公众号以及客户端同步推出。这篇新闻稿的推出如同一颗重磅炸弹，随即在朋友圈被网友刷屏传播，阅读量很快就突破了10万＋。十几分钟后，《南方都市报》在其官方微博正式发布。请注意：南都并没有选择在清晨出版的当天报纸上发表暗访报道，正是出于不打草惊蛇，需要同时立即向江西当地警方报案请求抓个现行的考虑。此时此刻，坐在考场里的那些违法替考者已经完全与外界隔绝，根本无法知晓媒体曝光和警方的行动情况。另外两名组织者彭某赵某虽在考场外面，但也难逃打击范围，当晚也被警方捕获。南都记者确认替考组织真实存在后，立即向警方报案。该报还及时呼吁正在参与替考的学生主动报警，接受调查，并呼吁教育部门对其"身份证"信息使用机器识别，堵塞肉眼识别的漏洞。看来，无论打击涉嫌违法犯罪，还是媒体暗访发表时机，都取得了最佳契合的社会效果。此间，绝对不能在衔接上出现任何差池。

重大公共突发事件的正在进行时暗访报道，不留间隙时间，用"震惊"的舆论高压，促使司法机关强力介入。确有一种暗访素材，即媒体披露前受害人报案过、知情者举报过、社会公民反映过，但涉案管辖地官僚主义旧习浓厚的司法部门总是"大象屁股推不动"。在这种情况下，新闻媒体就可以出动记者暗访，掌握活生生的事实证据，以触目惊心的社会危害震惊大众和领导机关，通过汹涌舆论的无形之手，强推执法部门履职。这类情况，是记者暗访被迫而为的一种和司法处置互动的特殊方式，属于万不得已而采取的一种下策。一般在实施暗访计划前，媒体需要评估舆论可能失控、与司法机关形成对峙这两个风险。而在报道推出时，一般也不用记者的评价语言批评前者执法者麻木不仁、徇私枉法等等。我们只用危害事实说话，至多引用被害人泣诉控诉的方式，表达对问题迟迟得不到解决的愤怒足矣。千万不要点名道姓或针对性地指控某个具体的执法机关，因为这样不但增大了暗访报道面世后的风险，也会使媒体超越新闻职能实际犯错。

印度军火采购中的腐败早已在坊间流传，反对党国大党、印共（马）、印共等多次在议会呼吁最高司法部门介入调查，但总是泥牛入海无消息。 2001年3月13日，印度"泰赫尔卡"网站记者通过暗访，突然劲爆一笔价值60亿印度卢比的军火交易腐败大案。正在播放的现场偷拍偷录证据显示，执政的印度人民党主席拉克斯曼把10万卢比现金收进抽屉，并表示另10万卢比可以给美元。国防部长费尔南德斯的最大盟友平等党主席贾娅·贾伊特和几个印度军方高级将领及国防部官员，竟然受贿接受了20万卢比现金，然后表示他们可以促成交易。整个录像长达4个小时。人民看到这样的暗访场面，迅速掀起怒潮，反对党积极分子跑到印度人民党总部外展开火烧、打砸等暴力抗议。其实，画面上行贿的军火公司正是由"泰赫尔卡"网假冒的，这家假公司什么武器也不生产，所谓的军火交易也是虚构的。当晚，印度议会被迫休会，司法机关立即动手，印度人民党主席莱克斯曼只得宣布引咎辞职。环绕在这个国家很长时间的军火交易腐败案，由于媒体的暗访猛料而迅速得到了严肃处置。

左上：防暴警察发射催泪弹驱散议会附近国大党示威者。
右上：示威者在议会附近和警察发生冲突。

其实，新闻时效性，原本就是表达传播时间与传播效果的关系，它本身涵盖新闻产生社会效果的时间限度，发布新闻的合适时机。我们在这里研究讨论的，是这两者反映在记者暗访报道写作处理的操作艺术。同时，还结合暗访自身特点，兼而考虑了传播环境的外在因素。

第九章

记者卧底的非常风险应对

卧底，是暗访中对记者人身安全威胁最大的一种危险活儿。如果说暗访是新闻采访中万不得已才会使用的最后手段，那么，卧底则是暗访中"穷尽一切采访手段无法获得信息、此事件与重大公共利益相关"时，方可使用的最后手段。

记者卧底的危险，首先在于这是一种基本"脱法"的状态。即便是警方为破案的需要实施卧底侦查，在我国也没有任何相应的法律依据。缺乏法律保护，记者一旦遭遇不测事件，对违法犯罪分子的追惩以及其他后事处理也很艰难。威慑不存在，伤害的可能性就会增大。

记者卧底的危险，其次在于当事人基本处于"地下"状态，整个行动游离于公众视野之外。没有社会环绕的关注和监督，"黑暗"环境就会有助于违法犯罪铤而走险。记者自己处在舆论监控盲区，也有可能以正当目的为由而滥用手段出格妄为。

记者卧底的危险，第三在于与媒体管理方可能处于一段时间的失联状态，自己的工作行踪、临场作为、采访对象、危险处境、应变策略等，编辑部因基本不掌握而无法给予指导和帮助，全靠前方记者自己在孤立无援环境下独立判断和把握。记者潜伏期万一遭遇不测伤害，外部无法提供紧急救援。

记者卧底的危险，第四在于可能触法的行为处于未知状态，记者无主观意愿地侵犯公民隐私或其他权益纯属不得已而为之。为了伪装和"合流"，记者可能要在卧底过程中参与各种活动，其中难保没有侵权行为甚至轻微犯罪。但这些都在行动前无法预料。

记者卧底的危险，第五在于其家属和其他亲人处于连带被威慑状态。一旦潜伏记者暴露被抓捕囚禁或遭伤害，他的家人等亲属也可能受到报复。

"记者无国界组织"统计：从 2016 年 1 月 1 日至 12 月 10 日，全球共有 74 名记者殉职，其中 3/4 因其职业活动遭到暗杀。全球目前有 348 名记者遭到囚禁或被绑架为人质，这一数据比 2015 年同一时期上涨了 6%。（《记者无国界：2016 年全球 74 名记者遇害》环球网记者 赵怡蓁 2016 年 12 月 20 日环球 http://world.huanqiu.com/exclusive/2016-12/9833548.html)

2011 年该组织报告称：这一年全世界有 66 位记者丧生，比 2010 年增加了 16%，1044 位记者被捕，1959 次对记者殴打或威胁，71 名记者被绑架，73 名记者逃离他们的国家。记者无疑是世界上最危险的职业之一，与军人、警察的危险程度相当。

实践中，卧底暗访风险较多较大、需要有明确预案处理的有三类：遭遇生命安全威胁、被限制人身自由、在司法突袭行动处置中被"一锅端"。

鉴于这样的危险，媒体为了防范、化解、避免，必须对卧底暗访确立执行过程中的"脱险"原则。这些原则不仅仅是组织实施卧底暗访中，编辑部上下都必须遵守的基本要领，更是前方记者卧底过程中一定要恪守的最后底线。它可以同时抑制有的媒体为了取得劲爆社会的猛料而不顾记者安危；有的记者为了新闻理想勇敢献身以及个人英雄主义所导致的悲剧。

适用原则：卧底暗访只针对严重侵犯公众利益的组织集团化违法犯罪，而不针对那些孤立的、个人作为的杀人、抢劫、强奸、盗窃、造假、欺骗等新闻素材。这是记者卧底相较于其他所有暗访手段，最显著的不同。所以，在记者掌握新闻线索或"线人"爆料初始证据的时候，认真检查它所涉猎的对象和行为是否具有群体的基本属性，就是能否采取卧底暗访可能的一个依据。当然，也不是所有组织集团化违法犯罪，都必须派人前往卧底。这还只是可以卧底的一个充分条件而非全部必要条件。但如果卧底对象是个体的、孤立的违法犯罪，则可以就此一票否决。

审批原则：实施卧底暗访不可由记者任意而为，也不允许主任一级干部率性决定，其批准权在媒体最高领导，如总编社长台长，或最高决策层集体。由于卧底记者的全部活动均属职务行为，他所供职的媒体应该也必须对其生命安危和其财产等负全部责任。能否实施卧底暗访的自由裁量权如果落入记者个人，或者下放给中层干部，万一发生不测，媒体恐难承担起自己的法律责任。而且，这种审批还是程序正义的需要，也是为了防止卧底暗访手段任意滥用的需要。当然，这种审批应当包括对可预料到的风险进行评估，并找到大致对策，否则，就是草率决策。有特别危险的卧底暗访，还要和警方讨论备案后才能决定。在履行程序过程中，记者个人和中层干部只有提供决策参考的建议权，不可逾矩。

定人原则：卧底中的暗访取证不仅有特殊难度，连进入和潜伏过程中的现场应对，也非常人所能担当。因此，要求选派具备特殊素质和技能的记者担此重任，而不能像常规那样，媒体内谁获得线索就派谁去。并且，要严格禁止受众广泛熟悉的知名记者和节目主持人执行卧底任务。定人以后，除了为其办理人身伤害保险外，还要对其家人亲属的安全作出必要的安顿或保护。

外应原则：所有的卧底暗访，都必须建立紧急情况下的外部支援接应方案。虽说卧底只是记者个人深入虎穴，但为其安全，媒体一定要安排必要的人力、物力，在前方记者遇险时帮助他报警、逃生、救助等。这其中，甚至包括外围接应信号、暗语、车辆、急救等，总之一定要有备无患，让卧底者心中有底可防不测。

逃生原则：在所有的卧底价值中，记者的生命是最重要的，上上下下必须毫不动摇地将此放在第一位。领导在记者行前有关照，生命至上，媒体绝不鼓励以命抵拼获取暗访证据。记者在行中有律令，如果卧底中遭遇危险，坚决放弃任务而设法逃生。爱护记者首先要爱护他们的生命，留得青山在，不怕没柴烧。

守法原则：潜伏在违法犯罪组织集团内的记者，执行着通过偷拍偷录或其他方式搜集证据的任务。现场可能出现对方疑虑、考验、下套、"做活"等难以预料到的各种复杂情况。记者的行为如果出现破绽，就会暴露身份。为了隐蔽的需要，也为了自身安全，他们可能被迫参与其活动。即使这种"从犯"，也有可能因其触法行为而导致事后被追惩。如果是轻微违法还好，如果涉罪，记者完全没有警方侦探和特种间谍所具有的司法豁免权。这种非人身伤害危险，也必须在行动前就明确，记者一定要在守法的前提下完成卧底任务。对此含糊和纵容，就有可能产生"让英雄流血又流泪"的悲剧结局。按照康德的伦理思想延伸，"绝对律令"应用在媒体领域，就要求记者永远不能用侵犯他人权利的方式获得一个故事。

鲁迅先生说：真的猛士，敢于直面惨淡的人生，敢于正视淋漓的鲜血。

郁达夫在纪念鲁迅大会上说："一个没有英雄的民族是不幸的，一个有英雄却不知敬重爱惜的民族是不可救药的。"

任何一家新闻媒体，都需要记者中的英雄，就像为了社会正义不顾个人安危冲锋陷阵的王克勤这样的前驱。但作为对记者从业履行职业行为负有巨大保护责任的媒体，更应该珍惜他们、爱护他们、为他们提供安全的工作环境和岗位。有不少媒体给记者常年办理人身伤害保险，但无论如何这也都是事后所得到的补偿。我们需要把安全的保护坝前移，在进入采访的第一时间，特别是危险性明显超大的卧底暗访前，进行安全评估并制定切实可行的避险保障措施。

法国巴黎一家新闻周刊专门报道中东新闻的美女记者安娜·埃瑞拉（Anna Erelle），32岁的她，英勇卧底暗访IS组织并与"伊斯兰国"高级指挥官假装恋爱，结果被全球追杀。这个真实事件，就是一段惊心动魄的记者大冒险。

在社交网络上，在叙利亚，她是麦乐迪，是"伊斯兰国"恐怖骨干的未婚妻。

一位年轻女子在一家巴黎咖啡馆里坐着，估计她是约了朋友吃午餐。她那紧身紫色上衣衬托出她乌黑的头发和灵动的双眼，而她的十指都佩戴着戒指。她频频望向窗外，但却并不是在寻觅朋友到来的身影：她是在忐忑不安地希望派来保护她的警察不要离她太远。

埃瑞拉曾洞悉"伊斯兰国"极端恐怖组织，如今过着惊恐动荡的生活。她曾接到过死亡威胁，来自网络的无数谩骂，还有一段关于她的视频，上面循环播放着这样的阿拉伯字幕："全世界的兄弟们，如果你看到她，杀了她！"

起初，埃瑞拉只是化身麦乐迪加入年轻穆斯林网络社区，并在 Facebook 和 Twitter 上创建了虚拟的用户资料。她最早的意图是通过线上交流，观察极端主义者和穆斯林青少年之间的网络联系为何与日俱增，甚至规模令人震惊，并由此描摹出法国青少年是如何激进化的。但是出人意料的事情发生了：麦乐迪吸引了"伊斯兰国"组织的拉卡市高级指挥官阿布·毕雷尔（Abou-Bilel）的目光。他深深爱上了麦乐迪，向她求婚并且邀请她来加入他的阿里发王国。

毕雷尔是一名法国出生、阿尔及利亚裔的圣战者，他在伊拉克和"伊斯兰国"组织的头目阿布·贝克尔·巴格达迪结盟，和他一起转移到叙利亚。网上的人们都以为麦乐迪是一个法国南部贫困区的女孩，无父无兄弟，母亲则日日劳作很久。她和毕雷尔通过网络聊天交互个人信息，了解到对方已经杀掉了几十个异教徒。随着信任的日积月累，毕雷尔开始倾诉越来越多他的圣战生活：他讲述了 2013 年"伊斯兰国"组织与叙利亚政府军队争夺拉卡地区控制权的血战，以及他是如何参与到战斗中，如何杀敌斩首，如何虐待战俘。

毕雷尔的真名叫拉奇德，在法国北部的鲁贝市长大。自那之后，埃瑞拉逐渐得知，他在法国曾受到一系列冷血的犯罪指控，并且 2000 年在保释期间逃往伊拉克，在那里，他变成了一个激进主义者。作为巴格达迪的左右手，毕雷尔在叙利亚有三份工作：招募新成员、收缴税费以及指挥部队。

在麦乐迪成为毕雷尔的"未婚妻"之后，她开始在网上的穆斯林朋友圈内变得小有名气。

然后就是毕雷尔劝说她来拉卡市，再然后具体给了她偷渡叙利亚的完整路线图和中间接应、转运人"妈妈"的联系方法。

为了卧底掌握更多实情，记者埃瑞拉毅然决定铤而走险深入虎穴。她按毕雷尔指引，为躲避警察的监控跟踪，乘飞机抵达荷兰的阿姆斯特丹，然后准备转道土耳其的伊斯坦布尔，再……但在中途，她和毕雷尔之间发生了矛盾，对方在

"伊斯兰国"组织的圣战者阿布·毕雷尔，曾想招募迎娶化名"麦乐迪"的卧底女记者入伙且为妻。

电话里面如雷大吼，埃瑞拉以此为由决定"收官"，她毅然切断和对方的一切联系。就在此时，毕雷尔打电话过来威胁说："我知道你是谁，对我来说，分分钟就可以找到你并杀掉你。"

埃瑞拉回到巴黎，把自己化身麦乐迪的经历写成报道，次年5月发表在自己工作的杂志上。她现在已经写了一本书，《与圣战者零距离》。整本书是用化名写作的，"埃瑞拉"是她第二个化名。那本书的出版导致麦乐迪的卧底行为真相大白，埃瑞拉变成了伊斯兰极端组织的杀害目标。她不得不多次改变自己的手机号，还无奈搬了家。令人担忧的是，在麦乐迪断绝和毕雷尔联系后不久，毕雷尔用一个法国号码给她打了电话。在麦乐迪的 skype 账号上，她收到了无数的死亡威胁。

她不敢承认书是自己写的，自从1月7日查理周刊的惨案发生后，开始有警方保护她。"有人监视着我住的大楼，监视着我"。"我非常孤单，因为查理周刊事件吓坏了所有人，我的朋友都不敢和我在一起。警方把我的狗带走了，以前当我心情不好时，我总会抱抱它，但是它不是常见的品种，警察担心它的存在会让我变得更易辨认 而更糟糕的是，那些恐怖分子可能会

因此而误杀其他养着同一品种狗的人。"（编译：檀彦杰郝思斯）

这个真实的故事，至今令世界许许多多新闻记者传媒工作人员，为自己这位女同行的生命安危而担心。也令新闻业界以外富有同情心的人，为卧底记者承受的巨大风险而不解。法国这家新闻周刊，不能为了发表令人惊悚的美女记者卧底传奇故事，而置她的安危于不顾，也应该在具体卧底报道作品面世前，就评估到记者日后被恐怖组织全球追杀的危险。在确认毕雷尔确实死亡之前，在"伊斯兰国"被完全灭亡之前、在全世界极端分子被围剿消灭之前，埃瑞拉记者是否能永远享有警察保护的待遇？埃瑞拉怎么能过上正常人的生活，

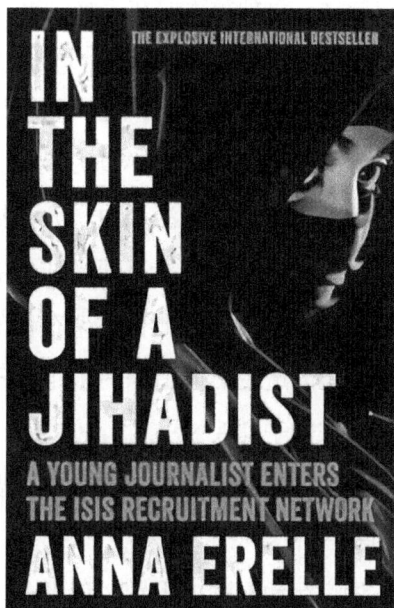

THE EXPLOSIVE INTERNATIONAL BESTSELLER

IN THE SKIN OF A JIHADIST

A YOUNG JOURNALIST ENTERS THE ISIS RECRUITMENT NETWORK

ANNA ERELLE

埃瑞拉的惊险经历纪实书：《与圣战者零距离》英文版。

她的家庭、亲人、朋友等，难道要永远与她隔绝？我们在心疼担心的时候，先想想自己的记者吧！

为了保障暗访记者的人身安全，中央电视台连续多年为"3·15"晚会记者投上人身伤害和意外保险。《武汉晨报》1999年底起，给暗访记者王浩峰破例每月发放1000元岗位津贴、办了25万元的人身意外伤害保险。2000年又为他办了100万元人身意外伤害保险。在任何新闻媒体，记者的生命是所有生产力中最为宝贵的要素。

一、遭遇生命安全威胁

卧底暗访带给记者生命安全的危险，非常人所能体会和理解。大家看到香港电影《无间道》等，觉得卧底警察传奇经历简直就是刀尖上的舞蹈，铁与血的交响。可是记者呢？由于不是国家执法人员，不但不具备随时抓捕罪

犯和使用武器的职能，而且不享有丝毫违法涉罪的合法阻却豁免权。因此，其危险性，特别是生命安全威胁更大！

《卧底历险——我的第四次死里逃生》，是由中国文联出版社推出的一部记者石野冒死多次深入"虎穴"暗访的真实故事。为揭露广州银河村治安员的暴行，他被黑帮叫嚣"30万元买人头"。为了躲避黑道的追杀，他曾在黑夜中跳入寒冷的滔滔江水中。为了揭开广州火车站附近的特大黑恶团伙，他卧底王圣堂出租屋时被黑帮当作便衣警察，两支黑枪顶着他的脑袋。当他的记者身份暴露时，数把长刀架在他的脖子上。为揭开广州客村的黄色毒瘤，他在暗访时遭受黑道追杀时被迫从三楼跳下逃生。因写批评报道，他曾收到黑帮寄来的子弹头……

记者卧底的生命安全威胁，主要出自身份暴露，暴露的原因大致有四个方面——

语言行动漏洞被识别。记者并未经过专门的特警和间谍培训，当他进入一个完全陌生的环境组织内部时，言谈举止要能抛弃新闻媒体内的那种习惯，而且还要能够具有所假扮身份相称的一套，岂为易事。诚如新京报深度调查部负责人张永生所说：一个陌生人突然侵入一个完整的、操作成熟的、被黑暗掩盖的体系可能产生的违和度……比如进入黑社会组织，简单外观上的匪气是远远不够的，还要会使用黑话，张嘴就来才行。卧底哪儿就要懂得哪儿的行话，这是过语言关最起码的要求。加上对谈老练、神情自若等，才能迷惑住卧底对象。再就是行动上不露破绽，这种涵盖就更多了。你入丐帮，大街乞讨小巷行窃，总是那么抖抖呵呵放不下架子的样儿，就证明是来"打楔子"的。你扮富商西装革履包裹着的贴身内衣，还是淘宝买的便宜货，那就会露出穷酸记者的本相。你假装企业家，看到财务报表一头雾水，那就等于自我爆炸。总之，潜伏在违法犯罪组织集团内部，一点差池都不允许，稍有闪失便可能是人命关天。

经受不住考验被揭底。犯罪组织集团内部，一般对外封闭、等级森严、控制很紧，纪律严明。记者的打入无论以什么借口和理由，也无论时机和场域怎么变化，对"新来的"总会产生疑虑和防范。他们有可能采取种种意想不到的方式手段进行考察考验，以防混入"内鬼"。记者作为一个文人，虽然因为职业原因见多识广，但要会实际操作江湖上的那套，懂得黑道上的规矩、敢于以身试法，还是不行。万一遇到各色考验过不了关，必然暴露本相。还有遇到"苦肉计""美女计""反间计"等，稍有不慎就会中计。而且，身处豺狼虎豹环伺的险境，露馅被报复是须臾之间的现场之事。这种考验对卧底记者来说，无异于一场生死大考，属于拎着小命提着人头去过关，危险性很大。

偷拍偷录过程被发现。记者卧底的目的不是好奇补缺经历，而是身负重要任务实施对组织集团化违法犯罪的暗中取证。所以，一旦打入其内部"安顿"下来，紧跟着就要使用偷拍偷录手段固化证据。虽说当今摄像录音早已实现了微型化，但使用过程中的突发变故以及要害部位的防守保护等，也都是记者暴露的缺口。尤其是现在使用探测电子狗技术，也就是无线信号探测器，就能探测出无线针孔偷拍，市场上便宜贵的都有。还有，无线的一般都要有外接电源，要不然无法持续工作。防范严密的单位集团内，都会有相关查验对策。甚至记者借助电话线等弱电设备来供电的企图，也有暴露过的。还有一种技术就是用手机摄像头来扫描，看是否有红外光源，这对借助红外光源的偷拍杀伤力很大。偷拍偷录被发现等于是被抓了现行，花言巧语抵赖不行，使计脱身不行，多半束手就擒。这时记者身份彻底暴露，生命危险接踵而至。 2002 年巴西记者洛佩斯正在毒贩巢穴一个掺杂毒品和性交易的舞会中卧底工作，毒枭发现他口袋里有信号灯在闪烁。结果被一枪击中脚部无法逃跑，然后被绑到山坡高处残忍杀害，尸体又被放在汽车轮胎上焚烧。

而在中国，记者隐性采访中身份被发现的揪心事也时有所闻。 2003 年11 月份，中央电视台记者在山西保德县一家小化工厂通过暗访的方式调查该厂非法排污情况，在进行偷拍偷录时被发现，记者被该厂厂长拦下，当徐向宇出示中央电视台记者的证件之后，他看了一眼便扔在地上，还是强行夺走摄像机，并下令工人殴打记者。工人张培林拿了一根铁锹把朝记者身上打，还有工人用煤块砸，并嚷嚷让记者下跪，当时有四五十名工人在现场围观。同行的国家环保总局执法人员亮证后制止了此事。（《山西省保德县殴打中央电视台记者的企业主被拘》吴锦瑜 2003 年 11 月 13 日新华网）

脱离过程不慎被抓获。记者基本弄清黑幕背后的罪恶，完成全部取证任务之后，就会寻机离开卧底的组织集团控制场所，脱身返回新闻单位。但恰恰就是这个最后关头，比较容易失手，有的人被抓获。一是可能被即将到来的胜利冲昏了头脑，谨慎程度放低了。二是自以为对方已经完全信任自己，殊

巴西里约热内卢警方在一贫民窟附近发现一具尸体以及微型相机，并确认尸体是被毒贩害死的记者蒂姆·洛佩斯。〔美联社照片〕

不知跟踪监视贯穿始终。到了这步田地，所有努力前功尽弃。录音录像被缴获销毁，人身自由被控制。后面就可能是生命危险，而且逃跑很难。

卧底遭遇险境，媒体和记者一定都要有应对预案，这是没进入任务阶段就要事先计划好的。脱险可以相机行事采取以下手段：

报警：第一种方法是手机早已设定好 110 报警快捷键，一键就能进入警方特殊通道。第二种办法是将属地派出所或其他管辖区域警方联系电话查清，并输入设定为一键快速连接。最好是行前在当地警方备案，以便快速出警营救。第三种是与编辑部之间设定单线联系的暗语暗号，危急状态可以用隐蔽形式发出求救信号。也可以用安放安全标志、发送平安密码短信等方式，向"家"中报平安。一旦外部发现变故，就可判断已经出事。

接应：危险性较大的卧底，需要外部设置接应人员、交通工具、防暴措

施等，加固防护网。约定时间地点，定期或不定期接头。如果里面记者遇险，外部发现异常第一时间实施营救计划。冒死混进河南登封一家黑砖窑卧底的河南电视台都市频道最年轻的首席记者崔松旺，在即将暴露的当夜逃脱，外界接应的同事和他第二天凌晨零时 15 分终于会合，几人抱头痛哭。崔松旺一口气喝了 3 瓶半矿泉水，说："能够再见面，真好。"（《崔松旺：暗访记者的自白》刘珏欣 2011 年 12 月南方人物周刊）

诳诈：紧急关头记者抛出最后一招，以恫吓的口吻威胁对方：我们已经在外部部署警务人员团团包围住这里了，只要我（记者）几时几分没有安全地走出去，你们就一个也跑不掉！这是万不得已所出的下下之策，希望能吓唬住对方。但有时候情急之下，也可能管用生效。

亮证：在完全暴露并确信无法逃跑的情况下，掏出《记者证》明确自己的身份。要义正词严毫无惧色地告知对方，记者是党和政府的喉舌，担负着特殊使命前来暗访。如果敢伤害记者罪加一等（吓唬语言）。如果保证记者安全，回去以后还会给你们说好话……（哄骗）。软硬兼施，不一而足。据网易新闻人间暗访记者专栏佳琳讲，她暗访一个地沟油工厂，"差点丢了性命"。临到最后一刻被暗访对象发现，手机被抢、暗访机被毁，拍摄的大量磁带统统被扯烂。这个女孩在现场软硬交替、刚柔并济，才保全了 3 名记者的人身安全。

妥协：以交出或毁掉偷拍偷录的所有证据为条件，要求确保记者人身安全。有时候非暴力犯罪组织团伙，如假冒伪劣产品制造工厂等，也会觉得记者没有了证据就去除了威胁，而放记者一马。

延时：寻找理由拖延对方伤害暴露记者的时间，可以利用其组织团伙内部的矛盾，也可扯谎说外部何时何地会有人来接头取回暗访证据材料等。反正给对方有一线其他企图的希望而等候时间争取新的逃生机会，当然，也包括外部一直不见卧底记者踪影而会报警的可能性。

正当防卫：如果遭遇致命性伤害，记者又无逃生可能，那就只能采取正当防卫的方式进行必要还击，这是鱼死网破无可奈何的最后抉择。正当防卫，指对正在进行不法侵害行为的人采取的制止不法侵害的行为，对不法侵害人造成一定限度损害的，属于正当防卫，不负刑事责任。而对正在进行行凶、杀人、抢劫、强奸、绑架以及其他严重危及人身安全的暴力犯罪，采取防卫行为，造成不法侵害人伤亡的，不属于防卫过当，属于无限正当防卫，不负刑事责任。（《互殴过程中是否存在正当防卫行为》冯珮 2013 年 7 月 25 日中国法院网）以上所有根据是《中华人民共和国刑法》第二十条规定：为了使国家、公共利益、本人或者他人的人身、财产和其他权利免受正在进行的不法侵害，而采取的制止不法侵害的行为，对不法侵害人造成损害的，属于正当防卫，不负刑事责任。

在环境条件允许的情况下采取暴力抗争。只要生命没有危险，记者就赢得了等待机会，只有用其他办法周旋斗争。如果发现可能遭到灭口，才可以采取正当防卫进行最后一搏。在此之间，记者采取的求生行动基本不会涉嫌违法犯罪。这在刑法上，属于公民无法取得公力救济时，私力自救的一种合法行为。犹如正当防卫，如果出现意想不到的其他伤害，只要和伤害对象的行为可能后果大体相称，防卫人就不会被司法追究刑责。那就放胆放手大干一场拼个鱼死网破好了，无论如何总比束手就擒牺牲了好。但一定要记住，不到山穷水尽，不可贸然行动！

卧底记者不要有半点个人英雄主义情节，须知生命高于一切。在执行任务中，头顶一柄达摩克利斯之剑随时随地会掉落下来。硬拼往往不行，那就需要智斗。

一位法国记者化名赛义德·拉姆齐（Said Ramzi）潜入极端圣战组织内部，用针孔摄像机拍下自己的经历，并制作成纪录片在 Canal＋频道播放。这名年轻记者，从第一次见面开始，被称作乌萨马的"酋长"就试图让记者相信，只要在叙利亚或者法国完成自杀性袭击任务，就可以上天堂。有一次他们在巴黎北郊的一个清真寺集会时，一名成员指着天上正准备降落的飞机说，只要有个火箭筒来这么一发，法国在一个世纪里都会惊恐不已。"酋长"原计划把军营作为目标，想趁士兵列队吃饭时发动袭击，但后来一个同伙从

"伊斯兰国"占领下的叙利亚城市拉卡回到法国，发起一个新计划：袭击夜总会并大量杀伤平民，直到警察赶来之后再引爆自杀腰带。这个计划已经付诸实施，小组成员开始着手去获取卡拉什尼科夫步枪，但在这个关头，警方发起了逮捕行动，这些所谓的"安拉的战士"纷纷落网。记者的卧底任务才告结束。（豆瓣 2016 年 4 月 30 日）这位令人尊敬的法国记者所面临的危险，既有被恐怖组织识破而毙命的可能，也有被警方行动误杀的可能。他的勇敢可敬，他在卧底中的智慧，确实令人钦佩！

记者暗访的生命威胁，还有一种来自曝光报道发表之后产生强烈社会影响而遭被曝光人或团伙集团报复，同时记者还要承受被采访对象威胁的压力。

中央电视台《每周质量报告》是以揭露黑幕为主的节目，采用的采访手段基本上是隐性采访，节目往往长达十几分钟。这在别的节目中是不多见的，它给记者的采访带来很大的压力。《每周质量报告》播出的第三个月，便有被曝光而在逃的造假者扬言悬赏 40 万元买记者的性命。更高的数字是对普通记者开出 50 万元、制片人和主编开出 100 万元，要买他们的人头。出于安全考虑，记者暗访调查的署名都是诸如"佳琳、峥嵘、爱群"这样的化名。一位节目工作人员说："我们这个节目是中国最得罪人的电视节目！"可想而知《每周质量报告》的记者是要冒着生命危险来采制每一期节目的，这是对记者最大的考验，是对他采访技能、个人品质等综合素质全面的考察。现在许多小商贩已经学习了一套如何防范记者的技能，十分警惕记者的采访，这样就使采访变得更加困难。（《人民需要〈每周质量报告〉》陆镜 2004 年 6 月 29 日新周刊）河北电视台内参组两名记者，受河北省委督查室委托，暗访曲周县一企业排污时，遭多人围殴，摄像器材、个人手机、钱包被抢。其中一记者被施暴者捆绑，并恐吓……面对这样的威胁，媒体应该挺身而出，为自己记者的生命安全以单位名义向警方报案，也可以通过中国记协记者权益保障委员会向有关方面施加压力，以求重视和尽快抓获威胁者并进行司法处置。

二、被非法限制人身自由或非法拘禁

卧底暴露被暗访对象抓获，记者的人身自由往往就会受到限制，严重的还会遭到非法拘禁，而被驱逐释放的情况概率微乎其微。我们需要先学习了解法律意义上，什么叫非法限制人身自由、什么叫非法拘禁，它们两者之间的区别在哪里？如此才能制定有效的防范和应对措施。

非法限制人身自由，是非法约束、控制或妨碍公民按照自己的意志和利益进行行动和思维人格权的行为。国家法律保护公民独立行为而不受他人干涉，不受非法逮捕、拘禁，不被非法剥夺、限制自由及非法搜查身体的自由权利。人身自由也称"身体自由"，属于公民的基本权利之一。公民在法律规定范围内，人身和行动完全受自己支配，人身自由不受侵犯，每个公民都享有这些最起码、最基本的权利，它是公民参加各种社会活动和享受其他权利的先决条件。

非法拘禁，是指国家司法及其法律授权的其他强制机关以外的人员，通过拘押、禁闭或者其他强制措施，非法剥夺他人人身自由的犯罪行为。其具体拘禁行为的方法多种多样，如捆绑、关押、扣留等。

两者之间的区别只不过是度的问题。非法拘禁的程度更强，已经构成犯罪，要受到刑事处罚。而非法限制人身自由，程度较轻，并不属于犯罪，可能只涉及治安处罚和民事赔偿。其行为判断标准，一般从限制他人的时间、强度、是否使用暴力（轻微暴力）、是否造成严重后果等来判断。

依据：《中华人民共和国刑法》第二百三十八条规定：非法拘禁他人或者以其他方法非法剥夺他人人身自由的，处三年以下有期徒刑、拘役、管制或者剥夺政治权利。具有殴打、侮辱情节的，从重处罚。国家机关工作人员利用职权犯拘禁罪的，从重处罚。从这一规定看，非法拘禁罪的成立没有情节的规定，只要是实施了非法拘禁行为，不论时间长短、次数多少、恶劣程度轻重，都应该构成非法拘禁罪。所以时间只是量刑的情节，而不是构成犯罪的情节。

2018 年 2 月 20 日，中央电视台记者根据观众的举报，来到山西省洪洞县赵城镇沟里村暗访。当记者还在初步对三维集团污染情况和村民们进行询问时，两名自称是沟里村的村干部拦住了记者的去路，强行要求搜身，场面一度僵持不下。根据观众的举报线索，沟里村遭受的污染最为严重，记者仅仅只是在村庄里进行询问，就遭遇了村干部的阻拦。记者的调查被迫停止。村干部：你不说好这个村子都出不了，我跟你说。沟里村的村干部先是误以为记者是环保部的工作人员，但却并没有因此而收敛。当记者提到在汾河边见到有污染情况时，赵城镇沟里村村官村长：我们扣了你们的人质了，不让走！直到记者报警，在警察的护送下，记者才得以离开。

这就是限制记者人身自由。

2000 年 7 月，中央电视台《焦点访谈》栏目两名记者喻晓轩、王守诚在沈阳采访时，被沈阳市白玫瑰美容保健品公司董事长姚志萍及其公司下属 9 名员工扣在店内 4 小时。抢手机、搜身、抢包翻检、收缴录像带。后被警方抓获检方批捕，法院以非法拘禁罪对涉案人作出了判决。

这就是非法拘禁记者。

卧底记者如果遭遇限制人身自由或非法囚禁，境况一定会比上面两例严重甚至悲惨许多。因为身处违法犯罪组织集团全控的场域范围内，暴力、强制、搜身、性侵等身体和身心伤害可能接踵而来，有的甚至落下残疾或丧失性命。

2008 年，加拿大女记者阿曼达（Amanda Lindhout）卧底索马里暗访，被发现囚禁当性奴 460 天。阿曼达以和男友旅游为名，想要记录下战乱中的索马里和在战乱中求生的妇女们的故事，然后报道出来。第三天就被绑匪盯上，用 AK47 逼着将两人关进了一个充满了老鼠和蟑螂的监禁房间。 2 个月后，大量绑匪开始轮流强奸她、拳打脚踢，阿曼达被打断了牙齿，施暴者还用锁链锁住她，禁止满身伤痕和青肿的阿曼达移动身体。直到 460 天之后，绑匪接受了 68 万赎金答应放人。有消息称，在被囚禁的一年多的时间里，阿曼达曾经生下一名男婴，名叫欧萨马……后来， 2009 年 11 月，家人凑齐

记者阿曼达以旅游为掩护，暗访过许多黑人居住地。她后来创办了"全球富足基金会"，帮助索马里女性接受教育。

120 万美元交给绑匪，两人终于获释。再后来，阿曼达用 3 年的时间将自己的悲惨经历写成了一本书《空中楼阁》（A House in the Sky）。

非法限制人身自由和非法拘禁的差别，对于卧底记者来说，一般前者只是人身处在对方控制的场所内，而后者则会伴之以搜身、殴打、伤害，直至取命。因此，当事记者可以针对不同情况，采取不同措施进行自救和寻求他救。

在被非法限制人身自由的场合，卧底记者的可为之处是——

寻求当地警方最快出手救助。这个时候，记者的通讯工具还在，可以寻机通过手机拨打 110 报警。一定要言明自己的记者身份，为执行媒体组织指派的暗访报道任务而来，因此负有重要使命。这样突出强调，是为了防止有地方保护或官僚习气的警务部门不出动、迟出动，或者到了现场处警不力。在新闻记者面前，警方 110 出警处置是负有一定社会舆论压力的。央视记者在对山东三维集团暗访时被当地村官非法限制人身自由，就是通过呼叫所辖地警方，警员赶到现场处置然后得以解脱的。

寻求本单位指示、帮助和支持。当 110 报警后不管有果无果，立即向记者所供职的新闻媒体领导详细报告现在记者的处境情况。除了可以获得指示外，媒体大本营亦可采取绕道记者遭遇地新闻界同行的曲线救人方式，寻求帮助联系警方高层下令救人。

寻求媒体、社会和朋友圈帮助救援。由于尚未遭到搜身，可以寻机打开包中 ipad 或笔记本电脑或手机，或者通过微信圈、QQ 群、网上 BBS 论坛、抖音短视频、微博等，发出请求帮助解救信号。这种情况，不仅对救援切实有效，对于当地处警不力、明显偏向或者违法，亦有一定施压作用。

寻求跟非法限制人进行法治宣传或者谈判妥协。记者在现场可以向对方宣讲《刑法》相关条款，言明记者被非法控制就会产生严重后果。在义正词严面前，也会有人采取退却释放中止违法的行为。如果不行，记者还可以暂时委屈，和对方谈判达成妥协方案解决问题。如交出偷拍偷录的证据资料，交出采访笔记，甚至可以保证回去之后不再报警、不再就此进行曝光报道。一旦记者得以脱身，再据情进行处置。但请放心，记者被迫答应的条件，甚至被迫签署的书面保证等，都不具备一丁点法律效力。

当然，被限制人身自由的记者，如果发现现场环境条件允许，也可以寻机立即逃脱。哪怕几人中的一人逃出魔掌，也能撕开违法者控制之一角……

在被非法拘禁后，卧底记者可采取的措施是——

向外界发送紧急求救信息。因为实施拘禁者已经将卧底记者所携带的手机等通讯工具、ipad、笔记本电脑等全部收缴，记者无法用正常手段报警及和外界联系。这时特别需要大脑镇定清醒，争取临危不乱。在身边寻找任何可落痕迹的物件，在任何可接触的纸张、丝织品、硬物、包装件上，写下求救语言或如 110、SOS 等信号。然后抛出、压在送食物的器皿下带出等。如果被拘禁在有铁窗护栏的高楼，还可以将求救信号放入鞋中、矿泉水瓶中、写在人民币等有价证券上，向有路人经过的地方扔去……总之，要根据现场情况，避开看守将自己被非法拘禁的求救信息赶紧释放出去。

制造公众关注事件。如果是被非法拘禁在屋中，可以想法制造小型火灾（确保不烧伤烧死自己）或较大烟雾引人关注。如果是被拘禁在行进运动着的车上，可以设法制造交通事故。如果是拘禁在公共场所附近或人居稠密的小区，可以设法制造惊天动地的响声，让周边人发现你。

许诺重金收买看押人员和送饭等能接触到的人。如果是被拘禁在偏僻贫穷的农村或山区、水乡等，可以与看押人员或送饭人密谈交易，许以重金酬谢让他给你悄悄向外通风报信。也可以在饭碗、水杯及其他容器底部，黏上小字条，提出收买送饭人的条件，请他对外报信。

同意关押者提出的任何条件。记者在被拘禁失去人身自由且生命安全受到威胁期间，可以答应关押者提出的任何条件，以暂时的利益、相对小的牺牲换取人身自由和生命生存权。按照法律规定精神，公民在丧失行动自由、面对生命危险的情况下，所有签订的协议、合同、承诺等，均无法律效力。不要丧失信心，觉得已经山穷水尽而放弃努力。想想《红岩》中的渣滓洞集中营那么壁垒森严，华子良等共产党员仍然设计逃出了龙潭虎穴。也不要怕原则的丧失，担心妥协的话自己的坚强意志形象一朝被毁。机智斗争、重在效果、生命第一，才是卧底记者不慎暴露后的三要素。

记者在被非法限制人身自由和被非法拘禁期间，还要留心取证，以便出去之后公布事实展开深入报道，并寻求司法部门追诉涉嫌违法犯罪者的法律责任。如果完全靠记者事后头脑回忆和口述，新闻的可靠性和法律证据都会存在缺失问题。因此，需要记住关押者、施暴者、目击旁观者、指挥策划者的形象和声音特征。也需要记住被限制自由和关押场所的显著标志，还有车型车牌号码等。如果记者被蒙住双眼，那就记着周边或沿途的声音。可通过计数的方法，估算车辆行驶的时间和路程距离，记住转弯的次数和大致的方向等。尽量用耳听取沿途的声音变化和被扣押场所周围传来的各种声音（如音乐、工地噪声等），并记住这些情况。法律规定并没有把时间因素列入证据排除规则，事前、事中、事后所寻找的证人证言、书证物证、视听资料、电子数据、被害人陈述、加害人陈述、鉴定意见、勘验、检查、辨认、侦查实验笔录等，搜集的证据只要查证属实，并不影响其合法性，可以作为司法机关定案的根据。尤其是记者被非法限制人身自由或被非法拘禁期间，很难甚至不可能在当时公开搜集证据，只有事后补证。

三、司法处置中可能的"一锅端"

《警方清查色情场所男子掏出"记者证"称暗访》，这是发生在上海虹口区凉城新村派出所辖区内一卖淫嫖娼活动场所的新闻，由新民网记者沈文林报道。在警方将所有嫌疑人一道带回警局审查时，这名张姓"暗访记者"突然掏出了记者证和采访证，表示自己是电视台的记者，当时正在"体验发廊生活，做暗访报道"。但经过查核，此人根本不是记者，一出假戏真做的节目到此收场。（2014 年 8 月 19 日新民网)但这样的真戏，确实也真有过。

记者卧底遇到最为尴尬的一件事，就是在警方抓捕违法犯罪的行动中被"一锅端"。隐身记者此时成了犯罪嫌疑人，很多时候解说不清、证明不了，还会遭到粗鲁执法者的暴力处置。如电击、上铐、肢体打击等，然后就是关押，提交检察机关逮捕的也曾有过。

作为记者，冒着困难危险进入违法犯罪组织集团卧底暗访，完全属于一种职业行为。他是为了社会正义，怀着揭露社会黑暗的一腔热血，接受组织派遣展开活动的。而且，记者暗访，也是新闻采访全部手段中的一种，理应受到法律的保护。但在警察执行抓捕行动中被"一锅端"，既有自证记者身份的说服力问题，也有其所供职的新闻媒体他证的程序合法问题，当然还有和警方沟通交流的方式方法是否适当问题。这三者只要一个处理不好，就会给前方卧底记者带来不必要的麻烦。

2015 年 6 月 7 日，南方都市报卧底记者"吴雪峰同学"发布朋友圈暗访动态，称"倒数第五分钟如期被监考老师注意到，考完终于被带走，见了主考官巡视员提醒赶快抓人，省教育厅省教育考试院的人也来了，最后被带到公安局，领导也来了，才表明记者身份……"

2016 年 12 月 16 日，中国教育报记者刘盾、刘博智在黑龙江省齐齐哈尔市甘南县暗访当地中小学营养午餐情况时，被到场执法的警察攻击，一人头部受伤，一人右肘部软组织挫伤。

2013 年 1 月 7 日晚 9 点，长沙记者戴鹏装扮成无家可归流浪者，被两名民警带往长沙救助站。卧底期间，与其他被救助人员一道遭遇残酷捆绑殴打……

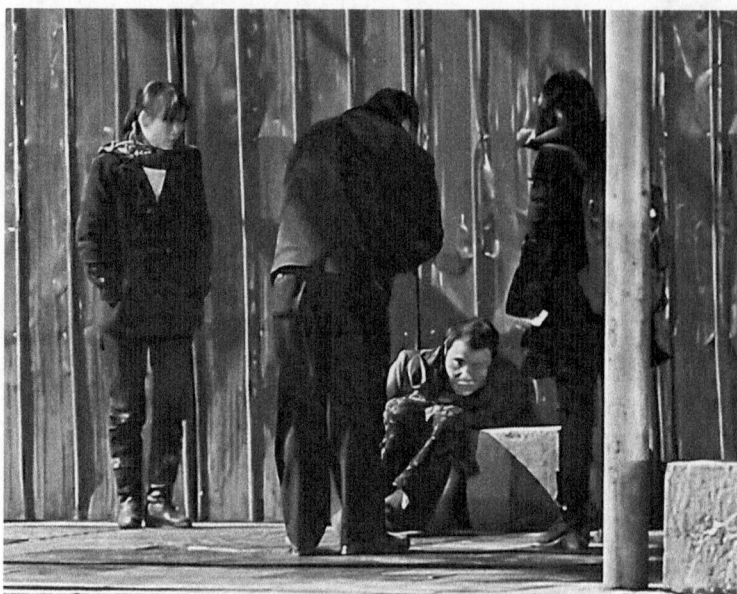

暗访记者戴鹏扮成流浪者，夜色中蜷缩在街头。俩民警发现后现场讯问…… （2013 年 1 月 10 日羊城晚报）

警察在执行公务期间，具有法律授予的对现场嫌疑人实施限制人身自由、带离案发地点、进行控制审查等权力。如果嫌疑人抵抗或有其他威慑暴力行为妨碍执行公务，警察有权视情使用戒具和武器。法律规定任何公民都有义务接受警方的询问与传唤，但嫌疑人被限制人身自由、带回警局审查的时间，不应超过 24 小时。即确认有重要违法犯罪事实，须在办理《拘留证》或《逮捕证》时，才可长时间关押。

记者在执行卧底职务行为时，被警方行动所抓获，一般有四种情况：

一是记者卧底所暗访的对象，涉嫌违法犯罪并已被警方发现。在破案抓捕行动中记者一道被擒。

二是记者卧底所作所为"太像了"，有受害者或其他公民举报，110 接警后派员赶到现场处置，将卧底记者带回辖区派出所查证真实身份。

三是记者卧底的场所惊爆突发事件，赶到现场的处警人员将所有嫌疑人控制审查，卧底记者被一道列入进行甄别。

四是卧底记者与警务人员发生矛盾冲突，警察以妨碍执行公务为由，将记者抓走审查。

正常情况下，到了警局，只要卧底记者亮明真实身份和自己所执行的暗访任务，警方在查验过记者证并与其供职的新闻媒体联系确认真实以后，就可以放人。

但有时候实际情况并不这么简单。卧底记者身负重任，一般很少随身携带记者证，因为带这个在身上可能就是个"定时炸弹"，万一打入违法犯罪组织团伙被搜身，问题就大了。国家新闻出版广电总局有个记者证核查专网，全国所有记者的简单信息在网上都公开晒在那里，任何公民都可以上网查到。卧底记者只要坐飞机、住酒店，都可能暴露行迹。当年薄熙来当政时期，全国各地任何记者一脚踏上重庆之时，重庆公安局局长王立军第一时间就知道了。他也没费事，正是通过人名反查记者证网一目了然。如果卧底人的记者证被发现的话，不但身份，年龄、所属媒体单位等其他基本信息人家一查就清楚了，所以带上反而不安全。但这样问题就来了，执勤警察看不到记者证，误认为你冒充记者，按照法律规定可以列入涉嫌假冒采访、实施招摇撞骗、伪造国家机关证件罪等。此时，卧底者会被现场控制甚至可能会被采取强制措施，警察会对反抗者上铐、电击等。在这种状态下，记者只能提供联系方法，请他向自己所供职的媒体单位联系核实身份。中央电视台记者赴山西三维集团暗访组，就是在洪洞县赵城镇沟里村暴露被扣押时，警方到场与央视有关负责人联系核实其记者身份的。

另外，警方十分看重的身份证呢？记者为不暴露真实身份带了也可能是假冒的。这种情况需要冒较大风险。记者卧底暗访可以不带记者证，但依照法律公民外出人人必须随身携带身份证，以随时证明自己并接受执法人员查验。《中华人民共和国居民身份证法》早已于2004年1月1日起开始施行。该法规定：任何单位和个人均不得伪造、变造，也不得购买、出借、使用伪造、变造的身份证，否则将承担相应的法律责任。冒用他人居民身份证或者使用骗领的居民身份证的、购买、出售、使用伪造、变造的居民身份证的由公安机关处二百元以上一千元以下罚款，或者处十日以下拘留，有违法所得的，没收违法所得。记者合法采访当然会在法律允许的框架内工作，但非常特别的采访活动如卧底暗访，为了隐蔽的需要，也可能轻微触法。比如《南方都市报》记者卧底高考替考组织团伙，直接参与替考全过程。在此期间，前方记者就使用了一些伪造证件，包括使用了伪造、变造的居民身份证。记者当然不享有违法行为的豁免权，但在卧底记者为了彻底揭露另一个更大犯罪集团的有组织犯罪活动，而不得已轻微触法，并无对社会的其他伤害，这就符合大陆法系中的违法阻却事由，又称排除犯罪的事由的构成要件。即：行为在形式上与犯罪具有相似性，但实质上不具有法益侵害性，因而不构成犯罪的情形。违法阻却事由包括法律明文规定的事由和法律没有明文规定，从法律秩序的精神引申出来的事由。在我国，法定的违法阻却事由包括正当防卫和紧急避险。超法规的违法阻却事由包括：（1）法令行为；（2）正当业务行为；（3）被害人的承诺；（4）基于推定的承诺的行为；（5）自救行为；（6）自损行为；（7）业务冲突。从法益衡量上看，卧底记者为了揭露曝光一个更大违法犯罪组织集团活动而被迫不得已轻微触法，并没有造成社会或者他人的伤害，这就具备了法律从轻或者完全豁免处置的权利。这就是卧底记者有时不带或带假身份证的理由。

但对于执勤民警来说，他们在出警特别是抓捕行动现场，一般出于迅速处置和公平执法的需要，而且也没有环境条件——仔细盘问，只能采取"一锅端"的方式，将现场所有嫌疑人抓获带走。卧底记者稍微聪明一点，此时无需做任何解释。一方面解释了也没有用，同时，解释就在暗访对象面前暴露自己的真实身份了。那就选择被动入瓮配合执法的态度方式好了。到了警局被审问之时，再做解释和真实身份证明。

如果遇有警员误认为卧底记者使用假身份证已经触犯法律怎么办？现场一般不要强辩，更不要形成严重对峙。否则，可能白受皮肉之苦。可以请本媒体律师到场进行法律解释，他们对违法阻却事由的法律分析解说，肯定比记者更专业、更权威、更有说服力。

卧底记者身在警方控制的场域，很难有什么作为，如何"出逃"？大多数需要外力出面来"捞出去"，这就是自己所供职的新闻媒体。实在不行，还可以有中国记协下设的记者权益保障委员会。

中国记协负有维护新闻工作者合法权益的责任，专事处理来自全国各地的职业记者和新闻媒体的相关案件，并且已经颁布了"维权委"处理案件程序和办法。根据文件精神，维权委受理的投诉范围是：记者在执行采访报道任务中受到阻挠、恐吓、暴力胁迫、人身伤害等等；新闻单位在从事采访、报道、发表等正常的新闻业务活动时遭到围攻、冲击、破坏等等；新闻工作者和新闻单位的合法权益受到不法侵害的其他情形。维权委处理投诉的程序是：发生新闻工作者合法权益被侵犯事件后，新闻单位或新闻工作者应当及时、迅速地报告。各地新闻单位首先报告省、市记协及上级有关主管部门，同时报告中国记协维权委；中央新闻单位直接向中国记协维权委报告。报告可采取来访、信件、传真、电话等方式。维权委处理案件采取的具体方法有：为投诉人出具口头或书面的法律意见；支持投诉人起诉；与有关部门协商解决；督促有关地方和部门对责任者进行处理；居中调解；召开专题座谈会、研讨会；公开发表公告、声明、慰问电、抗议书、声援信或谴责文章、消息等等。维权委通过新闻媒体对侵犯新闻工作者合法权益的事件进行曝光，对新闻工作者表示声援或慰问，可选择在中央各大新闻媒体上发表文章或消息。对于严重的侵权事件，由维权委决定，向中央有关部门编发内参，以得到中央的重视和支持。维权委应当加强同公安机关、司法机关、监察机关和党的纪律检察机关的联系，争取得到他们的配合和支持。

媒体出面解救记者，如果同城可以派人直接赶往卧底记者被收押处，与警方解释交涉。如果是外地无法当天及时赶到，一般先通过传真或电子邮件等其他方式，给执行"一锅端"行动的警务部门发送带有本单位红头信笺的证明文件。其中除了要证明被抓记者的真实身份，如身份证、记者证，甚至用工合同复印件外，还要证明记者卧底行为的公派性，即是一种具有合规组织程序的新闻采访职业行为。这两方面内容可以一解前方记者被困的危险境地。如果遇有警方仍然纠缠卧底记者的其他违法犯罪行为，只要属于正当的违法阻却事由，可以派律师前往交涉。而遇有记者借卧底暗访，从事其他与记者身份不符或与暗访任务不符的违法犯罪行为，则应配合警方执法。如确有记者在卧底调查流氓犯罪集团的过程中，趁机享受卖淫嫖娼服务，现场被抓获。也有记者卧底盗窃犯罪团伙期间，参与银行、金店、国家机关等盗窃活动，被警方现场抓获，也属于违法阻却事由所无法"阻却"的犯罪行为。原因在于他没有把握好度，越界了。

如果卧底记者的调查取证尚未结束，暗访对象的组织集团化犯罪远没有被摧毁，此时被警方行动"一锅端"，千万不要急于为自己脱身而在现场亮明自己的真实身份。只有在警局被单独提审时，向警官说明自己的工作和身份。而且，最好寻找合适理由，分别采取假意释放、合在一起关押等手段，以使记者的隐秘身份得以继续保留，确保最后的暗访任务完成。

万一确认司法机关无理扣押记者，除了法律救济途径，媒体还可以发挥自己所长，吁请新闻界同行舆论声援。这种强大的社会压力，也会迫使执法者清醒纠正错误释放记者。这些年来，媒体此招取胜的案例不少。 2008年年初，因为报道《辽宁西丰：一场官商较量》一文涉及辽宁省铁岭市西丰县时任县委书记张志国，西丰县公安局以"涉嫌诽谤罪"为由，对采写该报道的《法制日报》下属《法人》杂志社记者朱文娜进行立案调查，并对朱文娜进行拘传。全国媒体一片哗然……2010年8月28日，在伊春市殡仪馆附近，接连发生4起采访记者遭警察扣留事件。事件发生后，在当地采访的十余家媒体记者，要求警方释放4名记者。两个小时后，被扣记者重获自由。随后，伊春市宣传部门和警方就此事公开道歉。 2016年1月7日《兰州晨报》记者张永生被武威警方带走，《兰州晨报》发公函至凉州区政法委，向其反映凉州警方在办理此案时的种种涉嫌违法的非正常现象，以及警方涉嫌"钓鱼执法"……

第十章

不得乔装的几类特殊身份对象

记者暗访乔装的身份角色，并非百无禁忌可以任意而为，它受到国家法律法规的限制，也受到新闻工作者职业道德的自律约束。暗访扮演的身份，只能是一般公民依法可以充当的角色，而不能是法律特别授权的、拥有某种特殊权利的特殊身份。"装"得越位，也有可能导致严重后果。

全世界各国法律，都没有授予记者具备便衣警察和间谍特工的相同侦查权限。媒体即使出于特殊取证报道需要，也不能逾法指派记者冒充国家公务人员、部队现役军人、人大代表政协委员等，以行使公务的名义获取新闻。哪怕临时装扮一次，不管目的如何神圣，也都属于违法甚至是犯罪之举。

在执行暗访任务中，记者可能要扮演成各种不同的身份和形象角色。只要有利于隐身与安全、有利于获取报道证据，一般不会有什么障碍。只是遇有特殊敏感身份的乔装，需要事先警戒弄清利害关系才行。如环球网驻巴基斯坦特约记者周戎在一次采访报道中，为了安全面请当地警察总监提供帮助。总监要求"装扮成塔利班的样子"，（《中国记者目睹巴基斯坦军队与塔利班对抗》2008年10月22日环球网）这身份就是禁忌，当然不行。南方一家媒体刚入道的年轻记者，在暗访了解到某路公交车上连续发生匪徒公开抢劫案后，和广州便衣警察联系抓捕。但当时他被要求前往引诱、力争生擒这些歹徒。这记者马上意识到自己将充当便衣警察的角色，于是当场回绝。（《请注意，我不是警察》2006年8月11日饶德宏的新浪微博）而《贵州都市报》记者任勇在一次体验报道采访中，和几位便衣警察一道出警行动。此时，记者的身份类似便衣警察，并不穿着警服、也不携带警具、更不执行抓捕行动。实际上只是和警察一道行动的旁观者，用心感受、近距离体验他们工作的惊险和艰难。（《记者体验当民警：做便衣就要善于"伪装"》2012年2月24日贵州都市报）所以，记者的这种行动不属于暗访，于是欣然前往，没有问题。

便衣警察当场抓获一名犯罪嫌疑人，记者赶紧上前拍摄，暗访与明访相结合。金黔在线

在新闻暗访已经比较普及、媒体使用概率也已不低的情况下，一些记者寻求突破，希望在暗访领域、暗访角色上能够撕开一个缺口。这种尝试，既新锐也有危险性。方向正确可以让受众耳目一新甚至惊心动魄，但选错了方向可能的结果就不是暗访报道做得好不好的问题，还会造成当事记者涉嫌违法犯罪的严重问题。

2016年蒙古电视台打破媒体暗访不针对新闻界同行的禁区，记者隐匿身份对蒙古国家电视台等9家媒体进行暗访，以揭露商业浸润后的新闻职业伦理毁坏情况。制片人 Erdene 冒充麦当劳特许经营代理商，制造了子虚乌有的第一家麦当劳分店将在首都乌兰巴托开业的新闻。居然把国内最大的3家报纸、最大的3家电视台、最大的3家新闻网站，统统拉进失实报道的陷阱。虽然出了同行的大丑遭到忌恨，但蒙古电视台在受众中的名声大振。（《记者深度调查报道是与非：独立媒体暗访案例与经验》梁思然2016年10月28日

全球深度报道网）

乞丐群落、妓女群落、血奴群落、酒托群落、代孕群落、假烟窝点、黑工窝点、传销窝点、黑医窝点、盗墓团伙、盗窃团伙、盗猎团伙、卧底房地产、煤老板发家史、很多学生都会遇到的校园暴力、黑社会成长记等，这是一位名叫李幺傻的记者写的暗访纪实书籍的目录所涉猎的方方面面。再看内容，尽管更加广泛细致，但作者没有一处一时一地乔装警察、现役军人、公务人员、人大代表政协委员。这几种属于记者暗访扮演身份的禁区角色，如果哪家媒体为了突破，在这些地方给社会一个惊讶惊悚，将会付出很大代价。

乔装，是记者暗访的一种技术要求。但无论其目的多么光明神圣，这也是一种欺骗手段。当手段的负面效果小于记者暗访报道效果正面之时，它就是为法律所容忍或允许的。诚如新闻法学家魏永征先生所指出的：只有当隐性采访这种隐瞒比起采访对象的卑劣来说是微不足道的时候，当揭露采访对象的种种违法卑劣行为对社会公众来说是非常重要的，而记者通过正面正规渠道又无法获得的时候，记者隐性采访的这种隐瞒伪装才可以被认为是正当的。但即使正当，法律还是要划出几种依法授予的特定身份不允许记者暗访时冒充，这是因为从冒充行为的起点上，就要防止新闻从业人员的工作对现有法律形成悖劣和冲击。而且从客观效果上，划定暗访扮演禁区，是保证国家司法、政府运转、武装力量等强力机器严肃性和管控实效不受到影响。根据我国已经出台实施的诸多法律法规，人民警察、政府公务人员、军队现役军人、各级人大代表和政协委员，不同于其他任何职业或群体，他们分别享有特殊使命和司法、武装、政权选举罢免、国家重大决策的法定专属权。其他任何机构、组织、团体和公民个人，无权行使或替代行使该权利。记者只是大众传播职业工具中的一分子，没有得到法律授权也没得到国家权力机关的特殊授权，任何时候、任何理由都不能在暗访中冒充这些角色。记者不能为了"入戏"的需要和获取暗访证据的需要，而不择手段以身试法。

　　记者可能发生暗访违法乔装问题，最大的原因是对自己角色定位错位越位，忘记了自己实际有几斤几两重。在西方如英美等国家，新闻记者被称为属于独立于立法、行政、司法的"第四种权力"。但在我国，媒体和记者都是党和政府以及人民的耳目与喉舌，不是与前三者分立更不是抗衡的关系。这种角色定位，决定了记者的所有采访报道活动，除了要在法律规定的范围内活动外，还要受到党和国家制定的新闻纪律的约束。执政党要求党媒姓党，还要求记者在新闻报道中始终坚持以正面报道为主的方针。所以，"第四种权力"在中国是不存在的。可惜，仍然有些媒体同行认识模糊，将自己的角色放在不恰当的位置上。 2010年9月国内出版过《第四种权力：一个记者的暗访生涯》，叙述了记者深入矿难现场、卧底贩毒团伙、与枪贩子打过交道、伪装成药商买假药的真实故事。但该书的书名前，加上了"第四种权力"，给我国记者职业罩上的这层金色，显然是实际不存在的。无独有偶， 2012年上映的一部外国电影《第四种权力》，演绎了一著名德国记者到莫斯科出差中的复

杂故事。后来他被动卷入一起政治阴谋，最终付出惨痛的代价。权力有区别，后果却趋同。记者自我放大，觉得可以和另外三种权力抗衡，才会在暗访角色上挺入禁区历险犯错。

记者可能发生暗访违法乔装问题，第二个原因是为了目的正义性而牺牲程序合法性。他们也不是不知道暗访中的有些角色不能冒充，也不是不知道司法、军人、公务员、人大代表政协委员是法律赋予特别保护的职业，但到了实际操作之时，他们满脑子想的基本都是自己这次任务的重大社会价值。这种人的新闻使命感一般都很强，工作责任心更是很重。在权衡两者之间孰轻孰重的掂量中，目的正义和"违法阻却事由"这两点，始终在内心游荡并占上风，最后就铸成了大错。

记者可能发生暗访违法乔装问题，第三个原因是初入道记者横冲直撞，为了新闻理想什么都敢想什么都敢干。他们真的不知道记者暗访还有角色装扮禁忌，不知道自己完成任务之日就是违法事实落定之时。没有老记者或媒体领导跟他们交代清楚，懵懵懂懂就成了触犯法律的当事人。及至受到严肃处理，内心感到很冤。

一、国家公务员

国家公务员是各国负责统筹管理经济社会秩序和国家公共资源，维护国家法律规定贯彻执行的公职人员。依照《中华人民共和国公务员法释义》第一章总则规定，是所有依法履行公职、纳入国家行政编制、由国家财政负担工资福利的工作人员。公务员的范围涵盖面很宽，包括下列机关中工勤人员以外7大类的所有工作人员：中国共产党各级机关、各级人民代表大会及其常务委员会机关、各级行政机关、中国人民政治协商会议各级委员会机关、各级审判机关、各级检察机关、各民主党派和工商联的各级机关。在国际语境中，指以行政机关的工作人员为主体，包括立法、司法、行政机关及其所属部门的工作人员，也包括由国家财政支付工资的政党和社会团体工作人员。这一统计口径事实上约等于从"政府雇员"（government employees）中剔除掉军人、退休人员、公立学校的教师、公立医院的医生、科研机构的工作人员等。（《中国政府公务人员规模与结构研究：基于国际比较视角》李帆、樊轶侠 国家行政学院学报 2017 年第 6 期）

人民警察是否属于国家公务员呢？根据《中华人民共和国人民警察法》第二条规定：人民警察包括公安机关、国家安全机关、监狱、劳动教养管理机关的人民警察和人民法院、人民检察院的司法警察。根据国家《中华人民共和国公务员法》第二条规定：本法所称公务员，是指依法履行公职、纳入国家行政编制、由国家财政负担工资福利的工作人员（显然公安机关的警察以及其他法警所在单位都是行政编制单位，由国家财政拨款）。第二十二条：国家根据人民警察、消防救援人员以及海关、驻外外交机构等公务员的工作特点，设置与其领导职务、职级相对应的衔级（显然更进一步说明人民警察是公务员）。

请注意：国家公务员和国家公务人员有一定区别，后者的涵盖范围面更宽。公务人员：是指专门为国家政权机构服务的工作人员。公务人员比我国现行的公务员队伍要庞大。因为它还包括中国共产党机关工作人员和党所领导的人民团体等机关工作人员。本节主要指前者：国家公务员。

记者在执行暗访任务中，不许装扮冒充国家公务员的理由，已经在前面阐述过了。现在，我们来从具体的法律依据了解一下。

刑法第二百七十九条：冒充国家机关工作人员招摇撞骗的，处三年以下有期徒刑、拘役、管制或者剥夺政治权利；情节严重的，处三年以上十年以下有期徒刑。冒充人民警察招摇撞骗的，依照前款的规定从重处罚。依据此法，假冒国家公务人员，实施欺骗行为或者有一定的后果，就构成犯罪，依法应承担刑事责任；如果产生的后果较轻，就构成违法行为，依法应承担治安行政处罚责任。

另外，我国已经颁布施行的警察法、法官法、检察官法、组织法、选举法等，也对相关职业的确定和严肃性，作出了严格界定。

在我国，新闻记者冒用国家公务员身份进行暗访或其他活动，不管是否具有招摇撞骗性质与后果，最起码已经属于违法行为，是为法律法规所禁止的，也是新闻纪律所不允许的。记者更不能通过暗访冒充的身份转换，越界而取得只有公检法才能专有的取证、侦破、抓捕、案发现场处置等特权，甚至有些特定的化装、窥视、窃听权也属司法人员专有。记者不能以暗访理由而违法逾矩。

重庆某报记者对暗藏在民房内的色情表演团伙进行暗访，拍照时发出的闪光惊动台上表演的女子，色情表演者和观众想一起冲出去。"堵住门口的摄影记者急中生智，自称是警察，要求他们继续呆在原处。"（2006 年 2 月 12 日重庆晨报）

龚明义在青年记者杂志 2006 年第 5 期上评析到：看到上面生动惊险的情节，笔者在为现场摄影记者的"急中生智"惊叹的同时，也不禁为他捏了一把汗：记者咋能"自称是警察？"须知，这是冒充国家机关工作人员的非法行为。

尽管记者这样做的目的是为了抓住从事色情表演活动的有关人员，但，这样做至少有两点不妥：一是用非法的手段去对付非法的人和事，本身是不合法的，如果产生严重后果必然要承担法律责任。二是这样容易造成新闻记者职能错位。在绝大多数情况下，作为记者其基本职能是采访新闻事实，而不是直接制止或抓获现行犯，何况也没有应具备的合法授权与能力。

从一些记者采访遭遇的冲突现象看，有违法者目无法纪阻挠采访的情况，也有记者不讲策略，越位对违法者盲目"出击"甚至动手阻止的原因。就以此次新闻采访为例，记者在色情表演者和观众逃离时，只要抓拍到真切逃离的镜头就可以了。因为即使有关色情表演者逃离现场，也不难抓获，并且构不成其他严重社会危害，怎么能冒充警察违法呢?! 这说明对新闻工作者还要加强法治教育。

南都记者高考替考暗访报道，之所以当时在全国引发新闻界、法律界人士讨论和争议，其负面质疑主要集中在记者做了便衣警察的事。换句话说，即使记者没有冒充警察却"越界"、实质行使了只有警察才可以担负的侦查职能也不行。财新法治记者陈宝成认为："记者干了警察的活。在科场舞弊案中由记者行使警察权，闻所未闻。"他还表示：目的的合法性不能替代行为的合法性和结果的合法性。有网友指出，记者最明显的违法行为就是，报考前，将自己照片提供给组织者协助伪造身份证、准考证等证件；后续又使用假证进入考场。网络名人"@吴法天"也持反对态度："这是知法犯法，也违反职业伦理。难道为报道黑社会，记者就得卧底进入扮演杀手砍人吗？记者不能干警察的事情，也不能为了追求新闻的新奇置职业操守和法律底线于不顾。"

可是在国外，记者暗访假冒国家公务员身份的情况五花八门。

美国新闻学家罗恩·史密斯在《新闻道德评价》著作中曾经批斥，美国记者为了利用欺骗的手段来达到采访目的，"常常冒充警察、医生甚至政府官员，以吓唬、蒙骗对方"。（新华出版社 2010 年中文版第 303 页李青藜 译）

美国 Axios 新闻网 2018 年 6 月 26 日消息，一名假扮参议员身份的美国喜剧演员梅伦德斯，操着一口"拙劣口音"恶搞，接连骗过包括库什纳在内的多位白宫幕僚，最终连线空军一号上的美国总统特朗普。后者还信以为真主动回拨与这位"议员"展开了一段 3 分钟的对话。一阵寒暄后，梅伦德斯开始以"议员"的身份向特朗普询问最近几个美国热点话题。谈及移民政策，特朗普向对方承诺，"我将处理好这个问题的每一个细节，力争一步到位"。而这位喜剧演员还要求特朗普提名的大法官人选，"不要太过保守"。对此，特朗普汇报道，"人员名单已准备好，将在约 2 周后公布"。这位把白宫耍得团团转的男人，立刻引起美国自由派媒体的关注。 29 日，梅伦德斯上了美国 CNN 电视台的节目。美国 POLITICO 新闻网的分析人士指出，这通电话令所谓白宫"最高安保机制"显得形同虚设。如果任何人都能在 1 个半小时内随意占线特朗普的电话，后果不堪设想。对此，POLITICO 援引一位白宫消息人士，称这几天幕僚们都"慌得要死"，正想办法搞清楚"怎么恶搞电话随随便便就能拨进来"；另一边 Axios 新闻网了解到的情况是一样的，消息人士称白宫幕僚"已经吓尿"。（《美国演员假扮议员给特朗普打电话，白宫从上到下都信了》徐乾昂 2018 年 6 月 30 日观察者网）在"全民记者时代"，这个美国人真真实实扮演了一回暗访记者的角色，但美国法律拿他丝毫没有办法。

英国女王也中过招。1995 年 10 月，一位加拿大电台主持人曾打电话给伊丽莎白二世，称自己是"加拿大总理"。当时，不设防的女王还和这位"总理"聊了 17 分钟，直到挂电话也没有听出破绽。英国也找不到刚性法律，可以给这位冒充总理的记者治罪。

2002 年，加拿大一电视台主持人再度冒充加拿大当任总理克雷蒂安致电美国前总统克林顿，邀请他出访蒙特利尔时演奏萨克斯风，克林顿竟一口答应……加国不认为这名主持人触犯了任何一部法律。

2003 年，美国迈阿密一名电台主持人冒充古巴领导人卡斯特罗给委内瑞拉总统查韦斯打电话……

中外这种对政府公务官员职业保护的显著不同，既有国体政体的区别，也与公务员的历史和现实的地位有关。有人可能会想到我国的官本位因素，但这肯定不是主要的。认清这个重要性，是要防止在中国这块土地上从业的新闻记者，简单以外国人怎么怎么、外国记者暗访可以如何如何，来比照进行自己的操作。中国自己的法律和新闻从业规则，才是约束记者暗访行为最重要的准则指南。

在国家公务员角色中，记者假扮司法人员包括警察、检察官、法官、安全局侦探等，会比其他岗位人员受到的处置更加严重，这是法律明文规定了的。而这些司法机关，可以行使国家授予的司法权、刑罚权，掌握着有剥夺公民生命或限制公民人身自由的这一最严酷、最严厉的权力。加上司法机关代表着法律公正，是维护社会公平的最后一道防线，因而在群众中的公信力较强。于是群众对其充分信任，但又畏惧刑罚，导致公民对司法机关存在高度的敬畏心理。公安、检察院、法院人员办案中，还可以依法实施侦查、立案、传唤、送达、冻结、扣押、抓捕、审讯等强制权。（《冒充司法机关工作人员电话诈骗的新型诈骗犯罪应对浅析》顾雪红 2011 年 12 月 14 日中国法院网）一个国家的强制权力，必须牢固掌握在人民政权授予的专门机关内部，如果有任何泛化就会产生社会危害，进而影响国体、政体的巩固。这些是记者暗访如果冒充后果更加严重的基本原因。

关于记者暗访时的角色扮演不能是国家公务员，否则就会触碰法律底线——曾经有一位记者这么认识与论述过： 记者也是普通公民，即使是在新闻采访过程中，也没有任何超越法律的权力。因此在暗访时，记者必须自觉遵守相关的法律、法规，保持守法的谨慎态度，如果暗访的新闻事实涉及违法乱纪的内容，记者必须要注意参与度的把握。然而，在实际工作中，一些记者法律意识淡薄，过于积极地介入新闻事件，盲目扮演起不恰当的角色，不但不能使采访和新闻报道取得良好效果，反而容易引起法律纠纷，记者自己也将承担相应的法律责任。记者暗访时不能假扮国家公务人员。记者不是政府职能部门或执法单位的工作人员，在进行采访时没有对新闻事件的裁决权和处置权，只有采访权、知情权。因此，面对某些特殊事件时，记者并不享有比普通公民更多的权利。但是，为了获取更有爆炸性的独家新闻，某些记者选择假扮警察、检察官等国家公务人员介入新闻调查。例如有记者在采访一起某住宅小区内发生的刑事犯罪案件时，为了得到更多细节内容，增加新闻报道的看点，假扮公安机关工作人员，向小区居民询问情况，并且进行偷拍。这样采访到的新闻素材如果在媒体播出，首先会因为涉及损害被采访者的隐私权、肖像权等权益而陷入民事纠纷。然后随着调查深入，记者将面临假冒国家公务人员的法律问责。（《记者暗访时的角色扮演要有度》戴苗苗 2013 年 8 月 新闻传播）

这位记者除阐述了执法警务人员的角色不可扮演外，还从新闻学原理提出了一个很重要的问题，就是暗访记者应该是新闻的旁观者和记录者，而不应该是一个"角色参与者"。做记者的都知道"先有事实后有新闻"的唯物主义新闻观，都知道记者还原事实本来面目的工作使命。在涉及违法犯罪新闻的发生现场，记者仔细观察、忠实记录（包括偷拍偷录）、逼真报道，就是完成从采访到写作或制作新闻作品的有效全程。这中间绝对不允许操弄事实、摆布事实、扭转事实的发展轨迹或发展方向。

比如记者暗访介入了非法交易的事实，成为犯罪活动事实的一个组成部分。事后无论你用任何"陷阱取证"的理由解释，由于你的真实身份不是卧底警察，所以不但因"导演事实"而使新闻失真，而且还因犯罪行为而成为司法机关追究的对象。

如果记者通过暗访的角色扮演插入，使自己成为新闻"5 个 W"中的一个要素的话，无论如何新闻报道的真实性和可信度就会受到动摇或打折。在暗访中，记者出于"进入现场"的需要，出于"接近当事人"的需要，出于"不打扰事实"的需要，进行隐身装扮，千万不要喧宾夺主。同时，还要考量自己所装扮角色的法律准允性。既然警察等司法职业的特殊具有明确的法律限制和保护，不允许任何人假扮，记者就不要试图以"法外公民"也即暗访理由去以身试法，而成为行使职务行为却落个违法犯罪的意外下场。

二、部队现役军人

"兵者，国之大事，死生之地，存亡之道，不可不察也。"　（《孙子兵法》）

部队是军队的通称，在我国指中国人民解放军和中国人民武装警察部队。现役军人，是具有现役军籍、正在服现役的军人。现役军人是指正在中国人民解放军部队和中国人民武装警察部队服现役、具有现役军籍，尚未退伍、转业、复员的军人。根据《中华人民共和国兵役法》规定，现役军人由现役士兵（现役义务兵和现役士官）和现役军官组成。军事院校（不是所有的军校）的在校学员也带有军籍，也是现役军人（按义务兵待遇），在校读书的时间算入军龄。（《百度百科》部队条、现役军人条、军人条）

记者无论出于什么需要，都不允许装扮部队现役军人。即使隐性采访暂时用此替身一下也属违法。如果还有其他非法利益夹带其中，就可能划入犯罪之列。

根据《中华人民共和国刑法》第三百七十二条规定，冒充军人招摇撞骗罪是指以谋取非法利益为目的，冒充军人招摇撞骗的行为。具体表现形式多种多样，如穿戴军人服饰行骗，使用伪造的军人证件行骗，等等。该法第三百七十五条规定：伪造、变造、买卖或者盗窃、抢夺武装部队公文、证件、印章的，处三年以下有期徒刑、拘役、管制或者剥夺政治权利；情节严重的，处三年以上十年以下有期徒刑。

《中华人民共和国国防法》第二十九条规定，"国家禁止任何组织或者个人非法建立武装组织，禁止非法武装活动，禁止冒充军人或者武装力量组织。"尽管记者的暗访报道并未招摇撞骗也与财物无关，但由于行为人采用的是冒充军人的手段，致使人民群众误认记者行为是军人所为，因而直接破坏了军人威信及其正常活动。这也是本罪特殊的、实质的危害所在。

中国人民解放军是一个执行革命的政治任务的武装集团。作为国家常规武装力量中的主要构成，军人被授权使用致命武力及武器，来完成保卫国家安全、保卫及守护国家边境、政府政权稳定、社会安定，以及对其他国家发动战争，有时亦参与非战斗性的包括救灾等工作职责。

记者作为国家上层建筑领域的媒体职能岗位成员，素有"笔杆子"之称。它和军人"枪杆子"一道构成了巩固政权和社会稳定繁荣不可或缺的"两杆子"。但"笔杆子"和"枪杆子"的职能不同、职责不同、任务不同，前者不能替代后者，也不能临时使用后者。即使在西方"新闻自由"的国家，记者在隐性采访需要时，可以冒充议员、可以冒充总理总统，也不能冒充军人以获取新闻素材。

英国《星期日泰晤士报》一名记者假扮成非洲某公司代表暗访，联系上了一名英格兰军火商，竟一口气签下 200 枚足以打下波音 747 地对空导弹的订购合同！与此同时，另一名记者在向东欧的一家军火商发出类似的求购信息之后，对方竟也一口应允，而且价格更为优惠。

前一名记者假称自己名叫布里安·托马斯，是一家在直布罗陀注册的非洲保安公司——TRI 公司的代表，这家公司专门负责向卢旺达、阿尔及利亚等非洲国家的钻石矿和油井提供保安服务。他第一次与英格兰军火公司"边界技术与创新"负责人斯考特取得了联系。这位"托马斯"口气还真不小，开口就要买 50 支猎枪和 50 万发子弹。"托马斯"告诉斯考特，这批军火的真正买家是卢旺达政府，之所以由他出面是由于联合国安理会一直对该国实行制裁。为了证明自己所言不虚，"托马斯"还煞有介事地出示了一份如假包换的官方文件，只不过该文件是向卢旺达首都基加利一名腐败官员行贿 120 美元后买来的。第二天，报价出来了，"托马斯"表示，卢旺达买家已经接受了报价，但同时提出还想追加购买 200 枚"伊格拉"肩扛式导弹和 2000 套火箭推进榴弹发射器！后来经过复杂的流程和一来二往，斯考特和他的"边界技术与创新"公司感觉到对方的可疑之处，结果这桩大买卖没有做成。

"托马斯"然后又向斯洛伐克首都布拉迪斯拉发一家名为"派蒂那国际"的军火公司发去了求购传真……

另一名《星期日泰晤士报》记者也向波兰的一家军火公司发去求购传真，声称要购买满满一飞机的军火……

但是，上述军火买卖最终都没有做成。世人还是惊出一身冷汗——如此具有杀伤力的武器，一旦落入恐怖分子手中，后果将不堪设想。（《英国记者暗访地下军火交易爆惊人内幕》麦吉尔 2003 年 10 月 13 日南方都市报）

军事专家和新闻专家分析认为，如果英国《星期日泰晤士报》的两名记者当时冒充军方采购，就有可能消除暗访中的障碍，将两笔大军火生意引爆成震惊世界的新闻炸弹。可是，这家创刊于 1821 年的老牌名报，怎么可能不知道这次暗访记者角色的隐蔽性、欺骗性存在可疑之处？但即使为了完成如此重要的关键暗访，他们也不敢让记者冒充现役军人甚至有军方背景的公司雇员。这就是涉军禁区的高压线，谁也不敢触碰所致。世界各发达国家和第三世界国家，几乎所有国家都有关于军人地位权益保护的法律规定。德国有《军人法律地位法》，俄罗斯独立不到一年时间，其最高主席团即于 1992 年

7月审议通过了《军人地位与社会保障法（草案）》。

在我国，能够查到见到的暗访记者假冒身份千变万化，甚至还有人以身试法装扮成警察等司法人员身份。可是，假扮现役军人的暗访记者却凤毛麟角。为了保护现役军人的合法利益及其尊严，《中华人民共和国宪法》作了一些原则规定，刑法、民法通则、婚姻法、国防法、兵役法以及刑事、民事诉讼法等基本法律中也有所涉及。军人权益及其尊严不被转移和冒用，也是这些法律条文中所包含的应有之义。

但是，在有些暗访过程中，记者需要进入某些特殊区域，受到非军人身份限制无法满足实现。因为国家有保守国家秘密法、统计法、军事设施保护法等专门法规，都不同程度地规定了记者隐性采访的禁区。在这样的情况下，就会有人动歪心思。还有暗访对象涉军，记者与之交往获取新闻素材，为了增加隐蔽性和迷惑性，也可能以现役军人的形象出现在暗访现场。比如：《中国国防报》2016年10月曾经发表文章《部分涉军自媒体泄露军事秘密冒充将领发布谣言》，批斥的也是假扮现役军人而且是高级将领所引发的问题。也有为了维护军人社会形象的良好目的，而暗访利用军人身份违法犯罪的新闻，记者用一身假军装试着去骗一下年轻女性，结果发现多少人上当受骗。于是新闻既出，违法铸成。这都是不知道或者知道了也觉得无所谓，而闯进了部队现役军人不可装的禁区。

2018年6月15日，一家叫做"质迪有声"的网络文字平台，发表了一篇耸人听闻的调查《记者暗访了8962名军人灰色收入的情况，结果令人震惊……》。虽然内容全被删掉，但标题依然高挂。只要使用常人思维不难推断，这种涉及成千上万军人的大调查，如果不以军方身份介入或组织，怎么可能得到如此广泛的配合？这家文字平台如果通过角色转换暗访，就属于严重违法甚至犯罪行为。如果只是记者客观报道军方确有其事的调查结果，那么也涉嫌严重泄密。

虽然记者暗访假扮军人并无招摇撞骗谋取非法利益的目的，既包括法律为此定罪的金钱、财物等物质利益，也包括荣誉待遇、异性的性爱等非物质利益，但至少构成了本罪的客体，如穿戴军人服饰、使用伪造的军人证件等，利用了军队的良好威信及其正常活动。

近年，涉军制假售假乱象丛生。《中国国防报》记者路过昆明火车站出站口时，遇有两名中年女子凑上前询问："证件要吗？什么都有，军官证、身份证……质量绝对让你放心。"走在街上记者不时能收到印着"办证"的卡片、传单，或是塞进行人的手里，或从车窗缝麻利地塞到车里。上网搜索，类似信息就更多了，有的明目张胆地挂上了手机号码；谨慎一些的，则留下 QQ、微信等联系方式。记者拨通一则广告上留下的联系电话。电话中，一名男子告诉记者，新式的军人证件新增了防伪码、水印等防伪标识，但仍难不倒制假售假者。他们用激光雕刻机，短时间制作假印章、假军官证、士兵证、军残证等涉军证件。　（《涉军造假严重影响军人形象，为何屡禁不止？》严浩 2016 年 11 月 15 日中国国防报）当记者暗访装扮部队现役军人非常方便、成本很低时，犯错违法的概率就更大了。

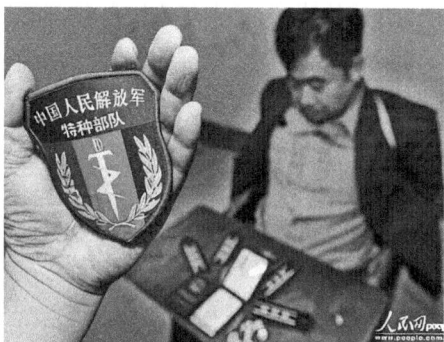

山东假冒军官劫狱案主犯"上校"刘典爱，在案发现场当时非常猖狂，后来被拆穿抓捕傻了……

所以我们说，新闻媒体和它所管理的记者编辑，一定要从国家安全的高度，自觉维护人民军队和部队现役军人在社会上的尊崇地位。一定要以对涉军报道题材和报道手段的敬畏之心，来正确处理暗访中的角色扮演问题。

三、人大代表政协委员

记者暗访的角色扮演还有两个禁区：人大代表和政协委员。他们的身份也是法律特别授权的，必须受到特别保护。

我国宪法和代表法明确规定，人大是国家最高权力机关，在整个国家政权体系中居于重要地位。全国人大代表是最高国家权力机关的组成人员，地方各级人大代表是地方各级国家权力机关的组成人员。全国和地方各级人大代表，代表人民的利益和意志，依照宪法和法律赋予本级人大的各项职权，参加行使国家权力。人大代表的这种法律地位和作用，是一切组织和个人必须尊重和维护的。人大代表的法律地位，是由人民在国家政治生活中的地位决定的。

有关政协的法律文献包括：《中华人民共和国宪法》《中国人民政治协商会议共同纲领》《中国人民政治协商会议组织法》《中华人民共和国人民政府组织法》《中华人民共和国国旗法》《关于香港特别行政区第一届政府和立法会产生办法的决定》《中华人民共和国香港特别行政区选举第九届全国人民代表大会的办法》《中华人民共和国澳门特别行政区基本法》及其两个附属件法规等。政协是中国人民爱国统一战线的组织，是中国共产党领导的多党合作和政治协商的重要机构，是中国政治生活中发扬社会主义民主的一种重要形式。

人大政协各级机关人员才拥有公务员性质，它只涵盖一部分代表委员而非所有。

记者暗访所装扮的角色如果是人大政协的代表委员，一部分可能就是国家公务员（前述是禁止扮演的），另一部分非公务员身份，也行使所有代表委员同样的权利与职责，享有同样的保护权限。记者无论有何种理由，随意装扮人大代表和政协委员，也是对这种非常严肃的国家政治体制的侵犯或亵渎，也是法律所不容许的。因为，国家已经通过法的形式，特别赋予了这部分人很高的政治权和声誉以及法律豁免权。记者不能以暗访为由，随便取得与行使哪怕暂时的代表委员权，进行社会交流、人际交往。一旦越界即使没有产生犯罪后果，至少也属违法。

《为什么要冒充人大代表?》是中国青年报著名评论员曹林写的一篇时评,文中讲了两个新闻由头:一是人大代表钟南山参加一个学术会议时电脑被偷,警方迅速出动,在10天之内就破了案帮钟南山找回了电脑。另外一个是有人冒充广东省人大代表朱列玉给广东省公安厅写信,反映一个发廊存在卖淫行为。结果朱代表很快收到回复函件,报告现已查处的情况。曹林一眼看出:"民权弱"而"代表强"之下的"人大雄起"现象。于是进而指出:每逢全国两会时,不少平日问题多多、常遭舆论炮轰的部门,都会向两会代表委员"大献殷勤",或作出诱人的承诺,或发布一些利好的消息,或直言坦陈部门的不足等等,甚至连一些垄断国企,都会选在这时候象征性地降点儿价,这就是典型的"做给'两会'看"。"两会"是中国"监督能量"最集中的时候,人大代表、政协委员与民意、媒体等其他监督力量凝聚起来,使监督能量达到峰值,产生两会效应。(2009年12月16日中国青年报)

由于受到国家法律的特别授权和人民群众的高度信任,各级人大代表政协委员享有很高的权限和社会荣誉。全国人大代表是最高国家权力机关组成人员,地方人大代表是地方各级国家权力机关组成人员。人大代表代表人民的利益和意志,依照宪法和法律赋予本级人民代表大会的各项职权,参加行使国家权力。他们依法履行职责所享有的特定的行为权,包括代表在人大会议期间、闭会期间的权利以及代表执行代表职务的保障。主要享有审议权,表决权,提名权,选举权,提出议案权,质询权,提出罢免案权,提出建议、批评、意见权,提议权,言论表决免究权,人身特别保护权,执行代表职务保障权等。人大代表有权向本级人民代表大会提出对各方面工作的建议、批评和意见。有关机关、组织必须研究处理并负责答复。

政协具有政治协商权:对国家和地方的大政方针以及政治、经济、文化和社会生活中的重要问题,在决策之前进行协商和就决策执行过程中的重要问题进行协商。民主监督权:对国家宪法、法律和法规的实施,重大方针政策的贯彻执行、国家机关及其工作人员的工作,通过建议和批评进行监督。参政议政权:对政治、经济、文化和社会生活中的重要问题以及人民群众普遍关心的问题，开展调查研究，反映社情民意，进行协商讨论，提出建议和批评。政协委员是由参加政协的各个界别和有关方面推荐、提名，经过多方面反复协商，最后由政协常务委员会协商决定当选人的。政协委员在政协就国家的大政方针、群众关心的热点难点问题为政府出谋划策，履行"政治协商、民主监督、参政议政"的职能。政协委员在参政议政、建言献策过程中提出的提案、意见和建议，有关机关、组织必须研究处理并负责答复。

从调查记者到省政协委员——都市快报快公益主任冯志刚在"两会"期间积极参政议政。
(2018年2月28日都市快报)

记者暗访所不允许假扮的，是法律特别授权的身份角色。既然人大代表和政协委员拥有国家法律保护的那么多重要权限，那就等于划定了一个假扮禁区。否则，可能有损其尊严和法律规范的严肃性，造成国家最高权力的被泛化或滥用，造成中国人民爱国统一战线组织和中国共产党领导的多党合作和政治协商的重要机构被冒用。

记者为什么要在暗访中假扮人大代表和政协委员？记者暗访在什么条件情况下才会选择假扮人大代表和政协委员？记者暗访假扮人大代表和政协委员会产生什么后果？记者暗访如果不假扮这个该怎么办？

回答这些问题首先要弄清楚记者在暗访中，假扮一个角色的被动性、这种被动性包含几个选项。既然暗访的"二隐"第一种或者最多的一种就是记者职业身份的隐瞒，它就不得不选择一种合适的身份出现在暗访对象面前。但事实上，隐身的假扮身份通常绝不会是单项或唯一的。鉴于人大代表和政协委员身份的法律保护禁止假扮，记者完全应当自觉作出其他选择，而不要违法"顶风上"。如果暗访现场情况实在无法用其他身份接近替代，记者宁可放弃该报道选题也不冒着违法犯罪的风险。实践中，唯一身份选择的暗访是基本不存在的。

回答这些问题还要弄清楚记者在暗访中，假扮这种角色的法律和纪律风险。既然人大代表是国家最高权力机关的组成人员，既然政协委员被授予国家重大政治经济社会问题决策的参政议政权，一名记者只为完成一件采访报道任务而冒充法律禁止的替代角色，显然是成本风险太大了，和记者可能获得的成果很不相称。换句话说，即使记者的暗访大获成功，获取的证据令人耳目一新，可是，所有新闻报道都是面向社会大众的，人们对人大代表和政协委员的角色认知度太高了，会很快发现记者暗访中冒用的身份，涉嫌违法。除了社会批评谴责，司法机关和人大政协也会找上门来交涉处理。轻者，作违纪处理；重者，作违法追究。这对记者的投入产出比，不是明显得不偿失了嘛。而且，这种风险是必然随之而至的，无法回避和免除。

回答这些问题还要弄清楚记者在暗访中，假扮这种角色客观上可能给社会和人大政协工作带来的危害。现在，冒用代表委员身份从事社会和经济欺诈的情况，屡有发生。近年好多虚假理财贷款、P2P、社会集资、工程项目等，老板经理都打着代表委员的旗号从事非法活动。其中绝大多数都属于冒牌假货。百度输入"冒充人大代表政协委员"搜索，可以得到 2040000 个内容结果。可见，假扮人大代表政协委员已经严重损害国家政治生态的清明，严重破坏了国家政权机器的正常运转，严重亵渎了代表委员的社会声誉。新闻记者肩负主流意识形态宣传报道和激浊扬清的重要使命，社会影响力和舆论导向性都很强大。如果我们在媒体之上公开以不法身份采访报道，可能造成的负面后果，会比其他人更大更难挽回。无论记者冒用的理由怎么样，客观的社会效果就是如此。

第十一章

记者暗访的六大禁区

我们必须明确，记者暗访不是任何内容和对象都可以涉猎，更不可以天马行空毫无顾忌横冲直撞。国家法律和新闻伦理已经为我们划出了六大禁区，以约束记者暗访行为要求不得冒犯。这些禁区是：国家机密、司法秘密、法庭审判、个人隐私、未成年人、商业秘密。涉及这些，如果记者公开身份无法获得报道素材，那就只有被迫放弃。

全世界任何一个国家、任何一种社会政治制度、任何一种主流宗教信仰，对新闻媒体的报道领域和报道手段，都会有些禁忌和禁区。这完全符合马克思恩格斯所说的，"统治阶级的思想，在每一时代都是占统治地位的思想"（《德意志意识形态》）政治论断。

美国是个号称新闻自由和记者属于"无冕之王"的国家，1791年12月15日通过的"宪法第一修正案"规定了新闻言论自由的崇高地位。可是，2010年白宫记者团团长海伦·托马斯因在媒体发表反对以色列言论而被迫辞职。只因她触及了美国新闻的禁区——犹太阶层的利益。美国新闻界种族主义、垄断财阀之间的利益冲突、军事冲突以及政治丑闻，都是自由报道的禁区。此外，宗教争议、民族问题等，也是报道的临界点。记者没有特别许可，是不允许对这些领域随意报道的。（《美国新闻自由的真实性》张媛 李祥 张攀 2014年11月新闻研究导刊第5卷第15期）美伊战争开始，一大批美国记者乘航空母舰奔赴前线采访报道，美国防部立即给记者们发布24条禁止采访报道的小册子。2016年12月23日，美国总统奥巴马签署通过《波特曼—黑菲反宣传法案（Portman－Murphy Counter－Propaganda Bill）》。该法案是2017 年国防授权法的配套法案，严禁美国媒体报道中俄媒体的宣传内容。

在伊斯兰教为主要宗教的国家，要分得清逊尼和什叶两大派系，也有其他一些小派系如哈瓦里吉派、伊斯玛仪派等。新闻报道中有任何不敬，都有可能导致非常严重的后果。比如，饮食禁忌等都是新闻报道的禁区。衣着上女性穆斯林如未戴盖头、露出头发，在外面与男性单独会面、打招呼和谈话，都不能报道。随意品评穆斯林服饰特点也是报道禁区。还有婚俗禁忌、丧俗禁忌、颜色禁忌、社交禁忌等。即使在法国，《查理周刊》杂志社因刊登讽刺伊斯兰教先知的漫画，触犯了伊斯兰禁区而遭枪击事件，至少 12 人在事件中丧生，其中还有 2 名警员。

在我国，记者新闻报道也存在"高压线"区域，值得新闻工作者警惕注意。它主要是 8 条：

（1）党和国家的路线方针和政策，不质疑不挑战。

（2）涉及宗教的意识形态和人物场所，不亵渎不侮辱。

（3）军队的重要负面新闻，不随意报道不跟风炒作。

（4）民族之间的矛盾冲突，不渲染不介入。

（5）有特殊背景的特大型企业，不擅自曝光不执意冲撞。

（6）外交事务中的问题，不偏离国家口径不自立口号主张。

（7）涉密领域的新闻，不在手续欠缺条件下乱发。

（8）重特大事故和恶性案件，不绕过必要程序抢发。

划定暗访的六大禁区：国家机密、司法秘密、法庭审判、个人隐私、未成年人、商业秘密，可以从新闻选题或报道题材起步阶段，就砌起一道防范记者违法犯罪的防火墙。这种做法不是思想保守自我束缚，更不是扼杀记者暗访报道的绳索。其实这些做法早已成为世界通行的媒体戒律，从老牌知名影响力巨大的美英报纸，到后起之秀的半岛电视台，再到我们身边的各家传统媒体，事实上都在这六个方面对记者暗访有明确的禁止性约束。

划定记者暗访禁止区域的根本出发点，不是害怕记者揭露事实真相，而是大众传播媒介属性中的社会广泛性，它可能导致比真相更重要的国家利益或公众利益的侵害结果。这是显而易见的两权相害取其轻、两权相利取其重的基本道理，新闻媒体作为把社会责任感放在第一的大众传播机构，不能连这个权重关系都拎不清。新闻记者作为人民利益的忠实守护人，不能连这种利益博弈都弄不明。越是成熟越是具有丰富经验，就越是不会犯这种低级错误。

美国的《芝加哥论坛报》，曾经通过记者暗访赢得了3次美国普利策新闻奖。1971年，该报记者威廉·琼斯乔装成救护车司机，获得了警察与私营急救公司相互勾结的事实证据。猛料报道发表后社会震惊，他据此获得了当年普利策地方调查性报道专题奖。1973年，该报记者乔装成审理选区选举案件的法官，揭露选举中的欺骗行为。结果也是声震八方，采编团队获得了当年普利策地方一般报道或现场新闻报道奖。1976年，该报记者假装在医院工作，收集病人不正当行为的证明，然后也是名利双收，采编团队获得当年普利策地方调查性报道专题奖。但是到了1979年，《芝加哥太阳报》的记者卧底暗访幻影报道，却遭到了普利策新闻奖评委们的拒绝。尽管那篇暗访的情节更加曲折精彩，报道面世以后的社会反响更加巨大，但是评委专家们已经意识到该报记者的暗访之手伸向了法律和新闻伦理所禁止的区域，那就是公民的隐私。这一年，还有另外一篇暗访报道也被评委会无情淘汰。这不但给了《芝加哥太阳报》一个警醒，也成了美国新闻界记者暗访调查时一个重要转折点。普利策新闻奖的评奖价值观，给全美新闻传媒的暗访禁区意识，产生了非常重要的导向意义。从此之后，尽管仍然还有暗访报道获奖，比如2016年美联社的《东南亚血汗海鲜渔奴调查》，就是由4名女性记者历时一年、辗转许多个国家最终完成而获得当年普利策奖社会调查奖项的，可是，再也没有那些明显触犯禁区的记者暗访被报送到这里来参评了，公开发表的也已鲜见。

有的记者面对暗访禁区，可能会埋怨自己身处的新闻生态环境过于逼仄，这也不行那也不准。殊不知，改革开放几十年来，我国新闻报道的禁止区域，已经大为缩小。尤其是自从 2008 年 5 月 1 日起实施《中华人民共和国政府信息公开条例》以来，几乎所有关系国计民生的重大突发事件，事涉环境保护、公共卫生、安全生产、食品药品、产品质量的正反面新闻内容，政府都必须主动积极地通过新闻传媒向全社会公开。 2018 年 7 月 15 日，国家药品监督管理局向全国发布通报：长春长生生物科技有限公司冻干人用狂犬病疫苗生产存在记录造假等行为。而且，整个事件从爆发——药监局通报——召回——事件处置——补救措施——国家法律法规党规党纪处理责任领导等，全过程逐一向媒体公开。回想 2011 年 3 月 17 日，《中国经济时报》记者王克勤暗访调查《山西疫苗乱象》冒着巨大风险采写，媒体更是顶着巨大压力发表，结果造成了总编辑包月阳和王克勤的什么结果，我们就可以清楚看出，记者暗访报道的禁区在我国是随着社会发展和进步而不断变化缩小的。当然，也不排斥有的禁区取消了，有的领域又会成为新的禁区。这都完全符合因时制宜、与时俱进的一般道理。

本章要阐述的记者暗访六大禁区，都是法律所能容忍的最后底线。也就是说，触碰即等于违法，严重闯入，肯定就是犯罪行为。这在已经颁布施行的现有法律中，能够找到完全对应的条款依据。我们不能为了一条暗访线索而不惜以身试法，侵害国家安全和公共利益。在此方面，媒体和记者都没有豁免权。自律守法守纪，新闻采访报道的自由空间就很大；他律依靠严处规范，新闻采访报道的禁区就可能很多。

本章所述六个暗访禁区，有时呈现相互纠葛胶着状态，即国家秘密、司法秘密、法庭审判、商业秘密、未成年人、公民隐私，一桩暗访可能涉及几个禁区。如《财经》记者王晓璐案，她根据私下打听的消息，伙同他人（券商）编造《证监会研究维稳资金退出方案》报道，影响股市行情，被公安机关立案侦查。这桩案件所说的证券、期货信息属于虚假编造，即使真实有根有据，在国家有关部门权威发布前，记者通过其他手段获取并发布，就会涉嫌商业秘密甚至国家秘密。其报道后果引发了 A 股狂泻……商业秘密与经济、科技领域中的国家秘密，都是具有保密价值的信息，二者可以相互包含、相互转化。

但是，记者在暗访禁区面前还是需要分析思考，小心"伪禁区"和单位部门或地区自设的所谓禁区，它们完全不在这六条之列。"伪禁"基本属于恶意防止记者曝光、扼杀舆论监督之举。遇有这种情况，特别需要暗访记者大胆机智进行突破。

《新京报》首席记者陈杰在 2014 年获得宁夏有企业向腾格里沙漠大量排放污水的线索，当地报道这个危险很大。"我决定要触碰一下这个禁区，徒步从腾格里沙漠腹地进入这个地方"——9 月 6 日，《新京报》用两个版独家报道了腾格里沙漠中存在着工业园区向沙漠腹地排放工业污水的问题。"我是等所有管理人员都撤走的时候往里去的""如果天黑了就拍不成照片了"。宁夏关停了两家企业，并对相关领导进行追责，而内蒙古方面设置了重重障碍，专门找中央媒体进行正面报道。"在双方角力的过程中，我再次跟中科院专家、中国政法大学的律师一起到腾格里沙漠进一步取证。我要做最坏的打算，跟他们在法庭上进行对峙……"（《良知，不可触碰的新闻禁区》陈杰 2017 年 11 月 28 日"一席"）但这次记者明访暗访所触碰的所谓禁区，完全属于地方保护主义所画的圈，记者陈杰的坚毅精神打破了这种铁围。报道获得习近平总书记批示，问题得到了解决。然而，依然有一些企业"顶风作案"，

内蒙古腾格里沙漠腹地，一根排污管通到建在沙漠腹地的排污池，把从 3.2 公里外……（陈杰拍摄　新京报 2015 年 8 月 18 日）

陈杰在腾格里沙漠无人区拍摄取证（取自腾讯文化思享会）

有关部门调查发现，此后的 10 个月，甘肃武威荣华工贸有限公司向腾格里沙漠腹地违法排放污水 8 万多吨，污染面积 266 亩。此后，该报再度出手勇敢报道，荣华公司董事长已被司法追究，两名直接责任人被抓捕，武威市、凉州区有关部门主要负责人被停职并接受审查。

"很多东西是不能碰的，涉及到敏感问题，比如军事、宗教等，非常复杂……涉及到敏感问题，即使你调查出来，也很难发表出来。而哪些能发哪些能调查，要问你的单位是否可以去，是否能调查，是否可以发出来。"（搜狐·浪涛金观察 2017 年 4 月 21 日）——这是一位资深记者，在题为《新闻卧底记者必读：如何避免调查采访时被抓？》一文中的提醒告诫。实为经验之谈，颇有警示借鉴意义。

所以，记者暗访首先在选题阶段，要能区别清楚这个报道是不是禁区内容？是真禁区还是伪禁区？然后再决定自己的下一步行动。

一、国家秘密

首先依照《中华人民共和国保守国家秘密法》，对国家秘密的相关知识内容做个权威界定——

所谓国家秘密是指关系国家的安全和利益，依照法定程序确定，在一定时间内只限一定范围的人员知情的事项。国家秘密的密级分为"绝密""机密""秘密"。

"绝密"是最重要的国家秘密，泄露会使国家的安全和利益遭受特别严重的损害。

"机密"是重要的国家秘密，泄露会使国家的安全和利益遭受到严重损害。

"秘密"是一般的国家秘密，泄露会使国家的安全和利益遭受损害。

国家秘密事项的密级，一般会在秘密载体上作出明显的标志。标志方法会按《国家秘密定密管理暂行规定》执行。保守国家秘密的工作，实行积极防范、突出重点、既确保国家秘密又便利各项工作的方针。

国家机密的范围是：

1. 国家事务重大决策的秘密事项。

2. 国防建设和武装力量活动中的秘密事项。

3. 外交和外事活动中的秘密事项以及对外承担保密义务的秘密事项。

4. 国民经济和社会发展中的秘密事项。

5. 科学技术中的秘密事项。

6. 维护国家安全活动和追查刑事犯罪中的秘密事项。

7. 经国家保密行政管理部门确定的国家秘密事项。

国家秘密载体，是指载有国家秘密信息的物体。国家秘密的载体主要有以下几类：

以文字、图形、符号记录国家秘密信息的纸介质载体：如国家秘密文件、资料、文稿、档案、电报、信函、数据统计、图表、地图、照片、书刊、图文资料等。这种载体形式是目前最常见的国家秘密载体。

以磁性物质记录国家秘密信息的载体：如记录国家秘密信息的计算机磁盘（软盘、硬盘）、磁带、录音带、录像带等。这种载体形式随着办公现代化技术的发展将越来越多。

以电、光信号记录传输国家秘密信息的载体：如电波、光纤等。国家秘密以某种信号形式在这种载体上流动、传输。通过一定技术手段，才能把这种涉密信息还原，知悉具体内容。

含有国家秘密信息的设备、仪器、产品等载体。

对绝密级的国家秘密文件、资料和其他物品，非经原确定密级的机关、单位或者其上级机关批准，不得复制和摘抄；收发、传递和外出携带，由指定人员担任，并采取必要的安全措施；在设备完善的保险装置中保存。经批准复制、摘抄的绝密级的国家秘密文件、资料和其他物品，依照前款规定采取保密措施。

暗访记者由于身份隐蔽、目的隐蔽、采访手段隐蔽，可能接触到的国家秘密机会概率或许更大一些。比如，某记者假装股市大炒家，与国家经济管理部门的图利官员交流，就有可能获取国家重要经济数据情报。 2011 年 9 月 8 日，国家统计局办公室秘书室原副主任、副处级干部孙振因泄露国家重要宏观经济数据，被北京西城法院判处有期徒刑 5 年。同日，中国人民银行金融研究所货币金融史研究室原副主任、副处级干部伍超明因违反保密法的规定，在同一法院被判处有期徒刑 6 年。央视白岩松在播报这个新闻时质问：为什么 2011、 2012 两年中，英国路透新闻社竟然 7 次准确"预测"到中国的 CPI 等数据。无独有偶，彭博新闻社（全球最大的财经资讯机构）也已经对 CPI 做出准确预测，甚至有机构对 PPI 上涨 6.8％的数据也是精准预测……

2007 年 7 月 14 日，江西景德镇丽阳乡发生一架武装直升机迫降在农村稻田的事故，为安全保密，有关部门对周围一公里范围进行了警戒。当时有都市报记者赶至现场采访报道，即被保卫人员制止。但该记者不听劝阻，通过其他方式拍照打听，然后将获得的直升机外形图片及现场情况组成公开报道，刊登在该报上，国内几十家网站转载，造成严重泄密。国家保密机关为此发布情况通报，当地媒体管理机关也给予该报和该记者以严厉处分。

暗访记者可能涉密违法犯罪有两种：

一种是利用乔装身份或特殊手段，非法获取国家秘密。也就是在国家秘密拥有方并未察觉的情况下，通过窃取、刺探、收买、偷拍偷录等方式，达到获取的目的。这种罪有个重要特点，就是记者是主动行为，而且，无论记者事后是否将这些公开报道。对此，刑法第二百八十二条规定，处三年以下有期徒刑、拘役、管制或者剥夺政治权利；情节严重，处三年以上七年以下有期徒刑。

还有一种是泄露国家秘密罪，就是记者在隐身采访过程中，被动看到、听到、接触接受国家秘密。记者本人没有获取国家秘密的主观上故意，而是被暗访对象有意无意将相关内容泄露出来。但是，记者明知自己所获得的材料属于国家秘密，或者并不清楚，却在公开报道中予以披露，客观上造成了泄密案件的发生。刑法第三百九十八条规定，国家机关工作人员违反保守国家秘密法的规定，故意或者过失泄露国家秘密，情节严重的，处三年以下有期徒刑或者拘役；情节特别严重的，处三年以上七年以下有期徒刑。非国家机关工作人员犯前款罪的，依照前款的规定酌情处罚。媒体记者触犯此法条，按后一种"非国家机关工作人员"处理。这一条最关键的确罪依据，要看记者在知密后有没有公开发表，也即是否造成了客观上的泄密社会后果。如果并无后果，则记者不受法律追究。

通过所谓的"暗访"，以不公开记者的身份去套取他人话语等方式获知秘密信息，这就是刺探。魏永征强调，涉嫌非法获取国家秘密的行为，必须在主观上是故意的，就是明知是国家秘密而有意获取，客观上要有窃取、刺探、收买的行为。当然有关信息必须属于依照法定程序确定的国家秘密，而不是个别人说是秘密就是秘密。不具备这样的要件，就不能构成非法获取国家秘密的犯罪。（《新闻调查记者与国家秘密》魏永征 钟晓璐 2015 年第 22 期"新闻界"）

显性的国家秘密材料，会在载体封面作出明确标注："密级★保密期限""密级★解密时间""密级★解密条件"。

暗访中记者接触到的涉密渠道和表现方式有很多，并非打着"绝密"字样的红头文件那么简单。既做我们这一行，就不能不对风险了解清楚——

军事禁区和属于国家秘密不对外开放的其他场所、部位；对外交往与合作中需要保守的国家秘密；私人交往和通信中可能提及与泄露的国家秘密；有线、无线通信中传递的文件、资料和其他物品等国家秘密；与能够接触国家秘密的公务人员交往等。

将涉密计算机、涉密存储设备接入互联网及其他公共信息网络的；在未采取防护措施的情况下，在涉密信息系统与互联网及其他公共信息网络之间进行信息交换的；使用非涉密计算机、非涉密存储设备存储、处理国家秘密信息的；非法复制、记录、存储国家秘密的；在未采取保密措施的有线和无线通信、互联网及其他公共信息网络中传递国家秘密的。

在私人交往和通信中涉及国家秘密的；擅自卸载、修改涉密信息系统的安全技术程序、管理程序的；将未经安全技术处理的退出使用的涉密计算机、涉密存储设备赠送、出售、丢弃或者用作其他用途的；非法获取、持有国家秘密载体的；通过普通邮政、快递等无保密措施的渠道传递国家秘密载体的；买卖、转送或者私自销毁国家秘密载体的；邮寄、托运国家秘密载体出境或者未经有关主管部门批准，携带、传递国家秘密载体出境的。

暗访记者在国家秘密面前，要有明确的禁区观，见之止步。暗访不比明访，自己的职业身份往往处于隐匿之中。明访时受访对象可能出于对记者的信任和全面了解情况的需要、掌握事件或人物背景的需要、把握报道口径报道尺度的需要，会透露一些涉密材料、涉密内容。但一般会特别提示强调，这些国家秘密不能公开发表。因此，采访与受访双方大致都是安全的。而记者暗访时，记者获得的涉密材料或内容，就完全不是这种性质了。如果明知却去主动获取，无论采取什么方法，都属于犯罪行为。如果被动得知，人家因为无法辨识记者真实身份，可能对涉密的交代与警示，要么完全没有、要么没讲清楚。及至造成公开报道后的严重后果，记者和泄密初始人的罪责都难以避免。因此，最好的办法，是主观上不碰不沾、更不积极图谋刺探了解国家秘密。客观上，一旦遇到涉密内容，从选题思考、讨论、确定时，就退避三舍绕道而行。连明访时那种只被动知晓不主动不打探，也不能。禁区面前，选项只有一个。如果记者在暗访过程中发现遇上国家秘密，除了主动回避，还可以采取立即退出的办法，以规避可能惹祸上身的危险。如果在暗访结束后得知自己获得的密拍密录内容属于国家秘密，那就要除放弃所有公开报道外，还须立即向当地警察局、安全局、保密局（三选一）主动报案，寻求他们专业处理意见的指导。同时，主动报案属于自保、也即一种确保媒体安全、记者安全的万全之策。放心，报案和自首不是一回事。法律认定的"报案"主体一般包括：案外人、被害人、犯罪嫌疑人；"自首"的主体包括：犯罪嫌疑人、犯罪嫌疑人的家属。自首的，可以从轻或者减轻处罚。有立功情节的，可以免除处罚。记者此时没有窃密的故意，亦没有造成泄密的后果，因此是作为案外人角色来报案的。

在新闻界，在涉密暗访报道中，常能听到一种对国外记者同行随意窃密、泄密的羡慕。他们会列举一些在世界范围内有影响力的重要报道，来抱怨自己"生不逢地"，或者对法律规定的困惑。

确实，国外特别是西方媒体在涉及国家秘密题材的报道面前，拥有相当的特权或豁免权。这是由于中外涉密法律基本涵盖对象、约束对象、处分对象的不同，而新闻记者置之度外才拥有了某种特权，但也并非刻意任意而为。

美国《纽约时报》记者朱迪·米勒（Judith Miller），在报道中披露了一位美国 CIA 海外特工的身份，属于国家秘密。但是米勒并未被追究窃密或泄密罪，而是要求她说出消息来源以便追究泄密的官员。米勒以保护消息源为由拒绝向检察官提供，被关押 84 天，罪名不是泄密，而是藐视司法。与此相类似的是另一位记者詹姆斯·芮森（J. Reason）在本世纪初出版了一本《战争状态》（State of War），披露了 NSA（国家安全局）和 CIA 大量"内部情况"，当时的布什总统大为震怒，下令追查，但不是把芮森抓起来，而是要他提供消息来源，芮森也是拒不提供，顶牛了好多年。后来美国司法部长宣布将不会要求芮森出庭作证，芮森不会像朱迪那样坐监了。这里只是说在美国记者不会涉及"泄密罪"，至于记者是不是有拒绝向司法机关提供消息源的特权，这是另一个问题了。（《新闻调查记者与国家秘密》魏永征 钟晓璐 2015年第 22 期"新闻界"）

美国新闻媒介如果披露了国家秘密，也不属刑事犯罪，而是有可能被法庭判处禁止发表。著名的 1971 年"五角大楼文件案"（New York Times v. United States），《纽约时报》从一名前国防部雇员那里获得了当时尚在进行的越南战争的秘密文件副本进行连载，国防部向法院申请禁制令获得支持。《纽约时报》向联邦最高法院上诉，最高法院以五比四比数判决《纽约时报》和另一家《华盛顿邮报》，可以发表这些文件的相关报道。多数大法官认为两家报纸披露的这些文件副本，并不会给社会和人民带来直接的、紧迫的、不可挽回的危险。而在 1979 年"进步公司案"（United States v. Progressive, Inc.）中，最高法院则判决政治刊物《进步》杂志被美国能源部阻止的关于氢弹的设计和运作的报道涉及国家秘密，不得发表。（《新闻调查记者与国家秘密》魏永征 钟晓璐 2015 年第 22 期 "新闻界"）

我国新闻法专家魏永征分析认为：外国对国家秘密的保护制度不能推论我国。西方英美等国，保密责任主体限于 "宣誓者"（affiant），主要就是公务员、军职人员或其他在国家特种行业供职的雇员，以及与政府签订协议的承办商等，此外就是查有实据的间谍；一般民众并不承担保守国家秘密的义务和责任。阿桑奇是维基解密的创始人，披露了大量美国国家秘密，但是他只是一个平民，所以只能以强奸、骚扰女性等罪名通缉或拘捕他。斯诺登曾经是 CIA 雇员，披露了大量在任职期间获得的美国国家秘密，美国就可以以泄密罪通缉他，他则可以以此申请在一些国家政治避难。

鉴于我国新闻媒体在公开报道和记者在明访暗访中，涉密所面临的问题和实际状况， 1992 年 10 月 1 日国家保密局、中央对外宣传小组、新闻出版署、国家广电总局发布《新闻出版保密规定》。其中第九条：被采访单位、被采访人向新闻出版单位的采编人员提供有关信息时，对其中确因工作需要而又涉及国家秘密的事项，应当事先按照有关规定的程序批准，并向采编人员申明；新闻出版单位及其采编人员对被采访单位、被采访人申明属于国家秘密的事项，不得公开报道、出版。 2014 年 6 月 30 日国家新闻出版广电总局又发布了《新闻从业人员职务行为信息管理办法》。第四条：禁止非法复制、记录、存储国家秘密，禁止在任何媒体以任何形式传递国家秘密，禁止在私人交往和通信中涉及国家秘密。第十二条：新闻从业人员违反保密承诺和保密协议、擅自使用职务行为信息的，新闻单位应依照合同追究违约责任，视情节作出行政处理或纪律处分，并追究其民事责任。

二、司法秘密

司法秘密，是关系司法机关的审判、检察、侦查、特殊侦查等权限内容的安全和利益，在一定时间内只限一定范围的人员知情的事项。它包括人民法院、人民检察院、公安机关、国家安全机关、司法行政机关、军队保卫部门、监狱等审判和负责刑事侦查、案犯监管机构的工作秘密。

司法，又称法的适用，通常是指国家司法机关及其司法人员依照法定职权和法定程序，具体运用法律处理案件的专门活动。（百度百科 2013 年 6 月 30 日）

新闻媒体报道案件新闻、政法新闻、犯罪新闻、审判新闻等，有时候无法回避司法秘密。如记者前往公安机关采访了解河北廊坊城南医院院长张毅 2018 年 1 月坠楼身亡事件，为什么他在留下的遗书中控诉合伙人杨玉忠"挪用资金、掏空医院、干涉医院正常医疗运作？"警方当时正处在案件侦破环节，虽已初步掌握了一些重要线索和证据，但涉案人尚未抓捕，所以，以下内容就是司法秘密：在廊坊，杨玉忠涉黑团伙长期把持农村基层政权，采取非法手段当选人大代表，实施故意伤害、故意毁坏财物、敲诈勒索、强迫交易、暴力拆迁、伪造印章等犯罪行为，攫取非法利益。像杨玉忠这样的人，竟曾连续三届当选区人大代表，就是因为长期以来多名公职人员为其"站台"，充当"保护伞"。廊坊市安次区原政协主席杨广恒、廊坊市政府办公室原副调研员蔡华勇均曾违规到杨玉忠控制的新城医院工作，杨广恒还接受杨玉忠安排的旅游，低价从杨玉忠手中购买房产。两人利用职务影响，违规向廊坊市行政审批局、安次区环境保护局相关人员打招呼，帮助新城医院办理审批手续……如果记者为获得这些秘密作为报道猛料，而采取隐身暗访或其他利诱方法，使办案警员失职提供，这就构成了闯进司法秘密禁区的新闻事故。因此，必须自觉主动止步。在台湾白晓燕惨遭绑架"撕票"案中，记者的暗访行为，更是明目张胆地窃取司法秘密、干扰警方破案的负面典型。当时警方正在秘密联络绑匪部署营救人质，一些媒体的记者却乔装打扮频繁出入于警方工作现场打探了解事件情节。某电视台甚至派出一辆电视转播车，赶到人质赎金交付点。绑匪最后感到"躲得过警方躲不过记者"，于是绝望中杀害了人质。媒体隐性采访，竟然沦为无形杀手。

在司法机关内部，有非常周密详细的保密规定。公安部 2014 年颁发了《关于公安机关保密范围和密级的暂行规定》，最高人民检察院 1991 年 9 月

20 日下发《人民检察院办案工作中的保密规定》，最高人民法院制定了《人民法院保密制度》，司法部、国家保密局 1990 年 1 月 6 日印发《司法行政工作中国家秘密及其密级具体范围的规定》的通知，中华人民共和国国务院、中华人民共和国中央军事委员会 1988 年 9 月 23 日第 14 号令发布《中国人民解放军保密条例》。所有这些具有专业规约和职业纪律甚至法律效力的条文，在整个司法系统内，形成了一张庞大坚固的防火墙，抵御外来窃密和内部泄密事件的发生。而且，司法人员都知道媒体曝光的厉害和严重后果，一般非宣传部门人员，会对记者退避三舍。即使专门负责与媒体对接的部门，在与记者打交道中，也会对那些可能涉密的内容再三叮咛，要求在公开报道中不要披露（只做情况和背景参考）。或者要求更换语言、隐去姓名地址单位等要素、不暴露破案细节等。再或者要求记者发稿之前，提交司法机关有关领导审核把关。因此，一般记者通过明访获得司法系统秘密的概率很小。

记者暗访由于身份隐蔽、目的隐蔽、采访手段隐蔽，比较可能在司法部门保密网络中，找到薄弱环节扯开一个漏洞缺口。这期间的情况和方法千变万化，简直难以穷尽。比如，记者以老同学、老同乡、老朋友身份和司法人员在一起吃饭喝茶闲聊，不经意间"顺便"扯到某案件、某犯罪嫌疑人的情况。这时候，司法秘密就可能脱口而出。再如，检察官因案急需要，正在医院和就诊的犯罪嫌疑人核实案件情节。记者假冒急性病人闯进就医，其实身上带有密拍密录设备，将现场情况"盗取"而走，检方执法人员就造成了泄密事故。还如：记者装扮成商人巨贾，通过手段将法官约出餐饮消费，在付费买通中完成对某件在审案件的情况了解。另有，记者通过伪造身份证件，混在在押犯人家属之中进入监狱会见完成密访……这些都使司法秘密很难做到百密一疏。

2015 年 10 月，《南方都市报》深度调查记者刘伟，因涉嫌非法获取国家秘密罪被江西萍乡警方刑拘。由于公众强烈关注及案件当事人（记者及案犯）身份影响很大，公安部迅速依法提取案件，将 4 名涉案人员提押到京直接办理。南都负责人在公开回应社会关切时承认，记者刘伟用非正常手段向王林专案组成员打听案件进展信息，这不仅违反了新闻采访有关规定，而且还涉嫌非法获取专案秘密。刘伟自己也就此表示"认罪服法"。回顾这桩案件，当时虽然涉案的王林的妻子张七凤、王林的情妇雷帆、因泄露司法秘密渎职犯罪的警官钟伟都知道刘伟是《南方都市报》记者，但在江西萍乡一餐馆内，他们4人见面吃饭时，刘伟并非以记者前来采访的身份而出场的。大家表面上都是朋友，为了各自的目标走到一起来了。刘伟此时利用和王林的两个女人相当熟悉的关系，向参与破案警员钟伟打探案件目前侦破的具体进展情况。钟伟向三人透露了"王林案"中现场勘查、物证提取、嫌疑人的供述等大量核心信息。刘伟又围绕核心案情向钟伟提了多个问题，钟伟均悉数相告。警方当时跨省抓捕的理由，正在于此。因为王林涉嫌命案在押，在警方侦破期间，这些都属于司法秘密。《公安部关于公安机关保密范围和密级的暂行规定》的界定，其中就包括"技术侦察的机构和各种手段的设置、分布、使用的全面情况和获得的材料"。《南方都市报》曾公开回应：刘伟的采访报道属履行工作职责的职务行为，采访由报社委派。刘伟自己事后也坦承，自己涉案主要是为了能够随时获得王林案一手材料，以便写出独家报道。因此，刘伟此次的职务行为在采访手段上属于一种记者暗访。即使这些暗访材料尚未公开发表，也构成了犯罪。

在司法秘密禁区面前，暗访记者面临须止步和被诱惑的双重心理博弈。我们犯错的一大归因，往往就是存有侥幸，知道危险不小但收获可能更大。如果成功了呢？

新闻媒体内搞暗访或专事深度调查的记者，基本上都是那些敢于担当、心怀正义、经验丰富、闯劲很大的人。他们完全可以放弃艰难选题、危险报道，只做一些顺顺当当的正面报道。有时候参与一些新闻发布会，还能有点"红包"收获。暗访报道的危险，不仅来自外部，如闯进司法秘密禁区被追究、现场遭遇暴力和拘禁等人身伤害等。还来自媒体内部，一些暗访报道可能过于敏感而遭总编"枪毙"，记者那么多劳动就会付诸东流。但重要暗访报道选题，一旦取得突破，发表之后的社会影响力就会了得。《南方都市报》记

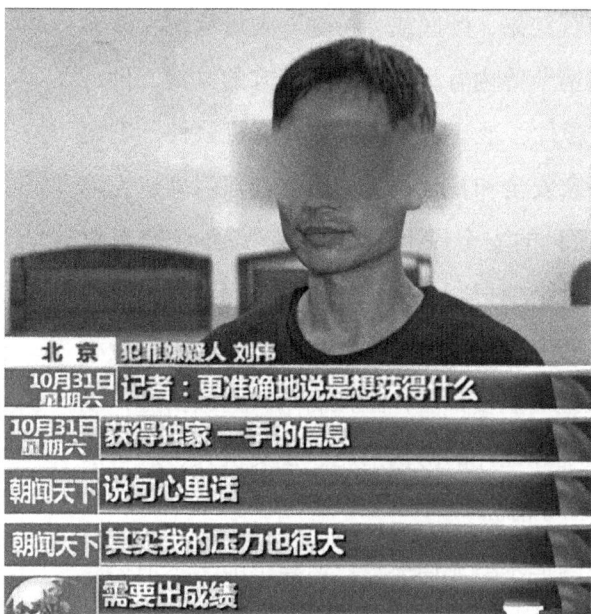

《南方都市报》记者
刘伟接受央视采访时的电
视画面截屏

者暗访已经屡屡在全国产生极大的社会影响。《佘祥林：白天向前看，夜晚回监狱》《"彭水诗案"：中央曾下文告诫"以此为戒"》《癌症村：不写"死亡日记"这八年》《华南纸虎：一张照片裹挟他们的人生》《结石宝宝：还是一个"结"》《宜黄自焚：燃烧挡不住强拆脚步》《安鼎文改名了，但各种黑截访从未停止》……在记者无法正面获得关键新闻信息的情况下，就会选择暗访。特别是报道涉及司法机关，通常是很难"撬开他们的铁嘴"的。因为我国司法秘密实行的是"保密为原则，公开为特例"的准则，与国外同行正好相反。如果记者采访突发大案，警方基本是以推挡之势给予拒绝的。一定要等到破获或取得重大进展才行。难怪南都刘伟被抓捕，法界专家也对记者获得的普通案件信息是否属于司法秘密表示怀疑和异议。但刘伟如果是在公开渠道公开场合以记者身份正式采访的情况下，警方对他的指控就很难得到法院的认可和支持。

记者暗访哪些是触及司法秘密的禁区呢？

向警方刺探或以其他渠道非法取得：正在侦破的大案要案侦破手段、警力部署、行动方案、追踪过程、搜查结果、卧底或"特勤"人员状况、涉案人和报案人姓名及背景、现场法案情节等内容。非法取得警方的办案文件、档案、资料、会议、场所、磁盘、影片、录音录像磁带、计算机软件、笔记本、登记簿等载体及情况。关系国家安全和重大利益，由主管部门确定为绝密级的重点建设工程或尖端科研项目的安全保卫工作计划、总结、情况报告。向中央报告的重大敌情动态和社会情报。公安系统通信布局情况，计算机网络、应用规划，传递绝密信息的应用程序，以及计算机犯罪案件分析和安全监察防范措施。边防和安全检查的重要部署，查控名单、查控措施，以及居民身份证、边防通行证、出入境等证件的防伪措施。公安机关、武警部队的武器装备、警力部署、重要设施等情况……

向检察机关和检察官刺探或以其他渠道非法取得：侦查中的立案情况、审查批捕、起诉和出庭支持公诉工作中的保密内容，受理的举报和控申材料、举报人姓名、工作单位、住址和举报内容，对匿名举报材料的笔迹鉴定结果，《立案请示报告》《立案决定书》《侦查终结报告》等有关侦查材料，案件技侦手段或采取的各种侦查措施以及特情、耳目、据点的建立和使用情况，通过技侦手段获取的证据材料、侦查意图和侦查手段，当事人的证言、供词等。通过国际刑警组织及港、澳有关组织进行案件协查的侦查方案和手段。受理审查批捕、起诉、抗诉案件移送的案卷材料，阅卷笔录、补充侦查材料、答辩提纲、检察委员会和集体讨论记录等。在公安机关执行前的检察机关所作出的批捕或不批捕决定。在撤销原决定前，上级检察机关在备案审查中发现批捕、起诉、免诉或不捕、不诉有错误的案件情况。检察机关退回公安机关、国家安全机关、劳改机关补充侦查或自行补充侦查的案件、检察机关内部由刑检部门向自侦部门退补或自行补充侦查的案件，退补、补查的原因和结果，提前介入刑事案件的现场勘察、侦查、预审等活动情况。公安机关、国家安全机关、劳改机关或检察机关自侦部门提请复议、复核案件的情况，死刑临场监督的时间、地点、路线和实施方案……

向人民法院刺探或以其他渠道非法取得：审判秘密、档案秘密、公文秘密、计算机网络秘密等。具体为：具有涉密内容的审判工作方面的意见、请示、报告等；审判委员会、合议庭讨论案件的情况和记录；可能导致被告人逃跑、报复、串供、毁证、匿赃等妨害诉讼活动正常进行的有关事项及材料；可能导致被执行人躲避、转移财产等妨害诉讼活动正常进行的有关事项及材料；不公开审理的案件中涉及国家秘密、商业秘密、个人隐私和未成年人犯罪的具体情况；涉密审判文件资料和诉讼卷宗、未结案件案情和内部关于案件处理上的分歧意见。在法院内部计算机局域网上传输机密信息……

向司法部、厅、局刺探或以其他渠道非法取得：有关监所设置、规模、看押兵力部署及其调整情况。有关武器弹药、物资装备和警戒设施的情况。各类案件和信访工作中的涉密事项。外事活动中需要保密的事项。在押犯人和劳动教养人员，在劳改、劳教场所内重新犯罪的情况、重大案件、恶性事故，以及对其实施打击的对策、计划和部署。成批调犯的部署和实施安排。重大涉外案犯和特种案犯的管理情况。正在查处中的重大案件情况和揭发本部处级以上干部重大问题的材料。尚在保密阶段的各院校和律师人员的统考试题……2002 年 7 月，新闻媒体通过各种手段，获取了南非某监狱中的违法犯罪活动偷拍暗访材料。事后当事人和支持偷拍行动的监狱长，都受到了严厉处罚。

向军队保卫部门刺探或以其他渠道非法取得：国防和武装力量建设规划及其实施情况；军事部署、作战和其他重要军事行动的计划及其实施情况；战备演习、军事训练计划及其实施情况；军事情报及其来源，通信、电子对抗和其他特种状态等基本情况，军以下部队及特殊单位的番号；武装力量的组织编制，部队的任务、实力、素质、状态等基本情况，军以下部队及特殊单位的番号；国防动员计划及其实施情况；武器装备的研制、生产、配备情况和补充、维修能力，特种军事装备的战术技术性能；军事学术、国防科学技术研究的重要项目、成果及其应用情况；军队政治工作中不宜公开的事项；国防费的分配和使用，军事物资的筹措、生产、供应和储备等情况；军事设施及军事设施保护情况；军援、军贸和其他对外军事交往活动中的有关情况……

三、公民隐私

记者暗访特别容易侵犯公民隐私权，这个禁区的闯入，绝大多数并不存在记者侵权的故意，而属于误入。当然，也确有记者存心想偷窥那些与公共利益、群体利益无关，当事人不愿他人知道或他人不便知道的个人信息，当事人不愿他人干涉或他人不便干涉的个人私事，以及当事人不愿他人侵入或他人不便侵入的个人领域。依照法律，无论有意无意，也无论出于什么目的，记者在暗访中只要进入公民隐私这个禁区，即为违法，严重的、造成一定后果的，涉嫌犯罪。

隐私权，是指自然人所享有的私人生活安宁与私人信息，不被他人非法侵扰、知悉、收集、利用和公开的一种人格权，是每个公民所独自拥有的私权。隐私权与公民名誉权、姓名权、肖像权、人身自由权等，存在着千丝万缕的关系。

侵犯公民隐私权的行为种类，具体可划分为10个方面——

（1）未经公民许可，公开其姓名、肖像、住址或电话号码。

（2）非法侵入、搜查他人住宅，或以其他方式破坏他人居住安宁。

（3）非法跟踪他人，监视他人住所，安装窃听设备，私拍他人私生活镜头，窥探他人室内情况。

（4）非法刺探他人财产状况或未经本人允许公布其财产状况。

（5）私拆他人信件，偷看他人日记，刺探他人私人文件内容，以及将他们公开。

（6）调查、刺探他人社会关系并非法公之于众。

（7）干扰他人夫妻性生活或对其进行调查、公布。

（8）将他人婚外性生活向社会公布。

（9）泄露公民的个人材料或公之于众或扩大公开范围。

（10）收集公民不愿向社会公开的纯属个人的情况。

（《隐私权的法律保护》张新宝 1997 年 4 月群众出版社）

如果记者暗访证据获得，以上述任何一种为代价，其合法性就会受到质疑和挑战。

追根溯源，隐私权是由西方传入中国的。 1980 年，美国《哈佛法学评论》上发表了《论隐私权》一文，提出了一个前所未有的公民权利——"不被了解的权力"。我国学界有人认为它标志着隐私权概念的诞生，其实不然。早在 1971 年的美国，退伍军人迪特曼就曾以此维权将大名鼎鼎的《生活》杂志告上法庭，诉讼理由是记者非法进入自家窃听偷拍。原来，迪特曼在自己家中无照行医给人看病，《生活》杂志的一男一女两名记者乔装进入他家采访。女的自称肺部不适，迪特曼给她做检查时，男的用隐蔽方法拍了照片，两位记者与迪特曼的谈话，也通过窃听器传给了门外汽车内的调查人员。几周后，迪特曼因无照行医被捕，《生活》杂志发表了录音内容和照片。但迪特曼被捕丝毫不妨碍以侵犯隐私权为由提起的诉讼，结果胜诉，获得赔偿。

在中国，轰动一时的《深圳晚报》记者潜入太平间，偷拍歌手姚贝娜捐献眼角膜事件，也是一桩牵涉隐私权的新闻纷争。 2015 年 1 月 16 日 19 点左右，该报三名记者跟随为姚贝娜进行眼角膜捐献摘除手术的医生进入手术场所，未经家属允许拍摄遗体和手术场面。当时，姚贝娜的亲属和她所签约的华谊兄弟公司职员，立即制止痛斥，记者随即被要求删掉所有已拍摄照片。

这件事形成的社会波澜，在百度上几天就出现了 2630000 个搜索条，《深圳晚报》很快公开发表道歉声明。现在回头看，记者之所以激起众怒，主要还是暗访侵犯了公民隐私权。首先，记者借助和手术医生、深圳市眼科医院角膜及眼表病区主任姚晓明的了解熟悉，帮他拿着器械进入手术室。当门口有人询问"这三人是干什么的？"记者没有显示真实身份。因此，可以确认这属于暗访。而临时作为手术室的太平间，也肯定不是公众场合，记者并未事先得到死者家属同意而进入采访拍摄，侵犯了姚贝娜及其家属的隐私权。至于后来该报没有发表现场照片，一是出于已被删除的无奈，二是完全不影响前述侵权事实的成立。所以，一篇挂在红网的时评《记者们在病房外，焦急地等待着她的死亡》，在姚贝娜逝世后几乎刷爆了朋友圈，"时至今日，那只贪婪的秃鹫还未离开，它变成了一个个记者，虎视眈眈地盯着你、我、他，所有人。有人说，世界总有人不幸，记者只是记录不幸。但是我觉得，有些时候，记者在记录不幸的同时，也在制造新的不幸。"言之过激，但却表达了舆论的共同愤怒。

隐性采访虽然是记者正常采访的必要补充手段，但无论如何不能以损害公民隐私为代价。暗访的对象内容基本都是针对违法和犯罪，即使暗访涉嫌当事人，也需要尊重他们的公民隐私权。而涉及其他旁观者、见证人、背景画面等，更要十分当心。在处理偷拍偷录的音频视频上，对可能发生的侵权要作发表前的技术处理。人物脸部打马赛克、人名使用化名、声音进行变声处理、场所消除公众知晓的显著标志物。 2014 年 2 月 9 日央视《焦点访谈》节目通过记者暗访镜头曝光东莞色情业猖獗。在记者密录的八九个休闲会所视频画面中，央视对所谓的经理和嫖客作了面部模糊化处理。可是，那些"选秀"现场的小姐们却清清楚楚地暴露在公众眼前。播音员画外音说：选秀其实是在卖淫……记者并无台上那些具体的小姐个人卖淫证据（其他证据推论不行），这不是严重侵犯公民的隐私权、名誉权吗！我国《妇女权益保障法》第二十八条：妇女的姓名权、肖像权、名誉权、荣誉权、隐私权和个人信息等人格权益受法律保护。禁止用侮辱、诽谤等方式损害妇女的人格尊严。这一条，记者也违反了。

而上海电视台记者暗访福喜公司的曝光新闻，则注意到了这点。这家给麦当劳、必胜客等世界餐饮业巨头提供肉制品原料的企业，竟然掩藏着大量过期、次品等外销的黑幕。记者通过应聘卧底，在秘密拍摄仓库、生产流水线、内部餐厅等场合时，好多普通员工都入了镜头画面，也有一些对话的声音被录进来。但电视台通过后期处理，在电视新闻播出前，给这些人脸部都作了马赛克或其他模糊化处理，使之无法辨认出具体人。对音频也是作了变声处理，有效地保护了这群人的隐私权。

暗访的特点，就是要挖掘那些记者显性采访难以获得的材料，并且将之曝光给大庭广众。而公民隐私权的特点，则是隐私主体不被自己未允许的外人所知。面对这一对矛盾的利益冲突，有的记者以满足受众需要为由而触碰禁区。我国新闻媒体不仅是社会主义核心价值观的宣传者，还应该是身体力行的实践者，有时候身教的作用大于、重于言教。因此，我们不能为了满足受众的窥视欲，而以自己贸然突破法律禁区为代价。一家地方电视台，通过记者暗访曝光了一家民营医院做"人流"的新闻，这个区域当然是好多人想窥视的。但记者提供了"来这儿的小女孩不在少数，这个小姑娘今年才 21 岁，跟她一起来的是个看上去大她不少的男子。因为检查和手术费用的问题，这个男子在医院里大发雷霆，而这个小姑娘则一个人在墙角哭了起来……"（画外解说音）画面上男女两人的镜头均为特写，面部虽作了一点模糊处理，但形态和一些身体特征都比较明显。这样的报道显然也是侵权行为。

不过，在隐私权保护方面有一种特例，就是公众人物的隐私权，法律对它是予以限制的。也就是基于宪法精神，公民的权利与义务必须相等的原则，要求公众人物在广泛享有社会尊重、社会影响、社会资源的同时，要为满足公众的知情权和监督权而放弃一部分个人隐私。用法律专用术语来说，就是"让渡"。换句话说，公众人物必须牺牲一部分个人隐私权，这些隐私权的内容范围，只要是和公众利益相关、社会大众所关心关注的、希望了解的，统统不能以个人隐私为由要求法律保护、当然也不能拒绝新闻记者采访报道。

　　冯小刚曾经在《天下无贼》京城新闻发布会上对一家报纸的记者破口大骂，而且扬言"我他妈真想抽你！"见上图气从何来原因何在呢？就是这家报纸将好多演艺界名人的家庭住址制作了一个图……姑且不论这家报社的如此报道，新闻价值大还是小，只论明星的这个隐私，媒体到底能不能公开报道呢？答案应该是肯定而不是否定的。只要记者没有进入你的私密场合，就有权对受众关心想知道的这些情节进行公开报道或暗访报道。原因在于你是公众人物。

　　公众人物特指三类人：带有职务的公务人员（主要指政府机关、与政府机关相对应的执政党和民主党派机关官员）、名人明星（任何界别，不仅限于演艺界、体育界等）、新闻人物（因新闻报道、新闻事件而闻名于世的当事人）。

　　明白了这些涉法的基本知识后，记者暗访对于隐私权相关内容相关人物的取证，就可以清楚自己的操作界宽了。如果暗访对象是普通公民，以上隐私权范围十条都不能触碰。如果是公众人物，则可以视公众需求而有限采集。为什么要强调"有限"二字呢？就是公众人物的某些隐私，也属于法律规定的禁区，新闻记者不要为了完成暗访任务铤而走险。如涉及男女性生活或性器官的阴私，家庭住所和其他相对私密范围内的私人领地，信件、日记等未经同意被窃取的私密等。比如，一度时期，海内外新闻媒体恶炒陈冠希"艳照门事件"。其中把男女主人翁做爱场景图片公开发布，虽然有些已经在人脸和性器官部位打上了马赛克，但无论如何那些属于个人绝对阴私的内容公开发表，都是严重的侵权行为。尤其是对陈冠希交往的那些女明星的阴私曝光行为，是不能容忍的，属于法律禁止性规定对象。还比如，香港狗仔记者为了暗访一大牌明星家事，收买其保姆在他家沙发安装窃听器。这就侵犯了人家卧室内的绝对隐私了。其获得的证据，也不能为司法机关认同合法有效。因此，记者的这种曲线暗访，也等同于恶意闯入公民禁区领地的行为。

法学界专家刘磊曾经对公民隐私权的法律保护做过三层阐述：

民法对隐私权的保护。在所有保护隐私权的法律法规层面中，是保护最充分最完整的一部法律。民法对隐私权的保护主要体现在三个方面：一是对公民的民事权利尤其是人身权进行原则性规定，确立了公民隐私权不容侵犯的民法保护精神；二是通过确定侵害隐私权的民事责任而实现对隐私权的保护；三是通过法律解释明确保护，如最高人民法院相关的司法解释："以书面、口头形式宣扬他人的隐私，或者捏造事实公然丑化他人人格，以及用侮辱、诽谤等方式损害他人名誉，造成一定影响的，应当认定为侵害公民名誉权的行为。"

行政法规对隐私权的保护。我国关于新闻、出版、广告、宣传、广播、电视、电影、医疗卫生、档案管理、邮电、社会治安等许多方面的行政法律法规中都有隐私权保护的规定。例如国家新闻出版署发布的《报纸管理暂行规定》第八条，就规定了任何报纸不得刊载的内容，其中包括诽谤或者侮辱他人的以及法律禁止刊登的其他内容。国家通过对违法行为追究行政责任，来加强对公民隐私权的保护。

程序法对隐私权的保护。我国法律确立了人民法院公开审理案件的一般原则，但对于有些涉及到当事人个人隐私的案件，我国程序法又规定了不适用公开审理的情况。如，刑事诉讼法第一百八十八条第一款规定："人民法院审判第一审案件应当公开进行。但是有关国家秘密或者个人隐私的案件不公开审理。"民事诉讼法第一百三十四条规定：人民法院审理民事案件，除涉及国家秘密、个人隐私或者法律另有规定的以外，应当公开进行。离婚案件、涉及商业秘密的案件，当事人申请不公开审理的，可以不公开审理。行政诉讼法第五十四条规定："人民法院公开审理行政案件，但涉及国家秘密、个人隐私和法律另有规定的除外。"另外，人民法院组织法也对为保护公民隐私而不公开审理作了规定。这些规定其实是对公民隐私权最明显的司法保护。

无论记者明访还是暗访，处理隐私权问题如果记不住那么复杂的法律规定，可以记住三条排除要诀，它是对什么情况什么场合什么人，不是法律所必须保护的隐私权的简练概括：一是公众场合无隐私，二是违法犯罪无隐私，三是主动提供无隐私。

公众场合无隐私：如果记者在公众场合明访暗访，所见所闻及其报道，一般不受隐私权约束。这是从环境定位，确认权利人所在完全不属于私人领地。光天化日朗朗乾坤，公民的所作所为言行举止，必须受到社会公德和法律纪律的约束，受到人民群众或舆论的监督。孙某和李某躲在电影院后排接吻爱抚，被人拍照发表在互联网上。他们要主张隐私权可以吗？不，因为电影院是公众场合。如果在家被人用望远镜头拍下，无论发表不发表，都是侵权。一篇《一位 92 年女生致周鸿祎：别再盯着我们看了》的文章在网络上被大量转发。文章对 360 旗下直播平台水滴直播将商家的公共空间视频公开播放出去产生了质疑。这种隐私权保护的主张，同样也是不合理的。

违法犯罪无隐私：凡是与罪犯犯罪行为有直接关联的隐私，或者说导致罪犯犯罪行为发生的隐私，是不能受到法律保护的。因为它已与公共安全、公共利益发生了冲突关系，已丧失了个人隐私性质。反之，凡是与罪犯犯罪行为并无直接关联的隐私，则应受到法律的保护。但是，罪犯的确认，除了人民法院判决，任何机关单位，包括公安局、检察院、司法局、纪委、监察委等，都无权认定。这是宪法和刑事诉讼法所确定的原则。根据马克思、恩格斯在《德意志意识形态》一文中的相关论述，犯罪是对统治阶级经济利益和统治秩序所建立的或认可的社会关系的破坏。和"政治生活发生联系"，因而，就不再是一件私事而属于政治的一部分，故此不受隐私权的保护。一个罪犯要求记者在报道中隐去他的姓名、脸部打马赛克，是不能被接受的。

主动提供无隐私：由隐私权占有人主动提供给记者的所有内容，都不受法律保护，除非他有特别保密交代。因为，隐私权说到底是一种公民所拥有的私权。私权可以按照本人意愿自由授予、转让、放弃等。比如日记就是非常私人性质的隐私，其他人未经许可不得偷看。但亲属、闺蜜、义兄、同学、师生、上下级等关系之间，只要本人愿意开放，则他人观看就不存在侵权。但记者的身份是从事大众传播职业工作的，当事人愿意向记者坦承的隐私内容，就等于是向大众公开了，所以不能再主张其已公开内容的隐私权。《中国诈骗大案纪实》中曾经曝光过一名叫张学忠的东北饭店员工，他"冒充张作霖九儿子"、即张学良的九弟，后被专业部门权威人士戳穿揭露。摄制组

记者是在其本人愿意并实际接受采访的情况下，曝光其行为及虚假的。 所以，他到法院起诉主张保护自己隐私权在内的四种权利，被驳回。现在还有不少电台，深夜开出谈心类受众与主持人互动节目。经常有人电话打进直播间，哭诉自己家遭"小三""二奶"破坏的不幸遭遇。这些其实原本都属于绝对隐私。但公民明知对方是直播的电台节目却主动讲述，就属于对自己隐私权的一种授予和放弃。因此，不能对这些隐私再进行权利保护主张。最后还是要特别警示：暗访是记者隐瞒真实身份、隐瞒采访意图、隐瞒取证手段的一

（图为张学忠本人向新闻媒体出示相关家庭隐私材料）

种特殊行为。受访人向你暴露的隐私，不代表已经可以在媒体上广泛传播。因为他只是对你个人的一种私权授予，而非大众。第二，隐私权既然是一种私权，机关单位企业组织机构等，就不能提出相关保护主张。换句话说，它们不具备隐私权主体要求。还有，对隐私场合的确认，只能是私人领地。工厂内部算不算？机关办公室算不算？组织活动场所算不算？正确的回答：都不算。但记者无论明访还是暗访，都必须要有合适理由进入，而不能强行闯进。比如央视记者进入麦当劳后场和上海电视台记者进入福喜公司生产车间，都是派记者隐身参加应聘，成为相关企业员工后再偷拍偷录的。

　　隐私权在世界其他国家的界定和保护范围，不是完全一致的。记者既不能机械援引国外的规定作侵权暗访，更要注意在域外暗访严格遵守所在国的相关特别规定。法国摄影师丹尼尔·安热利因偷拍和出售英国约克公爵夫人弗吉（同英国女王次子安德鲁离异的莎拉王妃的昵称）同她的男友在河边接吻的照片而触犯了隐私权，被推上法庭。法国巴黎郊区捕秦尔一法庭 1992 年 12 月 9 日判决安热利和他工作的新闻机构向法庭交纳有损弗吉名誉的赔偿金 70 万法郎（13.16 万美元）。美国大部分州的法律，严格禁止未经许可非法偷录偷拍……因此，总体看，欧美国家因公民隐私权保护而对记者暗访的限制，要比我国更加严格。

四、商业秘密

　　商业秘密，是指不为公众所知悉、能为权利人带来经济利益，具有实用性并经权利人采取保密措施的技术信息和经营信息。因此商业秘密包括两部分：技术信息和经营信息。如管理方法，产销策略，客户名单、货源情报等经营信息；生产配方、工艺流程、技术诀窍、设计图纸、研究与开发文件、通信、财务及会计报表等。（依照《中华人民共和国反不正当竞争法》的规定）商业秘密与经济、科技领域中的国家秘密，都是具有保密价值的信息，二者可以相互包含、相互转化。即有的信息既是国家秘密也是商业秘密。

　　"商业秘密作为知识产权的一种形式，越来越受到世界各国的关注与重

视，特别是在我国打造'大众创业、万众创新'社会营商环境的今天，加强
商业秘密保护具有重要的意义。"国家工商总局反垄断与反不正当竞争执法局
局长杨红灿在 2017 年 9 月 15 日的"首届中国商业秘密保护高峰论坛"上这
样说。近年来，随着经济快速发展，中国已经成为国内外商业情报机构的觊
觎之地。窃取商业秘密的手段更是五花八门，商业间谍、黑客入侵、内鬼泄
密等，令人防不胜防！中国的钢铁行业因为商业秘密遭四名力拓员工泄露，
"底牌"被偷看，在进口澳洲铁矿石谈判时处处被动，被迫多支付了 7000 多
亿人民币，损失不可谓不"惨重"！

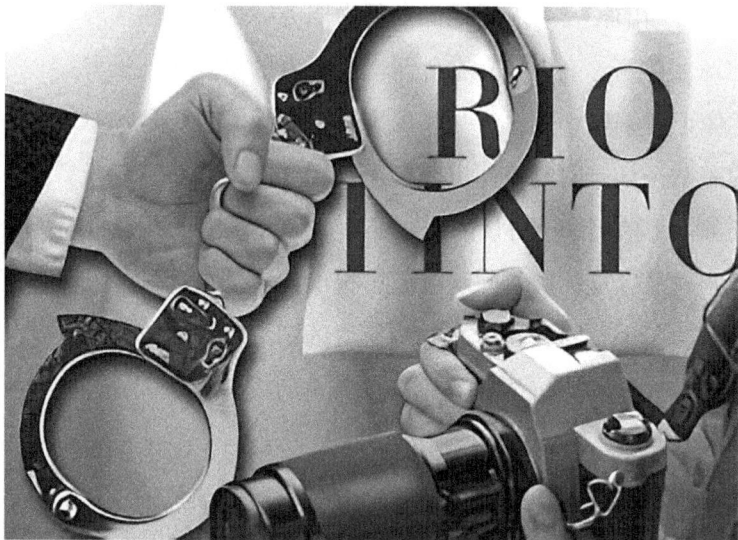

2009 年 7 月 5 日，胡
士泰等四名力拓员工涉嫌
侵犯商业秘密罪和非国家
工作人员受贿罪，被上海
市国家安全局刑事拘留。

　　记者暗访当然不会把目标设定在窃取个人、法人或其他组织等权利主体
的商业秘密上。问题在于有的暗访选题、暗访对象、暗访场合、暗访过程、
暗访涉及面等，可能或实际遭遇商业秘密。这种情况，还要不要把暗访进行
到底？比较多的回答是：我虽暗访了，但公开发表时，将商业秘密部分的内
容删去或作隐性化处理好了。这只是意识到商业秘密保护的一方面，但还不
是完全正确的选择。应该遇有商业秘密，立即绕道而行。因为这是禁区，记
者试图闯进去看一看并不作报道也属于非法，严重的即为犯罪。记者证五年
一次换发，从 2014 年起，首次要求所有领证记者与所供职的新闻单位签署保

密承诺书和职务行为信息保密协议。过去媒体对记者保守党和国家秘密、工作秘密，都有专门要求和纪律约束。这次起，通过保密协议的条款形式，又将商业秘密纳入其中。最后，领证记者方还有庄严承诺：违反保密协议，自愿承担党纪政纪责任和法律后果。按照国家新闻出版广电总局的规定，这种后果的表现方式可以是：吊销新闻记者证、列入不良从业新闻记录、作出禁业或限业处理等，这对规范新闻工作者日常的采编行为具有重要意义。由此可见，不触碰商业秘密禁区的重要性，较之以前已经有了非常明显的提高。

现在很多记者和媒体，单纯地把签约中商业秘密，理解为本单位的新闻采编和广告发行收视率等方面的秘密。这就把记者因为职务行为而可能接触到、甚至侵犯到的其他商业秘密，人为排斥在外了。而后者的量更大、损害和违约后果更严重。就像记者编辑必须保守党和国家秘密，绝非仅仅是本单位党组织和行政方面的秘密一样。国家新闻出版广电总局在网上公布了《新闻单位保密承诺书及职务行为信息保密协议的样本推荐》，其中：（7）其他重要信息，包括新闻从业人员以及辅助新闻从业人员提供技术支持的其他人员在外出采访、参加会议、听取传达、阅读文件中获取的国家秘密、商业秘密和未公开披露的信息等。在签署协议的文本设计和事前的宣传教育中，各单位就应该充分强调和讲明商业秘密的禁区范围。

记者暗访涉及商业对象，需要了解不同法律对商业秘密的保护范围。反不正当竞争法的保护面宽，主要体现在三个方面：首先是反不正当竞争法对侵害主体的资格没有限制，所有知晓商业秘密并违反约定或者规定的劳动者，都可以构成侵害商业秘密行为主体。公司法规定的侵害主体为董事、高级管理人员。刑法则规定的是国有公司、企业的董事、经理。其次是反不正当竞争法既保护非专利技术，也保护经营信息。而公司法和刑法则主要保护商业机会，商业机会包括经营信息，但不包括非专利技术。最后是反不正当竞争法不仅规范劳动者工作期间的保守商业秘密行为，而且规范劳动者离职后的保守商业秘密行为。而公司法和刑法只是规范劳动者任职期间的保守商业秘密的行为。（《什么是商业秘密，你了解多少？》找法网 2012 年 11 月

22 日）

　　暗访比明访更容易侵害商业秘密，也是记者隐瞒身份、隐瞒采访目的、隐瞒采访手段这三个特点所决定的。社会上广为流传的"防火防盗访记者"，主要针对对象就是暗访记者。扛着摄像机显性采访的记者，有啥好防的呢？哪儿可进、哪个可看、哪种可拍、哪些可谈、哪类可以提供书面或影像材料，主动权都在被采访方。因此，这种条件下商业秘密的主动泄露和被动遭窃，概率都很小。唯有暗访，企业或其他经济组织会在完全不知晓、根本未察觉的情况下，将自己的商业秘密泄露出去、被窃出去。

　　记者暗访侵害商业秘密的可能手段，除了极少通过不正当手段，如盗窃、利诱、胁迫等情形外，较多还是通过虚构身份买卖、承揽、授权、雇佣关系而获取。比如，美国 CBA《新闻 60 分钟》节目组记者，需要了解诊所老板接受进行医学测试的实验室非法回扣内幕，就组织一些市民扮成诊所工作人员，一个摄像组则隐藏其间。在拍到了实验室推销员给付回扣的过程中，也拍到了一些医疗企业的商业秘密。还有不少暗访记者为能进入到一般记者无法进入的企业内部调查真相，只有通过招聘应聘渠道潜入其中。但这种雇佣关系，特别容易发生侵害商业秘密的行为。因为所有被聘者都需要签署《劳动用工协议》才能成为其中的员工，但协议中的保守商业秘密条款（必须内容）你已承诺信守。保密义务是一项合同义务也是一项法定义务。然后在曝光报道中如有泄露，就有可能产生法律纠纷。美国一家制造香肠的食品企业常常用一些劣质的肉去做香肠，后来一家媒体派记者做打工者去卧底，将黑幕揭露出来。但这名记者被企业告上了法庭，因为记者卧底时与企业所签的合同上有"不能泄露企业秘密、商业秘密"之类的条款。

　　2014 年上海电视台记者就是通过招聘，卧底麦当劳、肯德基的肉类供应商"上海福喜食品有限公司"的。在长达两个多月的暗访过程中，记者发现大量采用过期变质肉类产品的行为，同时也知道了一些该公司的商业秘密。但在其后的曝光报道中，记者精心选材、精心编辑，完全回避了该企业商业秘密的被泄露。

那么，新闻媒体如何才能不碰商业秘密禁区，免遭窃取和泄露商业秘密的法律追究呢？可以从三个阶段入手，全过程防范、全方位控制——

暗访选题对于商业秘密，应该始终处于"格杀勿论"状态。所有暗访报道在媒体内部都属重点，绝大多数在选题策划上会下很大功夫。除了分析新闻要素和记者潜入获取手段及安全外，首先要在新闻报道的题材选择上进行反复推敲和抉择。在这个起始阶段，如果遇到无法绕过的商业秘密内容，媒体编辑部应该毫不惋惜地坚决封杀。不少当事记者会辩解，届时我会如何如何，以让领导放心。但是，这种人为保证，还是不如制度化"防火墙"更有安全系数。而且，"枪毙"这种选题，其实具有最高的执行效率。既然商业秘密绕不过去，与其让记者冒险前往暗访，弄回来一堆"地雷"，还不如腾出这些精力，去做其他更有发表效率的新闻。

现在摆在你面前的一个暗访选题：说我国芯片产业低端和国际先进的差距。新闻线索是有专事电子工作十年的工程师线人爆料： 海尔、格力之类企业，每年出口很多的电子产品。但是我国作为电子控制系统核心的芯片，80％以上都需要进口。一些简单工作的辅助芯片，几角钱一个，这些大概国产的可以占到50％市场，这些芯片可替代性强。还有做复杂或者核心工作的核心芯片（比如电脑的 CPU 之类），从 1 元钱到成千上万元不等，几乎全部是进口，而且是系统中必不可少的。即使低端的国产率较高的芯片，其中很大一部分还是买的国外的晶圆，然后自己回来切割，装个外壳测试一下就是成品了。相当于买个进口的产品，自己包装一下就 MADE IN CHINA 了。还有极个别那些真正所谓100％国产的芯片，其实也就是拿着国外的某些低端芯片，拆开来，在显微镜下拍照，然后完全照着抄袭，而且抄都抄不像，性能比原版差，只能和原版拼价格。（《我国芯片业有多烂》作者佚名 2018 年 6 月 8 日搜狐"半导体行业联盟"）媒体如果决定做这个暗访选题，就必然需要记者深入到那些大量进口或仿冒国外芯片，或自己生产低端芯片的企业内部。除了搜集产品实物证据以外，还必须想方设法获得企业生产流程和原料进口与出口的具体渠道，另外还必须获得 一批可以说明结论的可靠数据。所有这些，都是企业的核心商业秘密。暗访获得的难度之大不谈，可以肯定的是记者无法绕过那个动辄得咎的禁区。因此，明智的媒体，还是在选题阶段就罢手"枪毙"。明智的记者，也应该在选题论证后选择放弃。

暗访记者对于商业秘密，应该始终处于主动回避状态。更多的时候，记者是在暗访过程中遭遇或发现商业秘密的。既然这是禁区，暗访就要绕过去。可绕能绕就继续前行，不能不可只得中途作罢，千万不要强行进入。以为到最后发表报道时，将商业秘密方面的内容做些屏蔽或删除就可以了，其实不然。当记者看到、听到、偷拍偷录到商业秘密之时，万一暴露和被发现，扭送公安机关是一定要吃官司的。记者不能以我是奉命暗访、并无主动窃取之动机而取得法律追究的豁免权。如果媒体明知记者这种操作而不制止，无异于置记者于危险境地而不顾，以牺牲骨干力量为代价，追求报道博世人眼球，这是很不仁义的事情。当然，处在暗访前线的记者，对打着商业秘密幌子，掩饰企业或个人从事不法经济活动的黑幕，还是要警觉并及时辨别。我们不能见到商业秘密的标签，就退兵打道回衙。许多批评监督类报道出不来和记者显性采访困难，就是有的被报道对象言必称商业秘密，很多丑恶假汝而行。在这种情况下，记者被迫转入暗访，其间背负着极大的压力。中央电视台暗访南京冠生园过期陈馅月饼生产的新闻，就是这种遭遇的典型案例。 2001 年 9 月 3 日、 4 日，卫生部紧急通知严查月饼市场，事件殃及各地"冠生园"。 9 月 5 日，南京冠生园老板接受采访时说"用旧馅"是普遍现象，此语一出全国月饼市场跌入冰点。 2002 年 3 月，南京冠生园食品有限公司正式向南京市中级人民法院申请宣告破产……央视曝光后，各地执法人员严查陈馅月饼 1600 多万。事发半年后，具有 80 多年历史的南京冠生园品牌就此毁于一旦。其实当初记者还是希望通过正常渠道对这个企业进行显性采访的，但遭到拒绝并不许入厂。理由就是生产重地、商业秘密之类。被迫无奈， 央视记者就在附近租了间房，两部摄像机还有望远镜等设备全都用上了。当时的南京，酷热难当，另外，由于南冠沿街的一幢厂房里有整整一层的窗户被蒙得严严实实，他们也只好在租的房子里挂上厚窗帘，整个屋子像一个蒸笼，蚊叮虫咬，汗流浃背，在这样的条件下，他们每天从冠生园上班开始盯，一直盯到他们收工。他们拍了 10 多盘素材，700 多分钟，回来后，光是整理、编辑，就用了一个月时间。（《央视记者接受采访：我们与南京冠生园绝无私仇》方进玉 2001 年 9 月 23 日南方周末）如此轰动甚至国务院总理都亲自关注的报道，如果记者不会辨别商业秘密的真假，就会失之交臂了。

央视《新闻 30 分》披露南京冠生园用"旧馅"做月饼。

　　暗访报道对于商业秘密，应该始终处于自觉隔离状态。审稿，是暗访报道推出的最后一道关。这是新闻媒体中层和高层领导，能够防止记者不慎闯入商业秘密禁区造成严重后果的"防火墙"。在这个阶段，如果遇到确有问题，可以采取模糊、取代、回避等方式，进行自觉隔离。如果商业秘密涉及的内容，正是新闻报道的"5 个 W"中的一个或几个要素，那就不能不下狠心"枪毙"整个报道。这时候，要特别防止暗访记者和其部门主任游说求情。在新闻媒体，很多犯错的报道不是没有被发现，而是领导惜乎记者付出的巨大劳动，心软之后准予放行所导致。政治家办报办台，就是要在事涉大政方针和法律法规的问题上清醒，敢下"刀子"。

五、未成年人

在我国，未成年人是指未满十八周岁的公民；而在其他国家，未成年人被定义的年龄范围并不完全不同。例如在日本，未成年人是指未满二十周岁的公民。联合国《儿童权利公约》规定，"儿童指 18 岁以下的任何人"。判断一个人是否为未成年人，除了年龄，有没有完全民事行为能力是一个重要衡量标准。这也是为什么记者暗访，要把未成年人设定为禁区的重要原因。而且，这种禁止性规定是世界性的，所有媒体的新闻从业人员都要严格遵守。

暗访的对象素材，除了违法就是犯罪。有记者对未成年人暗访感兴趣，原因有三。

一是近年来，未成年人犯罪率高发。目前，我国青少年犯罪形势严峻。全国 2.2 亿青少年中，平均每分钟发生一起刑事案件。来自中国青少年犯罪研究会的统计资料也表明，近年来，青少年犯罪总数已经占到了全国刑事犯罪总数的 70% 以上，其中十五六岁少年犯罪案件又占到了青少年犯罪案件总数的 70% 以上。实际上，青少年犯罪日趋严重，不是我国特有的现象，而是困扰各国的世界性社会难题，"青少年犯罪"在世界范围内已被列为继吸毒贩毒、环境污染之后的第三大公害。（《青少年犯罪两极化刑事政策初探》孙国祥 中国法学会刑法学研究会学术年会，2004 年）按照我国对未成年人认定的年龄口径，十五六岁正在涵盖范围内。

二是未成年人犯罪报道比较稀罕，暗访形式的报道更是凤毛麟角。记者如果弄出什么东西，有可能引起轰动和震惊。

三是社会关注度大。未成年人在各自家庭，绝大多数都是宝贝、掌上明珠。这类报道容易勾起受众的社会同情心和心理接近性。

可是，媒体和记者在策划和介入这类暗访报道时，有没有考虑过由于记者处在隐身之处，暗访可能采取的两种"陷阱取证"，特别是"恶意诱发型陷阱取证"，将会导致的严重后果？这种后果包括：可能会侵犯到他们的姓名权、肖像权、名誉权、荣誉权、隐私权等，这是法律保护的未成年人人身权利的一部分（另有健康权、抚养权）。无论记者和媒体在暗访后的新闻报道发

记者暗访南昌"黑网吧"的新闻照片上，未成年人的形象清清楚楚。本书已作脸部模糊化处理。2011年7月6日南昌晚报

表前如何修饰和技术化处理，都无法回避这些侵权行为的轨迹。更何况有的媒体，并不在意这些侵权行为的社会效果，自以为是为保护未成年人展开的舆论监督，其实不然。如：报纸广播电视杂志就社会网吧对未成年人开放的暗访报道，已经做到快泛滥的程度。打开百度，可以搜索到这样的内容上百万条。但很多报道并不忌讳公开那些孩子的姓名、校名、照片、视频和声音等可辨个人典型特征。这样的照片，在媒体上就有很多（上图）。尤其是对犯罪嫌疑人还是未成年人的暗访报道，如果那样，更是严重的侵权行为，明显触犯《中华人民共和国未成年人保护法》。该法第五十八条：对未成年人犯罪案件，新闻报道、影视节目、公开出版物、网络等不得披露该未成年人的姓名、住所、照片、图像以及可能推断出该未成年人的资料。我们看到过不少校园欺凌案的电视报道，其中使用了现场残酷的暴力行径图像。这些虽然不是记者现场暗访，但拍下这些视频的人，往往是施暴者并未知情的情况下用手机录像的。记者在报道中使用了其片段，无论如何都属于间接暗访手段的运用。受众中他们的亲属、朋友、同学、老师等，只要从其视频声频中能够辨认出当事人，记者和媒体的不法侵权行为就成立了。

在我国，新闻界对未成年人报道禁区的认识还处在很浅层面上。究其因，是后果的非严重性和处理的轻量化所导致的。也曾有过记者暗访未成年人的报道题材，导致的结果是当事人或当事家庭的一时痛苦，加上国人法律维权意识远没有欧美强，投诉一下，主管机关通报批评一下也就草草了事了。有的新闻单位，只以扣罚责任人奖金作为惩戒。缺乏应有的制裁痛感，导致了下次同样侵权错误还可能复发。

曾经在全国舆论中被热烈讨论许久的昆明"少女卖淫"案，被警方粗暴执法抓获的当事两名少女，一个 13 岁、一个 15 岁。新闻媒体在连续报道和后来的炒作中，毫无顾忌地将两人的姓名清清楚楚广为传播。甚至，还在此案警方是否错抓、医院对处女膜鉴定刚刚出来之际，就将她们的照片刊登出来。这种严重侵权，也是在未成年人未察觉时拍下的。

暗访对未成年人的伤害，还突出显示在记者处于隐身状态，是在未成年人自己完全不知情、没感觉时，被偷拍偷录或被了解了自己不想公开的事项。《中华人民共和国未成年人保护法》第三十九条规定：任何组织或者个人不得披露未成年人的个人隐私。对未成年人的信件、日记、电子邮件，任何组织或者个人不得查看、隐匿、毁弃。记者公开身份想获得未成年人的这些隐私材料，是基本不可能的。而当记者化装成其他身份的人，如恋爱对象、教师、远房亲戚、司法人员等，就有可能得手。但此时他们的隐私，完全是在被欺骗的情况下让记者知晓的。即使记者公开报道时进行隐性化处理，也会使孩子们的心灵受到一定程度的伤害。而且，按照法律规定，暗访记者以任何手段获取这些隐私，都是违法甚至是犯罪行为。

曾经在全球引起轰动关注的英国《世界新闻报》记者窃听门丑闻，侵犯的就是一位名叫米莉·道勒的 13 岁女孩的隐私。 2002 年 3 月 21 日，米莉被一名夜总会守卫绑架并谋杀。女孩家长报警之后，不断给她留言，致使手机信箱很快存满。但没过多久，亲人们意外地发现米莉的留言信箱又可以留口讯了。警方和其家人据此判断：米莉可能还活着。殊不知《世界新闻报》记者雇用了一名汉普郡的私家侦探斯蒂夫·怀特摩尔，获得米莉的家庭住址和电话。随后，另一个全职侦探格伦·穆尔凯尔入侵了她的手机留言信箱。《世界新闻报》"记录了女孩父母恳求她回家的每一个字"。当米莉手机存满手机信息时，记者为了获取更多新信息，私自删除了一些信息，以留出更多内存。这种媒体记者借用侦探侵犯未成年人隐私权的行为，造成了米莉家长和伦敦警方的错觉，也严重耽误了及时迅速破案时间，其直接后果就是孩子被杀害。在米莉失踪四个月后，《世界新闻报》又窃听了两名 10 岁女孩的家人，这两个女孩在 2002 年 8 月 4 日被绑架撕票。7 月 6 日，英国议会针对该报的窃听丑闻，召开紧急会议，首相卡梅伦将丑闻形容为"极其恐怖"的无情行为，并承诺展开独立调查。7 月 7 日，默多克之子、拥有《世界新闻报》的"新闻集团"亚洲和欧洲区总裁詹姆斯·默多克宣布关闭《世界新闻报》，终结了它 168 年的历史。此后，媒体又曝光出，《世界新闻报》支付11000 英镑给警方用于购买消息的事件。默多克新闻集团在英国的最高级别经理、新闻国际首席执行官丽贝卡·布鲁克斯被捕，《世界新闻报》总编库尔森被捕、伦敦警察局局长史蒂芬森宣布辞职、国际新闻公司董事长辛顿宣布辞职。连时任英国首相卡梅伦也受到议会质询和舆论批评……

发生在大众传播非常发达的英国的这场悲剧，以一位未成年儿童的宝贵生命，和一份资深大报的轰然倒掉，加上那么多人受到法律追究而收场。在世界范围内留下的教训非常惨痛，这也是暗访的一场剧痛（因窃取过程符合暗访的全部条件）。（下图　腾讯新闻制作）

记者暗访闯入未成年人禁区，引发问题最多的是侵犯他们的隐私权。无论明访还是暗访，只要是负面报道，更不用说未成年人违法犯罪的报道，都存在着如何有别于成年人的处理方法问题。国内最近这些年接二连三出现的合肥少女毁容案、李某某涉嫌强奸案、海南万宁某小学校长带 6 名小学女生开房事件等，被一些媒体反复恶炒，其间披露出的隐私内容触目惊心。按照新修改后的《中华人民共和国刑事诉讼法》规定，连法院等司法机关都必须对涉案未成年人的隐私尽到三条保护义务：不公开审理原则、未成年人身份等信息不予披露、未成年人犯罪记录封存。而《最高人民法院关于适用〈中华人民共和国刑事诉讼法〉的解释》第 460 条还进一步规定：审理未成年人

窃听事件涉及者关系图谱

默多克 [接受质询]
新闻集团董事长 首席执行官

卡梅伦 [接受质询] [关系密切]
英国首相
因任命库尔森为新闻主管被批评，与新闻集团高管关系甚密。

布朗 [关系密切]
英国前首相
与默多克关系甚密。

詹姆斯 [接受质询]
默多克二儿子
被广泛看好的默多克传媒帝国接班人，被牵扯入窃听事件。

伊丽莎白
默多克女儿
默多克有意加快让她进入新闻集团董事局。

父女　父子　心腹

库尔森 [辞职 被捕已获释]
前世界新闻报总编辑
任职期间发生窃听丑闻。现英国首相卡梅伦的新闻主管。日前因窃听事件被捕随后获释。

布鲁克斯 [辞职 保释] [同罪]
世界新闻报前总编辑 国际新闻公司前CEO
日前因窃听事件辞职，被捕后随即获保释。

辛顿 [辞职]
道琼斯公司CEO 国际新闻公司前执行董事长
日前因窃听事件辞职。

斯蒂芬森 [辞职]
伦敦警察局局长
外界指其与世界新闻报眉来眼去，收受相机照，调查窃听事件不力。日前因窃听事件辞职。

海曼 [07年辞职]
《泰晤士报》专栏作者 伦敦警察局前助理局长
2006年间曾彼窃听案期间与《世界新闻报》编撰吃过4次饭，被疑调查内容告知对方。

耶茨 [辞职]
伦敦警察局助理局长
2009年决定不再重启对《世界新闻报》窃听事件的调查。日前因窃听事件辞职。

霍尔 [属虚]
前《世界新闻报》娱乐版记者
参与过窃听，揭露窃听很普遍，日前在家中暴毙。

古德曼 [06年获刑]
世界新闻报皇室记者
2006年因窃听王室新闻被捕入狱4个月。

穆尔凯尔 [06年获刑] [窃听参与者]
私家侦探
帮助《世界新闻报》完成过多次窃听任务，2006年被判入狱6个月。

上下级

刑事案件，不得向外界披露该未成年人的姓名、住所、照片以及可能推断出该未成年人身份的其他资料。新闻媒体作为大众传播工具，更没有理由以牺牲他们的隐私为代价，为博人眼球而沸沸扬扬地喧哗叫卖。

记者暗访闯入未成年人禁区，还会引发另一个触犯法律的问题是，和《中华人民共和国刑事诉讼法》有关轻型犯罪记录封存规定相冲突。今天的新闻就是明天的历史，这个常识是人所共知的。记者暗访所作的报道，会在被报道人的历史上留下深刻的历史烙印，社会也不会简单忘却。但《中华人民共和国刑事诉讼法》明确要求对被判处5年有期徒刑以下刑罚的未成年人的犯罪记录，司法机关予以封存。换句话说，也就是不但不能让这段记录随人而行，更不能向社会公布。但记者暗访不但先于法院审判之前，甚至在警方和检察机关侦查、起诉之前。在这个阶段，记者尽管在暗访获得事实证据后，可以有自己的价值观判断，但他和媒体都无法料定自己报道的未成年人对象，最后会被法院认定为有罪还是无罪、罪重还是罪轻。一旦发表，无论如何都是凌驾于《中华人民共和国刑事诉讼法》和司法机关之上，将未成年人犯罪记录定格化了，使之成为一段公众知晓的龌龊历史。

记者暗访闯入未成年人禁区，引发第三个问题是造成被害人二次伤害。暗访对象违法犯罪，势必要查清和交代其严重后果，这是新闻要素中不可或缺的一环。但这些受害人恰恰大多数也是未成年人。他们的隐私权、受访和被报道的主动选择权，更应该被媒体和记者所尊重。暗访记者为了将发表的报道写得耸人听闻并有现场感，一定会对受害场景和受害情节反复追踪深度挖掘。而且，许多证据是受害人在被欺骗的条件下（比如承诺不公开报道等）的泣血控诉。当暗访报道发表出来，受众在对违法犯罪行为千夫所指的同时，也在被害方伤口上（如昆明"少女卖淫"案中俩少年姐妹经法医鉴定，处女膜已经破损）产生了无形践踏的恶果。这种二次被伤害，应该是记者暗访选题策划阶段就可以预料并能即时回避的。

记者暗访闯入未成年人禁区，引发第四个问题是受害者维权很难。既然未成年人隐私、未成年人违法犯罪，都具有当事人信息的高度隐秘性，一旦被新闻媒体报道披露，维权下的新闻纷争势必引发新一轮媒体报道炒作。许多受害方忌惮这种后果，即使有心依法起诉控告，或者向其上级新闻管理部门投诉，也不得不忍气吞声，暗自咽下加害方舆论暴力强加的苦果。 2013 年 2 月发生在北京海淀区的李某某等酒后强奸女性案， 5 名犯罪嫌疑人中 4 人为未成年人。当时媒体恶炒，除了其中有名人之后外，李家母亲的辩解和对媒体的意见（还仅仅是意见），也是舆论审判升级的一个重要原因。

记者暗访闯入未成年人禁区，引发第五个问题是它的负面强示范作用。我们知道暗访通常要求具备证据、现场、情节、细节这些报道要素。它和一般的消息采访和报道有很大的不同，如果干巴巴的"5 个 W"新闻要素堆砌，暗访也就失去了魅力和存在的价值。但未成年人违法犯罪暗访，一旦面世就会对同龄人产生很强的吸引力。其中难以回避的犯罪手段、作案场景、人物心理等，对他们的影响巨大，包括可能带来的模仿、刺激和心理阴影。这是未成年人心理和生理等因素所决定的，记者和媒体不得不考虑防范。

六、法庭审判

法庭审判分刑事和民事两种。民事法庭判定被告有错还是无错、侵权成立还是不成立。刑事法庭判定被告有罪还是无罪、罪重还是罪轻。

刑事法庭审判是人民法院采取开庭的方式，在公诉人、当事人和其他诉讼参与人的参加下，听取控、辩双方对证据、案件事实和运用法律展开辩论的情况下，依法确定被告人是否有罪，应否判刑，给予何种刑事处罚的诉讼活动。

依据《中华人民共和国刑事诉讼法》的规定，法庭审判程序大致可分为开庭、法庭调查、法庭辩论、被告人最后陈述、评议和审判五个阶段。依据《中华人民共和国民事诉讼法》的规定，法庭审判程序分为开庭、法庭调查、归纳焦点、问答阶段、法庭辩论、法庭调解、评议和宣判七个阶段。

《中华人民共和国人民法院法庭规则》第三条规定，有新闻媒体旁听或报道庭审活动时，旁听区可以设置专门的媒体记者席。第十一条规定，公众关注度较高、社会影响较大、法治宣传教育意义较强情形之一的案件，依法公开进行的庭审活动，人民法院可以通过电视、互联网或其他公共媒体进行图文、音频、视频直播或录播。第十七条规定，全体人员在庭审活动中应当服从审判长或独任审判员的指挥，尊重司法礼仪，遵守法庭纪律，不得实施对庭审活动进行录音、录像、拍照或使用移动通信工具等传播庭审活动等5种行为。第二十六条规定，外国媒体记者报道庭审活动，应当遵守本规则。

最高人民法院《关于严格执行公开审判制度的若干规定》第十一条规定，依法公开审理案件，经人民法院许可，新闻记者可以记录、录音、录相、摄影、转播庭审实况。外国记者的旁听按照我国有关外事管理规定办理。

依据这两个法律精神，法庭审判就是记者暗访的一个禁区。

公开审判，在世界欧美和大陆两大法系中，均定为基本原则。其历史可以追溯到近代资产阶级革命时期，连黑格尔都对此有过大量论述。我国从1911 年颁布《大清民事诉讼律草案》起，废除封建落后的秘密诉讼。 1999年 3 月 8 日，《最高人民法院关于严格执行公开审判制度的若干规定》颁布施行，其中明确不公开审理的案件只能是：涉及国家秘密的案件；涉及个人隐私的案件；十四岁以上不满十六岁未成年人犯罪的案件；经人民法院决定不公开审理的十六岁以上不满十八岁未成年人犯罪的案件；经当事人申请，人民法院决定不公开审理的涉及商业秘密的案件；经当事人申请，人民法院决定不公开审理的离婚案件；法律另有规定的其他不公开审理的案件。不公开审理的案件在宣告判决时仍要公开进行。

法庭公开审理意味着公民可以旁听（但精神病人、醉酒的人和未经人民法院批准的未成年人除外）。根据法庭场所和参加旁听人数等情况，旁听人需要持旁听证进入法庭的，旁听证由人民法院制发。外国人和无国籍人持有效证件要求旁听的，参照中国公民旁听的规定办理。旁听人员必须遵守《中华人民共和国人民法院法庭规则》的规定，并应当接受安全检查。经人民法院许可，新闻记者可以记录、录音、录相、摄影、转播庭审实况。外国记者的旁听按照我国有关外事管理规定办理。

既然都向全社会公开了，公民都可以自由旁听了，新闻记者都可以记录、录音、录相、摄影、转播庭审实况了，那为什么还会出现对法庭审判的记者暗访问题呢？请注意，任何一条有关公开审判的法律，在涉及到记者职业采访工作的规定时，都前置了"经人民法院允许"这样的前提条件。也就是它不允许你不能干，实践中它极少允许。在这种情况下，媒体记者在遇到社会关注度大、新闻价值含量高、可能引发更深层次问题的案件审理，就有可能设法隐瞒身份、隐瞒目的、隐瞒手段，对法庭审判进行密记、密拍、密录。这是大众传媒以最大限度传播新闻信息为己任，和国家司法机关维系正常法庭审判秩序要求之间的客观矛盾。前者有宪法保障的言论出版自由为依据，后者以宪法依法治国为依据。有时这种矛盾激化可能形成冲突，成了双方博弈的过桯。

2011 年 11 月 19 日在浙江上虞市法院，就曾发生过一起法官法警和新闻记者的严重冲突。《新民周刊》记者宋元在庭审结束后，被副院长徐孟勇抢夺背包、被 4 名法警拳打脚踢，致使头部、臀部、背部、双手多处受伤，另被非法拘禁 30 分钟。全国记协记者权益保障部为此出面帮助维权，记者又委托律师到浙江绍兴市中级人民法院起诉徐孟勇等。随后浙江省高院、绍兴市中院纪检官员，陪同徐孟勇赶到上海向宋元当面道歉、并交还那盘录音磁带（经证实确实没在法庭上录音），徐孟勇还向宋元赔款（数额保密），原告才撤诉私了。

法院庭审不允许记者记录、录音、录相、摄影、转播庭审实况，一般出于两种考虑。一是法庭庄严肃穆，庭审秩序井然，是法官对一桩案件正常审理、同时确保原告和被告双方不受干扰行使诉权的需要。我们看到每逢全国"两会"，密密麻麻的新闻记者扛着长枪短炮摄影摄像器材，前后奔跑、拦截代表委员。如果从记者的职业角度看，这完全是获取新闻素材、真实翔实报道的敬业表现。但如果把这种行为移植到法庭上来，整个乱哄哄的根本无法有序履行法庭审判的基本程序。即使像"两会"那样划定专门的记者区域，拍照、录

（《记者面临藐视法庭的指控》胡喜盈 端木正阳 2015 年法律与生活第 15 期）

音、摄像等自然声响，也会对审判庭造成一定干扰。因此，全世界的法庭都要求记者遵守法庭规制，犯规就要法警伺候。

但是，即使公开审理的案件，也不让记者记录（笔记、 IPAD、手提电脑）这就很难让记者理解。毕竟默默记录并不会影响庭上法官审理和原被告行使诉权。法院既然欢迎舆论监督，就要考虑到记者必须为报道的真实性而负

责。他不能在法庭上完全没有任何凭证依据，全靠脑袋死记硬背回去写报道。因此，记录已经成为记者履职、为公众享有对案件和庭审知情权的最低保障。

"大陆首富"牟其中涉嫌信用卡诈骗案，在武汉中级法院开庭审理期间，发生了国内外近百家媒体的 200 多名记者，亲身经历亲眼看见了一场"猫捉老鼠"的大戏。 10 名法警来回穿梭，俨如考官捉拿"作弊的考生"。南方某日报记者趁法警踱步他处时，偷偷在一张纸上写了几个字，几番较量后，字越写越多，谁知该老兄的胆子大起来竟忘了形，终于被"盯上"。法警给他出了一道选择题：或交出纸条或带上纸条走人。该老兄选择了前者。在作弊的"学生"中，录音记者的"肾功能"最差，为了换磁带，得不时地上厕所。当然，最难的是摄影记者了，为了定格坐在被告席上的牟其中的模样，许多记者不惜冒着被"驱逐出庭，被拘留"的危险。在实在忍不住时就拿出藏在衣襟内的相机"咔嚓"一下……8 小时的庭审，法警共收缴"笔记"60 余份、胶卷 11 个、录音磁带 4 盘，有 3 名记者灰溜溜地像"坏蛋"一样被"逐出庭"。（《记者面临藐视法庭的指控》胡喜盈 端木正阳 2015 年法律与生活第 15 期）

2000 年 5 月 30 日牟其中接受宣判。夏宗伟博客

我国新闻法研究专家徐迅曾经指出：到目前为止，笔者未见到任何国家在公开审理的法庭上限制记者记录的相关资料，倒是有一些反证，如美国法

庭虽然不准记者在法庭内拍照，却允许画师在庭内为当事人画像并在报纸上发表：香港法庭不准记者在法庭上拍照、录音，却允许记者使用笔记本电脑记录……（《不针对法庭活动进行暗访》徐迅 2004 新闻三昧）

记者暗访，正是在这种法庭严苛规制束缚下，无可奈何的一种选择。只有新闻业内人员，才能深刻理解躲在旁听席中的记者冒险行为的敬业心。但是，宪法至上，它明确规定：任何组织或者个人都不得有超越宪法和法律的特权。任何公民享有宪法和法律规定的权利，同时必须履行宪法和法律规定的义务。记者不是特殊公民，不享有法律豁免权。我们的暗访，也必须在现行法律规定范围内运作。

记者暗访闯入法庭审判禁区，实际存在着三大危险——

（1）干扰司法程序，轻者算是藐视法庭，重则属于犯罪行为。它是指司法程序，或称诉讼程序，即司法权行使时所必须遵循的法定的方式、方法、顺序及步骤等，受到了法的外力的扰乱，而造成起诉程序、审判程序等被破坏。

在英美等国，法庭上任何干扰司法程序的行为，都是违法甚至是犯罪行为。

暗访记者隐蔽在旁听席，甚至还有隐瞒身份而端坐在原告席、被告席之中，进行非法录音、录像、记录、抄录诉讼材料等。它违背了我国法律规制的庭审规则：全体人员在庭审活动中应当服从审判长或独任审判员的指挥，尊重司法礼仪，遵守法庭纪律，不得实施鼓掌、喧哗；吸烟、进食；拨打或接听电话；对庭审活动进行录音、录像、拍照或使用移动通信工具等传播庭审活动；其他危害法庭安全或妨害法庭秩序的行为。只要有这些行为之一，经法官法警批评警示而不予纠正者，即可视为藐视法庭。

法庭之上国徽高悬，法袍法槌命系一线。庭审是代表国家司法、代表法律断案。所以，藐视法庭就是对法的轻蔑，藐视法庭就是对国家权力的挑战。根据《中华人民共和国人民法院组织法》《中华人民共和国刑事诉讼法》《中华人民共和国民事诉讼法》《中华人民共和国行政诉讼法》等有关法律规定制定的《中华人民共和国法院法庭规则》，早在 1994 年 1 月 1 日起就颁布施行了。每次法庭开庭前，书记员也会再次宣讲提醒。如果有人全然不顾、硬是逆法，就会构成藐视法庭违法行为甚至藐视法庭罪。

暗访记者在藐视法庭罪的四种具体表现中，有一种关系最为密切：公布法院禁止公布的秘密材料（依据《法学大辞典》，邹瑜 1991 年中国政法大学出版社）。既然法院没有同意公开身份的记者对庭审活动进行录音、录像、拍照或使用移动通信工具等传播活动，法官就可以对隐身暗访并用隐蔽手段采访报道的记者，认定藐视法庭的成立。暗访记者发表的报道越有社会影响力，法律后果就越严重，在违法和犯罪两端，记者获罪的可能性也就越大。

（2）法院可能把暗访新闻列入"恶意报道在审案件"，而使记者招致司法追责。 2009 年 12 月，最高人民法院下发《关于人民法院接受新闻媒体舆论监督的若干规定》，要求人民法院应当主动接受新闻媒体的舆论监督。同时，新闻媒体如果对正在审理的案件报道严重失实或者恶意进行倾向性报道，损害司法权威，违反法律规定的，将依法追究相应责任。《规定》明确，人民法院发现新闻媒体在采访报道法院工作时有下列情形之一的，可以向新闻主管部门、新闻记者自律组织或者新闻单位等通报情况并提出建议。违反法律规定的，依法追究相应责任。 1. 损害国家安全和社会公共利益的，泄露国家秘密、商业秘密的； 2. 对正在审理的案件报道严重失实或者恶意进行倾向性报道，损害司法权威、影响公正审判的； 3. 以侮辱、诽谤等方式损害法官名誉，或者损害当事人名誉权等人格权，侵犯诉讼参与人的隐私和安全的； 4. 接受一方当事人请托，歪曲事实，恶意炒作，干扰人民法院审判、执行活动，造成严重不良影响的； 5. 其他严重损害司法权威、影响司法公正的。这其实就是法院对恶意报道认定的几项标准。但请注意：只要违反其中一条而非五条全部具备，就会触法。其中"损害司法权威、影响公正审判"等内容属于原则宽泛界定，换句话说就是边界模糊得很，其确认权又全在具有司法自由裁量权的法官之手。因此，媒体和暗访记者完全处于被动受审地位，稍有不慎就很容易因违禁而品尝自己酿就的苦酒。 2007 年 3 月，江西省高级人民法院就下达专文，对一篇未经该院同意的报道两名作者，认定"严重干扰、阻碍人民法院依法开展的案件执行工作，涉嫌拒不执行法院判决、裁定诽谤等违法、犯罪。现责成你们立即消除影响，并在3月9日前到江西省高级人民法院接受调查"。

（3）现场发生肢体冲突，暗访记者因属于"被执法对象"而立于易败之地。记者暗访如果在法庭现场被发现，一定会遭到法官怒斥和法警执法处理。在此期间，记者无论从执理还是从势力上看，都处在被动地位。识相的交出所有文字与音频偷录、视频和照片偷拍的材料，老老实实被逐出法庭。不识相的据理力争，或者以身保护暗访材料，可能招致的就是法警使用暴力，造成记者人身伤害和材料及暗访器材被毁。《新民周刊》记者宋元在浙江省上虞市法院被暴力伤害的

江西省高级人民法院

赣高法函〔2007〕5号

徐祥、李新德：

你们撰写并公开在网站上发布的《江西高法副院长枉法办案玩掺亿万富豪》一文，严重歪曲、捏造事实，肆意诽谤执行法院和执行法官，严重干扰、阻碍人民法院依法开展的案件执行工作，涉嫌拒不执行法院判决、裁定诽谤等违法、犯罪。现责成你们立即消除影响，并在3月9日前到江西省高级人民法院接受调查。

江西省高院发出的法函

遭遇，就是最好例证。新闻记者不能拿着肉头去撞石头，我们不是害怕受伤而放弃对事实真相的追索，而是在法律禁区面前，做一个智慧的选择者。

第十二章

媒体内部请示汇报批准程序

暗访作为新闻媒体一个十分厉害的撒手锏取材取证方式，只在比较重要、比较特别、操作难度也比较大的报道选题出现时才会使用，它不属于媒体随人随用的常规武器。

暗访中的危险，包括人身危险、设备危险、媒体公信力危险，贯穿于取证和报道全过程。为安全起见，需要整体策划、谨慎安排、有的甚至需要事先进行"沙盘推演"。

暗访产生对丑陋、黑暗、罪恶的杀伤力，可能造成一系列复杂的后续问题。有的被曝光的违法者，可能与记者所供职的媒体单位闹新闻纷争，有的被揭露的犯罪嫌疑人，可能将记者或媒体告上公堂。这在新闻纷争和新闻官司发生概率上，占很大一部分。最极端的，还有前方记者及家人后来被报复伤害威胁的问题。

暗访引发的社会震惊和关注，会成为舆论的热点焦点，有时候把控不好就会出现失控的可能。记者好不容易挖出的猛料，媒体花大精力投入作出的战役报道，结果事与愿违，"种下的是龙种，收获的是跳蚤"。

鉴于以上四个方面从严考虑，记者暗访必须首先在媒体内部履行必要的请示汇报和研究批准手续。这应该是所有负责任的新闻单位和遵纪守法的新闻记者共同的选择。

程序正义，才能确保结果正义。结果正义，必须通过程序正义来实现。即使一项法律的实施具有正当的目的，也还要有一个正当的程序和合理的实施过程。否则，就会损害正确的裁判结果。因此，在暗访实施过程中的程序正义，本身具有独立价值，这些价值包括规范、合理、"非私"（即职务行为）、安全等。针对记者暗访，在媒体内部建立请示汇报批准程序，其作用一方面表现为记者冒着危险，深入到特殊领域、特殊群体、特殊地带采集报道证据，提供必要的规则。以防任意操作所带来的记者自己违法、犯罪或者失德问题。另一方面，也可以通过正当程序的履行而确认记者暗访属于媒体派遣的职务行为和其取证查证的合法正当性。

暗访，不是任何记者想用就用的报道手段。如果媒体中人谁一周失踪了，大家就想，他或许跑到什么地方暗访去了吧？整个编辑部内的采编资源管理就会处于无序甚至失控状态。而且，暗访的任务属于编辑部内比较艰巨复杂的工作，应该通过组织程序物色委派那些综合素质好、应对能力强、既机智也有拼劲的记者去承担。针对具体的暗访选题与特定人物对象，可能还要考虑跟潜入需要假扮的身份大致相符的人。比如南都暗访高考替考，就一定要选刚刚毕业没几年、学习成绩好、外观年龄和在校大学生差不多的记者去担纲。这样才能保证面对暗访对象的各种考察考验时，不至于露馅失手。

暗访，不是任何时候记者想干就干的普通工作。新闻报道的选题确定，往往和时代风云相关联，要考虑估量它的时机时效。不但要从速度上争抢事实发生与作为新闻事实发生之间的时间差（时距），更要考量新闻面世以后激起的社会效果的相关量，即新闻产生应有社会效果的时距限度。媒体领导需要通过研究推敲，确认此一暗访和当前宣传报道大气候是否相适应？确认这类暗访选题和新闻界同行是否具有同质化之虞？确认下手的最佳时机等。记者身在前方，对情况的把握比较具体明白。但这恰恰"只因身在此山中"，而对宏观大势不如局外人，尤其是媒体领导看得高远。他可能更在乎新闻的鲜活程度，但对大局效果的把握水平比领导层欠缺。所以需要在暗访前呈报，集聚集体智慧。例如，党的十九大召开期间，有记者要求深入一工程窝案中暗访，揭露党和政府机关中涉案官员的腐败行径。这样的报道选题即使可以做，当时也不方便发表。所以经过上报程序被否掉，保护了媒体安全和记者资源的有效利用。

　　暗访，不是任何题材都可以让记者任意使用的方法。有些新闻选题或报道对象，媒体要防止记者滥用隐秘身份、隐秘目的、隐秘手段进行采访报道。如国家秘密、司法秘密、公民隐私、未成年人、商业秘密、法庭审判等，法律上对记者暗访都有禁止性规定。因此，新闻单位不能不设置一道审查关，帮助记者把握红线、防范过失。通过请示汇报批准程序，不是为了卡记者、不是为了对暗访报道设置阻挠，而是媒体领导从题材上把关考虑，"这一个"有没有触犯法律禁区？有没有其他非暗访手段可以替代？只要其中有一种就能不用则不用，这是暗访手段的使用戒律。美国《芝加哥太阳报》曾经买下一家小旅馆，安排记者以老板的身份通过偷拍获得了官员受贿的证据。该报道引起了巨大轰动，然而在普利策奖评选时，最终未获通过，原因在于评审委员会认为，暗访不是唯一的采访手段，记者"靠勤劳的双脚和结实的皮鞋，也能揭露真相"。该报此后就大大减少了记者暗访的使用机会。

　　暗访，不是任何地点都适合施展的英雄制造场。记者的大无畏精神和理想正义，当然需要鼓励支持。但媒体决策层不能不首先考虑记者身处艰难处境，会不会有生命危险？如何最大限度地保护记者安全和暗访设备安全？如果单靠记者自己判断，发生悲剧的可能概率就大。而经过了请示汇报批准程序，就会在自己所供职媒体关怀关注下，减少许多不确定因素，提供很多必要的安全保障资源。比如，有记者将去云南边境贩毒集团内部卧底暗访，媒体显然无力确保这种场域他的生命安全，于是叫停喝止。有记者要求深入成都一赌博场所进行体验式暗访，领导就可以媒体名义向暗访当地的警方事先备案，以求发生紧急情况时救援。还有，媒体自己也可以派出人员，通过联络暗号进行场外接应与救援。南都高考替考暗访，就是媒体方事先与警方联系备案的。曝光报道推出后，社会上一些人谴责暗访记者违法仿制证件和冒名考试在先，但警方出面澄清备案情况，极大地消解了社会误识，也保护了暗访记者的安全。河南电视台都市频道首席记者崔松旺，在暗访报道《智障奴工》中的卧底过程经历了非常风险，他是在领导事先安排外围人员和车辆接应下逃出虎口的。

有的记者和媒体中人，只在乎看重暗访结果，认为程序是为结果服务的，程序再好再完美，暗访的实际效果不行完全等于零。因此，以这个理由忽视程序、甩开程序、违反程序。他们只愿意到最后检验自己行为的正确与否，有时为此还会和媒体领导发生争执或不愉快。这很像法律上的那种典型的实体正义行为模式，因而是站不住脚的。

法律是非常强调程序正义的，但总有一种实体正义的思维方式在干扰正确的执法守法，两者的价值冲突可能导致法律行为的错招和法律处置的错判。从理论上来阐述是很深很冗长的命题，我们来举例简述一下：比如，有人故意捅了你一刀，那么你可以报警，起诉他故意伤害，然后以刑事处罚与民事赔偿的方式来获取你的补偿。这就是遵循程序正义原则。而实体正义，就是他摔你一跤，你等在他家门口，等他回家或刚出家门，上去就给他一板砖。他也尝到了痛苦，卧在病床上一两个月。从结果上来说，这通过实体正义原则使你获得了补偿。再如李刚的儿子，撞人的那个：从实体正义的角度，如果他故意撞的人，又不施救，那判他一个死刑，以命偿命，就是实体正义。而如果根据法律来判决，遵循司法程序的话，那又罪不至死，可能就判个几年加民事赔偿。这是程序正义。究竟哪一种更科学更合理更符合法治精神呢？不言而喻。

暗访问题上的程序正义，正是为实体结果最优化保驾护航的。经过媒体内部的请示汇报批准程序把关，不能保证暗访肯定就能结出最丰硕的果实，但至少可以避免危险、错误、无用功。但这是效果保障的必要条件而不是充分条件，真正取得良好的社会效果，还需要选题的高度和深度、记者取证的多寡和确凿性、报道组织的奇思和写作架构语言的妙笔等许多要素。我们没有理由以某次暗访经过了严格的审批程序但产生的社会效果平平，而质疑这种程序存在与执行的合理性。当然，我们也无需以某次暗访赢得大奖，而完全归功于程序的功绩。任何绝对化的视角，都是偏离事物发生发展的内在规律的。

强调暗访报道必须事先履行请示汇报批准程序独立价值，是媒体眼睛向内、强化管理程序正义的基本要求。在世界范围内，那些百年老店的新闻媒体，那些屡获大奖的杰出传媒，无一不是在这种内部程序建设管理上，井然有序自有一套的模范。我们会在本章详细介绍一些有影响力的新闻单位，专门针对记者暗访，所建立的一整套规章制度或操作要领。这对其他新闻单位规范暗访的选题范围、实施策略、避险安全、报批流程等，都有重要的启迪示范作用。

有关记者暗访应该走的内部程序，不适宜全国一盘棋作统一规定。应该从各地区、各单位、各行业、各种媒体形式和性质的各自特点需求，因地制宜、因"媒"制宜。就像央视、央广和新华社、人民日报社四大中央新闻单位，也会要求不一样。但总体上，应该囊括或体现三个基本原则：非紧急特殊情况的事先原则、无特别需要的"非单"原则、访前访后的备案原则。

一、非紧急特殊情况的事先原则

暗访作为媒体的重点报道、战役性报道，纳入统筹策划布局当然是必须的。新闻单位的内部请示汇报批准程序规范必须明确：记者如果对此未经报告擅自行动，将列入严重违纪进行处理，而不能以效果论英雄。就像战场打仗，谁擅自发起冲锋、谁忽然失踪潜入敌阵地进行侦察，谁化装卧底偷取情报，统统必须事前汇报经过审批。因此，记者暗访报告的"非紧急特殊情况的事先原则"，就是第一个需要强调的内容。

新闻的"紧急情况"一般是指重大突发事件。

根据我国 2007 年 11 月 1 日起施行的《中华人民共和国突发事件应对法》的规定，突发事件，是指突然发生，造成或者可能造成严重社会危害，需要采取应急处置措施予以应对的自然灾害、事故灾难、公共卫生事件和社会安全事件四大类。根据突发公共事件的紧急程度、危害大小、涉及范围、人员及财产损失情况，由低到高划分为一般（Ⅳ）、较大（Ⅲ）、重大（Ⅱ）和特别重大（Ⅰ）四级预警，分别用蓝色、黄色、橙色、红色表示。突发事件的分级标准由国务院或者国务院确定的部门制定。

新闻媒体眼中的重大突发事件，是在紧急状态下发生的严重危机事件。它包括重大突发性自然灾害、重大突发性工业事故及灾难性事故、重大突发性社会扰乱事故和重大突发性政治危机。对公众的影响力以及公众的关注度，是媒体掂量突发事件是否重大及重大程度的一个主要衡量标准。

新闻的"特殊情况"一般是指罕见的报道内容和对象，但它必须附着在较高的新闻价值之上。罕见和异常不画等号，罕见和奇怪不画等号，罕见和不俗不画等号，罕见和个例也不画等号。新闻媒体眼中的罕见，特别追求其报道价值含金量。社会生活和自然界中稀奇古怪的事情和人物层出不穷，不是任何稀缺罕见都值得媒体作为重点报道和战役性报道来大作、深作、连续作。只有那些涉及公众广泛利益、影响国家和社会发展进程的罕见报道内容和对象，才具有特别的报道价值。比如，有记录证明，全球十大事故高发航空公司已经发生 45 起空难事故，但唯独马航 MH370 失踪事件令世人疑惑：这里面究竟是什么原因造成了满世界最先进的仪器，发现不了那么一个庞然大物、那么多各国乘客下落不明？如果哪位记者能够通过明访暗访报道这个罕见新闻获得端倪，一定会引发全球性关注，新闻蕴含的报道价值极大。但即使特殊情况下的记者暗访，不事先报告也必须满足来不及报告、无条件报告（如记者当时身处场域根本缺乏通讯条件）、报告的后果会很严重等前提。否则，特殊情况也不是违纪自说自话的理由。

海啸过后，印度一对夫妇在海滩找到他们 8 岁儿子的尸体，痛不欲生。*广州日报* 2004 年 12 月 28 日

记者暗访，遇有紧急特殊情况确实来不及事先向组织请示报告，只能先斩后奏进入角色搜集证据、组织报道。比如，2004 年 12 月 27 日《华盛顿邮报》记者迈克尔·多布斯正在受海啸肆虐最惨重的斯里兰卡某个度假海滨游泳，他亲眼看见了海水突然间上涨、摧枯拉朽淹没海滨村庄的可怕场面，大难不死的多布斯心有余悸地报道了那生平从所未见的可怕一幕。这是一场海底强震引发的惊天海啸，肆虐东南亚和南亚等 8 国海岸，导致上万人被洪水夺去生命。当时，职业敏感促使记者在逃生后迫切想对惨案事件进行报道。但遭遇有些官员和遇难者家属，因畏惧记者而"禁言""失声"。这时候，迈克尔·多布斯也来不及向自己供职的《华盛顿邮报》高层请示汇报，立即以一般的旅游者身份混在遇难现场和亲人家属中间，了解情况、搜罗证据。后来写出《记者亲历印度洋海啸中死里逃生恐怖场面》报道，内有：哥哥警告："快游回来！海上有奇怪的事发生了！"海水迅速上涨吞没村庄，真希望眼前出现"诺亚方舟"；一艘脱锚的小渔船救了我的命；妻子爬到树上，也逃过一劫；尽管假期被毁，但我们庆幸自己还活着等鲜活现场记叙。记者如果按部就班僵化地走报社内部事先请示汇报批准程序，显然是呆板不明智的，稍纵即逝的机遇无法再抓回来。在这场海啸灾难中，李连杰正带着妻子和两个女儿、一个保姆在马尔代夫旅游度假，也不幸遭遇其中。但他不是记者，不懂新闻价值规律，直到 2016 年才向记者披露自己的所见所闻。

事先原则，需要记者暗访前明确报告如下内容：对情况及其背景的大致外围了解；对暗访场地和暗访对象的大致分析、应对可能发生的不测情况的紧急措施（包括人身安全和设备安全等）、需要媒体提供哪些支持和帮助等。最后还要附带提交选题的新闻报道价值意见。由于报纸、广播、电视、杂志、新媒体等传播报道形式不同，记者还要根据自己供职媒体的特点，加入暗访取证的基本手段和角色扮演方案。说起来很多很复杂的样子，但这并非要求记者必须写一个洋洋洒洒的论证报告才能行动。可以是上决策层会议口头汇报，也可以为保密防止"漏风"而向主管领导或一把手直接单线汇报。而很重要的暗访，一般确头需要写成文字汇报供领导研究与备查。

《卧底调查1：生死暗访》（石野 2011 年 8 月重庆出版社)一书，前四个章节都是"暗访，在报社精心策划中开始……"看到了吧，通常记者暗访，都需要纳入媒体的事先选题策划研究之中，经过一定范围领导干部仔细研究才能允许记者出征。

《新京报》的暗访报道做得很出色，他们出过一些名篇，社会影响力很大。如《视频丨罐车运输乱象调查：卸完煤制油不洗罐，直接装运食用大豆油》《京城地下赌局：一场牌庄家狂卷上百万》《炸药化学品开矿　平谷盗金12 年未歇》《起底刷单工厂：组团给电商销量注水》《地铁站外的隐秘江湖》《快捷酒店失守色情小卡片》《骨灰盒售价超进货价 10 倍》等，都曾引发上上下下广泛关注或出手根治解决。《新京报》传媒研究发表对该报深度调查部副主编张永生的一篇专访《"对不起，我是卧底"，说这话的不止演员还有暗访记者》。文中披露出这家报社对记者暗访的很多事前策划安排细节：

"会根据事件或者产业链是否隐秘，是否暴露在光天化日之下，来判断是否采用暗访"——这表明了领导层事前对记者暗访手段使用的规则要求。

"我们是为了更多人的利益，暗访要做到尽量不非法和不触碰底线"——这表明该报对记者暗访设置的前提要件。

"以最真实的视角原生态地潜入，对方在不知情的情况下展示他所从事的行业、职业最原生态的东西"——这表明限定记者暗访必须"被动型"或"不介入导演"的基本约束。

"每个选题在做之前，派哪个记者去，我都在心里有个基本判断。根据记者的外形、气质、举止，跟所探访的场景，有个大致的匹配"——这表明上级事先对暗访报道的执行记者要有方向性选择，不能谁报选题就派谁去。

"记者要做一些伪装，要跟他将要暗访的职业或产业相吻合，才能降低一个陌生人进入一个完整的、操作成熟、被黑暗掩盖的体系可能产生的违和度"——这表明在记者出征前报社需要对他进行技术指导。

所有这些，如果违反了"事先报告经过策划批准"的规定程序，就一切化为泡影无从谈起。记者不要怕暗访前向上汇报可能耽误最佳良机，或者担

《新京报》对刷单工厂的暗访连续报道，共用了40天、6名记者，形成了103家快递网点的数据。

心泄露天机内部"跑风"。如果确实有这种可能性，就直接向最高领导单独报告好了。如果对最高领导还是不信任，这个记者应该考虑跳槽更换职业环境（这种情况也确实有过）。

但报告后可能的结果有两个：同意支持——不同意不支持。记者必须无条件执行命令，而不许违抗自搞一套，新闻纪律也是"以服从为天职"的。你可以对媒体上级的决策提出反对或建设性意见，最好提供有说服力的证据理由来挽救自己的暗访选题免遭"枪毙"。在具体的新闻业务上，媒体内部是允许自由讨论和不同意见发表的。顺便提醒，暗访选题无论如何不适合在新闻单位群体场合讨论，而且对领导决策的不同意见或反对意见，也不适合在许多记者编辑在场的情况下发泄。无论哪个角度都要求记者为此事申辩必须讲究说话的策略，请谨慎把握！《华尔街日报》总编贝克（Gerard Baker）在一场会议上就对公开反对本报中立立场的记者编辑而大吼：刻意反对特朗普，那么请另谋高就！该报副主编 Rebecca Blumenstein 结果真的为此跳槽去了《纽约时报》。（《华尔街日报总编告诫记者：想怼川普，请另谋高就》美国中文网 2017 年 2 月 14 日）如果记者没有跳槽或辞职的勇气和打算，还是采取温和的办法处理此事较好。如果你敢学习武汉《楚天都市报》副刊主编、记者占才强，《人才信息周刊》记者高汉民，或许可以一试——2002 年，他俩为透视中国城市中乞丐群体的生存状态，辞去自己热爱的工作，乔装打扮潜入乞丐堆，历时四十天，获取一手资料，写成了一部纪实畅销书《卧底当代丐帮》。

对于确属紧急特殊情况来不及或者没有条件实现报告的暗访，记者也应该争取在条件能够允许时，尽快和媒体上级联系汇报。报告自己现在所处位置和场域、正从事什么内容的暗访、目前的处境和取证情况、大概何时能够回到编辑部等等。一般不要在完全结束暗访之后和上稿之时，才让媒体领导"大吃一惊"。这样做如果拿不出有说服力的理由，容易给人先斩后奏、无视新闻纪律的感觉。

二、无特别需要的"非单"原则

在记者的所有采访方式中，暗访的危险性可能是最大的。

首先它的取证对象是违法或犯罪行为，它们对公众利益产生直接危害。记者隐瞒身份、隐瞒目的、隐瞒手段对之取证，目的是曝光于天下。一旦暴露，后果不堪设想。被语言威胁、被非法拘禁、被暴力伤害、被收缴或损坏暗访设备等，都是预料中事。

另外，暗访中的记者通常处于孤立无援的境地，涉案的场域一般也是被对方完全控制的。记者遇有生命危险和其他矛盾冲突，有时报警的机会都很难有。有时则处于地方保护主义的势力范围之内，很难及时得到外界的救助和支援。

再说，暗访可能遇到的情况相对于其他采访更加复杂。记者在行动过程中一般难以向大本营请示报告，完全要靠自己现场分析判断。一着不慎，满盘皆输的经历并不鲜见。特别需要有人商量、相互补充。

最后一个，就是遇有某些容易让记者单独把控不住、甚至陷入报道对象设置的违法犯罪泥沼的场域，如暗访卖淫嫖娼、金钱犯罪等，单个记者行动可能会因现场非常诱惑而导致慎独自律失守，被暗访对象抓住把柄抵制舆论监督。

鉴于以上四个原因，我们在制定记者暗访的媒体内部请示汇报批准程序时，应该明确：无特别需要的"非单"原则。即只要不是很特别的情况限制、暗访状态不允许，一般应该由两名或两名以上记者执行暗访报道任务。

让我们先用排除法，把非不得已只能记者单独行动的暗访找出来，然后其他就都是应该"非单"行动之列了——

那些极端隐秘，在人与人交往中只能单线联系、点与点对接，私下收受解决的新闻题材，才能由记者单独暗访。比如，英国王妃落入"阿拉伯酋长"的陷阱这桩事，《世界新闻报》策划设计好用一位家财万贯的富商"酋长助理"去勾引索菲王妃，猎取她的语音用以曝光白金汉宫内的丑闻。当时报社为派谁去执行暗访任务研究讨论时，马上想到唯有马泽尔·穆罕默德记者才能担当，没有第二。这个30多岁的"职业猎手"，胆大心细演技高超，曾经在捕捉名流隐私上多次得手屡试不爽。要不要再给他配一名记者助理呢？显然不行。因为，英国王室成员已经被《太阳报》《世界新闻报》《每日镜报》《每日邮报》等八卦记者，弄得多次陷入尴尬境地搞害怕了。索菲王妃不可能在"非单"的环境里，吐露王室内幕和任何丑闻。因此，必须由记者只身前往。况且，执行这任务只有成功失败两个选项，也没有什么记者人身伤害危险，更不存在记者被利益（实际无任何金钱利益）、被情色拉下水的可能。结果事如人愿，马泽尔·穆罕默德记者真的跟索菲王妃很快混得很熟，并获取了她信口开河透露的王室秘辛及时任首相布莱尔与王室之间关系的新闻，等等。

那些不可能两人与两人以上同时发生的事情和出现的行为，才能由记者单独暗访，否则容易暴露。比如，北京电视台记者徐滔赶赴北京西客站人质现场，和持刀及爆炸物犯罪嫌疑人近距离接触谈判。当时，记者是隐瞒采访目的，以持刀和爆炸物的亡命之徒信得过的谈判对象的身份出现的。而实际上，她正冒着随时牺牲的危险，近距离暗访并通过电视台现场向公众直播。如果媒体或警方另派一人与徐滔双双前往、接近犯罪嫌疑人，那就只有一个杀害人质、引爆炸药同归于尽的结果。"非单"条件根本不允许。

普利策手下的女记者内莉·布莱扮演精神病人，深入黑泉岛疯人院，暗访患者们遭受的非人待遇。如果报社派两名记者执行这项任务，显然是自我暴露之举。两个人同时疯掉了、同时被医生鉴定为精神病人、同时被一家医院收治并同时被关押在一个监区监管、又同时在里面闹出风波、然后还要同时有理由跨出命悬一线的桎梏，这些简直超出了正常人的思维和可遇的情境。因此，也只能派一名记者单独前往执行暗访任务。这位智勇双全的女孩经历重重灾难，最后终于不负众望。

那些并无生命和设备危险，且在公众场合与人沟通交流，或在公共场所瞬间抓拍偷拍的操作，才能由记者单独暗访。这个前提条件很重要，核心是无危险、公共场所。比如，狗仔跟踪娱乐界明星的很多新闻、《太阳报》记者

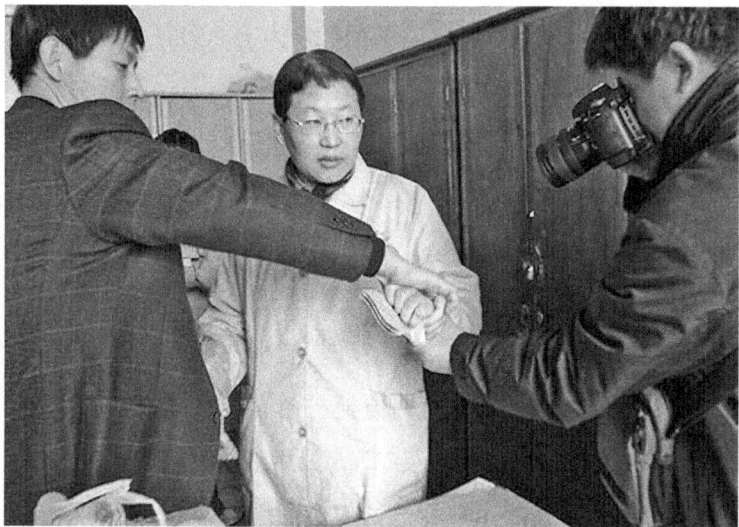

2006年3月1日，西安儿童医院一楼急诊室内，女医生刚接过一个医药代表送的回扣，就被当场抓住，执法人员从其衣袋里掏出装有几十元至上百元不等的"红包"。从该医药代表手提包里，搜出还未来得及送出的51个现金信封及大量购物卡。化装成就医病人的记者跟随冲进去瞬间抓拍，这还要几个记者一道吗？

卧在白金汉宫外的水沟里面抓拍偷拍王室活动、假扮王海到商场里面打假、批评揭露政府政务大厅工作人员弄虚作假、配合警方或其他执法人员抓"黄色文化"或其他违法行为等。多派人等于浪费有限的记者资源，也摊薄了记者发稿的"工分"，因此，单人足矣。

记者暗访的"非单"原则，在绝大多数行动中是必须和适用的。在所有的媒体资源要素里，记者的生命安全是最重要的。我们不能为了挖到一个猛料，而以记者的人身安全作代价。其他损失可以挽回，唯有生命只有一次机会。

巴西环球电视台著名记者佩洛斯，在30多年的记者生涯中，创造了许许多多新闻调查的成功范例。但2002年6月，他在独闯虎穴深入里约热内卢北部克鲁塞罗村暗访毒巢时，被残酷杀害。他的尸体之后还被放在汽车轮胎上焚烧，现场惨不忍睹。

在我国，暗访记者被打伤甚至残疾的也时有耳闻。2012年1月25日，河北电视台内参组记者暗访曲周县一企业排污时，遭多人围殴，摄像器材、个人手机、钱包被抢。当时记者被施暴者捆绑，并恐吓扔水井淹死。2016年12月16日，《中国教育报》记者在黑龙江齐齐哈尔一家幼儿园暗访时，被闻讯而至的派出所民警打伤。2014年5月19日湖北某报一记者暗访武汉洪山区青菱乡村干部为儿子庆生大操大办一事时，遭遇禁锢暴打1个多小时。《武汉晨报》记者王浩峰只身暗访偷拍"香肠黑作坊"，被四名大汉打得半死。中国著名调查记者王克勤独闯黑暗，他的暗访深度调查报道《兰州证券黑市狂洗"股民"》发表之后，当年黑社会扬言要花500万元买他的人头，武装警察一个班的人在他家进行保卫……

在"非单"执行暗访任务时，记者可以相互照顾、相互保护、相互支援，可以在危险场合两人分别担任取证和安全观察工作。至少在出现危险征兆时，另一人能及时发出报警信号，或在外拖延对方掩护持有证据的记者撤退。巴西记者佩洛斯曾被该国新闻界誉为"孤胆英雄"，最后他的绝响暗访，如果能有两个或两个以上记者随同，就能迅速将危情报告当地的警方或环球电视台编辑部，即使他已暴露被俘，但无论如何也不至于失去生命。而且，当时确有媒体为他的安全考虑，所派的一位机智司机按约定开车去接他返回。佩洛斯在夜色下平静地对司机说：我的工作还没有结束，你先回去吧，我们 10 点钟在老地方见！然后就勇敢地独自消失在黢黑的村庄之中……

在"非单"执行暗访任务时，记者还能共商计策，弥补了单个脑袋、单维思考可能造成的现场行动失误。《卧底当代丐帮》是由两位记者占才强、高汉民共同完成的暗访。他们在风餐露宿期间相互照顾，在一人扮演乞丐时另一人要偷拍偷录取证，在转遍武汉三镇中遇险相互保卫，在体验分析乞丐内心渴望间各自弥补对方的感受，在悲惨身世和江湖真假中，一道揭秘"这个庞大的散存的部落"形形色色……

在"非单"执行暗访任务时，记者能够双向证明互为监督，以防在那些比较特别的场合环境、特别人物对象、特别任务内容，除了提供确凿的报道证据外，还要应对可能的新闻纷争或新闻官司中我方的清白证据。当然，也有防止记者失足犯错的考虑。如深入黄流滚滚的东莞暗访，每次到洗头房、地下会所、日租宾馆、淫乱歌厅等色情场所，央视记者总是两三人一组行动，不会让记者单独出入历险。有的暗访报道面世，有可能随之而来的就是被访对象到媒体或媒体的上级领导机关闹事，更厉害的是律师函与诉讼状。这时，单个记者"跳进黄河洗不清"的状况即可避免。两名或两名以上的记者从不同角度、不同场合、不同扮演身份所获得的不同证据，就可以共同指向一个负面目标，使挑战正义媒体滋事方难以抵赖。 2009 年 10 月 2 日下午，早已有打"狗仔队"前科的奥斯卡影帝西恩·潘，当天被两位暗访记者中的一位，拍到在洛杉矶布伦特伍德区某餐馆吃完午餐后，因不满被一名"狗仔"尾随拍摄而向他动粗。照片中清楚见到他起脚踢向该名"狗仔"，"狗仔"现场勇敢对摄。后来法庭审判，两名记者将不同角度抓拍的材料为证据，致使西恩·潘踢打记者的事实坐实。法院判他到社区义务劳动 300 个小时。

媒体安排"非单"暗访，应该考虑任务的难度和可能遭遇的危险，对执

西恩·潘当时踢打
"狗仔"记者被抓拍的场景

行记者进行互补配对。其中包括性格上的外向勇敢型与内向沉着型，技能上的写作擅长者和摄录技术擅长者，经验上成熟的"老司机"带刚涉新闻江湖的年轻新手，有时候为了隐蔽的需要还必须男女搭配，等等。当然，对那些战役性暗访报道，媒体应该投入重兵，实施团队作战，才能拿得下较大团伙和集团性违法犯罪报道。央视暗访江西三维化工集团恶性偷排"三废"的报道，前往东莞暗访黄流服务的报道，都是一个组或几个组下去的。而卧底麦当劳偷拍北京三里屯店的后场问题，则只派一名年轻记者报名应聘去完成。

"非单"的概念，还包括一个记者深入龙潭还要有外围接应的组织安排。这是针对比较危险的暗访，为前方记者事先设计一个逃生通道。约定时间、地点、暗号、甚至交通工具，要么定时定点联系通报安全状况，要么24小时全天候守候。一旦记者在里面暴露或被俘囚禁，外线接应者可以及时掌握情况赶紧报警，解救暗访记者于水火之中……

三、暗访前暗访后的备案原则

备案是指向主管机关报告事由存案以备查考。报备是指出于防范风险或先入为主的考虑，进行备案或备份。（互动百科）两者相近相似，意思差不多。

由于暗访涉及的对象和内容均为违法或犯罪，对社会和公众造成一定损害（非此不能使用这种手段采访），因此，有的暗访需要事先向当地公安机关报备，有的暗访需要向上级主管机关报备。剩下的至少要在本媒体备案待查（和事前的请示报告批准程序不一样）。暗访的备案原则，应该列入新闻媒体的相关工作规范之中。

先说备案是不是多此一举？不。有些暗访可能记者为取得证据，不得不在违法犯罪的边缘历险工作，除了稍有不慎就会卷入其中之外，还有可能不得不主动通过违法方式挖掘犯罪黑幕掩盖下的大恶。就像《南方都市报》记者获得了高考替考新闻线索后，研究决定要派记者潜入卧底，摸清全部来龙去脉。但遇到一个无法迈过的坎，就是暗访记者必须亲自与替考团伙一道进入考场，新闻事实才能完全固化。记者的准考证和身份证怎么办？用本人真实的，马上就会暴露身份。用假冒的，肯定属于违法。况且，记者自己替考已经涉嫌走到了犯罪边缘。这时候，智慧的南都人就想到了事先和警方联系备案。结果完全如料，这个重磅报道甫一推出，就遭遇社会上的许多质疑：卧底记者竟然敢使用假冒身份证欺骗江西省考办，以领取准考证，这本身就已经明显违法。再持假证进入考场替考，更是以身试法。警方应当一道抓捕……

备案不是报批的同义词。司法部门不是新闻媒体的上级主管，和媒体有新闻业务联系但各自在自己的战线上干自己的业务工作。如果没有记者暗访中涉嫌违法犯罪行为的可能，或者暗访的记者可能生命处于危险状态，媒体就没有必要事先向它们报备暗访事宜。南都的报备，为自己记者卧底暗访行动获取了"保票"，也为回应负面质疑提供了行为正义、程序正义、效果正义的铁证。

那么问题来了，媒体向警方报备的记者暗访，就可以违法犯罪了吗？

本书前面已经阐述回答过此事，这里浓缩理由大致三条：一是"违法阻却事由"又称"排除犯罪事由"的运用；二是万不得已方可为之；三是即使"出线"也只能是轻微烈度之内，绝不可逾越。

"违法阻却事由"是指行为在形式上与犯罪具有相似性，但实质上不具有法益侵害性，因而不构成犯罪的情形。其中还包括责任阻却事由，是指虽然有违法行为，损害了法益，但因为有免责事由的存在而不承担刑事责任，比如责任主体资格——未成年，正当防卫，紧急避害等。例如故意杀人与正当防卫时致人死亡，从结果上都造成了他人的死亡，但 2018 年 8 月发生的昆山"反杀案"因正当防卫有益于社会，故没有社会危害性，阻却了刑事违法性。

记者暗访中被迫使用轻微违法犯罪手段，却为了实际获得更大的法益，故构成了"违法阻却事由"的基本要件。但这种行为不事先向警方报备，可能导致事与愿违的严重后果。南京一名女记者钟某卧底盗车团伙参与活动（共同盗车达 15 辆），暗访获得大量生动确凿的证据。完成暗访后她即向警方举报使其全部落网。但她行动前，并无警方知晓与委派。作案、销赃和分赃，直到第三次才向公安机关报案，已经构成犯罪。这就很难以"违法阻却事由"来赦免。

第二种备案是向媒体的上级主管机关报备，一般是同级党委宣传部或新闻出版广电局，以前者居多。这种情况主要是记者暗访中，可能发生违纪行为，而且也是不得已而为之的，相当于符合"违纪阻却事由"的意思。请注意，这种报备和向警方报备不一样的地方，就是媒体无需警方批准就可以实施自己认为必要可行的记者暗访。而宣传部或新闻出版广电局正是媒体的直管领导机关，一般这种报备还具有请示性质。如无反对意见，包括未予回复，媒体可以按计划执行暗访报道。如果有明确反对意见，媒体则需要令行禁止，或在进一步汇报解释得到理解之后，再行其事。

绝大多数媒体是仕违反新闻纪律被迫究后，才向上级主管部门写情况汇报或检查之类，因而都属被动之举。这也是多年来，新闻管理"事后追惩"机制所养成的习惯。我们应该学会在可能违纪的暗访之前，向上报备权当汇报过了，至少犯错时可以减责或者免责。

第三种备案是媒体内部的逐级或越级报备，这是指紧急情况、特殊状态下的记者暗访，事先来不及请示汇报、策划组织。记者直接投入工作环境，实施隐瞒身份、隐瞒目的、隐瞒手段（只要其中一种沾上即是）暗访取证。这需要在方便的第一时间，向自己所供职的新闻单位报告。可以使用远程电话、微信、 QQ、电子邮件等通讯方法，回到媒体则不要简单满足口头说说了事。备案的意义，还在于记者执行特殊任务的手续、程序之完善。一旦事中、事后出现意想不到的问题，口说无凭，已经呈递过必要的备案了。这可以抵消、排除、吞并、减免一些责任。暗访报道的社会影响延续性一般比其他报道要长要激烈，记者如果仅仅看到眼前相安无事而忽视了备案，也可能惹祸上身。在南京女记者暗访盗车团伙司法追究记者刑事责任时，办案检察官得到的解释是，钟某系"卧底"，该媒体副总编辑证明其行为"为职务行为"。事发当天中午，记者钟某就此事向发稿总监进行了汇报。发稿总监让其注意安全，表示同意，并向副总编汇报了此事。此后，该记者被免于刑事处分。

党委宣传部主管新闻的政治导向和新闻纪律，新闻出版广电总局侧重管理出版播出法律法规和职业道德等。因此，新闻媒体对暗访备案的上级目标单位选择，一般是以可能触犯的问题主管处理机关为方向。

上面讲的三种备案，除媒体内正常流程外，其他对司法和宣传出版播出管理机关的报备，并非逢暗访必报备，而是不涉及相关主管内容无需报备。因此，媒体内的备案是必须的，媒体外的报备是偶的。事实上，新闻媒体的许多重点报道、战役报道、敏感选题报道，也都已经履行向上报备或者送审的制度性安排。记者暗访的社会影响和选题敏感性、操作复杂性，好多也符合那些特征。

暗访备案的行文，有点儿像媒体公文而不是新闻的写法。因此不要"倒金字塔"那种结构，更不要通讯特写那么翔实。只要把报备单位或领导、报备大致内容、特别需要解释的备案理由说清楚就行了。至于具体什么时间、具体什么地点、具体什么人物等，如无需要基本不写。因为不是呈上送审，因此文末写上"特此报告"之类的客气尊重即可，完全无需"妥否，请批复""如无不当，本报即行""敬请明示""望予审议"一类意思，只是报备而已。而且，为行动保密和防止内鬼起见，在备案材料中一般不要透露非常具体的暗访要素。特别是媒体对外的报备更是如此，如果是记者向所供职的单位领导报备，则可写得稍微详细一些。

第十三章

暗访侵权的四步善后处置

在所有新闻纷争中，记者暗访可能是最容易产生矛盾对抗、涉法触纪的一个品种。这是它的取证方式、报道性质、社会反响、利益杀伤力所决定的。新闻媒体特别是执行暗访任务的当事记者，稍有不慎，就可能自己落入或被迫卷入采访侵权、报道侵权的泥沼。其善后处置的难度、复杂度、激烈对抗度，都比其他新闻纷争要明显高出许多。一些年轻记者为此付出了惨重代价，老马失足也时有所闻。因此，学习和掌握确属侵权的善后处置措施，既可以防止万一，也可以防微杜渐，从采访和报道的源头上，就构筑起一道"防火墙"。

暗访不像其他采访，记者为了获得确凿证据，获得除了真实还尽可能有震撼性的新闻素材，不得已采用了隐瞒身份、隐瞒手段、隐瞒目的的方式，近距离直接面对被采访和被报道对象。当这种对象的丑恶甚至罪恶忽然被曝光在光天化日之下的时候，一种被欺骗感就会油然而生。犯错和犯罪的公民，都有法律所赋予的基本人权，人权当然包括自己的名誉权。记者暗访最有可能触犯国家法律的情况，是侵犯公民或法人名誉权。

名誉权是人格权的一种，是人们依法享有的对自己所获得的客观社会评价、排除他人侵害的权利，是人们对于公民或法人的品德、才干、声望、信誉和形象等各方面的综合评价。它主要表现为名誉利益支配权和名誉维护权。我国《中华人民共和国民法典》规定公民（自然人）有权利用自己良好的声誉获得更多的利益，有权维护自己的名誉免遭不正当的贬低，有权在名誉权受侵害时依法追究侵权人的法律责任。另外《中华人民共和国民法典》也规定法人、非法人组织也享有名誉权。

名誉权的实际内涵有哪些呢？"自然人享有生命权、身体权、健康权、姓名权、肖像权、名誉权、荣誉权、隐私权、婚姻自主权等权利。"只要记者的行为稍有对其名誉权的侵犯，一场新闻纷争乃至新闻官司，就会随之爆发。况且，还存在鸡蛋里面挑骨头的无理取闹者，恶意制造对抗冲突。这其中可能涉及侵权的矛盾争议焦点大概有以下十个：

其一，采访权和不接受采访权，是记者与报道对象各自拥有的法律权限，暗访剥夺了被采访对象说"No"的权利。我不知道你是记者在暗访，因此我所说的话都是被欺骗下的结果。记者如果依此公开报道，就构成了侵权。

其二，你有什么权力对我使用窃听、窃照手段？因为《中华人民共和国国家安全法》明确规定，只有国家安全司法机关才能拥有暗藏式间谍器材和手段使用权。因此，说记者构成侵权。

其三，你获得的这些暗访材料属于我的隐私，公开报道就是侵犯公民隐私权。记者不能打着合法的旗号，行非法的侵害，目的的正当性不能掩盖结果的不当性。因此，你"偷窃"的素材已经构成了侵权。

其四，偷拍偷录所获未经被采访对象同意，是以侵害他人合法权益为代价的，因此是非法证据。记者暗访的非法证据，不能作为真实报道的基本素材，如果你敢一意孤行就构成了侵权。

其五，记者为了暗访所获"下套""设陷"，涉嫌"引诱他人违法犯罪"。现在这种事实结果，并未被暗访对象自己本能所意愿，因此记者的采访过程手段就构成了侵权。

其六，既然揭露批评假丑恶或社会问题，记者你在事发现场为什么不及时出手制止？你们就是唯恐天下不乱，甚至不惜引发制造事端，职业道德败坏，因此，你敢报道就构成了侵权。

其七，暗访内容涉及妇女或未成年人权益，尽管事实确凿曝光无误，但这已触犯到法律明确禁止的区域。因此，记者敢公开报道，就构成了侵权。

其八，暗访造成了被访人或单位知识产权的公开披露与公众分享，客观上造成一定的经济和其他损失。因此，记者从采访到报道，都构成了侵权。

其九，暗访中的人与事究竟属不属于犯罪，应该等法院判决后才能定论。记者报道主题先行擅自评判，属于舆论先审。因此，这种报道构成了侵权。

其十，暗访报道中含有侮辱人格的语言文字或画面，对受访人或者正在现场的其他人造成了不必要的身心伤害和社会名誉评价的降低，也会构成侵权。

……

针对这些可能发生的侵权诉讼或者新闻纷争，新闻单位及其执行记者每次暗访行动前后，都必须有所考虑有所防范。

侵权，是法律授权保护对象之权益受到侵害的一种行为。侵权行为是产生责任的根据，但它不仅包括过错行为责任，还包括行为人依据公平原则产生的责任和无过错责任。我国曾有法律条款规定："公民、法人由于过错侵害国家的、集体的财产，侵害他人财产、人身的，应当承担民事责任。没有过错，但法律规定应当承担民事责任的，应当承担民事责任"。鉴于此，新闻记者在暗访中，不能仅仅以自己有没有过错而确认是否对被采访者被报道者，造成了侵权。实践中一些记者对法律的僭越，正是由于自己坚持认为无错无过而造成侵权后果的。

但侵权绝不是犯罪，两者之间有质的区别。侵权，是对某个人的民事违法行为；而犯罪，则是违反国家所保障之利益之规定，对个人、社会或国家的违法行为。二者主观过错方面存有较大差异。侵权之过错包括故意和过失，而且通常只需认识到自己可归责性即可，并不需要认识到自己行为所可能带来的实际损害。而刑法上的过失不仅仅要认识到自己行为可归责性（违法性），还要意识到自己的行为可能引起的危害结果。但是侵权行为法和刑法有着很大的相似性，最大的相似点是它们侵犯的对象都是某种权利。（《现代法国侵权责任制度研究》张民安法律出版社）媒体和暗访记者，需要注意两者的区别和联系，以把握善后处置的方式和力度。

一个侵权事实的构成，必须具备四个不可或缺的要件：具有违法性、产生了损害事实、有因果关系、应该承担责任。记者暗访如果确属侵权，应该在这几方面都能找到对号入座的内容。而记者有意识地规避、破坏了其中的一个或几个要件，也就使侵权事实不能成立。这其中"三昧"，是采访技巧、报道艺术、守法意识等重要因素的综合，而非媒体或记者所聘代理律师的庭辩口才所能替代。

记者也不要看到暗访很容易造成侵权就望而生畏，以为侵权责任担负起来很难脱身。其实，暗访造成的侵权责任，绝大多数是民事责任，适用民法和民事诉讼法所调整的范畴，而刑事责任极少。即使记者已有侵权事实，还可以不可抗力、受害人的过错和第三人的过错作为抗辩事由。最能派上用场和适用性最大的，还有"违法阻却事由"来抵挡。当然，我们主观上一定要遵法守纪，防止许多违法甚至罪恶假汝而行。

既然暗访，记者和媒体主动置身于矛盾对抗的是非漩涡之中，侵权概率之大有时又难以避免，发生侵权后的善后处置，就是必须正视面对的一项工作。它的重要性，往往不亚于暗访和报道本身。

在一般民事侵权事实发生以后，法律上认可的责任承担方式或者挽救补偿措施分别是：停止侵害、排除妨碍、消除危险、返还财产、恢复原状、赔偿损失、赔礼道歉、消除影响、恢复名誉。

新闻暗访如果造成侵权的实际伤害，法律认可的媒体和记者责任承担方式和挽救补偿措施一般是：停止侵权、赔礼道歉、消除影响、赔偿损失。这也是我们善后处置、化解矛盾争端的基本步骤。

但是，这些善后处置措施具体操作起来，绝不是16个字表面理解的那么简单。比如赔偿损失，经济损失无论直接还是间接都是显性的可计量品种，而被侵权人会提起的精神损害抚慰金，则是一个很难清楚衡量的标定物。如果双方不能达成妥协一致，法官依据法条和侵权后果裁定，就是矛盾冲突的必然选择。尽管到了法庭，媒体和记者仍然有自己的抗辩机会和权利，但公堂之上如何判定就完全由不得我们自己。因此，如何确认侵权与如何善后处置，两者之间往往具有同等重要性。这里面除了时间经验教训，真的还需要对法律依据的学习，对操作方式方法以及谈判艺术的掌握。

再一个，记者因侵权被迫进入善后处置程序，就一定要放弃"权威主流"和我比人"嘴大"的误识。因为法律上原告被告双方的权利、地位及义务是完全平等一致的，并不存在谁比谁优劣高低的问题。有时根据案情的需要，法官还会突破民事诉讼"谁主张谁举证"的民事诉讼一般举证规则，要求新闻媒体履行"举证责任倒置"的法律义务（这在民告官等行政诉讼中常用）。我们就更不能以为舆论在握"替天行道"，新闻纷争或侵权责任，全由自己定论了。只有在侵权善后处置的全过程完全放弃自己的职业优越感，才能放低身段，与被侵权对象平等协商妥善处理一系列后事。才能免于双方矛盾的对抗激化，将一桩本来可以双方面对面处理的纷争闹上公堂，从而造成鱼死网破决一死战的严峻后果。

《中华人民共和国侵权责任法》早在 2010 年 7 月 1 日起就颁布实施了，其第一章第一条就明确：以此保护民事主体的合法权益，明确侵权责任，预防并制裁侵权行为，促进社会和谐稳定。为了减少双方的矛盾对抗和诉讼成本，也为了节约国家有限的司法资源，媒体、记者应该主动争取和受到暗访报道侵权的对象，以非法律方式协商达成和解。这样会减少自己的精力投入、降低公信力损害。这种方式包含两种，一种是在甲乙双方平等协商自觉自愿基础上，达成最后解决问题的 ABC 方案。还有一种是在法官主持下的双方庭外和解，最后达成具有不可后悔不准上诉的解决协议。但另有一种诉讼调解不属此列，它是原被告双方将大致谈妥的解决方案提交法庭，通过法律裁判的形式固化其结果，以便在相关联的其他案件中，得以参照执行。但法律的介入，则标志着不以任何一方的主观意志为转移，必须按照适用法条廓清事实，分明责任、作出判决。它无论如何不像以协商方式解决暗访侵权那样，可以从发起到作出决定，都由甲乙双方自己做主。协商程序可以使当事人在最大程度上，保持对纠纷解决的控制权。并且，协商的形式和程序也比较随意，不具有任何强制性。它可以以交易习惯和当事人自己约定的形式进行，甚至可以在请客吃饭和电话交谈中完成。这种谈判协商过程，完全是当事双方意思自治的真实反映，所以同样具有法律效力。

停止侵权、赔礼道歉、消除影响、赔偿损失——暗访侵权的四步善后处理，一般可以解决大多数矛盾纷争。媒体和记者如果履行了这些责任承担义务，无论对方最后是否提起法律诉讼，我们都会因此而处于有利地位。对于原被告任何一方，讼累都是一个负担。媒体采取那几个步骤，已经为减少伤害和挽回影响作出了最大努力。法官在行使自己的自由裁量权时，会考量认错悔过的态度以及付出的善后努力，而作出驳回诉讼该请求、降低处置烈度、维持原协议结果等有利于我方的判决。

况且，在一些侵权善后处理中，也并非要求这四个步骤缺一不可。只要被侵权方能够消气满意，能够达成对媒体和记者的谅解，三步并作两步等解决方案，也都是可能被接受之举。人争一口气，佛求一炷香。不少人或单位受到侵权伤害，就是要求新闻媒体能够公开低头认错，而并不在乎直接经济赔偿和精神损害抚慰金的多少。只要对方不是恶意扩大矛盾对抗，一般媒体诚心沟通认错，都能在这四步处置上与他们达成最后的合意。

一、停止侵权

在新闻媒体确认自己记者的暗访已经侵权的情况下，无论被侵权对象是否提起诉讼或者是否采取其他什么维权措施，首先应该做的事情就是停止侵权。

媒体停止侵权，是一种明智的"止损"之举。新闻采集或发表作品如果客观上对被采访、被报道对象造成了名誉权方面的侵害，有的甚至间接产生对他人财产或人身加害，这种侵害、加害无论是否具有主观故意动机，也不管加害的理由如何，都必须立即实施停止措施，以免其害的重复、扩大、加深。如果媒体不能自觉停止侵权，受害方可以依法向其提出主张，或寻求法律救济——提请人民法院在诉讼开庭前或开庭后，责令叫停这种侵害。这是侵权责任法授予被侵权人的合法权利，也是公民捍卫自身权益的正当防卫。但一旦司法介入，媒体将承担败诉后的其他法律后果。

依据《中华人民共和国侵权责任法》和《中华人民共和国民法典》，停止侵权是针对那些刚发生的、可能继续、特别是仍在进行中的侵权加害行为、妨害行为或危险状态而言。对于已经侵权一段时间、并无继续延伸加害的既成事实行为，则无多大意义。

停止侵权的法律概念应用范围非常广泛，它适用于民法之外的商法、知识产权法、反不正当竞争法、反垄断法、消费者合同法、特定交易法等。《中华人民共和国民法典》明确规定了停止侵害的民事责任方式。在诉前行为保全中法院也可以裁定责令停止有关行为（《中华人民共和国民事诉讼法》第一百和一百零一条、《中华人民共和国专利法》第六十六条、《中华人民共和国商标法》第六十五条、《中华人民共和国著作权法》第五十条）。

而记者暗访所造成的侵权，绝大多数是名誉权方面的，基本不存在经济纠葛、合同欺诈，及其市场和知识产权占有等问题。因此，其停止侵权的实施节点、途径与方法大不一样。只有把暗访侵权的特征搞清楚，实施停止措施才能有针对性和有效性。

从时间段看，暗访侵权有访中侵权和访后侵权之分。记者为了获取暗访素材，不惜采用隐身潜入和偷拍偷录的欺骗行为。如果这种暗访的触角已经伸进公民家庭等私密场合，刺探到公民夫妻性生活等阴私、调查到与公众利益无关的公民私有财产或打扰私人生活安宁相关内容，其记者的行为方式就必须立即中止，而不能以"我只是搜集素材、并未公开报道"为由使侵权继续。

在侵权问题上，是无论过程就看结果的。记者暗访的每一个阶段和操作环节，只要自我发现或被别人发现侵权，就应该无条件停止侵权行为。而访后侵权，是指记者完成暗访采集素材任务后，写作或制作公开报道。这时可能发生的侵权包括，被报道对象的姓名权、肖像权、荣誉权、名誉权等。由于千千万万受众的知晓传播，这时侵权的后果更大、更严重、处理起来更棘手。当被侵权人或受众中有人提出报道侵害问题的第一时间，媒体就必须在确认事实和性质基础上，立即停止，而不能等收到法院传票后再行处理。

从侵权形式看，暗访侵权有取材手段侵权和表达方式侵权之分。记者暗访中所使用的窃听、定位、密拍密录等设备，有的已经触犯法律所明确禁止的红线。《中华人民共和国刑法》第二百八十四条规定：非法使用窃听、窃照专用器材，造成严重后果的，处二年以下有期徒刑、拘役或者管制。《中华人民共和国国家安全法》第二十一条规定：任何个人和组织都不得非法持有、使用窃听、窃照等专用间谍器材。《中华人民共和国国家安全法》第二十一条《国家安全法实施细则》第二十一条所称"专用间谍器材"，是指进行间谍活动特殊需要的器材：（一）暗藏式窃听、窃照器材；（二）突发式收发报机、一次性密码本、密写工具；（三）用于获取情报的电子监听、接收器材；（四）其他专用间谍器材。专用间谍器材的确认，由国家安全部负责。记者暗访所使用的偷拍偷录设备，现在与间谍器材有很大的相似相近之处，而且往往"再跨一步到罗马"。我们在选择和使用时，务必十分当心！当有人指出或自己意识到暗访设备确实达到"罗马圈"时，必须立即中止使用。而在记者暗访欺骗手段中，伪造证件和法律文书等，更是明显的违法甚至犯罪行为。记者采访权是"权利"而非"权力"，它不具备法律所授予的强制性和法律豁免权。而国家司法部门的执法人员，在秘密侦察技术侦查和调查工作中，则具有使用特殊设备的法律授权。在《中华人民共和国国家安全法》第十条、《中华人民共和国人民警察法》第十六条中，均作出了明确规定。

暗访总归是为公开报道服务的，即使记者在暗访中并未侵权，发表过程也有可能对当事人当事单位造成侵权。同样的新闻素材，站在不同的视角和高度，则可能生产出截然不同的新闻报道来。男性"根浴"、陪睡保姆揽客卖淫现场、南阳喝花酒裸陪特技表演服务、海南澄迈地下淫窝、休闲屋卖淫女强行解裤子……你别以为这是下流展销会，而是有一定影响力的新闻媒体已经面世的具体报道，它都是记者通过暗访手段获得的基本素材。这种报道除了低俗甚至涉黄外，还多少对被暗访对象产生客观上的侵权效果。甚至深圳某电视台在报道扫黄新闻时，将一正常消费的男子面部清楚地显现在一群卖淫嫖娼者中，因此引发新闻侵权官司。

我们常说：新闻不讲究报道的艺术，就会成为旷野的呼唤。马克思形容为"沙漠的布道者"。媒体发表记者暗访报道如果"不讲究"，造成的后果更是新闻纷争或法庭诉讼的危险。因此，这个阶段的停止侵权，具有更重要更显著的"止损"作用。

那么，记者暗访停止侵权的具体操作主要有哪些呢？

更换暗访方向。当暗访有意或无意闯入公民的隐私空间，或者暗访场合可能涉及国家安全重地、涉密领域、妨碍司法的领地等，执行任务的记者应该主动、立即停止自己继续触法。"这一次"退出，不是"下一次"再进入的技术性撤退，而要彻底更换暗访方向，确保侵权不能"重来"或再犯。由于方向路线性调整，可能还要考虑其整个暗访行动的可行性。如果确实找不到新的不侵权"切口"，那就要果断放弃这个报道。在一些新闻价值含金量较高的报道选题报道素材中，暗藏着侵权的定时炸弹。媒体和记者都应该学会识别，更需要具备放弃的勇气。"舍得舍得"，有"舍"才会有"得"。如在刘强东美国"涉奸门"真相尚未公之于天下之时，海内外媒体对抢先报道此事费尽心机。国内几家媒体派记者或特约记者赶到明尼苏达大学附近的明尼阿波利斯警察局采访询问，但在所有司法调查没有结束之前，得到的回答都是暂时无可奉告，而且"没有时间限制"。假设有一个记者为了最早获知真相，夜间私闯该局，偷窃或偷看相关档案文件。这种为了光明目的而采用的违法犯罪行为，难道不应该立即中止吗？如果该记者发觉警局戒备森严，当天找到报案的女士家，夜晚私闯获得她的日记，这种隐私侵权行为难道不该立即叫停吗？彻底解决这种矛盾的唯一办法，就是另辟蹊径更换暗访方向。

改变采集方式。暗访使用的偷拍偷录设备，应该严格限制在法律所允许的界限之内。任何为取得报道证据而违法使用的采集方式，都不被允许。记者这个职业，聚集着一大批职业追求孜孜不倦的年轻人。他们为了新闻理想，有时奋不顾身，但有时也会不择手段。在暗访中，确有"狗仔"为了不跟丢追踪对象而偷偷在人家汽车底部安装磁性定位装置的，然后通过 GPS "咬定"他们的行踪。这种手段就是非法的、超限的。还有记者在暗访对象所住的宾馆隔壁租房入住，然后隔墙安装窃听装置，偷听偷录人家的隐私对话与活动。这种手段同样也是非法的、超限的。这样的记者形同特务、宛如间谍，他已经干了国家安全机关和警务侦查人员才能干的工作。因此，违法手段侵权必须立即停止，改换其他采集方式。

销毁不法证据。记者暗访虽然目的为了揭露黑暗鞭挞丑恶，但其所获证据必须是合法所得。程序手段不合法，证据的合法性必然会受到公众质疑和被报道对象反诉。《最高人民法院关于民事诉讼证据的若干规定》第六十八条：以侵害他人合法权益或者违反法律禁止性规定的方法取得的证据，不能作为认定案件事实的依据。国家司法部门在刑事、民事、行政诉讼的定案定性时，不采信任何不法证据，非法收集即无效。同理，记者暗访获得的证据如果系非法所得，除了报道中不得使用，还要意识到这种证据本身的存在也是一种侵权行为。比如，记者偷拍了涉嫌犯罪集团首领与其情妇之间的床帏之事。这种属于侵犯公民阴私的证据，就属于不法证据。不但不能在媒体上传播，连私下拥有与观看也是一种侵权。因此，需要及时销毁才能停止侵权。但为了防止事后被侵权对象得知会通过法律追究，记者最好通过媒体单位的形式，约请公证部门对销毁不法证据进行有效公证，以防后患。

叫停连续报道。已经发现暗访报道侵权，媒体应该立即停止计划中的连续报道、后续报道、跟踪报道、系列报道等，不能让侵权后果继续延伸。有人认为前面报道侵权了，后面注意不侵权就可以了，这是一种自我安慰自我放松的托辞。任何侵权报道相关的后续报道，都可以被认为是前面侵权负面影响的扩大与继续。在新闻官司的法庭上，一般法官是支持这种观点主张的。因此，聪明的媒体和记者，应该主动放弃继续"做大蛋糕"，避免自己最后犯错的豁口越撕越大，陷入被动"挨打"的境地。

堵塞传播渠道。在媒体融合已经非常普遍的新时代，各种传播手段在一家新闻单位已经基本拥有。报纸、广播、电视、杂志、通讯社，几乎都创办了自己的互联网官网、官方微信公众号、官方微博。条件好实力强的媒体，还创办了自己的 APP 客户端等传播平台。多媒体形式为暗访报道的社会影响力扩大、报道时效性增强、受众反馈互动开展，开拓了新局面。但有利必有弊，媒体融合表达也同时助推了侵权报道负面作用的放大。当媒体和记者发现自己的暗访报道已经侵权，就一定要抢在第一时间将相关报道在多媒体传播渠道中撤下。而且，在制度建设上，也该加设一道"防火墙"，遇有侵权每道工序与发表平台都可以独立自主作出撤稿决定，使其传播无法继续与扩大。 2016 年 8 月 20 日，新华社记者汤计发表声明，要求《中国新闻周刊》及记者停止侵权行为。因为该社记者在《呼格专案组组长落马》 一文中，将一些道听途说、未经核实的事实写入报道，造成该文严重失实，违背了新闻真实性原则，丧失了新闻人的职业操守，给社会造成了不良影响。汤计要求该记者和所供职的媒体，"立即采取措施消除影响、停止侵权行为……"（今日头条 2016 年 8 月 21 日）

二、赔礼道歉

　　记者暗访既然已经侵权，赔礼道歉难道还不是天经地义、义不容辞的事情么？赔礼道歉这么简单的事情难道还需要指导教授吗？其实不然，在不少媒体侵权事件发生以后，当事记者及其领导不能正确处置，使矛盾升级对抗激化的原因，往往正是在赔礼道歉这个环节发生的。

　　赔礼道歉，是侵权加害方的一种承认过错、表达歉意的方式，对于被侵权受害方具有精神抚慰、挽回尊严的作用，其目的是明确是非、取得谅解、化解矛盾、解决纷争，修复受害人的精神创伤。它包括当面口头和书面及其媒体公开等表达形式。

　　在法律上，赔礼道歉是民事责任情节轻微者，对自己所造成的不法侵害认错道歉、以保护对方人格尊严的一种责任形式。与日常生活中的赔礼道歉不同，民法中的赔礼道歉具有一定的强制性。也就是说，它属于侵权加害方必须无条件履行的一种责任方式。如果不履行或者履行不当，被侵权加害方可以通过法律诉讼的方式，责令对方按法院判决强制执行。《中华人民共和国民法典》已经将赔礼道歉规定为承担民事责任的方式之一，而且规定了其启用范围。

记者暗访哪些侵权后果必须赔礼道歉呢？有以下三种——

一是造成被暗访、被报道对象的人格权受到侵害。

《最高人民法院关于确定民事侵权精神损害赔偿责任若干问题的解释》第1、2条明确规定，生命权、健康权、身体权、姓名权、肖像权、名誉权、荣誉权、人格尊严权、人身自由权、隐私权、监护权（都属于人格权的范畴）受到侵害的，受害人可以请求精神损害赔偿（抚慰金）。据此，这些权利的保护范围包括精神利益。该司法解释第八条也明确规定，侵害该司法解释所列各项权利的，受害人可以请求赔礼道歉。除了具体人格权，我国法院也保护一般人格利益，并适用抚慰金和赔礼道歉。侵害死者生前人格利益的，既构成对死者的侵权行为，也构成对死者近亲属人格权的侵害，同样必须赔礼道歉。

《达芬奇案中案》是新世纪周刊独家推出的重磅系列报道，其中揭露了央视调查记者李文学暗访过程和报道存在硬伤、暗访报道发表之后与被批评对象之间涉嫌交易甚至敲诈的详细过程。另外，李文学在暗访中以"20套别墅配家具"为诱饵，偷拍套取关键证人"彭总"在车间生产线配合演绎说假话的视频，播出后导致其精神崩溃长达数月、还一度企图自杀……这些显然对达芬奇公司及其他被暗访对象都已造成客观侵权的后果。但在央视纪委收到举报信之后，李文学不但没有赔礼道歉，反而通过中国网络电视台发表严正声明，声称要追究达芬奇公司的法律责任，结果造成事态的进一步扩大。达芬奇家居向国家新闻出版总署、国家广电总局、北京市人民检察院等实名举报或报案。一次本可以在暗访者和被暗访者之间通融和解的新闻纷争，终于酿成了一桩全国人民关注的新闻事件，给中央电视台记者整体带来较大的负面社会影响。

记者暗访造成人格权侵害中，概率最大的是侵害公民的隐私权。为了获得暗访证据，记者使用窃听、监视等非法手段，进入公民私人信息空间，如住宅、信件、私密场所、与性有关的生活与器官等。在媒体平台上，这种侵权表现为未经本人同意，公开与公共利益无关的姓名、肖像、私生活、身世经历、私密场合的视频与音频等。不管整个暗访报道的社会正义如何，只要其中含有这种隐私权侵害，记者特别是所在媒体，就应该公开赔礼道歉，以求受害公民的心理修复与原谅。在记者暗访强奸、猥亵、侮辱、鸡奸、卖淫等内容报道中，稍有疏忽就可能造成这种侵权事实的成立。在对那些名人明星的暗访中，也容易对新闻故事情节中的非公众人物造成侵害。一旦发生这样的情况，也必须及时诚恳地赔礼道歉。在2013年李双江之子涉嫌强奸案的报道中，有些媒体使用了暗访手段介入，结果公开报道点名道姓甚至还有强奸细节，完全不顾未成年人保护法禁忌，也不顾受害人在身体受到伤害后的心灵创伤。甚至在造成侵害后，至今没有任何媒体能自觉承担侵权责任赔礼道歉，社会谴责之声不少。

二是造成被暗访、被报道对象的身份权受到侵害。

身份权是指公民和法人依一定行为或基于相互之间关系所发生的一种人身权利。如亲权、荣誉权、婚姻自由权等。有些身份权是由当事人特定的行为所引起的，如某人因贡献突出获某项奖励，取得一项荣誉权。有些身份权发生在亲属之间。（《法学大辞典》顾明　中国政法大学出版社1991年12月版）在有的暗访报道中，记者为了交代新闻背景、廓清人物关系，将一些作恶多端的案件主角家人、亲属、朋友不当曝光。也有的暗访，记者对烈士、劳模或曾经获得过不凡荣誉的将领后代的负面新闻，进行不必要的前后挂连。还有的暗访，记者对公民家人亲情关系表达出错……所有这些都会造成对公民荣誉权的不法伤害，一旦出现也必须向受伤害人赔礼道歉。2016年潍坊"纱布门"事件沸沸扬扬闹了近10天，央视新闻也介入报道。但后来通过医学专家观点证实，央视的批评曝光是完全错误的。于是，该主持人迅速在其微博@沙尘sand中道歉，承认"不严谨""对医学专业知识的欠缺""有些设问并不科学""应该吸取教训""对因此给各位带来的困扰深感歉意！"北京协和医院的医生"老万"立即在其后跟帖，认为主持人道歉很诚恳，相信他会引以为戒……

三是造成被暗访、被报道对象的商业秘密受到侵害。

商业秘密是指不为公众所知悉，能为权利人带来经济利益，具有实用性并经权利人采取保密措施的技术信息和经营信息。虽然记者并无通过商业秘密侵占、获取经济利益的主观动机，但使用不正当手段，获取、披露权利人的商业秘密，给权利人造成直接或间接的经济损失，有的还会极大地破坏整个市场竞争环境和竞争秩序。这样，理所应当承担侵权责任，向被侵权对象赔礼道歉争取得到谅解，将损害尽可能最小化处理。根据法律法规，记者有义务为报道对象保守商业秘密。在暗访期间直接接触到，或通过权利人有业务关系的单位、个人，在权利人单位就职的职工掌握商业秘密，在发表报道时一定要严格把关严防披露。媒体作为客观公正报道新闻的非商业竞争对手，但获取或者披露他人的商业秘密，都可视为侵犯商业秘密。在暗访报道实践中，如果由权利人以外者提供商业秘密，记者间接获取并披露，仍然构成"第三人共同侵权"的法律责任。侵害商业秘密，不以是否具有商业目的为限制。

比如，2017年12月，商业媒体百度以侵犯商业秘密为由，将其百度前自动驾驶事业部总经理王劲及王劲所经营的美国景驰公司诉至北京知识产权法院。如果有一家媒体记者想获得这个报道线索的独家新闻，通过暗访手段接触王劲或美国景驰公司，最后获得了百度及其关联公司在自动驾驶领域的商业秘密、与百度业务合作伙伴及客户有大量直接和间接接触的名单，这从暗访起，就已经涉嫌侵犯其商业秘密了。如果在发表的报道中，再有意无意暴露其中的商业秘密内容，那就更是严重的侵权行为，并已造成严重后果。赔礼道歉，只是请求被侵权方饶恕、减轻法律惩处的一个必要程序。

必须强调，赔礼道歉的适用对象，是记者和媒体轻量级侵权，如果造成的后果严重，仅仅于此是肯定不够对侵权人的惩罚和教化的。

赔礼道歉的使用形式，可以是加害人以口头或书面的方式向受害人承认过错，表示歉意。但记者与媒体侵权，大多数都是要在自己或更高一级媒体上公开认错道歉。这种形式和内容的取决，应当获得被侵权人同意谅解。如果已经走法律程序，必须经庭审法官的强制性审核批准，否则无效。赔礼道歉作为一种责任形式，依靠国家的强制力保障实施，故都会在判决书中写明。也有消极对抗或不执行法院裁定的赔礼道歉案例，最后会被强制执行。在司法实践中，执行法官对拒不履行赔礼道歉义务的强制执行方式主要有三种：一是法院以侵权人名义拟定道歉内容予以公布；二是法院将生效法律文书全文予以公布；三是法院将生效法律文书主要内容予以公布。《最高人民法院关于审理名誉权案件若干问题的解答》中规定："侵权人拒不执行生效判决，不为对方恢复名誉、消除影响的，人民法院可以采取公告、登报等方式，将判决的主要内容和有关情况公之于众，费用由被执行人负担，并可依照民事诉讼法第一百零二条第六项的规定处理。"司法实践中，一些执行法官依据该条款将判决的主要内容予以公布，然后要求被告承担相应费用，费用执行完毕就视为赔礼道歉执行完毕。（《赔礼道歉如何执行》徐小飞2016年4月27日人民法院报）另外，如果被告拒不道歉，原告可以申请发表谴责声明或特定金额的精神损害抚慰金。结果，新闻媒体的公信力损失更大。

在实际操作中，有的媒体和记者并非出自对自己侵权行为的内心忏悔、也不是对致害方因致害行为造成的后果产生内疚感，而把赔礼道歉作为一种谈判筹码。提出：撤诉就道歉、赔钱不道歉、道歉不能公开等无理要求。这是许多新闻纷争升级导致官司打到法院，最后媒体满盘皆输的一个原因，也是有的记者一而再、再而三发生侵权事故的一个隐患。赔礼道歉的目的是争取得到受害方的心理满足和情感谅解，侵权记者如果内心毫无负罪感，即使勉强过了这一关，形式上的道歉而非真诚的悔改，就不能避免侵权行为的再次发生。

媒体和记者作为加害方与被侵权对象，如果属于强势主体，赔礼道歉就是一个不讲条件的必须程序。如果是平等民事主体，赔礼道歉一般适用意思自治原则。只要致害人同意，当事人对面认错、鞠躬、下跪、送花、摆酒请客等，任何表达形式任何内容，都以双方商量一致同意为原则。至于是否增加经济赔偿条件，也以双方合意为准。合意不成一旦走上法律诉讼渠道，则由不得两方各自主张，必须按司法救济裁决结果行事。

我国历史上的"负荆请罪"和台湾柏杨先生笔下的"死不认错"，是一对截然对照的道歉与拒不道歉的典型案例。从本质上来说，赔礼道歉应当是一种自发式、自愿式、自向性的行为，并不关注相对人的反应。（《"赔礼道歉"的异化与回归》姚辉 段睿 中国人民大学学报 2012 年第 2 期）新闻媒体和记者在暗访过程及其报道发表中，造成侵权后果，主动自觉赔礼道歉，既是法律的严苛责任追溯，更是新闻职业道德的基本要求。

三、消除影响

依据《中华人民共和国民法典》规定，民事侵权方必须将"消除影响、恢复名誉"并列作为一种承担民事责任的方式。它是指违法行为人侵害公民、法人的人身权利，损害其名誉、荣誉时，受害人有权要求加害人在影响所及范围内，以公开形式承认侵害过错、澄清事实、消除所造成的不良影响，以恢复未受损害时社会对其品行、才能或信用的良好评价的责任措施。（《法学大辞典》，邹瑜中国政法大学出版社 1991 年 12 月版）哥伦比亚电视新闻 2004 年曾错误报道前总统小布什的兵役记录，在选前引起轩然大波，侵权伤害显而易见。今日美国报（USA Today）编辑专栏作家芮德（Rem Rieder）指出，媒体报道发生错误，千万别强词夺理，这样做只会让情况更糟，无论多困难，都该面对真相勇于认错。

在记者暗访侵权行为发生以后，消除影响是作为赔偿义务在侵权行为影响的范围内，为受害人消除不良后果的一种补救措施。通常，消除影响与恢复名誉是并列一道使用的。但是，有时两者分开适用也符合法律规定，且相比恢复名誉，消除影响的适用范围也更加广泛。《中华人民共和国民法典》明确规定，其侵权的责任承担方式，可以单独适用，也可以合并适用。

在民事侵权的各种情形中，只有名誉权等涉及人格尊严、自由的特定类型的重要精神性人格权益受到损害时，才会被法院课以恢复名誉的法律责任。这一点，《最高人民法院关于审理名誉权案件若干问题的解答》及《最高人民法院关于审理名誉权案件若干问题的解释》的相关规定最为明确具体。记者暗访不当及事后报道不当所造成的侵权，其侵权种类一般正是名誉权侵害。因此，消除影响属于适合其善后处置的合法方式。

消除影响的要求方式一般有三种：被侵权方提出，行政管理机关要求，司法部门判令。新闻媒体和暗访记者在发现自己的侵权行为后，主动采取消除影响的方式步骤，则可以消解被侵权方的部分怒气或怨恨，客观效果上也可以减少侵权的损害程度。如果进入法庭审判程序时，法官可能依法行使自由裁量权，适量减轻或者依法豁免侵权者的侵权责任。

2015 年 4 月 20 日，"中国第一狗仔记者"卓伟因在新浪微博上发表《赌坛先锋我无罪，影坛后妈君有情》而被著名歌手汪峰告上法庭。汪峰要求其停止侵权、删除涉诉微博，赔礼道歉、消除影响、恢复名誉，同时索赔精神及经济损失 200 万元。但一审法院驳回全部诉讼请求、二审法院驳回原告上诉维持原判。

2016 年 2 月 14 日，《财经》杂志微信公众号发布虚假报道《春节纪事：一个病情加重的东北村庄》，记述了"村妇密谋组团'约炮'"等事件。随后光明网、中国青年网、中国网、中国台湾网，江苏扬子晚报网、山东齐鲁晚报网等新闻网站和辽宁《大连日报》微博、广西《南国今报》微博、湖南《文萃报》等媒体，未经核实进行转载，进一步扩大传播虚假新闻，造成恶劣的社会影响。国家新闻出版广电总局依法吊销涉事记者的新闻记者证，并要求发布该虚假新闻的《财经》杂志等媒体消除影响、吸取教训……

2009 年 12 月 25 日，上海市静安区人民法院判令被告宋祖德、刘信达立即停止对谢晋名誉的侵害，并于本判决生效之日起十日内连续十天在新浪、搜狐、腾讯、网易网站首页，在《华西都市报》《新京报》《成都商报》《生活报》《天府早报》《扬子晚报》醒目位置刊登向原告徐大雯公开赔礼道歉的声明（致歉声明内容须经法院审核同意），消除影响，为谢晋恢复名誉；赔偿原告徐大雯经济损失人民币 89951.62 元及精神损害抚慰金人民币 20 万元。

2002 年 6 月 16 日，《东方体育日报》刊登了"中哥之战传闻范志毅涉嫌赌球"的报道。后发现此报道证据不足、可能侵权。于是该报立即通过后续报道《范九林：我儿子没赌球》《范志毅郑重声明》《真相大白：范志毅没有涉嫌赌球》，为范志毅消除负面影响。6 月 20 日最早发表侵权报道的《体坛周报》，还正式向范志毅道歉。但此后范志毅不依不饶，向法院提起诉讼。法院审理最后判决认定：被告的系列报道是有机的、连续的，客观反映了事件的全部情况，是一组完整的连续报道。就本案而言，不应该将该组报道割裂，因此驳回原告诉讼请求。事实证明，新闻媒体对自己侵权的主动消除影响行为，可以获得法院对其责任裁量的减轻和豁免。

消除影响，说穿了是记者和媒体为自己前面已经造成的新闻侵权之过，做一些"消毒"之类的善后工作。怎么做呢？就是重新发表更正性质的新闻报道，将真相明明白白写清楚，以正视听。按照相关规定，一般是在什么场合、什么范围、什么对象前侵权，就在同样的场合范围和对象前纠正。我们现在常见的一种现象是，侵权报道搞得块头很大、版面或收视段黄金，到了纠错报道面世的时候，就跑到旮旮旯旯的地盘或时段去了，而且轻描淡写显不出对此前的报道过错彻底推翻拨乱反正的样子。因此，很多被媒体侵权的当事人当事单位很不满意。未经法院审判的侵权事件，由于被侵权方对这一类文字和视频内容，一般并无事先审核通过的强制责任规定要求，因此，有纷争的对象多半也只能忍受。但经过司法介入的侵权案件，都需要在发表消除影响内容前，呈交法官审核同意批准。

2009 年 12 月 4 日，2009 年中国科学院院士增选（两年一次）结果揭晓。35 名科学家当选中国科学院院士，6 名外国科学家当选外籍院士，叶志镇教授作为 146 位初步候选人之一落选。新京报刊发《三涉嫌舞弊候选人未能入选；新增院士最年轻 42 岁》一文，称"浙江大学叶志镇教授涉嫌舞弊，致落选中科院院士"。此报道完全系空穴来风，根本未向中科院、浙江大学和叶志镇教授本人核实。北京晚报刊发《中科院院士新增 35 人京籍女科学家入选院士》，该文称："学术不端行为一直为社会舆论所诟病，记者获悉，在今年中科院院士增选中也陆续曝出一些候选人造假消息，当事人有浙江大学的叶志镇教授……等，这些人未出现在最后增选名单中"。后来，为维护自身的合法权益，叶志镇代理律师与媒体交涉，并保留通过法院追究相关媒体名誉侵权的权利。作为新闻源的新京报、北京晚报和转载方的羊城晚报、报刊文摘，为消除影响分别发表致歉声明。但其中有的媒体所发内容之短、刊

更正与说明

本报 12 月 5 日 A13 版刊发的《中国中科院新增 35 院士》（记者：鲍颖）一文，称"至少有三起院士候选人涉嫌舞弊事件被曝光，包括浙江大学的叶志镇教授……"关于"叶志镇教授涉嫌舞弊"的消息，本报未向中科院、浙江大学和叶志镇本人核实、查证，对叶志镇造成负面影响，现撤销该报道中有关"叶志镇教授涉嫌舞弊"的说法并致歉。

致歉声明

本报 12 月 5 日 2 版刊发的《京籍女科学家入选院士》一文中称："在今年中科院院士增选中也陆续曝出一些候选人造假消息，当事人有浙江大学的叶志镇教授……"，其中关于浙江大学叶志镇教授的造假的报道，本报未向中科院、浙江大学和叶志镇本人核实查证，对叶志镇教授本人造成负面影响，现撤销该报道中有关叶志镇教授的说法并致歉。

载版面之偏，为业界良心所诟病。这种做法，其实很难消除媒体侵权所造成的社会后果及对受害人的心理抚慰。它违反了媒体犯错纠正应该相同版位、相同节目时间、相同社会影响力的基本规则。其实质，还是滥用报道权、舆论监督权的一种反应。对照《深圳晚报》在暗访姚贝娜事件中的认错消除影响的内容、版面、篇幅安排，受众是可以一眼看出其侵权方诚意度究竟几何的。

2002 年 8 月，烟台日报、烟台晚报因报道内容失实造成侵权，两报随后分别刊登了简短的声明，称由于采访仓促，文中说法有误，客观上对企业造成影响，表示歉意。但被侵权的元丰公司不依不饶，一纸诉状递交法院。后在烟台市委宣传部部长、市委副秘书长及莱山区委书记等人参加的协调会上，市委有关负责人郑重表态，为消除报道对企业的不利影响，将责令两报在原来位置、同样篇幅刊登正面报道。元丰公司董事长孔帆海对此表示满意。

媒体主动认错消除影响的正面典型案例，莫过于《纽约时报》对黑人记者杰森·布莱尔造假所作出的积极反应。当时美军女兵杰西卡在伊拉克被

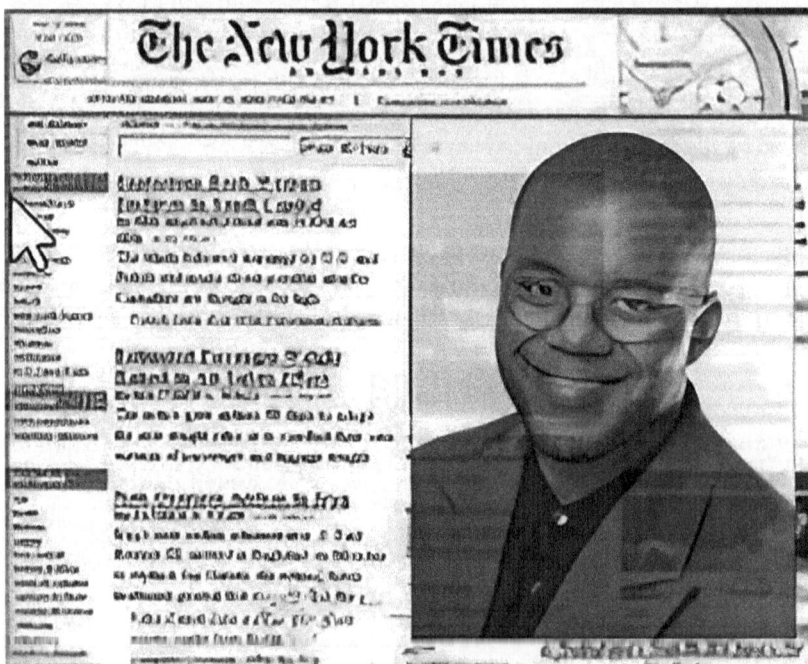

俘关押在一家医院，"海豹突击队"突袭救出了受伤的她。布莱尔随后连续发表5篇专访报道，但被该报审稿编辑查出完全是杜撰。在被侵权人自己以及所有受众并未知晓察觉的情况下，《纽约时报》迅速采取自我纠正、消除影响的大动作：2003年5月11日头版头条发表了7500多字自揭家丑的长篇报道《辞职的时报记者留下一长串欺骗行为》。其后，布莱尔通过美联社为自己新闻职业道德的堕落公开道歉。再其后，该报主编莱恩斯和高级编辑伯伊德提出辞职，此二人曾经为该报赢得过7项普利策新闻奖。

另有一桩消除影响的典型案例，是世界传媒大亨默多克在强大社会舆论压力下，干脆将侵权英国13岁女孩米莉的《世界新闻报》，关门打烊。这家具有100多年历史的老报，用这种方式以谢天下，充满了悲壮的色彩。

暗访侵权消除影响中有一种特例应当注意，就是媒体记者侵犯的是公民隐私权，通常不能适用消除影响、恢复名誉的责任承担形式。隐私权作为一种公民个人拥有的人格私权，决定其是否向他人公开以及公开的人群范围和程度等，必须完全尊重公民个人意志。消除影响、恢复名誉一般是公开进行的，在媒体和记者已经侵权的情况下，再次揭开这个伤疤，有可能进一步披露受害人的隐私，造成二次损害，使侵权后果进一步扩大。因此，是否通过媒体消除影响，务必要事先征求被侵权当事人的同意。如果对方反对，可以与之讨论使用其他方式替代。

2007年10月，南京和重庆报纸分别刊登坊间秘闻《传郭台铭捧内地"干女儿"赠送私人飞机》。被侵权的台湾首富立即指派其富士康法务部门，跟相关记者及媒体进行交涉。当侵权方意识到问题的严重性后，提出通过采访郭台铭本人进行事实廓清，被对方拒绝。后来又提出公开认错消除影响的报道方案，也被喝止。因为在这桩绯闻事件中，郭台铭是以自己的隐私生活被编造曝光而被公众所围观的，所以，他不愿意也不容忍新闻媒体在所谓的"消除影响"报道中，受到二次伤害。这种诉求无论如何是必须得到尊重的，我们不能在侵权的错误道路上越滑越远。

媒体侵权如果拒不为对方恢复名誉、消除影响，人民法院有权按照生效判决，采取公告、登报等方式，将判决的主要内容及有关情况公之于众，费用由被执行人负担，并可依照民事诉讼法第一百一十一条第六项的规定处理，即拒不履行人民法院已经发生法律效力的判决、裁定的，可以根据情节轻重予以罚款、拘留；构成犯罪的，依法追究刑事责任。

记者在暗访中和暗访后的报道中确认侵权后，如果以自己主流权威自居，拒绝积极主动认错消除负面影响，必然会进一步扩大和增加对被采访人和被报道人的伤害。而在采访和报道影响的范围内积极主动认错消除影响，不仅无伤媒体尊严，反而因其自觉履行大众传播工具社会责任而挽回自己的公信力。这既是新闻职业道德的自我修复程序，也是改变媒体生态环境的一种积极举措。因此，理应成为一种自律和常态。

四、赔偿损失

记者暗访及其发表作品造成侵权后果，按照法律规定，需要赔偿损失。这种损失通常包含两种：直接和间接经济损失，精神损害抚慰金。

美国广播公司（ABC）曾经因一起记者卧底暗访事件而遭北卡罗来纳州食品连锁巨头食狮公司（FoodLion）起诉，讼由是被告暗访非法入侵、涉嫌欺诈、违反忠实义务、不公平贸易手段等严重侵权行为，要求支付巨额赔偿。北卡法院判决被告媒体败诉，陪审团要求 ABC 支付补偿性损失赔偿费1402 万美元和惩罚性损失赔偿费 550 万美元。《纽约时报》对这一判决进行了报道，标题是《食狮公司获赔 550 万美元的判决引起讨论》，其暗含的观点立场不言自明。陪审团成员在接受采访时说：在持续 6 天的讨论中，陪审团曾两度陷入僵局，最后取得共识是：支持调查性采访，但对 ABC 的具体方式并不赞同。基于这一矛盾，他们认为对 ABC 的罚款可以从 1 美元到 1 亿——具体数字并不重要，惩罚行为本身也不是目的，而只是希望媒体引以为戒。 7个月后，法院将惩罚性损失赔偿费减至 31.6 万美元。但故事至此并没有结束。 ABC 对地方法院的判决不服，提请上诉。 1999 年 10 月 20 日，美国第四巡回上诉法院（里士满）重新审定地方法院的判决后，仅支持了其中两项诉由，"对雇主有不义之举"及"非法侵入"，驳回了地方法院关于"欺诈""不公平贸易手段"的内容。虽然 ABC 最终败诉，但惩罚性赔偿降为 2 美元。

这个典型案例告诉我们，在暗访侵权纠纷特别是诉讼中，赔偿损失的金额多少，并非法院甚至受害方的最高诉求。而是要通过赔偿罚金让媒体及其记者在暗访中、报道里的不法侵权付出一定的代价。使之肉疼警戒后，下次不敢再犯。

在我国，媒体和记者因侵权纷争或新闻官司而被原告威胁提出的赔偿损失，经常是天价数字。动辄千万，构成了对社会舆论传播工具的较大震慑。不少新闻记者的明察暗访，是在明知反扑后果，毅然正义前行的状态下冒险完成的。

2006 年 8 月，台湾首富郭台铭指示自己在中国大陆的公司富士康，在深圳中院讼告第一财经日报两名记者，提出 3000 万元索赔并诉前财产保全。随即，法院查封了两人的房产、汽车和存款。此前，郭台铭在台湾的鸿海公司，也是以 3000 万元标的索赔起诉台湾工商时报记者邝文琪，同时申请诉前冻结被告名下资产与薪资。

创下对媒体索赔额天价的是烟台元丰实业有限公司，该司以向山东省高级人民法院递交诉状相威胁，怒怼烟台日报、烟台晚报因报道内容失实而侵权。虽然此事后经上级领导出面斡旋得以和解，但给媒体造成的心理阴影亘久难散。

这些年来，自媒体、新媒体侵权频繁涌现，随之而来的经济索赔也加码愈高，1000 万元标的已不稀奇。比如万达起诉微信公众号"顶尖企业家思维"冒用王健林名义发布题为"王健林：淘宝不死，中国不富，活了电商，死了实体，日本孙正义坐收渔翁之利"的文章。京东起诉欧界传媒长期发表负面评价以及《不要轻易和京东人见面！》等文章。淘宝起诉自媒体冯东阳，优信起诉张弘均等，都是 1000 万元起步。百度起诉粉笔网 CEO 张小龙、自媒体"酷玩实验室"，向张小龙索赔 1000 万元，向"酷玩实验室"索赔 500

万元。美团点评起诉自媒体"互联网分析师于斌"，索赔1000万元。优信二手车起诉"互联网热点分析"，索赔1000万元。京东起诉欧界（北京）科技有限公司旗下多个微信公众号，并索赔人民币1000万元。虽然法院可能并不会支持赔偿这种巨额天价，但媒体方一旦败诉，赔偿几十万元是要的——高标的诉讼费，大约需要二三十万元，律师费也相应涨到二三十万元，侵权案结案可能一下子要赔个百十万元，是个令人肉痛的损失，寒蝉效应明显。

惩罚性巨额赔偿等制度，是2016年5月国务院总理李克强主持召开国务院常务会议上提出来的。但这只针对消费品工业严打假冒伪劣，防止劣币驱逐良币的领域。而针对新闻媒体的侵权诉讼或新闻纷争解决，迄今为止从未有过此类制度。我们实施的是以侵权事实为依据，以适用法律为准绳，来实事求是判断后果和应该处罚的经济力度。

经济损失的赔偿非常客观。按照民事诉讼官司"谁主张谁举证"的原则，原告必须拿出可求证的直接经济损失，而且这些还必须和媒体的侵权采访与报道相关联，内里存在必然的因果关系。除了媒体方会反复质证与查核，法院法官更会严格把关公平断案。其实，赔偿损失的最难区域是精神损害抚慰金。

精神损害抚慰金是指受害人或者死者近亲属因受害人的生命权、健康权、名誉权、人格自由权等人格权利益遭受不法侵害而导致其遭受肉体和精神上的痛苦、精神反常折磨或生理、心理上的损害（消极感受），而依法要求侵害人赔偿的精神抚慰费用。（百度百科：精神损害抚慰金）由于精神的损害程度或烈度难以精确计量，所以，在执行赔偿标准上往往因人、因地、因时、因案而有所不同，甚至差异较大。

难道记者暗访侵权后的精神损害抚慰金赔偿，就没有既定的法定标准了吗？有的。

《最高人民法院关于确定民事侵权精神损害赔偿责任若干问题的解释》及适用解释，是最重要最具体的估值依据——

第一条、自然人因下列人格权利遭受非法侵害，向人民法院起诉请求赔偿精神损害的，人民法院应当依法予以受理：（一）生命权、健康权、身体权；（二）姓名权、肖像权、名誉权、荣誉权；（三）人格尊严权、人身自由权。违反社会公共利益、社会公德侵害他人隐私或者其他人格利益，受害人以侵权为由向人民法院起诉请求赔偿精神损害的，人民法院应当依法予以受理。

此条告诉我们，只有"自然人"人格权利受侵害，才可以主张精神损害赔偿。它排除了法人等组织主张精神损害赔偿获得法律支持的可能性。而且，它限制赔偿的侵权范围是：生命权、健康权、身体权、姓名权、肖像权、名誉权、荣誉权、人格尊严权、人身自由权、违反社会公共利益和社会公德的隐私权、其他人格利益。需要强调的是前面九种权利受到侵害就可以主张精神损害赔偿，后面两种权利受侵害要求精神损害赔偿的前提是违反了社会公共利益、社会公德。这说明解释对后两种权利保护相对薄弱、是有条件的保护。

第五条、法人或者其他组织以人格权利遭受侵害为由，向人民法院起诉请求赔偿精神损害的，人民法院不予受理。

这也就是说，非自然人之外的一切组织和机构，不存在精神受损害的侵权问题。

第六条、当事人在侵权诉讼中没有提出赔偿精神损害的诉讼请求，诉讼终结后又基于同一侵权事实另行起诉请求赔偿精神损害的，人民法院不予受理。

第七条、侵权诉讼首次没有精神损害抚慰金赔偿要求的，事后不许补充或再行提起讼告。

第八条、因侵权致人精神损害，但未造成严重后果，受害人请求赔偿精神损害的，一般不予支持，人民法院可以根据情形判令侵权人停止侵害、恢复名誉、消除影响、赔礼道歉。因侵权致人精神损害，造成严重后果的，人民法院除判令侵权人承担停止侵害、恢复名誉、消除影响、赔礼道歉等民事责任外，可以根据受害人一方的请求判令其赔偿相应的精神损害抚慰金。

本条二层含义：一是侵权造成严重后果的才可以主张精神损害抚慰金。二是侵权致人精神损害承担责任的方式——停止侵害、恢复名誉、消除影响、赔礼道歉、精神损害抚慰金。本条引发两个注意点：一、何为严重后果？法律没有明确规定，事实上法律无法规定，精神损害是个主观的东西，无法标准化。二、侵权人承担责任的方式可以是多种并存的。

第九条、精神损害抚慰金包括以下方式：（一）致人残疾的，为残疾赔偿金；（二）致人死亡的，为死亡赔偿金；（三）其他损害情形的，为精神抚慰金。

第十条、精神损害的赔偿数额根据以下因素确定：（一）侵权人的过错程度，法律另有规定的除外；（二）侵害的手段、场合、行为方式等具体情节；（三）侵权行为所造成的后果；（四）侵权人的获利情况；（五）侵权人承担责任的经济能力；（六）受诉法院所在地平均生活水平。

法律、行政法规对残疾赔偿金、死亡赔偿金等有明确规定的，适用法律、行政法规的规定。本条第一款确定精神抚慰金数额时需考虑的因素，主要包括主客观两个方面。第二款强调对于法律有特别规定的情况下，适用特别法确定残疾赔偿金、死亡赔偿金。

第十一条、受害人对损害事实和损害后果的发生有过错的，可以根据其过错程度减轻或者免除侵权人的精神损害赔偿责任。

本条确立了过错相抵原则，受害人有过错的话可以减免侵权人的赔偿责任。

依据法律和司法解释，精神损害抚慰金原则上不超过人身自由赔偿金、生命健康赔偿金总额的35％，最低不少于1000元。

精神损害赔偿计算标准，也是有基本口径可对标参照的——

（1）赔偿费用如何计算：受害人遭受人身损害，因就医治疗支出的各项费用以及因误工减少的收入，包括医疗费、误工费、护理费、交通费、住宿费、住院伙食补助费、必要的营养费，赔偿义务人应当予以赔偿。

受害人因伤致残的，其因增加生活上需要所支出的必要费用以及因丧失劳动能力导致的收入损失，包括残疾赔偿金、残疾辅助器具费、被扶养人生活费，以及因康复护理、继续治疗实际发生的必要的康复费、护理费、后续治疗费，赔偿义务人也应当予以赔偿。受害人死亡的，赔偿义务人除应当根据抢救治疗情况赔偿本条第一款规定的相关费用外，还应当赔偿丧葬费、被抚养人生活费、死亡补偿费以及受害人亲属办理丧葬事宜支出的交通费、住宿费和误工损失等其他合理费用。

（2）医疗费用如何计算：医疗费根据医疗机构出具的医药费、住院费等收款凭证，结合病历和诊断证明等相关证据确定。赔偿义务人对治疗的必要性和合理性有异议的，应当承担相应的举证责任。医疗费的赔偿数额，按照一审法庭辩论终结前实际发生的数额确定。器官功能恢复训练所必要的康复费、适当的整容费以及其他后续治疗费，赔偿权利人可以待实际发生后另行起诉。但根据医疗证明或者鉴定结论确定必然发生的费用，可以与已经发生的医疗费一并予以赔偿。

（3）误工费如何计算：误工费根据受害人的误工时间和收入状况确定。误工时间根据受害人接受治疗的医疗机构出具的证明确定。受害人因伤致残持续误工的，误工时间可以计算至定残日前一天。受害人有固定收入的，误工费按照实际减少的收入计算。受害人无固定收入的，按照其最近三年的平均收入计算；受害人不能举证证明其最近三年的平均收入状况的，可以参照受诉法院所在地相同或者相近行业上一年度职工的平均工资计算。

（4）护理费如何计算：护理费根据护理人员的收入状况和护理人数、护理期限确定。护理人员有收入的，参照误工费的规定计算；护理人员没有收入或者雇用护工的，参照当地护工从事同等级别护理的劳务报酬标准计算。护理人员原则上为一人，但医疗机构或者鉴定机构有明确意见的，可以参照确定护理人员人数。（《精神损害赔偿计算标准》王民海 2017 年 9 月 16 日华律网 http://www.66law.cn/laws/110541.aspx）

据了解，全国许多省市高等法院，还针对人身损害案审理中如何确定具体的赔偿数额遇到的困扰，根据本地区的经济发展水平及司法实践，制定了具体的计算规定和赔偿限额。已知的有安徽、山东、江苏、福建、北京、四川、陕西、重庆、广东、云南、河南等。其规定内容更加具体，比如山东明确：侵害人是自然人的一般性精神损害赔偿标准为 1000 元—3000 元；严重精神损害，赔偿标准为 3000 元—5000 元。福建规定：一般侵权行为的精神损害赔偿在 1000 元—10000 元之间酌情判定；严重侵权行为的精神损害赔偿在 10000 元—50000 元之间酌情判定；特别严重侵权行为的精神损害赔偿在 50000 元—100000 元。四川省要求：侵犯他人姓名权、肖像权、名誉权、荣誉权、人格尊严权、人身自由权、监护权、隐私及其他人格利益等精神性人格权利的，其精神损害抚慰金的数额标准原则上应掌握在 500 元—50000 元的幅度内。陕西省法定：因民事侵权致人精神损害，造成严重后果的，精神抚慰金可分为四个等级：一级 15000—20000 元，二级 10000—15000 元，三级 5000—10000 元，四级 1000—5000 元；若在以上规定的最高限额内仍不足以给当事人精神抚慰的，经该院审判委员会讨论决定，可在 20000 元—50000 元范围内决定赔偿数额。重庆市规定：精神损害赔偿数额一般不超过 10 万元。当记者或媒体发生侵权事件，被告上法庭准备应诉时，可向执行法院咨询了解所在地的法律规定。

正如前面说到的烟台两家报社被索 5000 万元赔偿费那样，媒体侵权造成违法事实后，不管主动还是被动担责后，还是有适当的游离空间的。除了更正道歉的方式和内容，在赔偿的数额大小和方式上不是完全铁板一块。还可以和原告方不断讨论通融的方式与可伸缩的数量。有媒体创造了以正面报道补偿、广告宣传补偿等形式，替代具体的金钱赔偿。也有当事人特别是大企业法人、社团法人等，愿意接受这样的和解方式。这何乐而不为呢！

后 记

"难产"——是这本专著崎岖过程的真实写照。谨慎为文耗去几年、从脱稿到成书又经历了大约 5 年时间，原因一言难尽。 40 多载写作生涯如庄子曰：生有涯而知也无涯……"文章千古事，甘苦寸心知"。

这次我原计划"自序"而不劳名家大驾，是想试试不站在"巨人的肩膀上"，新闻业界和学界到底会不会"看人下汤"？书若是个烂货，任由大咖牛人顶你也只能徒增读者阅后的失望与愤懑。虽然我深知出书的"惯例"破也不易。鲁迅当年曾经嘲讽过此种"通病"：译一本欧洲史，就请英国话说得漂亮的名人校阅。编一本经济学，又乞古文做得好的名人题签。学界的名人绍介医生，说他"术擅岐黄"。商界的名人称赞画家，说他"精研六法"……①如先生所料，"这病根至今还没有除"。这次我竟"以身试病"——承蒙省记协主席周跃敏先生、南京大学新闻传播学院执行院长张红军先生二位不弃，为我作序鼎言相助。以他们的经历素养和身份地位，可算新闻业界与学界的权威鉴定和推荐吧。感激之情无以言表！可我还是诚望读者诸君"看文下汤"按质论价，给拙著一个客观公正的点评。

"十年磨一剑，霜刃未曾试。"写作出版前的时长煎熬也有一个好处，就是可以减少或免却快餐的浅薄和匆忙的遗憾。 2018 年初有家出版社看中我的这部书稿后回复：可以签约并在 40 天内迅速成书寄到你的手中……结果因故变卦，此后我就按下了躁动的心键冷却一段时间，然后潜心回望默默修改。

---

① 鲁迅《鲁迅自编文集：且介亭杂文二集》译林出版社 2013 年 11 月 1 日。

未料遇到《中华人民共和国民法典》颁布施行，与此关联的"民法通则"等九部国家法律同时废除。我很庆幸，如果早一年半载出版，这本书的法律依据部分就都要成废纸了。塞翁失马，焉知非福。报人著书立说不能像一篇新闻报道那么"速朽"无憾，而应承受经年累月的时间和新闻业实践的检验。所以，我先感恩冥冥之中这本拙著的命途多舛。

有关记者暗访经历性叙事性选题的书籍，已经在各大书店和当当网等电子交易平台品种很多了，50 这个数恐怕都打不到底，它的每一本都在向人们讲述着惊心动魄的暗访故事。央视、新华社、人民日报等中央媒体记者，每年也会推出各种震惊国人的暗访报道。2024 年 7 月新京报《罐车运输乱象调查：卸完煤制油直接装运食用大豆油》的记者暗访，震惊国人，连续多日顶上热搜。国务院食安办公开回应，后来组织国家发改委、公安部、交通运输部、市场监管总局、国家粮食和储备局等部门联合调查组开展专项排查。最后又给公众舆论一个"说法"，中国新闻奖更连续多年，将中央和地方媒体的优秀暗访作品列入一、二、三等奖。筚路蓝缕，勇于拓耕，不畏诟病，蜚声于时。可是，至少近 20 年我们还找不到一本新闻专业主义的记者暗访类教科书，能够理性提炼概括这些生动实践背后的采访报道规律，能够将暗访的基本范式与法律约束及其风险应对，展开进行详尽解析论述，并反哺用于指导媒体职业记者及公民记者这方面的实践。我研究此道久矣，自家案例库里躺着 800 多件典型案例，事涉中外媒体。在我写其他几部新闻业务著作的过程中，心里总酝酿着记者暗访实操的主题框架。十月怀胎，一朝分娩。我为这本书怀了近百个月，加上自己 36 年的新闻从业生涯和多年大学新闻传播教授研究岗位的素养，咋就不能"分娩"出一部实战实用实惠的良著之胎呢。这种暗藏的自信一直支撑着我默默探索，骐骥一跃，不能十步，驽马十驾，功在不舍。垒成这三四十万字的小屋实在不易，不过自己深信：理论总是灰色的，而生命之树常青。所以，我要感谢媒体界丰富多彩的暗访实践及其我国出版市场目前这个选题著作的空白。没有前者就难以总结归纳出那些建立在成功经验和失败教训基础之上的经典套路，没有后者也难以激发我上下求索的著作信念。双因不独，并辔齐驱。

"刀子用多了就会钝"，记者暗访这个"杀器"也情同此理。只有在迫不得已、正常公开采访无法获得新闻素材的情况下，才能使用这种貌似欺骗性的手段。当今我们这个时代，能不能使用、该不该使用的问题，我已在书中详尽阐述逻辑论证过了。现在迫切需要回答的是：目前状态下，记者暗访是用多了用滥了、还是用少了远远不够？这取决于需要揭露的社会阴暗面是大致风清月白了还是在日积月累？只要稍有良知的公民，都能说出正确答案。污黑不是社会的全部或主流，但确实是被记者暗访局部区域的事实存在。它还取决于舆论生态环境状况可容宽度的阈值，职业媒体人对此大概最有发言权。调查性报道这些年式微的原因比较复杂，有记者暗访不慎暴露特别是无意侵权授人以柄，导致被报道对象反噬追究等起因的"我方不当"。当然也毋庸回避舆论监督生态环境方面的问题，暗访曝光受限，调查记者好多转行金盆洗手了，暗访劲爆发表数锐减、好多媒体不搞这些梗了。仅仅针对如此结果我们就可以认知，这把"刀子"目前不但没钝，而且经常躲在刀鞘里瞌睡打盹。社会呼唤媒体扛起烛照黑暗角落、揭示事件真相的责任，记者当下特别需要无惧邪恶而斗争的勇气。所以我还要感谢这样的现实，使本著能够派上用场，具有一定的社会意义。

书名中"实操"二字是为了突出它的实战实用特色而后加的，其实拙著概括归纳出的这些故意避开纯新闻理论阐述之类文本，并非道中秘笈。"无穷的远方和无数的人们"尤其是媒体同仁，大概能够理解书的力量是极其有限的。作为著者我更看重理性思考价值和实操的可运用性。如果以为拥有一本《九阴真经》就能横行于江湖，那就大错特错了。暗访记者打通曲折荡平坎坷的第一要义，还在于他的正义担当和社会责任。有志于此的读者知音，我们就能在同一战壕里鼓劲打气相互取暖。传播学之父施拉姆在《大众传播的责任》《报刊四种理论》等基础专著中，对媒介及其从业记者编辑实现使命感之意义强调，高过具体的自我调控和专业化两条要素之阐述。本属关系，不可倒列。缺乏新闻职业理想或正义之心的人，即使得法也不得义，故为枉然。所以，我要感谢站在这本专著背后，所有为了揭示真相不畏风险的正义之士。他们中既有职业记者也有公民记者、既有 UGC 作者也有为了曝光黑暗打击邪恶而为我们提供帮助的"线人"们。尽管未曾相识素昧平生，但他们赋予我的精神力量是支撑这本书写完的原动力。

独著而无师襄助，虽穷经亦为己悦。新闻是传播，出版也是传播。戈德的"共享说"认为，传播就是变独有为共有的过程，中间不能或缺媒介和信道。即便皇皇巨著，蜗居陋室只是所码之"砖"，建设广厦、著作面世最终还要靠出版的临门一脚。在全著即将付梓之际，我一定要感谢这本书的"助产士"——江苏人民出版社编审杨建平和责任编辑王翔宇两位先生。他们的作用不仅仅是政治把关和文字修理匠默默作嫁衣那种奉献，而是对我著作的长期关爱和支持。还有南京日报资深校对王晶女士，对拙著这几十万字爬梳检漏最后纠错。一并鞠躬！

2024 年 8 月 15 日于南京宅中